FINANCIAL MARKETS
and Financial Institutions

张满林　苏明政　◎主　编
唐吉洪　◎副主编

金融市场与
金融机构

中国财经出版传媒集团
经济科学出版社
Economic Science Press
·北京·

图书在版编目（CIP）数据

金融市场与金融机构 / 张满林，苏明政主编. -- 北京：经济科学出版社，2025.1
ISBN 978 - 7 - 5218 - 5740 - 5

Ⅰ.①金… Ⅱ.①张… ②苏… Ⅲ.①金融市场②金融机构 Ⅳ.①F830.9②F830.3

中国国家版本馆 CIP 数据核字（2024）第 063699 号

责任编辑：宋艳波
责任校对：郑淑艳
责任印制：邱　天

金融市场与金融机构

JINRONG SHICHANG YU JINRONG JIGOU

张满林　苏明政　主编

唐吉洪　副主编

经济科学出版社出版、发行　新华书店经销

社址：北京市海淀区阜成路甲 28 号　邮编：100142

总编部电话：010 - 88191217　发行部电话：010 - 88191522

网址：www. esp. com. cn

电子邮箱：esp@ esp. com. cn

天猫网店：经济科学出版社旗舰店

网址：http://jjkxcbs. tmall. com

固安华明印业有限公司印装

787 × 1092　16 开　27 印张　500000 字

2025 年 1 月第 1 版　2025 年 1 月第 1 次印刷

ISBN 978 - 7 - 5218 - 5740 - 5　定价：68.00 元

前　言

　　随着中国金融业的发展以及经济金融化程度的加深，中国的金融业正面临着金融结构市场化、资产证券化、金融机构多元化、金融体系国际化的变革，中国金融改革和发展迫切需要一大批高质量、具有卓越能力的金融专业人才。金融硕士的培养要顺应现代金融的变革和发展趋势，培养既具有扎实专业知识和技能，又具有广阔国际视野和卓越实践能力的金融专业人才。

　　本教材以中国金融市场和金融机构的发展改革为背景，以"金融体系—金融市场—金融机构—金融监管"为框架，一是从金融体系功能与构成、金融市场功能与交易机制、金融机构体系与理论三个方面进行了概述，为后续具体介绍金融市场和金融机构提供了一个理论框架并奠定基础；二是分别对货币市场、债券市场、股票市场、衍生品市场的构成、交易机制进行阐释，以便学生对我国的各类金融市场有一个深入的理解；三是对金融机构中的商业银行、证券公司、保险公司及其他金融机构的主要业务、运行与管理进行了介绍；四是对我国金融市场监管的理论基础、监管模式和发展趋势进行了全面梳理。

　　在编写过程中力求能反映金融市场发展中出现的新知识、新成就，反映金融机构发展与变革的趋势，并将金融领域一些有益和有效的新经验、新方法和新体系编写于教材中。一是在吸收国外经验的基础上，注重反映中国的金融实践。从中国金融市场金融机构的实践出发，对中国的金融体系进行梳理，拓展学生的视野，激发学生的思考。二是关注学术前沿，确保教材内容的准确性和逻辑性。把金融产品、金融市场与金融机构之间的关系有机地联系起来，形成一个完整的逻辑，使学生能够更好地理解整个金融体系的本质和内部逻辑。三是紧扣金融硕士培养要求，紧密结合中国金融市场和金融机构的实际，系统阐述了金融市场和金融机构如何运行。让学生了解金融市场与金融机构的现状，以及发展演变规律与方向，在了解基础理论的前提下，知道金融市场如何运行、金融机构如何运营与管理，让学生能迅速适应未来的工作，并且具有创新与发展的思维能力。

　　本书由渤海大学经济学院的张满林、苏明政任主编，唐吉洪任副主编。具体分工：张满林撰写第一章、第二章、第十一章，苏明政撰写第三章、第十章、第十二章；王悦撰写第七章、第八章；朱方圆撰写第四章、第五章；唐吉洪撰写第六章、第九章。

目录
CONTENTS

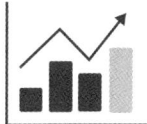

金融市场日益成为现代市场经济的核心，在提高我国社会资金的使用效率、管理与配置风险等方面发挥了无可替代的作用。本章结合金融市场的基本知识，重点介绍中国金融市场、金融机构和监管机构的发展与演变，以便更好地理解与感知金融市场的基本功能。通过本章学习，掌握金融体系的构成，了解中国金融市场的发展与演变过程；熟悉中国金融机构的主要类型和发展过程；熟悉银行主导型金融体系和市场主导型金融体系的特征，了解中国金融体系格局以及金融监管的发展趋势。

第一节 金融体系概述

一、金融体系与金融体系的地位、作用

（一）金融体系的内涵

金融体系是指金融要素的安排及其动态关联系统。换言之，金融体系是一个国家以行政、法律的形式，并运用经济规律确定的金融系统结构以及构成这个系统的各种类型的银行和非银行金融机构的职能作用与相互关系。

金融体系的具体内容及其表现形式，因不同国家、不同经济制度下不同的生产方式和生产关系而有很大的差异。由于各国经济背景和发展过程不同，每个国家的金融体系具体设置形式不尽相同。在现实中，世界各国具有不同的金融体系，很难用一个相对统一的模式进行概括。但就金融体系的组成来看，一般包括的内容有金融机构体系（组织体系）、金融市场体系和金融调控与监管体系。金

融体系不是这些部分的简单相加，而是相互适应与协调。

金融机构体系，既包括商业银行、证券公司、保险公司、信托投资公司等现代金融企业，也包括中央银行、政策性银行、金融资产管理公司、农村信用社，以及各种所有制的其他金融企业等；金融市场体系既包括股票和债券等资本市场，也包括专门融通短期资金的货币市场，以及期货期权等衍生品市场等多层次的金融市场；金融调控体系是国家宏观调控体系的组成部分，包括货币政策与财政政策的配合、保持币值稳定和总量平衡等；金融监管体系一般包括金融监管机构、金融监管法律、金融监管内容和方法等。为了维护金融机构的安全和信誉，保护金融市场安全、稳健地运行，维护公平竞争的市场环境，需要依法对金融机构实行监管，提供金融风险监控、预警和处置机制。

（二）金融体系的地位

（1）金融体系在现代经济中的核心地位是由其自身的特殊性质和作用所决定的。现代经济是市场经济，市场经济从本质上讲就是一种发达的货币信用经济或金融经济，它的运行表现为价值流导向实物流、货币资金运动导向物质资源运动。金融运行得正常有效，则货币资金的筹集、融通和使用充分而有效，社会资源的配置也就合理，对国民经济走向良性循环所起的作用也就明显。

（2）金融体系是现代经济中调节宏观经济的重要杠杆。现代经济是由市场机制对资源配置起基础性作用的经济，其显著特征之一是宏观调控的间接化。而金融体系在建立和完善国家宏观调控体系中具有十分重要的地位。金融业是联结国民经济各方面的纽带，它能够比较深入、全面地反映成千上万个企事业单位的经济活动。同时，利率、汇率、信贷、结算等金融手段又对微观经济主体有着直接的影响，国家可以根据宏观经济政策的需求，通过中央银行制定货币政策，运用各种金融调控手段，适时地调控货币供应的数量、结构和利率，从而调节经济发展的规模、速度和结构，在稳定物价的基础上，促进经济发展。

（3）金融体系是现代经济主体沟通的媒介与纽带。货币资金作为重要的经济资源和财富，成为沟通整个社会经济生活的命脉和媒介。现代一切经济活动几乎都离不开货币资金运动。从国内看，金融联结着各部门、各行业、各单位的生产经营，联系每个社会成员和千家万户，成为国家管理、监督和调控国民经济运行的重要杠杆和手段；从国际看，金融成为国际政治、经济、文化交往，实现国际贸易、资本输出与输入、加强国际经济技术合作的纽带。

从本质上来看，金融市场、金融机构产生于实体经济的需要，必须服务于实体经济。金融体系只有与企业、家庭、居民和政府发生交易，才能真正发挥其作用和功能。

（三）　金融体系的作用

金融体系的基本任务是将稀缺的可贷资金从资金盈余者手里转移给资金需求者购买商品或服务，即其最基本的功能是实现储蓄向投资的转化，包括如何促进储蓄者选择最有效的投资项目、如何实施监督、如何处理信息与风险，以及如何解决委托代理问题等。因此，从金融体系在上述各个过程中所扮演的角色看，美国哈佛大学著名金融学教授罗伯特·默顿认为，金融体系主要提供以下六种功能：清算结算服务；资源积聚和企业所有权分散机制；为资源在不同时期、不同地域和不同主体之间的转移提供便利；为经济体系中分权决策的主体提供价格信息；风险管理；解决激励问题或委托—代理问题。

（1）清算结算服务。金融体系具有清算、结算的功能，这为商品、服务和资产交换提供了便利。在不同国家、地区以及同一地区人们的交换过程中，金融体系提供了双方都可以接受的有效支付途径。在经济货币化日益加深的情况下，建立一个有效的、适应性强的交易和支付系统是十分必要的。可靠的交易和支付系统是金融系统的基础设施，缺乏这一系统，高昂的交易成本必然导致经济运行的低效率。交易系统的发达可以降低社会交易成本，促进社会专业化发展，这是社会大生产发展的必要条件，还可以大大提高生产效率和技术进步。所以说，现代支付系统与现代经济增长是相伴而生的。常用的清算结算服务包括支票、汇票、本票等传统结算工具以及电子汇票、网上银行等创新型的结算产品。

（2）归集和细分的功能。相对于企业运作的资本需要量，个人投资者的资金通常是不够的，这时金融体系可以发挥归集资源的作用，聚集众多投资者的资金，集中投向企业，满足企业生产所需。股票市场为企业股份的细分和流通提供了场所，在不影响企业实际生产的同时，为投资者提供了投资机会并分享企业收益。另外，股份细分降低了投资门槛，为投资者提供了新的投资机会和途径。

（3）便利资源转移。为投资筹集充足的资源是经济发展的必要条件，但投资效率即资源的配置效率对增长同样重要。对投资的配置有其自身的困难，即生产率风险项目回报的信息不完全、对经营者实际能力的不可知等，这些内在的困难要求建立一个金融中介机构。金融体系为时间上经济资源的跨期转移提供了方便。一方面，经济资源拥有者为了取得未来收益而放弃当前消费；另一方面，需求者现在资源短缺，渴望得到经济资源，以便扩大生产。金融体系满足了双方对于经济资源跨期配置的需求，提升了社会总体效率。金融体系为空间上经济资源的跨国和跨行业转移提供了便利。经济资源有可能远离其利用效率最大化的国家、地区和行业，但金融体系可以通过股票、债券和贷款的形式，实现经济资源的空间转移，最大化经济资源的使用效率。

（4）提供价格信息。在金融体系中，投资者广泛参与金融交易，促进价格发现。金融体系的信息提供功能意味着在金融市场上，不仅投资者可以获取各种投资品种的价格以及影响这些价格的因素的信息，而且筹资者也能获取不同的融资方式的成本信息，管理部门能够获取金融交易是否在正常进行、各种规则是否得到遵守的信息，从而使金融体系的不同参与者都能作出各自的决策。

（5）风险管理。金融体系提供了分散、转移和管理风险的途径。由于存在信息不对称和交易成本，金融系统和金融机构的作用就是对风险进行交易、分散和转移。风险是由于未来存在不确定性而导致损失的可能性。金融体系不仅具有重新配置资源的功能，而且可以重新配置风险。保险公司就是专门从事风险转移的金融中介。它们从希望降低风险的客户那里收取保费，同时将风险转移给为了换取某种回报而愿意偿付索赔、承担风险的投资者。此外，金融体系拥有多元化投资工具，为投资者分散投资风险提供了便利。

（6）解决委托—代理问题。金融体系为解决激励问题提供了有效的途径，促进了社会生产效率的提高。在经济运行中激励问题之所以存在，不仅是因为相互交往的经济个体的目标或利益不一致，还因为各经济个体的目标或利益的实现受到其他个体行为或他们所掌握的信息的影响，即影响某经济个体的利益的因素并不全部在该主体的控制之下，比如现代企业中所有权和控制权的分离就产生了激励问题。解决激励问题的方法很多，具体方法要受到经济体制和经济环境的影响。金融体系所提供的解决激励问题的方法是股票或者股票期权。通过让企业的管理者以及员工持有股票或者股票期权，企业的收益会影响管理者以及员工的利益，从而使管理者和员工尽力提高企业的绩效，他们的行为不再与所有者的利益相悖，从而解决了委托—代理问题。

二、我国金融体系的发展变迁[①]

1948年12月1日，中国人民银行成立，标志着新中国金融体系建设的开始。我国在计划经济时期，形成了"大一统"的金融体系。改革开放后，随着国民经济的发展，中国金融体系发生了巨大变化，逐步建成了适应社会主义市场经济体制的现代金融体系。金融业从单一的国家银行体制到多元化金融体系的转变

---

① 赵学军：《新中国金融体系的发展变迁与历史经验》，载于《金融时报》2021年10月18日。

已经完成。

（一）新中国金融体系的初创期（1949～1952年）

1949年10月，中华人民共和国成立后，建立了多元化的金融体系。

（1）重建国有银行体系。一是统一各解放区的地方银行，将其整合为中国人民银行的分支行。二是接收国民党政府的官僚资本金融机构，将其改编为人民银行的分行和办事处、分理处。三是新建中国人民银行分支机构。到1949年12月，建立了华东、中南、西北、西南四大区行，以及40个省分行、1200多个县（市）支行及办事处。1950年，中国人民银行建立了总、区、分、支四级管理体制。在建立中国人民银行体系的同时，人民政府还建立了中国银行、交通银行、农业合作银行等国有专业银行。人民政府接管中国银行后，没收其官股资本，保护私股权益，改组其董事会，转变为经营与管理外汇的国家专业银行。人民政府接管交通银行后，没收了其中的官股，保护私股权益，经过改组改造，改为经营工矿交通业务的国家专业银行。1951年7月，政务院批准设立了农业合作银行。

（2）重建国有保险体系。人民政府接管国民党政府官僚资本保险机构——中国、中信、太平洋等几家保险公司各地总分支机构，成立了中国人民保险公司。中国人民保险公司相继设立了华东区、东北区、华中区、西北区、西南区等分公司。人民政府还以原中国产物保险公司为基础，设立了专营国际贸易及外汇业务的中国保险公司。

（3）创建新的公私合营金融体系。一是推动私营银行、钱庄走向公私合营。中华人民共和国成立后，经过清理整顿，实力弱、投机性强的部分私营金融机构被淘汰出局。1950年3月，彻底治理了恶性通货膨胀，炒作金银、外汇、商品的社会经济环境不复存在，私营银钱业倒闭成风，人民政府推其走向联营、合营，向公私合营转变。1952年初，私营银钱业实现全行业公私合营条件成熟，公私合营十二行联合管理处、北五行联合总管理处、公私合营上海银行、上海中小行庄第一联营总管理处及第二联营总管理处5个系统60家行庄，改组为一家公私合营银行，原有的各银行分支机构成为公私合营银行的分行。二是推动私营保险业公私合营。中华人民共和国成立后，人民政府加强对私营保险业的管理，不少保险公司自动退出保险市场，营业的私营保险公司开展联合经营。随着社会经济形势的发展，不少私营保险公司希望公私合营。1951年11月，上海的太平、安平、裕民、大信、中国天一、大丰、建国、扬子、福安、华商联合、太安丰、宝隆12家私营公司，与天津的大昌、中安、中国平安3家私营公司组成了公私合营太平保险公司。1952年1月，新丰、大安、长城、兆丰、兴华、中国统一、华业、永安、泰安、大华、先施、永宁、光华13家私营保险公司组成了公私合营新丰保险公司。369家私营保险机构萎缩并集中为2家公私合营保险公司。

（4）推动农村信用合作化。1951年5月，中国人民银行确定了发展农村信用合作的工作方针，各省开始重点试办信用合作社。农村信用合作社主要通过三种途径建立起来：一是自上而下地发动，在准备一段时期后，直接建立起来；二是先运用供销社的基础，在供销社内附设信用部，待业务开展之后，再吸纳股金，建立信用社；三是先建立信用互助小组，再由互助小组逐步发展到信用社。1953年，全国有6871个农村信用社建立起来，社员达425万余人。1954年，农村信用合作发展突飞猛进。1956年，一个乡设立一个信用社，实现了农村信用合作化。

（5）加强外资金融机构的管理。中华人民共和国成立后，外商金融机构萎缩。1951年，在华营业的外商银行有17家，分别属于英国资本（汇丰银行、麦加利银行、有利银行）、美国资本（商业银行、友邦银行）、法国资本（东方汇理银行）、比利时资本（华比银行）以及荷兰资本（荷兰银行）。1953年以后，在华继续开业的只有设在上海的汇丰、渣打（麦加利）两家英商银行。1950年5月底，在华外商保险公司有61家，其中上海37家、天津10家、广州8家、青岛5家、重庆1家。1952年底，外商保险公司陆续申请停业，自动从中国保险市场撤离。

（二）计划经济时期的"大一统"金融体系（1953～1978年）

（1）银行体系的集中统一。1952年，中国银行与中国人民银行国外业务局合署办公，仅保留中国银行牌子；交通银行、中国人民保险公司从中国人民银行划归财政部管理；撤销了刚刚成立还未开展业务的农业合作银行。1954年，中国人民建设银行成立，管理固定资产投资，但在1958年被撤销。各大区中国人民银行区行被撤销，中国人民银行形成总行、省（市）分行及支行三级垂直管理体制。1955年，公私合营银行14个城市分行与当地中国人民银行储蓄部合署办公；1956年，公私合营银行总管理处并入中国人民银行总行储蓄局，公私合营银行纳入了中国人民银行体系。1955年，中国农业银行成立，因为业务方面与人民银行交叉冲突，1957年被撤销，中国人民银行设立农村金融管理局，管理农村金融业务。1958年，交通银行总管理处加挂财政部地方企业财务司牌子，成为财政部门的职能机关。

（2）保险机构的集中统一。1954年，中国人民保险公司将中国保险公司总管理处合并到中国人民保险公司国外处。1955年，中国保险公司合并到中国人民保险公司体系。1956年，太平、新丰两家公私合营保险公司正式合并，成立了新的公私合营太平保险公司，只经营国外保险，不再经营国内保险，国内保险由中国人民保险公司独家经营。外资保险公司陆续被清理出中国保险市场。1958年，中国人民保险公司停办了国内保险。

（3）其他金融机构的整合。国民经济恢复时期，私营典当行业主要分布在上海、江苏、福建、浙江4个省份14个城市。1956年，国家着手改造残存的私营典当业，先将私营典当行变为公私合营小额质押贷款处，再转变为中国人民银行的小额质押贷款部门，最终并入了中国人民银行体系。农村信用合作社迅速发展，但官办化色彩却日益浓厚。

到1957年，我国的金融体系已由初期的多元并存，发展为高度集中、统一的"大一统"体系。1957～1978年，传统计划经济时期"大一统"金融体系有所调整，例如，中国人民建设银行经历两次撤并与恢复，中国农业银行经历第三次成立与撤并，1969年中国人民银行与财政部合署办公，但总体特征没有变化。"大一统"金融体系的特征是：全国各类商业银行、金融机构相继被撤并，融合到中国人民银行体系之中；取消金融市场，全部金融业务集中于中国人民银行；取消商业信用，银行信用集中于中国人民银行；中国人民银行成为全国信贷中心、结算中心和现金出纳中心；中国人民银行既是中央银行、管理机关，又办理商业银行业务。

（三）社会主义市场金融体系逐步形成期（1979～2017年）

（1）银行体系的全面改革。1978年，中国人民银行从财政部独立出来，恢复独立建制，成为国家金融主管部门。随后，国家恢复或建立国家专业银行，"大一统"金融体系开始改革，逐渐建立起适应社会主义市场经济体制的银行体系。

1979年，中国农业银行、中国银行从中国人民银行分离出来，恢复为独立的金融机构。中国人民建设银行从财政部独立出来，恢复建制。1983年，国务院明确了中国人民银行的中央银行职能。1984年，中国工商银行成立，承担中国人民银行原先办理的工商信贷等金融业务。这样，"大一统"银行体系转变为中央银行—国家专业银行二级银行体制。

20世纪八九十年代，随着经济体制市场化改革的推进，一批股份制商业银行诞生。1986年，国务院按股份制、综合性的要求，重新组建交通银行；1987年，招商银行正式营业，深圳发展银行、中信实业银行成立；1988年，广东发展银行、福建兴业银行组建；1992年，浦东发展银行、中国光大银行、华夏银行等股份制商业银行相继成立。我国多样化、多层次的金融体系初步形成。20世纪90年代，城市信用合作社在改革中转变为商业银行，深圳城市商业银行等大批城市商业银行纷纷涌现。

在市场化改革进程中，四大专业银行也向股份制商业银行转变。1994年，中国工商银行、中国农业银行、中国银行、中国建设银行转换经营机制，从专业银行转向商业银行。2004~2009年，中国银行、中国工商银行、中国建设银行、中国农业银行先后完成股份制改革，在股票市场上市，转变为国有控股商业银行。2006年还成立了中国邮政储蓄银行。在农村，伴随着农村信用合作社的改革，一些地方的农村信用合作社改组为信用合作银行、农村商业银行。2007年，村镇银行在全国31个省（区、市）创立。2014年，国家进一步放松开设金融机构的管制，试点开办民营银行，到2017年已有17家民营银行开业。

在推进国有专业银行改革过程中，党的十四届三中全会确定了建立政策性银行、分离专业银行的政策性业务与商业性业务的改革方向。1994年，政府组建了国家开发银行、中国进出口银行、中国农业发展银行三家政策性银行，承担专业银行的政策性业务，执行国家政策性任务。

另外，随着中国对外开放，外资金融机构来华设立代表处，允许在深圳、珠海、厦门、汕头、海南经济特区设立营业性分支机构。1994年，外资银行获得在华开设分支机构的许可后，外资银行加大了在我国境内中心城市的布局，成为我国金融体系中的新成员。

（2）非银行金融机构的快速发展。1979年，中国人民保险公司恢复国内建制。1985年后，中国人民保险公司的垄断经营被打破，平安保险公司、中国太平洋保险公司相继建立。20世纪90年代，外资保险公司也来华设立代表处，美国友邦保险公司、日本东京海上日动火灾保险公司等机构获准设立分支机构。1996年，中国人民保险公司改组为中国人民保险公司集团公司，下设中保人寿保险公司、中保财产保险公司、中保再保险公司、中保海外机构。泰康人寿、新华人寿、华泰财险、永安保险、华安保险五家股份制保险公司陆续创立。中国保险业多元化格局初步形成。此后，国有保险机构完成股份制改革，外资保险公司增设在华机构，中国保险业国际化程度日益提高。

改革开放后，其他非银行金融机构如信托投资公司、证券公司、金融租赁公司、投资基金、养老保险基金、集团财务公司、农村合作基金等机构迅速成立，形成了种类齐全、数量众多的金融组织。

农村信用合作社改革不断推进，农经服务公司、扶贫储金会、金融信托合作社、农民互助保险合作社等合作性的金融机构也蓬勃发展。

（3）金融市场与金融监管的逐步完善。改革开放后，在金融机构恢复、改组、新建的同时，计划经济时期取消的金融市场也逐步恢复、重建与完善。一是建设货币市场。1986年，以同业拆借、票据贴现和国债回购业务为突破口，同业拆借市场、票据贴现市场、大额存单市场、回购市场等组成的货币市场体系得到发展。二是建设资本市场。企业中长期债券市场逐步形成，国债市场逐步建立。1990年上海证券交易所成立，1991年深圳证券交易所成立，证券市场步入规范发展的轨道。三是建设其他金融市场，如外汇交易市场、期货市场和期权交易市场、黄金市场创建并逐渐完善。

中国金融监管体制也由中国人民银行"大一统"监管走向分业监管。1992年，成立中国证券监督管理委员会（以下简称"证监会"）和国务院证券委员会；1998年，成立中国保险监督管理委员会（以下简称"保监会"，于2018年3月撤销）；2003年，成立中国银行业监督管理委员会（以下简称"银监会"，于2018年3月被取消），由此形成了"一行三会"分业监管的金融管理体制。

（四）新时代金融体系逐步形成期（2018年至今）[①]

新时代以来我国金融体制改革取得重大进展，金融体系的市场化水平明显提升。

（1）利率汇率市场化改革加快推进。在逐步放开利率管制的同时，持续健全市场利率形成机制。改革完善贷款市场报价利率（LPR）形成机制，LPR取代贷款基准利率，存量浮动利率贷款定价基准已转向LPR。LPR嵌入商业银行内部转移定价，有效打破贷款利率隐性下限。持续培育以债券回购利率（DR）为代表的金融市场基准利率体系。完整的国债收益率曲线形成，定价基准作用得到更好发挥。增强了人民币对美元中间价市场化程度和基准性，包括上日收盘价、一篮子货币汇率变化和逆周期因子在内的人民币汇率中间价形成机制确立。人民银行退出常态化干预，人民币汇率弹性明显增强。

（2）资本市场市场化和法治化改革迈上新台阶。2020年3月，新修订的《中华人民共和国证券法》（以下简称"新《证券法》"）正式生效。其中，新增投资者保护制度专章、强化信息披露要求、全面推行注册制、大幅提高违法成本。注册制改革加速推进，公司债、企业债发行由核准制改为注册制。设立科创板开展上市企业包容性、交易制度、信息披露等一系列制度创新。注册制改革从科创板稳步推广至存量市场，2020年8月创业板启动改革并试点注册制。债券市场有序、渐进打破刚性兑付，高风险企业风险逐步释放。交易所债券市场扩容至非上市公司。银行间与交易所债券市场基础设施启动互联互通，市场间协调明显增强，破除债券市场分割迈出关键一步。

---

① 吴振宇：《新时代金融体制改革的政策脉络和重大进展》，载于《中国经济时报》2021年10月14日。

（3）国有金融资本统一管理框架加快构建。2018年6月，中共中央、国务院印发《关于完善国有金融资本管理的指导意见》，对完善国有金融资本管理作出顶层设计和重大部署。理顺了国有金融资本管理体制机制，逐步建立统一的国有金融资本出资人制度。明确民营银行设立基本原则和监管制度框架，2014年3月启动试点至今，已有多家纯民间资本发起设立的民营银行开业运营。明确国家开发银行定位为开发性金融机构、中国进出口银行和中国农业发展银行定位为政策性银行，开发性、政策性金融机构基本建立以资本充足率为核心指标的资本约束机制。

（4）金融业对外开放不断提速。金融业准入负面清单已清零。银行、证券、保险业外资持股比例和业务范围大幅度放开。资本市场互联互通渠道确立并不断扩大。人民币国际化取得重大进展。2016年人民币正式纳入特别提款权（SDR）货币篮子，权重（10.92%）仅次于美元和欧元、高于日元。人民币占全球官方外汇储备份额突破2%。人民币大宗商品计价结算实现突破，人民币资本项目可兑换程度稳步提升。合格的境外机构投资者（QFII）和人民币合格境外机构投资者（RQFII）投资额度限制、相关资金汇出比例限制、本金锁定期要求相继取消。自由贸易账户、跨境双向人民币资金池等制度建立并完善。

（5）普惠金融政策体系不断完善。普惠金融政策工具箱不断丰富，人民银行开展普惠金融定向降准、宏观审慎评估（MPA）增设小微企业和民营企业融资专项指标、创设普惠小微企业贷款延期支持工具和普惠小微企业信用贷款支持计划。2020年7月，银保监会发布《商业银行小微企业金融服务监管评价方法（试行）》，商业银行小微企业服务监管评价指标体系初步建立并不断完善。

（6）健全货币政策和宏观审慎政策双支柱调控框架。强化人民银行宏观审慎管理职能，陆续构建房地产金融宏观审慎政策、跨境资本宏观审慎政策等政策工具。逐步统一资产管理业务监管标准，完善系统重要性金融机构监管框架，建立系统重要性银行评估与识别机制，从附加资本、杠杆率、大额风险暴露等方面附加监管要求。出台金融控股公司监管办法，将非金融企业投资形成的金融控股公司整体纳入监管，从制度上隔离实业板块与金融板块。建立存款保险制度，成立存款保险基金。支付、清算结算、征信等金融基础设施框架体系基本成型，统筹监管加快推进。

（7）金融监管组织体系不断完善。成立国务院金融稳定发展委员会，统筹协调金融监管政策间、部门间，以及金融与其他政策的配合。应对综合化经营趋势、分离发展和监管职能，2018年2月，国务院新组建中国银行保险监督管理委员会，不再保留中国银行业监督管理委员会和中国保险监督管理委员会，演化为

"一委一行两会"的监管体制。初步确立中央垂直监管和地方属地监管并行的双层金融监管模式。省级地方金融监管局由挂靠其他委办局升格为省政府直属机构，并加挂金融工作办公室牌子。在各省（区、市）建立金融委办公室地方协调机制，加强中央和地方在金融监管、风险处置、信息共享和消费者权益保护等方面的协作。2023年3月，我国金融监管体系又一次重塑，形成在中央金融委和金融工委集中统一领导下，由人民银行、金融监管总局、证监会、外汇管理局等行政部门具体落实的架构。这一监管改革内容强调了中央金融委在金融工作中的核心领导地位，强化了监管的统筹协调，有利于防范化解重大金融风险，更好地助力实体经济健康发展。

（五）我国金融体系的结构与发展趋势

经过40多年的改革和发展，中国已形成多元化的金融机构体系、多功能的金融市场体系以及比较完善的金融调控和监管体系。金融业成为国民经济的核心产业，有力地支持了国民经济其他部门的改革和发展，日益满足经济高速发展对金融服务的需要。

（1）以商业银行为主体，多种机构并存的金融机构体系已经形成。在金融体制改革以前，我国基本上就是一家银行即中国人民银行。经过多年的改革，一个金融机构种类比较齐全的金融组织体系已经建立起来。除了原来的中国工商银行、中国农业银行、中国银行、中国建设银行，还建立了交通银行、中信实业银行、光大银行、邮储银行等全国性的商业银行，招商银行、深圳发展银行等全国和区域性的股份制商业银行，设立了国家开发银行以及中国进出口银行和中国农业发展银行等政策性银行。

（2）金融机构从分业经营到有限综合。自20世纪70年代以来，包括美国、英国、日本在内的各国纷纷相继转变为综合经营模式，特别是在2008年金融危机之后，更是确立了可以通过多样化经营分散风险、降低成本的综合经营地位。我国虽然在实行分业经营模式的几年中，金融秩序得到规范、金融风险得到降低、金融业得以稳定发展，但在全球经济金融一体化、自由化、多元化的大环境中已经开始显现弊端：一是传统的存贷款业务在银行收入中所占比例已经越来越小，证券、保险、信托和衍生金融业务则成为国际银行的主要发展方向，世界金融发展格局的变化已经开始威胁到中国分业经营的制度。二是现有的分业经营模式分离了资本市场和货币市场的融通渠道，不利于金融业的规模经营和国际竞争力的提高。三是网络经济的迅猛发展要求金融服务多元化。网络减弱了空间和国别概念，加速了金融全球化的脚步，对中国的分业经营模式提出了严峻挑战。因此，中国金融若想在严峻的国际形势中实现快速、稳定、健康发展，必定要在未来突破现有的分业经营模式，在学习各国模式的同时，创造出符合中国国情的新型模式，而有限综合经营模式将是未来一定时期中国金融模式的方向。

三、国际金融体系及其发展

（一）国际金融体系的含义

国际金融体系是一个十分复杂的体系。从广义上讲，主要由国际货币体系、国际金融组织体系和国际金融监管体系组成。但从狭义上讲，国际金融体系主要指国际上的货币制度安排，是指调节各国货币在国际支付、结算、汇兑与转移等方面所确定的规则、惯例、政策、机制和组织机构安排的总称，具体包括国际汇率体系、国际收支和国际储备体系、国别经济政策与国际上经济政策的协调。

国际金融体系是随着国际经济交往的不断扩大而产生与发展的。由于各国之间商品劳务往来、资本转移日趋频繁，速度也日益加快，这些活动最终都要通过货币在国际上进行结算、支付，因此就产生了在国际范围内协调各国货币关系的要求。国际金融体系正是在协调众多国家货币制度、法律制度及经济制度的基础上形成的。

小常识

国际金融论坛

进入 21 世纪以后，伴随世界经济、金融形势的不断变化，世界发展和全球新格局迫切需要联合各界力量与智慧，建立一种更广泛的合作对话机制，定期共同协商和解决包括金融危机在内的诸多重大问题。2003 年 10 月 28 日，来自中国、美国、欧盟等 20 多个国家和地区以及联合国及相关国际组织的 78 名代表，在中国北京召开会议，正式创立国际金融论坛（International Finance Forum，IFF）。国际金融论坛总部设在中国北京，是非营利、非官方独立国际组织，是全球金融领域高级别常设对话、交流和研究机构。作为中国与新兴经济体的国际金融外交及战略智库平台，国际金融论坛发挥了"非官方 G20"的功能与作用，被誉为全球金融领域的"F20"。

十多年来，国际金融论坛在促进国际金融交流、学术研究和战略对话中发挥了较好作用，取得了广泛国际影响。IFF 与全球 200 多位财经政要领袖、30 多个国家和地区、50 多家国际和地区组织保持了紧密的联系与合作伙伴关系。中国作为正在崛起的发展中大国，在应对全球金融危机，推动国际金融体系改革中将会发挥越来越重要的作用，而 IFF 已经成为中国参与讨论全球金融体系改革的一个重要舞台，其发出的"中国声音"受到国际社会越来越广泛的关注。

（二）主要内容

（1）国际收支及其调节机制。有效地帮助与促进国际收支出现严重失衡的国家通过各种措施进行调节，使其在国际范围能公平地承担国际收支调节的责任和义务。

（2）汇率制度的安排。由于汇率变动可以直接地影响到各国之间经济利益的再分配，因此，形成一种较为稳定的、为各国共同遵守的国际汇率安排，成为国际金融体系所要解决的核心问题。一国货币与其他货币之间的汇率如何决定与维持，一国货币能否成为自由兑换货币，是采取固定汇率制度，还是采取浮动汇率制度，或是采取其他汇率制度等，都是国际金融体系的主要内容。

（3）国际储备资产的选择与确定。即采用什么货币作为国际上的支付货币；在一个特定时期中心储备货币如何确定，以维护整个储备体系的运行；世界各国的储备资产如何选择，以满足各种经济交易的要求。

（4）国际上金融事务的协调与管理。各国实行的金融货币政策，会对相互交往的国家乃至整个世界经济产生影响，因此如何协调各国与国际金融活动有关的金融货币政策，通过国际金融机构制定若干为各成员国所认同与遵守的规则、惯例和制度，也构成了国际金融体系的重要内容。

（三）国际金融体系的发展历程

从历史的发展过程来看，现代国际金融体系大致经历了三个发展阶段，每个阶段均有一定特点的主体金融体系。

（1）第一阶段是国际金本位制时期。从 1816 年英国实行金本位制开始到第一次世界大战爆发（1914 年）结束，是主要资本主义国家实行金币本位货币制度之后自发地形成的。其形成基础是英国、美国、德国、荷兰、一些北欧国家和拉丁货币联盟（由法国、意大利、比利时和瑞士组成）等实行的国内金币本位制。由于当时英国在世界经济体系中的突出地位，它实际上是一个以英镑为中心，以黄金为基础的国际金本位制度。这一时期，黄金是各国最主要的国际储备资产，英镑则是国际最主要的清算手段，黄金与英镑同时成为各国公认的国际储备。英镑之所以与黄金具有同等重要的地位，是由于当时英国强大的经济力量，伦敦成为国际金融中心，英国也是国际经济与金融活动的重心，于是形成一种以黄金和英镑为中心的国际金本位制。第一次世界大战以后，由于金铸币流通的基础已经遭到削弱，不可能恢复典型的金本位制。当时除美国以外，其他大多数国家只能实行没有金币流通的金本位制，这就是金块本位制和金汇兑本位制。金块本位制和金汇兑本位制由于不具备金币本位制的一系列特点，因此也称为不完全或残缺不全的金本位制。该制度在 1929～1933 年的世界性经济大危机的冲击下，也逐渐被各国放弃，且纷纷实行了不兑现信用货币制度。

（2）第二阶段是布雷顿森林体系时期。起始于第二次世界大战结束后的 1945 年，终止于 1973 年。这一时期建立了以外汇自由化、资本自由化和贸易自由化为主要内容的多边经济制度，形成了以美元为中心的国际货币体系（美元与黄金挂钩、国际货币基金会员国的货币与美元保持固定汇率）。这实际上是一种金汇兑本位制，美国国内不流通金币，但允许其他国家政府以美元向其兑换黄金，美元是其他国家的主要储备资产。

（3）第三阶段是牙买加货币体系时期。始于 1976 年 1 月国际货币基金组织（IMF）临时委员会《牙买加协议》的正式签订日。其主要内容有：①牙买加协议正式确认了浮动汇率制的合法化，承认固定汇率制与浮动汇率制并存的局面，成员国可自由选择汇率制度。②推行黄金非货币化。协议作出了逐步使黄金退出国际货币的决定。③增强特别提款权的作用。主要是提高特别提款权的国际储备地位，扩大其在 IMF 一般业务中的使用范围，可以来偿还国际货币基金组织的贷款，使用特别提款权作为偿还债务的担保，各参加国也可用特别提款权进行借贷。④增加成员国基金份额。成员国的基金份额从原来的 292 亿特别提款权增加至 390 亿特别提款权，增幅达 33.6%。⑤扩大信贷额度，以增加对发展中国家的投资。在牙买加体系下，国际储备呈现多元化局面，美元虽然仍是主导的国际货币，但美元地位明显削弱了。

（四）国际金融体系的作用

不同历史时期的国际金融体系有其产生的背景，同时也有它重要的作用：

（1）确定了国际收支调节机制与各国可遵守的调节政策，为各国纠正国际收支失衡状况提供了基础。

（2）建立了相对稳定的汇率机制，很大程度上防止了不公平的货币竞争性贬值。

（3）创造了多元化的储备资产，为国际经济的发展提供了足够的清偿力，同时借此抵御区域性或全球性金融危机。

(4) 促进各国经济政策的协调。在统一的国际金融体系框架内，各国都要遵守一定的共同准则，任何损人利己的行为都会遭到国际上的指责，因而各国经济政策在一定程度上可得到协调与相互谅解。当然任何一个国际金融体系都有它的缺陷，因此，国际金融体系仍然需要改革，在此基础上寻求发展。

背景资料

国际金融一体化的发展对国际经济体系构成了一定的负面影响

世界经济的全球一体化趋势已成为当前世界经济发展的一个重要特征，世界金融一体化则是世界经济一体化发展的必然结果。由于生产的社会化和国际分工的发展，经济国际化对世界金融一体化提出了客观要求。随着电讯技术的普及和在金融领域的广泛应用、跨国银行空前的海外扩张，国际银行业竞争加剧，发达国家积极开拓、控制新兴市场等，国际金融一体化发展迅速。此外，各国金融管制不断放松，国际投机活动加剧。国际金融一体化趋势经过 20 世纪 80 年代的发展，到了 20 世纪 90 年代已形成了国际金融一体化的高潮，对促进世界政治经济的进一步发展产生了广泛而深远的影响。

一般认为，世界经济一体化是指世界经济活动超出了国界，使世界各国和地区之间的经济活动相互依存、相互联系，进而形成世界范围内"你中有我，我中有你"的有机整体。或者说，是指世界各国均参与全面的经济合作且任何一国或经济领域的变动均会引起世界经济整体变动的状态。世界金融一体化是指各国或地区在金融业务、金融政策等方面互相依赖、影响而产生的逐步联合成为一个整体的趋势。

国际金融一体化的表现是：各国金融政策倾向一体化；全球金融市场一体化（重点是离岸金融市场与衍生金融工具的发展、证券投资国际化）；资本流动自由化、国际化，这是世界金融一体化最突出的表现，它包括货币兑换自由、资本在行业间转移自由和资金进出自由。

1. 国际金融一体化的发展一定程度上限制了国际主权

首先，世界金融一体化使得主权国家金融政策的独立性受到削弱。由于世界经济一体化特别是国际金融一体化加深了世界各国在经济领域内的相互依存，各国所执行的货币政策与汇率政策、国际收支的调节政策和国际储备的管理营运，都将对其他国家产生较大的影响，这已经成为各国中央银行不得不共同处理的问题。

其次，国际资本力量的强大与国家主权的相对弱化。"冷战"后，国际市场的统一、金融自由化的加快、技术革命的推动，使国际资本空前扩张。在特定的时期和特定的场合下，资本力量已经超越了国家力量。随着信息技术的发展，巨额资本高速游走、瞬息万变，资本的扩张和经济全球化实际上改变了政府发挥作用的环境，增加了政府实施宏观经济政策的变数，财政和货币政策的自主性被严重削弱（如国际资本流动的"溢入溢出效应"对主权国家货币政策独立性的影响）。这些巨额流动资本完全是在任何单个民族国家的管辖的范围之外发挥作用。而民族国家，包括最发达的国家，无论从实力、理论、法律还是从技术上都无法做到防患于未然，都无从控制国际游资的冲击。

最后，世界金融一体化提升了国际金融组织在全球政治经济中的权力地位，在特定的时期对于民族国家，特别是发展中国家的主权提出了挑战（如 IMF 在亚洲金融危机中的表现）。由于金融活动的全球化与金融监管国别化之间的矛盾加剧，呼唤全球性的金融体制、监管体系与风险预警系统的建立，这必将导致各个民族国家金融决策主权的某种弱化。必须肯定，从长远看来，这种弱化是一种历史的必然趋势，是不可阻挡的，但是这种主权的让渡必须是相互的和对等的，不能被某种强权，尤其是金融霸权所利用和滥用。

2. 国际金融一体化对国家安全的威胁

首先，国际金融市场上巨额游资的存在对于民族国家，尤其是发展中国家的经济安全提出了挑战。第一，巨额资本快速地流入流出对于主权国家经济的巨大影响；第二，发展中国家由于经济战略上的失误及经济结构上的缺陷，成为易受国际游资冲击的对象。

其次，金融创新促进了世界金融一体化，也对民族国家的经济安全提出挑战。第一，金融创新加剧了全球金融体系的脆弱性，由于国际金融传导机制的存在，使得民族国家面临着日益增大的国际金融风险。第二，金融衍生工具的发展不仅为国际游资对主权国家进行冲击提供了手段，而且使得通过国际金融市场直接掠夺一国的财富成为可能。

最后，国际金融体系内的权力分配与发展中国家的经济安全。在世界金融一体化的进程中，国际金融体系中的权力分配更加有利于发达国家，发达国家操纵着国际金融体系中游戏规则的制定，发展中国家在国际金融领域内对发达国家的依赖不断加深。在国际金融体系存在着巨大的结构性缺陷的前提下，发展中国家将始终面临着金融风险对于经济安全的挑战。

3. 国际经济体系中的金融霸权

第二次世界大战结束以来，金融霸权已具有极其重要的战略地位。"冷战"

后，由金融霸权所主导的国际金融秩序呈现两种趋势，一方面发达国家内部对金融权力的争夺日趋激烈；另一方面西方金融霸权又联合起来加强对发展中国家的金融控制。20 世纪 70 年代末，以格拉斯为首的一批美国左派经济学家首先提出了"金融霸权"的概念，所谓金融霸权是指以大银行家和大机构投资者为核心的金融寡头及其政治代表，通过控制经济活动施以重大影响并以此牟取暴利或实现其他政治、经济目的的一种社会关系。金融霸权理论认为，金融霸权的权力主要在于：（1）控制货币资本或其他信用工具；（2）利用金融衍生品；（3）金融行业趋于垄断。金融霸权控制企业的两种工具是控制资本流动并设置金融市场各种参数。金融霸权对国际关系的影响主要有三个方面：一是控制国际资本流动；二是进行国际金融投资；三是操纵各种国际经济组织。

随着国际金融一体化的发展，金融霸权所造成的社会经济后果日趋凸显。从对国内经济结构影响来看，金融霸权通过控制资本流动，不仅可以左右一国的产业结构，对各个部门的经济发展起着决定作用，还会促成泡沫经济的形成，降低政策的效力并影响政府的行为。从对国际经济影响看，金融霸权控制国际资本流动的直接后果是加剧国际经济发展的不平衡性，金融霸权会通过各种形式从发展中国家抽走极为稀缺的资金，同时又会扭曲发展中国家的经济增长模式，使其经济与社会失衡加剧，最终导致各国家间的经济差距不断扩大。

第二节　金融市场

在经济体系中，存在两种市场——要素市场和产品市场。在要素市场上，经济主体将自己的劳动和其他生产要素出让给其他经济主体，从而决定了生产要素（土地、劳动力和资本等）的价格，即要素所有者的收入（租金、工资和股息红利等）。产品市场包含产品和服务的交换关系（其中的产品包含了中间产品和最终产品）。本质上，要素所有者通过产品和服务的价格得以实现其要素收入，所以要素市场和产品市场是为资源配置服务的一体化的市场。

一、金融市场的含义与金融市场要素

（一）金融市场的含义

金融市场既是要素市场，也是产品市场。简单来讲，金融市场是资金供求双方通过各种契约、运用各种金融工具实现货币借贷和资金融通的交易关系与交易机制的总和。

金融市场的功能是资源配置，金融市场的交易机制是保证资源配置功能实现的所有交易规则。在这个意义上，金融市场是为资源配置服务的交易机制的集成。在功能层面，金融市场同时履行着价格发现功能、风险管理功能、流动性提供功能、信息生产功能和交易成本节约功能，并最终实现资源配置的功能。

在交易机制层面，特定的交易机制决定特定的金融市场质量，即市场的有效性、流动性、稳定性、波动性、透明度和安全性，进而影响着特定的金融市场功能的实现程度。换言之，金融市场涵盖了给定的交易机制约束下跨时空的资源配置过程。

根据交易标的物的不同，可将金融市场划分为资金市场、外汇市场和衍生市场。资金市场是指直接进行资金融通和借贷的市场，按照参与交易的金融工具期限的长短，一般可将资金市场进一步划分为资本市场和货币市场。

（二）金融市场要素

金融市场的要素包括交易主体、交易对象、交易工具、交易价格。

（1）交易主体。金融市场上的狭义主体是指参加金融交易的资金盈余或不足的企业和个人以及金融中介机构。广义主体是指包括资金供给者、资金需求者、中介人和管理者在内所有参加交易的单位、机构和个人。

（2）交易对象。金融市场的交易对象不管具体形态如何，都是货币资金，其交易都是实现货币资金的所有权、使用权转移的过程。

（3）交易工具。金融市场上的交易工具又称金融工具或融资工具。它是证明债权债务关系并据以进行货币资金交易的合法凭证。这种工具必须具备规范化的书面格式、广泛的社会可接受性、可转让性以及法律效力。

（4）交易价格。交易价格是指金融工具所代表的价值，即规定的货币资金及其所代表的利率或收益率的总和。

二、资本市场

资本市场是指进行中长期（通常为 1 年以上）资金借贷或金融证券买卖的市场，其基本功能是实现并优化投资与消费的跨期选择。按照参与交易的金融工具性质的不同，还可以细分为股票市场（权益市场）和债券市场。

（一）股票市场

股票是股份公司发给股东作为投资入股的证书和索取股息红利的凭证。股份公司通过发行股票向公众筹集巨额资金，建立起规模庞大的企业。股票市场又称权益市场，是极为重要的资金融通渠道。完整的股票市场包括股份发行市场和现有股份流通转让市场。股票发行包括初始发行和增加发行两种情形。发行的方式包括公募发行和私募发行，前者是指向市场上大量的非特定的投资者公开发行股票；而后者只向少数特定的投资者发行，如内部职工、大型金融机构等。股票可以直接出售给投资者，也可以由投资银行（证券公司）等金融中介机构通过包销或代销等方式进行承销。目前，世界主要的股票交易市场包括纽约股票交易所（NYSE）、美国全国证券商自动报价系统（NASDAQ）、伦敦股票交易所（LSE）和东京股票交易所（TSE）等。

中国的股票市场是在中国经济体制改革和转轨的内在要求下催生而出的产物。20 世纪 80 年代初，由于国家信贷计划无法满足一些企业的融资需求，促使企业不得不寻找新的融资渠道。1984 年，中国第一家股份有限公司北京天桥股份有限公司成立并发行股票，标志着中国股票市场开始萌芽。此后，国有企业股份制改造试点逐渐增多，股票发行量持续增长。截至 1991 年底，全国历年累计发行股票达到 75.42 亿元，企业对融资的迫切需求直接导致了中国股票市场的诞生。1990 年 12 月和 1991 年 7 月，上海证券交易所和深圳证券交易所分别成立，同一时期还有 17 个区域性证券交易中心和 2 个电子交易市场［即全国证券交易自动报价系统（STAQS）和中国证券交易系统（NETS）］成立。中国股票市场发展之初，中央政府曾期望利用其为有资金需求的国有企业筹措资金，以改善相对有前途的国企经营表现。但是，由于中国独特的经济环境，股票市场的建立面临一系列难题：很多人认为股份制就是私有化，股票交易会导致国家对上市公司控股权丧失和国有资产流失；此外，国有产权的清晰化问题尚未解决，面临股权流动后收益归属难以确定等技术性问题。因而，中国股票市场一开始采取了"国有存量股份不动，增量募集股份流通"的股权分置模式。然而，这种分置状态特别是流通权的分置状态，违背了同股同权、同股同利的基本原则，资本市场的基本功能受到了一定程度的扭曲，留下了严重的制度缺陷。为了克服股权分置问题带来的种种弊端，国家采取了许多解决措施。在经历法人股流通（1992～1999年）、国有股减持（1999～2002 年）后，2005 年 4 月 29 日，中国启动股权分置改革以完善市场基础制度和运行机制。股权分置改革的意义不仅在于解决历史遗留问题，更在于为股票市场其他各项改革和制度创新创造条件。截至 2006 年底，有97%的公司完成或者进入股权分置改革程序，对应市值占比达97%，股权分置改革基本完成，为建立全面市场化奠定了基础。

实现股权分置改革的制度性跨越后，中国股票市场开始进入高速发展时期，政府也加快了股票市场的市场化和国际化改革步伐。2007年6月，中国证券监督管理委员会（以下简称"证监会"）颁布《合格境内机构投资者境外证券投资管理试行办法》，合格境内机构投资者（QDII）制度开始实施，合格境内机构投资者是指在人民币资本项下不可兑换、资本市场未开放条件下，在一国境内设立，经该国有关部门批准，有控制地允许境内机构投资境外资本市场的股票、债券等有价证券投资业务的一项制度安排。为缓解内地流动性过剩和内地资本海外投资开辟了新渠道；2009年10月创业板正式开启，2013年12月新三板扩容至全国，标志着由主板、中小板、创业板和新三板构成的多层次资本市场体系进一步完善，中小企业特别是创新型中小企业的融资渠道更加丰富；2010年3月，融资融券正式试点，证券交易机制得到完善；同年4月股指期货开市，改变了长期以来中国股票市场只能做多、不能做空的单边市场机制；2014年11月和2016年12月，沪港通和深港通先后启动，内地股票市场进一步向海外投资者开放。

经历30多年的洗礼，如今中国股票市场已经得到长足发展。1993年沪深交易所A股上市公司数量突破100家大关；2000年突破1000家大关。截至2022年底，我国境内上市公司数量达5067家，上市公司总市值接近79万亿元。总体看为改善上市企业的财务状况、促进技术创造、扩大利润均作出了极大贡献。我国资本市场已经成长为世界第二大市场。随着中国股票市场在国际股票市场中地位的显著提升，2017年6月20日，摩根士丹利资本国际公司宣布自2018年6月起，将中国A股中的222只大盘股纳入摩根士丹利国际资本指数（MSCI）新兴市场指数，这不仅能带动更多海外主动配置资金进入境内股票市场，也能促使境内股票市场的投资者结构、投资理念以及市场机制更加国际化，有助于加快中国资本市场与全球资本市场接轨的步伐。

（二）债券市场

债券是由债务人签发给债权人的一种表明债权债务关系的凭证；债券持有人有权按照约定条件向债券发行人取得利息，并于到期日收回本金。债券市场是债券发行和流通的场所。

发行市场涉及发行合同书的签订、债券信用等级的评定等环节。发行合同书载明了双方的责任义务，为保护债权人的利益还设有否定性条款和肯定性条款来规范借款人的行为。债券的发行人包括中央政府、地方政府、金融机构和各类工商企业，其中尤以政府发行的债券居多。不同的发行主体到期违约的可能性不同，穆迪和标准普尔等专业的信用评级机构就发行人及其所发行的债券给出一个信用等级。

中国债券市场起步于 1981 年财政部恢复国库券发行，其后上海、深圳、北京等地开始有企业以发行债券的形式筹资。20 世纪 80 年代中期，随着债券发行量的不断增加，债券交易市场开始出现。为了满足市场的交易流通需求，20 世纪 80 年代末到 90 年代初，央行在全国各地建立债券流通转让市场。但由于缺乏全国集中统一的国债托管结算系统，绝大多数债券仍在柜台进行实物交易，交易双方对彼此国债库存一无所知，各类金融机构以代保管单的形式超发和卖空国库券的现象相当普遍，各地债券市场秩序较为混乱。

为规范债券交易行为，1993 年上海证券交易所首次尝试国债期货和国债回购业务试点，可以同时在场内交易所进行债券的现货、期货和回购业务，场内市场债券交易量急剧放大。1994 年深圳证券交易所也正式开启债券业务，当年第一只企业债"深盐田"于深圳证券交易所（以下简称"深交所"）上市。在场外债券交易仍不断出现违规卖空和金融欺骗等现象的情况下，1995 年国家规定债券交易全部集中到证券交易所进行，但交易所国债交易的风险控制机制并未真正建立起来，交易所国债交易也相继频频出现违规事件，政府决定暂时关闭国债期货市场。1997 年，在国务院的批准下，全国银行间债券市场正式建立，16 家商业银行成为银行间市场的最初成员。此后，在央行的大力支持与推动下，银行间债券市场无论在托管量、发行量还是在交易量上都实现对交易所市场的超越，于2004 年达到整个债券市场份额的 97% 以上。

经过多年的发展，如今中国债券市场已形成以银行间市场为主、交易所市场为辅的市场体系。债券种类不断丰富，债券市场工具和参与主体日益多元化，无论在发行量、托管量还是成交量方面均表现得更为活跃。1997 年我国债券市场发行量仅为 0.4 万亿元，2022 年债券市场发行的各类债券达到了 61.9 万亿元；2022 年银行间债券市场发行债券 56.0 万亿元，同比增长 5.4%，交易所市场发行 5.8 万亿元，国债发行 9.6 万亿元，地方政府债券发行 7.4 万亿元，金融债券发行 9.8 万亿元，公司信用类债券发行 13.8 万亿元，信贷资产支持证券发行3345.4 亿元，同业存单发行 20.5 万亿元。

此外，我国债券市场对外开放的进程也在稳步推进。2010 年，央行正式进行境外机构投资我国银行间债券市场的试点。2013 年，人民币合格境外机构投资者（RQFII）正式获得了进入交易所债券市场和银行间债券市场的资格。2015 年起，债券市场开放提速，境外投资范围和额度限制不断放开。2017 年 6 月，央行发布

《内地与香港债券市场互联互通合作管理暂行办法》，宣布首先开放"北上"模式，即境外投资者购买境内债券的通道。2017年7月3日，"债券通"北向通正式启动，标志着我国资本市场开放又迈出了重要一步。2019年4月，以人民币计价的中国国债和政策性银行债正式纳入彭博巴克莱全球综合指数（BBGA）；2020年2月起，9只中国政府债券被纳入摩根大通旗舰全球新兴市场政府债券指数系列（GBI-EM）；2021年10月，人民币国债正式纳入富时罗素世界国债指数（WGBI）。

2019年以来，中国债券市场陆续推出一批灵活便利政策。2019年9月，国家外汇管理局取消合格境外投资者（QFII/RQFII）投资额度限制；中国人民银行、国家外汇管理局允许同一境外主体QFII/RQFII和直接入市渠道下的债券进行非交易过户，资金账户之间可以直接划转，同时同一境外主体通过上述渠道入市只需备案一次。2020年，国家外汇管理局放宽了银行间债券市场直接投资模式下的外汇风险对冲的限制；中国人民银行、国家外汇管理局明确并简化境外机构投资者境内证券期货投资资金管理要求；中央结算公司进一步支持特殊结算周期T＋N（N≥4）结算服务，保障境外机构投资者可充分利用不同结算周期；推进入市开户流程电子化、推出循环结算机制，支持延长交易时间，提高业务效率和操作灵活度，进一步深化债券市场对外开放。

截至2021年末，共有1016家境外机构主体进入银行间债券市场，持有银行间债券38578.44亿元（包含全球通与香港债券通模式）。境外机构投资者在中央结算公司的托管量为3.68万亿元，占境外投资者在银行间市场总托管量的95%（不含同业存单）。

三、货币市场

货币市场是以期限在一年以下的短期金融工具为交易标的物的短期金融市场。这些金融工具的特点是期限短、安全性高、流动性强、有适当的收益，如国库券、商业票据、银行承兑汇票、可转让定期存单等都是常见的交易对象。由于该市场信用工具随时可以在发达的二级市场上出售变现，具有很强的变现性和流动性，功能类似于货币，故称货币市场。又由于该市场主要经营短期资金的借贷，故又称短期资金市场。

货币市场的主要功能是调剂暂时性的资金余缺，保持金融产品的流动性。它一方面满足了借款者的短期资金需求，另一方面也为暂时闲置的资金找到了出路。此外，它也是中央银行进行公开市场操作、贯彻货币政策意图的主要场所。货币市场一般没有正式的组织，所有交易特别是二级市场的交易几乎都是通过电信方式联系进行的。市场交易量大是货币市场区别于其他市场的重要特征之一。巨额交易使得货币市场实际上成为一个批发市场。由于货币市场的非人为性及竞争性，因而它是一个公开市场，任何人都可以进入市场进行交易，在那里不存在固定不变的顾客关系。

（一）同业拆借市场

同业拆借市场是金融机构之间以货币借贷方式进行短期资金融通活动的市场。早期的同业拆借主要是银行之间为调剂存款准备金头寸而进行的交易。现在，拆借的目的除了满足准备金要求外，还包括轧平票据交换差额，解决临时性、季节性资金需求等，市场参与者也从商业银行扩大到诸如券商、储贷协会等许多其他金融机构。美国的联邦基金市场是最典型的同业拆借市场。一般同业拆借的期限以隔夜、1 日和 7 日居多，因而拆借利率能灵敏地反映短期资金供求状况。最具代表性的伦敦银行同业拆放利率（LIBOR）是国际金融市场的关键利率，许多浮动利率金融工具均以其作为定价参照。

中国同业拆借市场始于 1984 年。当时针对中国人民银行和商业银行职能分离的新金融组织格局，我国对信贷资金管理体制实行了重大改革，将传统的"统存统贷"信贷制度改为"实贷实存、相互融通"，为银行间相互拆借资金确立了可行的制度保证。1996 年 1 月，全国统一的银行间同业拆借市场正式建立。2002 年 6 月，中国外币交易中心开始为金融机构办理外币拆借业务，统一的国内外币同业拆借市场正式启动。2007 年，《同业拆借管理办法》颁布，标志着同业拆借市场确立了更加开放、透明、市场化的管理框架，逐步实现管理手段的市场化转型。随着我国同业拆借市场的不断完善，它已经成为我国金融机构之间调节短期头寸的主要场所，市场交易量逐年扩大。从货币市场交易的期限结构看，7 天以内（包括隔夜）拆借交易量比重占 95% 以上，而基于同业拆借市场形成的上海银行间同业拆借利率（SHIBOR）也已成为我国金融市场重要的基准利率。

（二）票据市场

票据市场是交易各种商业票据和银行承兑票据的市场。票据期限以短期居多，一般不超过 270 天。商业票据市场在美国十分发达，银行是商业票据的主要购买者。银行承兑汇票市场不但为调剂资金余缺提供了有效的途径，而且对促进国际贸易发展也有着十分重要的意义。中国票据市场的发展始自 20 世纪 80 年代初恢复办理的商业汇票业务。20 世纪 80 年代末至 90 年代初，为了解决企业间的"三角债"问题，政府开始鼓励企业之间使用票据进行结算，由此票据概念向全国推广。随着 1995 年《中华人民共和国票据法》的通过以及一系列与票据业务有关的法规和制度相继出台，1999 年以后票据市场急剧扩张，进入快速发展通道。票据市场已形成存量十万亿级、交易量百万亿级的重要市场，成为货币市场乃至金融市场的重要组成部分。2022 年，商业汇票承兑发生额 27.4 万亿元，贴现发生额 19.5 万亿元。截至 2022 年末，商业汇票承兑余额 19.1 万亿元，贴现余额 13 万亿元。

（三）回购市场

回购市场是指通过回购协议进行短期资金融通交易的市场。回购协议一般约定卖方将证券出售给买方，且在未来某一特定日期卖方以约定价格从买方购回相同证券。在回购交易中，卖出证券并融入资金的一方被称为正回购方，也即融资方；而买进证券并融出资金的一方则称为逆回购方，也即融券方。回购交易的实质是以证券作为抵押担保进行资金融通的一种交易行为。

在国际市场上，回购交易的类型主要包括经典回购和购/售回交易两种，除此以外，三方回购近年来也在美国和欧洲市场上迅速发展。经典回购和购/售回交易的主要差别在于两者的报价方式不同。经典回购以首次交易的价格和回购利率进行报价，回购利息通过回购利率体现；而购/售回交易则以两次交易的价格进行交易，回购利息包含在两次交易的价格中。因此，从形式上看，经典回购表现为一次融资行为，购/售回交易表现为两次现券交易。三方回购则是指在回购交易中，证券和资金由交易对手方交付至一个独立的托管银行、清算所或证券托管机构等第三方托管机构，由其负责在交易存续期间确保有足额价值的担保品。目前，美国回购市场是全球流动性最好、交易技术最发达的市场。相比之下，欧洲回购市场起步较晚，直到 1996 年才作为一种融资工具被普遍使用。

中国的债券回购市场从 1991 年起步，历经多年的发展，深度和广度均不断扩大，交易主体和交易类型也不断丰富。目前，中国的债券回购市场包括银行间市场和交易所市场，其中，银行间债券回购市场是中国回购市场的主体，交易量占整体回购交易量的 95%。从交易主体看，银行间回购市场的投资主体涵盖银行、证券公司、基金公司、保险公司、信用社和企业等各类机构。在交易所市场，可以参加债券回购的投资者除了不包括商业银行以外，几乎涵盖了各种类型的投资者。从交易类型看，最初中国债券回购市场仅有质押式回购一种交易形式。在质押式回购下，如果回购交易到期后资金融入方无法按期还本付息，则资金融出方可以通过出售质押债券得到补偿，但在回购交易到期之前，资金融出方仅拥有该债券的质押权，无权随意处置被质押的债权，被质押债券不能流通和再次融资。2004 年，买断式回购在中国债券回购市场上出现。在买断式回购下，债券持有人（正回购方或融资方）将债券卖给债券购买方（逆回购方或融券方）的同时，交易双方约定在未来某一日期，正回购方再以约定价格从逆回购方买回相等数量同种债券的交易行为。买断式回购可以释放债券流动性，并为市场参与者提供了融券功能和做空机制。

四、外汇市场

（一）外汇市场的含义

外汇市场是兑换和交易各国（地区）货币所形成的交换关系。在外汇市场上，人们用一种货币标价的资金去买卖另外一种货币标价的资金，购买力便实现了在国际的转移。外汇市场的主要功能是进行国际支付、清偿国际债务、调剂国际资金余缺、实现国际资本流动和规避汇率波动风险。

外汇市场交易通常分成三个层次：银行与顾客间的外汇交易、银行同业间的外汇交易以及银行与中央银行间的外汇交易。其中，第一个交易层次被称为外汇零售市场，后两个交易层次则共同构成外汇批发市场。外汇批发市场集中了绝大部分的外汇交易，它决定了各币种之间汇率的高低；外汇零售市场则主要满足外汇最终使用者的需求，银行也可从中赚取买卖差价。

目前，世界主要外汇市场包括欧洲的伦敦、苏黎世外汇市场，美洲的纽约外汇市场，亚洲的东京、新加坡、中国香港地区外汇市场等。各市场之间通过跨国（地区）的通信和计算机网络紧密联系在一起，交易时间相互衔接，构成了一个统一的、实时的全球外汇交易体系。

（二）我国外汇市场的发展

1979 年，我国实行的外汇留成制度产生了调剂外汇的需要，外汇调剂市场成为我国外汇市场的雏形。1994 年外汇管理体制改革，人民币官方汇率与外汇调剂价格正式并轨，我国开始实行以市场供求为基础、单一的、有管理的浮动汇率制度，建立了以银行结售汇制度为基础的银行柜台外汇市场和全国统一的银行间外汇市场。此后，在企业层面，外商投资企业的外汇买卖逐步纳入银行结售汇体系。在银行层面，统一的银行间外汇市场正式建立，为各外汇指定银行相互调剂余缺和清算服务。在定价方面，银行以央行每日公布的人民币兑美元中间价作为依据，在规定的浮动幅度内自行挂牌汇率。1997 年亚洲金融危机后，我国事实上采取了单一盯住美元的汇率安排，人民币汇率一度处于稳定状态。2005 年 7 月，央行宣布人民币汇率制度改革，实行以市场供求为基础、参考一篮子货币进行调节、有管理的浮动汇率制度，此后人民币不再盯住单一美元。银行间外汇市场逐步具备了即期、远期、掉期、货币掉期和期权等多种外汇衍生产品，外汇交易工具日趋丰富。2014 年 7 月，取消美元兑人民币的挂牌汇率浮动区间限制，标志着银行结售汇市场（即外汇零售市场）取消汇率浮动区间管理。2015 年的"811 汇改"进一步完善了人民币兑美元汇率中间价的形成机制，做市商参考前日银行间外汇市场收盘汇率，向中国外汇交易中心提供中间价报价。这一调整使得人民币汇率可以更真实地反映当期外汇市场的供求关系。

五、金融衍生品市场

（一）衍生品市场的含义

衍生市场是以衍生工具为交易对象而形成的交换关系。衍生工具又称或有证券，是由基础性金融资产衍生出来的各种金融合约。金融衍生品市场的功能是转移、分散现货金融产品面临的利率、汇率、股价变动的风险。按照交易特征，现有的衍生工具可分为远期、期货、期权和互换四大类。一般而言，衍生工具的价值是由其所依附的基础资产价值决定的，基础资产可以包括商品、货币、利率工具、股票和股票指数等。

20 世纪后半叶，随着固定利率体系瓦解、金融自由化深入以及各国（地区）金融管制放松，全球范围内利率、汇率以及股市价格波动加剧，投资者规避风险的客观需求不断增加，作为新兴风险管理手段的金融衍生工具应运而生。由于其特有的套期保值、防范风险功能，自诞生以来衍生市场的发展十分迅速，市场规模不断扩大，交易手段也日趋多样化与复杂化。

（二）中国衍生品市场的发展

1990 年 10 月，郑州粮食批发市场开业，标志着中国正式引入期货交易机制。之后中国期货业尽管迅速发展，但经历了一段相对混乱的野蛮生长。1993 年起，政府开始清理和整顿期货业，期货交易量大幅萎缩，大部分交易品种沉寂，部分交易所和经纪公司难以为继。1998 年，国务院确立证监会统一负责对全国证券、期货业的监管，并将原本 14 家交易所撤并为上海、郑州和大连 3 家交易所，仅保留 12 个商品期货交易品种。2000 年 12 月，中国期货业协会正式成立，标志着期货业监管和自律体系完全确立。2005 年 5 月，在央行的推动下，中国工商银行和兴业银行成交首笔银行间市场债券远期交易；同年 8 月，银行间人民币远期市场建立，并正式引入人民币远期询价机制，初步形成了国内人民币远期汇率。此后，人民币结构性理财产品、人民币利率互换、人民币外汇掉期等陆续推出。而在交易所场内衍生市场方面，2006 年中国金融期货交易所在上海挂牌成立，2010 年股指期货正式上市，拉开了我国金融衍生品跨越式发展的序幕。此后，国债期货、上证 50ETF 期权相继于 2013 年和 2014 年推出。

第三节　金融机构

金融机构是金融市场的重要参与者。金融机构是专门从事各种金融活动的组织，是金融活动的主体之一。一般而言，金融机构体系主要包括中央银行、各种类型的商业银行和非银行金融机构等。

改革开放以来，中国金融机构伴随着中国金融市场的成长获得了长足的发展，已经成为国民经济的重要支柱和财政来源。本节介绍不同金融机构的基本功能及其在中国的发展和演变。

一、商业银行

（一）商业银行的含义

商业银行是金融体系中最主要的金融机构，其核心业务是吸收存款、发放贷款，并以存贷利差作为重要的盈利来源。中国的商业银行是指依照《中华人民共和国商业银行法》和《中华人民共和国公司法》设立的吸收公众存款、发放贷款、办理结算等业务的企业法人。

商业银行在经济社会中起到了至关重要的信用中介与信用创造功能。除此以外，商业银行也可以向公众提供诸如投资建议、证券承销和财务计划等其他服务，并承担支付中介功能和一定的政策调节功能。作为经济中最为重要的一类金融机构，商业银行的经营过程需要实现安全性、流动性和营利性三大目标和原则的统一与平衡。

（二）中国商业银行的发展

1978 年以前，我国实行计划经济体制，国家财政实行统收统支，银行也是实行大一统的管理体制。这就使得银行往往处于被动的资金提供者的地位，对国民经济的调节能力十分有限。银行体系呈现高度集中的特征，由中国人民银行作为国家唯一的银行，既行使国家宏观调控的中央银行职能，也行使商业银行的信贷、交易结算等功能。在银行的运营方面，也是由总行下达指令，各分行严格按照指令进行操作。

1978年以后，为了适应经济发展和经济体制改革的需要，我国银行业发生了重大变化。自1983年中国人民银行分拆至1993年，我国逐步恢复并建立了中国农业银行、中国建设银行、中国银行和中国工商银行四大国有专业银行。同时，交通银行、中信实业银行、深圳发展银行等一大批全国性股份制商业银行也先后成立。此时，中国的商业银行具有了一定程度的自主经营管理权限，但主要职责仍是为大型国有企业和国家扶持的产业提供资金支持。1993年相继颁布《中国人民银行法》和《中华人民共和国商业银行法》，明确规定了中国人民银行和商业银行的性质、地位与职责，并为商业银行的市场化经营提供了法律依据。先后经历专业化、商业化、市场化等重大转型变革，形成了以国有商业银行为主体，股份制商业银行、城市商业银行、农村商业银行等多种类型商业银行公平竞争、协调发展的新体系。

二、证券类金融机构

（一）证券类金融机构含义

证券类金融机构是资本市场上重要的金融机构，是从事证券发行、承销与交易，企业重组、兼并与收购，投资分析，风险投资和项目融资等多种业务的非银行类金融机构。

不同国家和地区对证券类金融机构有着不同的称谓。在美国，它被称作投资银行或证券经纪商；在英国，它被称作商人银行；在以德国为代表的欧洲大陆，由于一直采取混业经营，投资银行仅是全能银行的一个部门；而以日本为代表的东亚，则通常称之为证券公司。

（二）中国证券类金融机构产生与发展

自1987年深圳经济特区证券公司成立以来，证券业已成为推动我国资本市场快速发展的重要力量。中国最早的证券公司主要成立于1987～1995年，当时全国性证券公司以华夏、南方、国泰、海通等几家大券商为代表，地方性证券经营机构则多为央行分支机构和各地财政部门设立的专营证券机构。1996年，中国实行"银证分离"，奠定分业经营模式，各商业银行分行下属信托投资公司均被撤销，仅保留四大国有银行总行的信托投资公司证券营业部，这一期间出现了申银万国和国泰君安等大型券商，全行业注册资本由1997年的192.3亿元大幅增加到1999年的313.49亿元。1999年，《中华人民共和国证券法》正式颁布实施，从法律上规定了中国金融业分业经营模式，加速了证券业同银行业、信托业、保险业的分业管理与经营的步伐，又诞生了一批由信托公司重组而成的大型券商。2004年，国务院出台"国九条"，实施证券公司综合治理，初步形成了防范风险、促进证券公司规范发展的有效机制。2006年底，92%的券商实现风险监控指标全部达标，扭转了全行业连续4年亏损的局面。如今经过30多年的发展，中国证券公司的数量、规模均在不断提升，盈利水平不断增加。根据中国证券业协会公布的140家证券公司经审计的年报数据汇总，经营业绩方面，2022年度证券行业实现营业收入和净利润分别为人民币3950亿元和1433亿元。截至2022年12月31日，证券公司资产总额为人民币11.1万亿元，净资产为人民币2.8万亿元。

三、保险类金融机构

（一）保险类金融机构的含义

保险类金融机构是以经营保险业务为主的金融机构，这类机构以收取保险费为条件，向投保人或投保人指定的受益人提供某类风险的保障。按照其业务险种划分，通常可以分为人寿保险公司和财产与灾害保险公司。前者的保险对象主要是有生命的个体，以被保险人的寿命为保险标的，且以被保险人的生存或死亡为给付条件的人身保险；而后者则主要对事件或财产投保。通常，保险类金融机构利用数理统计工具设计保险产品来实现风险的转移和管理，尤其是精算技术、分保和证券化的发展，使得保险公司承保范围日益扩大，减少了经济主体自身承担的不确定性，提高了经济运行的效率。通过积累保费收入，保险类金融机构往往聚集大量资金并投资于金融市场或其他实体项目，因而成为金融市场上不可或缺的一大投资主体。如今，保险业已经成为与银行业和证券业并列的中国第三大支柱金融行业。

（二）中国保险类金融机构产生与发展

1949年，中国第一家全国性大型综合国有保险公司——中国人民保险公司成立，标志着中国保险业正式起步。1952 年，外国保险公司完全退出中国保险市场。1958 年，全国财政会议正式决定全面停办国内保险业务，只保留涉外保险业务继续经营。直至 1979 年，国家决定恢复国内保险业务。20 世纪 80 年代，中国保险业几乎处于完全封闭的环境。先后仅有英国、美国和日本的 16 家保险公司在中国设立代表处和联络机构；而国内保险公司仅为 4 家，几乎不存在外部竞争。截至 1991 年，中国人民保险公司的保费收入占当年全国保费收入的 98%，保险市场近乎完全垄断。随着 1995 年《中华人民共和国保险法》的颁布和 1998 年中国保监会的成立，保险市场开始实质性地对外开放。此后，中国保险业迅速成长，保险机构的数量快速增加。如今，我国保险行业的发展已经取得了令人瞩目的成就。1980 年国内保险业务恢复时，全国保费收入仅为 4.6 亿元；2022 年，保险行业共取得原保险保费收入 46957 亿元；截至 2023 年 4 月，我国已有保险集团（控股）公司 13 家，财产保险公司 86 家，人身保险公司 93 家，再保险公司 14 家。中国保险业正稳步向去垄断化、盈利多元化的方向发展。

四、其他非银行类金融机构

除了证券和保险两大主要非银行类金融机构外，中国具有一定规模的其他非银行类金融机构，主要包括信托、投资基金、期货、融资租赁以及财务公司等。这里着重介绍信托和投资基金的概念及其发展过程。

（一）信托投资公司

信托，源于罗马法中的"信托遗赠"。现代信托制度源于英国信托法及其演变而成的美国信托法。中国作为大陆法系国家，没有权利主体与利益主体相分离、责任有限性和信托管理连续性等基本法理与观念，因此在引入信托制度的时候对信托也给出了自己的定义。根据《中华人民共和国信托法》，信托"是指委托人基于对受托人的信任，将其财产权委托给受托人，由受托人按委托人的意愿以自己的名义，为受益人的利益或者特定目的，进行管理或者处分的行为"。

现代信托有以下四大特征：（1）委托人对受托人的信任是信托关系成立的基础；（2）信托作为一种法律关系，应有三方当事人参与，即必须有委托人、受托人和受益人共同参与；（3）信托财产具有独立性；（4）受托人以自己的名义对信托财产进行管理或处分。广义上讲，所有以收取报酬为目的的使用信托法律关系开展营业的公司都应该归入信托公司的范畴。按照这个定义，中国现有的信托投资公司，如证券投资基金管理公司和产业投资管理公司都属于信托公司。然而，信托还有各种狭义概念。在中国，信托公司是指依照《中华人民共和国公司法》和银监会 2007 年发布的《信托公司管理办法》设立的主要经营信托业务的金融机构；而信托业务，是指信托公司以营业和收取报酬为目的，以受托人身份承诺信托和处理信托事务的经营行为。

（二）证券投资基金

证券投资基金是一种利益共享、风险共担的集合证券投资方式，即通过发行基金证券，集中投资者的资金交由基金托管人托管，由基金管理人集中管理，主要投资于股票、债券等金融工具的投资以获得投资收益和资本增值。

证券投资基金有多种分类方式。根据基金单位是否可自由增加或赎回，可分为开放式基金和封闭式基金。开放式基金的份额一般不直接在市场上交易，但可以直接通过基金公司申购和赎回，因而基金规模并不固定；封闭式基金有固定的存续期，未到期前不能自由申购和赎回，但部分封闭式基金可以在证券交易场所上市交易，投资者可以通过二级市场买卖。根据基金组织形态的不同，可分为公司型和契约型基金。公司型基金是指基金通过发行基金股份、成立投资基金公司的形式设立；契约型基金则是由基金管理人、基金托管人和投资人三方通过基金契约设立。我国的证券投资基金均为契约型基金。此外，按投资目标和投资对象的不同，还可以大致分为股票基金、债券基金、混合基金和货币市场基金等类别。

第四节　金融监管

金融监管体系包括金融监管法律、法规体系和金融监督机构体系。金融监管是指国家依据有关金融的法律、法规，通过金融监管机构以及金融自律机构监管来达到保障、督促资金融通健康有序进行的目的。当今世界各国均通过设立各种监管机构，如金融管理局、货币管理局、证券交易监督委员会等来履行金融监督职能。

一、中国金融监管格局的演变

当前，我国金融体系的总体格局依然呈现间接融资比重较高，直接融资比重相对较低的特征。尽管致力于改善融资结构的改革正在稳步推进，但企业融资依赖银行信贷的局面依然存在，金融体系仍主要由银行主导，银行业资产占全部金融资产的80%以上。这一格局与我国金融业发展初期便确立的分业经营、分业监管模式有关。

自2003年以来，中国人民银行、中国银行业监督管理委员会、中国保险监督管理委员会、中国证券监督管理委员会（以下简称"一行三会"），构成了中国金融业分业监管的格局。中国人民银行是宏观系统性风险监管者与银行监管者，是在国务院领导下制定和执行货币政策、防范和化解金融风险、维护金融稳定的政府机构。

中国人民银行曾是整个金融体系的唯一监管者。自证监会、保监会、银监会相继成立后，中国人民银行原有监管职能很大程度上被"三会"所取代，但仍对金融机构具有一定的实质监管职责。银监会是银行业和某些非银行金融机构的监管者。前者包括商业银行、政策性银行等从事吸收公众存款的金融机构；后者包括金融资产管理公司、信托投资公司、财务公司、金融租赁公司，以及银监会批准设立的其他金融机构。2003年银监会成立，并取代过去中国人民银行的银行监管职责，对监管范围内金融机构的市场行为和审慎经营两个方面同时进行监管。保监会于1998年成立，并接手原中国人民银行的保险业监管职能。与银监会一样，保监会同时承担保险公司的市场行为监管和审慎监管。由于保险机构同样面临系统性风险，如巨灾风险、社会风险和政治经济风险等，保监会通过编制和更新"寿险业经验生命表"监管保险基金投资风险，争取对保险业发展有利的税收政策等手段，监督和管理保险机构的系统性风险。证监会是资本市场监管者，是"三会"中最早成立的一个。依据《证券法》，证监会的监管对象包括股票、企业债券、国债、证券投资基金、证券衍生品种如期货合约、期权和认股权证衍生金融产品，以及证券公司、证券投资基金管理公司的审慎监管。

从近十几年的具体实践看，"一行三会"的金融模式与现阶段社会经济发展水平以及金融发展程度相适应，在我国向市场经济转变的过程中，对于快速、平稳地建立起完善的、多元化的金融市场体系产生了积极作用。然而，尽管我国目前仍实行严格的分业监管，银行、保险与证券等业务之间已出现相互渗透、逐渐交融的迹象，一些混业经营的金融控股集团应运而生，对分业监管提出了新的挑战，中国的金融监管协调问题越发引起关注与重视。2017年7月，全国金融工作会议宣布成立国务院金融稳定发展委员会，旨在加强"一行三会"的金融监管协调、补齐监管短板，这成为我国探索金融监管有效性、避免重复监管和监管真空的有益尝试。2018年3月，银监会和保监会合并为中国银行保险监督管理委员会（以下简称"银保监会"）。2023 年，在原银保监会基础上组建国家金融监督管理总局并改为国务院直属机构，同时划入央行对金控公司的监管和消费者保护职责，以及证监会的投资者保护职责。证监会调整为国务院直属机构，证监会承接国家发展改革委的企业债发行审核职责，债券发行都纳入中国证监会的监管范围。这次改革，延续了 2017 年以来从"分业监管"向"综合监管"的发展趋势。

二、中国人民银行的监管职能

中国人民银行为国务院组成部门，是中华人民共和国的中央银行，是在国务院领导下制定和执行货币政策、维护金融稳定、提供金融服务的宏观调控部门。

中国人民银行的职能主要体现在：一是拟订金融业改革、开放和发展规划，承担综合研究并协调解决金融运行中的重大问题、促进金融业协调健康发展的责任，牵头国家金融安全工作协调机制，维护国家金融安全。二是牵头建立宏观审慎管理框架，拟订金融业重大法律法规和其他有关法律法规草案，制定审慎监管基本制度，建立健全金融消费者保护基本制度。三是制定和执行货币政策、信贷政策，完善货币政策调控体系，负责宏观审慎管理。四是牵头负责系统性金融风险防范和应急处置，负责金融控股公司等金融集团及系统重要性金融机构基本规则制定、监测分析和并表监管，视情况责成有关监管部门采取相应监管措施，并在必要时经国务院批准对金融机构进行检查监督，牵头组织、制订、实施系统重要性金融机构恢复和处置计划。五是承担最后贷款人责任，负责对因化解金融风险而使用中央银行资金机构的行为进行检查监督。六是监督管理银行间债券市场、货币市场、外汇市场、票据市场、黄金市场及上述市场有关场外衍生产品；牵头负责跨市场、跨业态、跨区域金融风险识别、预警和处置，负责交叉性金融业务的监测评估，会同有关部门制定统一的资产管理产品和公司信用类债券市场及其衍生产品市场基本规则。七是负责制定和实施人民币汇率政策，推动人民币跨境使用和国际使用，维护国际收支平衡，实施外汇管理，负责国际国内金融市场跟踪监测和风险预警，监测和管理跨境资本流动，持有、管理及经营国家外汇储备和黄金储备。八是牵头负责重要金融基础设施建设规划并统筹实施监管，推进金融基础设施改革与互联互通，统筹互联网金融监管工作。九是统筹国家支付体系建设并实施监督管理。会同有关部门制定支付结算业务规则，负责全国支付、清算系统的安全稳定高效运行。

对金融机构的监管职能主要体现在三个方面：（1）央行依职权对金融机构流动性和资本充足性进行监测，从宏观上把握金融系统性风险；（2）央行作为金融机构的最后贷款人，对问题金融机构经营状况、适用援助资金的使用情况等进行监管；（3）对于违反金融政策或从事较高风险的金融机构，央行可以通过市场手段而不是行政命令的方式进行限制。

三、国家金融监管总局的监管职能

2023 年设立的国家金融监管总局，统一负责除证券业之外的金融业监管，强化机构监管、行为监管、功能监管、穿透式监管、持续监管，统筹负责金融消费者权益保护，加强风险管理和防范处置，依法查处违法违规行为。

国家金融监管总局的主要职责是：（1）依法依规对全国银行业和保险业实行统一监督管理，维护银行业和保险业合法、稳健运行，对派出机构实行垂直领导。（2）对银行业和保险业改革开放与监管有效性开展系统性研究。参与拟订金融业改革发展战略规划，参与起草银行业和保险业重要法律、法规草案以及审慎监管和金融消费者保护基本制度。起草银行业和保险业其他法律、法规草案，提出制定和修改建议。（3）依据审慎监管和金融消费者保护基本制度，制定银行业和保险业审慎监管与行为监管规则。制定小额贷款公司、融资性担保公司、典当行、融资租赁公司、商业保理公司、地方资产管理公司等其他类型机构的经营规则和监管规则。制定网络借贷信息中介机构业务活动的监管制度。（4）依法、依规对银行业和保险业机构及其业务范围实行准入管理，审查高级管理人员任职资格。制定银行业和保险业从业人员行为管理规范。（5）对银行业和保险业机构的公司治理、风险管理、内部控制、资本充足状况、偿付能力、经营行为和信息披露等实施监管。（6）对银行业和保险业机构实行现场检查与非现场监管，开展风险与合规评估，保护金融消费者合法权益，依法查处违法违规行为。（7）建立银行业和保险业风险监控、评价和预警体系，跟踪分析、监测、预测银行业和保险业运行状况。（8）依法依规打击非法金融活动，负责非法集资的认定、查处和取缔以及相关组织协调工作。

四、中国证监会的监管职能

中国证监会是国务院直属事业单位，其依照法律、法规和国务院授权，统一监督管理全国证券期货市场，维护证券期货市场秩序，保障其合法运行。

中国证监会的主要职责：（1）研究和拟订证券期货市场的方针政策、发展规划；起草证券期货市场的有关法律、法规，提出制定和修改的建议；制定有关证券期货市场监管的规章、规则和办法。（2）垂直领导全国证券期货监管机构，对证券期货市场实行集中统一监管；管理有关证券公司的领导班子和领导成员。（3）监管股票、可转换债券、证券公司债券和国务院确定由证监会负责的债券及其他证券的发行、上市、交易、托管和结算；监管证券投资基金活动；批准企业债券的上市；监管上市国债和企业债券的交易活动。（4）监管上市公司及其按法律、法规必须履行有关义务的股东的证券市场行为。（5）监管境内期货合约的上市、交易和结算；按规定监管境内机构从事境外期货业务。（6）管理证券期货交易所；按规定管理证券期货交易所的高级管理人员；归口管理证券业、期货业协会。（7）监管证券期货经营机构、证券投资基金管理公司、证券登记结算公司、期货结算机构、证券期货投资咨询机构、证券资信评级机构；审批基金托管机构的资格并监管其基金托管业务；制定有关机构高级管理人员任职资格的管理办法并组织实施；指导中国证券业、期货业协会开展证券期货从业人员资格管理工作。（8）监管境内企业直接或间接到境外发行股票、上市以及在境外上市的公司到境外发行可转换债券；监管境内证券、期货经营机构到境外设立证券、期货机构；监管境外机构到境内设立证券、期货机构、从事证券、期货业务。（9）监管证券期货信息传播活动，负责证券期货市场的统计与信息资源管理。（10）会同有关部门审批会计师事务所、资产评估机构及其成员从事证券期货中介业务的资格，并监管律师事务所、律师及有资格的会计师事务所、资产评估机构及其成员从事证券期货相关业务的活动。

拓展阅读

G20：二十国集团财长和央行行长会议

二十国集团（Group20）是 1999 年 9 月 25 日由八国集团的财长在华盛顿提出的，目的是防止类似亚洲金融危机的重演，让有关国家就国际经济、货币政策举行非正式对话，以利于国际金融和货币体系的稳定。二十国集团从 2008 年起召开领导人峰会。随着二十国集团的架构日渐成熟，并且为了反映新兴工业国家的重要性，二十国集团成员国的领导人于 2009 年宣布该组织将取代八国集团成为全球经济合作的主要论坛。二十国集团由英国、美国、日本、法国、德国、加拿大、意大利、俄罗斯、澳大利亚、巴西、阿根廷、墨西哥、中国、印度尼西亚、印度、沙特阿拉伯、南非、土耳其、韩国，共 19 个国家以及欧盟组成。这些国家和地区的国内生产总值约占全世界的 90%，人口则将近占世界总人口的2/3。

为了确保二十国集团与布雷顿森林机构的紧密联系，国际货币基金组织总裁、世界银行行长以及国际货币金融委员会和发展委员会主席作为特邀代表也参与该论坛的活动。

二十国集团以非正式的部长级会议形式运行，不常设秘书处，主席采取轮换制。该集团的财长和央行行长会议每年举行一次。每年的部长级例会一般与七国集团财长会议相衔接，通常在每年的年末举行。会议由主席国及一些国际机构和外部专家提供秘书服务和支持，并可根据需要成立工作小组，就一些重大问题进行评审和提出对策建议。

根据G20在1999年诞生时发表的首份《G20公报》，"G20是布雷顿森林体系框架内一种非正式对话的新机制"。从这段话中可以看出，G20隶属于布雷顿森林体系，但与布雷顿森林体系的IMF、WB等正式国际机制不同，它是一种非正式国际机制。

非正式性是G20机制的性质，这就决定了G20在秘书处建设、议题建设、机制架构、与非成员国关系等方面必须采取与"非正式性"相配套的措施。这在一定程度上可以廓清我们关于如何开展G20建章立制工作的一些困惑。

在秘书处建设方面，现状是每年的轮值主席国都会设立"临时秘书处"，并将前一次主席国和后一次主席国的成员都吸收进来，组成所谓"三驾马车"。存有争议的是要不要设立"常设秘书处"。

关键术语

金融体系　金融机构　金融市场　金融监管

分析与思考

1. 如何理解金融体系的良好运转对我们很重要？

2. 金融市场主要包括哪些类型的市场？

3. 如何理解中国金融机构的构成和发展趋势？

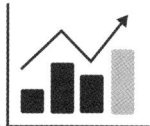

第二章 金融市场

学习目标

本章主要了解金融市场的发展与金融市场的功能；理解金融市场在经济发展中的作用，明确金融市场的价格形成机制，了解中国金融市场的交易机制；掌握金融市场的质量评价指标与方法。

第一节　金融市场的功能

金融市场的核心功能在于实现资金在供给者和需求者之间的高效转移。缺乏资金却拥有投资机会的经济主体可以利用金融市场获取资金，进而投资于回报率超过市场利率的投资机会，而拥有资金却缺乏投资机会的经济主体也可利用金融市场获得稳定的市场回报率。在这一过程中，经济中的闲散资金实现了从资金供给者到资金需求者的有效流转，使得参与金融市场运转的经济主体都可以从中获益。可见，在时间与空间上进行资源的有效配置是金融市场的核心功能和基础性功能。

一、价格发现功能

在金融市场上，买方（投资者）和卖方（融资者）的相互作用决定了金融资产的价格，或者说决定了金融资产要求的收益率。资产价格（或收益率）协调着市场参与各方的投融资决策。较高的资产价格（即较低的收益率）趋于抑制投资者的购买，刺激他们出售资产，同时也刺激融资者扩大融资规模；相反较低的价格（即较高的收益率）鼓励投资者扩大投资，同时也可能进一步抑制融资者的融资行为。金融市场通过价格起落引导资金应如何在金融资产间进行分配，这一过程被称为价格发现过程。由于金融资产的价格对于在时间和空间上的资源配置具有直接的影响作用，因此价格发现是金融市场的核心功能。

金融资产的价格发现是通过两种价格形成机制产生的：其一是一般均衡机制，类似于传统经济学中的分析框架，它是个体投资者在自身既定约束条件下优化行为（资产选择）的结果，个体之间竞争与追逐福利导致了整个金融市场的均衡价格体系的形成；其二是套利机制，即普遍存在的、直观的逐利行为导致了金融资产价格形成的"一价规律"。相对而言，第二种价格机制似乎更能体现金融资产的本质，因为投资金融资产的主要目的是创造更多的未来现金流，而不像商品需求那样更多关注它的使用价值，所以金融资产套利通常比商品套利普遍得多。

二、风险管理功能

由于金融市场对资源的配置是跨期的，使得投资和获得回报之间需要一段时间，金融市场的资产价格变化、借款人信用不好、经济行为的操作错误，甚至是自然灾害、意外事故等都有可能给经济主体带来损失。因此，回报的多少及其可获得性会存在一定的不确定性，这就产生了金融风险，金融市场就成为分配这种风险的关键角色。因此，提供风险管理的手段是金融市场的第二个重要功能。

由于投资者需要承担与收益相关的风险，风险往往与投资行为相伴而生。这种风险配置对于需要通过融资以增加资本进行投资的公司是有利的。当投资者能自行选择与他们偏好最适合的风险—收益特征的证券时，证券就能以合理的价格售出。金融市场在实现资源配置的同时，也要实现风险的最优配置。金融体系既可以提供管理和配置风险的方法，又是管理和配置风险的核心。

风险的管理和配置会增加企业与家庭的福利，当利率、汇率和商品价格的波幅较大时，会相应提高风险管理和配置的潜在收益；而计算机和金融技术方面的进步则降低了交易成本，这又使更大范围的风险管理和配置成为可能。因此，风险管理和配置能力的发展使得金融交易的融资功能与风险承担功能得以分离，使金融市场参与者选择其愿意承担的风险，回避其不愿承担的风险。金融市场为企业、消费者和政府提供了各种防范风险的手段。例如，保险单可以分散个体风险，尤其是人寿险、健康险、财产险等保险工具，能使其持有人在被保对象受到特定损失时获得相应补偿，从而达到间接避险的效果。

此外，企业和个人也可以利用金融市场的财富储藏功能进行"自我保险"，即持有一定的金融资产以应对未来损失的风险。由于风险是投资的基本属性，也是金融体系的基本属性，因而风险配置成为金融体系的基本功能之一。金融体系的风险配置功能表现为伴随着资金的转移，投资活动中的风险从风险承担过度或承担能力较差的投资者，配置到有承担能力且愿意承担风险的投资者身上。

三、流动性提供功能

作为财富储藏手段的金融工具，可以在金融市场上以较低损失迅速换取现金。因此，金融市场可以在必要时为金融资产的持有者提供流动性。金融市场提供流动性是指它为投资者提供一种出售金融资产的机制。投资者以货币资金换取相应的金融资产之后，可能因为种种原因需要将金融资产变现，金融市场的一个重要功能就是提供流动性，即金融资产交易变现或赎回的渠道和机制。

流动性是指金融资产能及时转变为现实购买力并不蒙受损失的能力。流动性越强的金融资产，现实购买力也越强。流动性程度不同的金融资产在流通中周转的便利程度不同。布莱克则认为，流动性好的市场是连续市场，即任何数量的买卖都可成交，且小额交易成交价格与市价相同，大额交易若拉长交易时间其平均价格也与市价相近。若证券缺乏流动性，债权所有者将被迫持有债务工具至到期，股权所有者将被迫持有权益工具至公司自愿清算或破产清算。如果没有流动性，则无法维持金融体系的正常运转。例如，在消费者投资行为中，常遇到金融资产之间、资产与现金之间的转换需要，如果金融体系不能满足这种需要，投资者就不得不放弃通过金融体系来投资，转而为未来可能的流动性需求进行"流动性保险"（把钱全部放在家里以备后用就是一种极端的表现形式）。于是，金融体系应有的资源配置功能将大打折扣。可见，流动性是金融市场的生命力所在。

四、信息生产功能

在市场经济运行中，信息是企业和个人投资决策的基本依据，必要的信息是协调各个经济部门分散决策的重要条件。

企业与家庭根据金融市场观察到的利率与资产价格进行资产配置和消费储蓄决策，利率与资产价格也是企业选择投资项目和融资的重要信号。资产收益的波动率是现代金融理论中量化风险的基本指标，也是风险管理和战略性融投资决策中的关键性信息。一般而言，金融市场上交易的金融工具越丰富多样，可以从它们的价格中获取的信息就越多；而信息越丰富，就越有利于资源配置决策。同时，信息非均衡也是金融市场的基本特征。现实经济世界的信息往往存在非均衡，委托人与代理人之间由于信息不完全或合约不对称，会产生逆向选择、道德风险和"搭便车"等问题，进而导致社会经济资源分配的低效率。市场效率的核心是如何提高信息的充分性和准确性，并建立使信息充分、准确的激励机制。从信息角度看，整个金融市场运行过程就是一个信息处理过程，信息的充分公开揭示，对维护市场公平与效率、促进价格发现与资金有效分配、防止市场机能扭曲以及遏止内幕交易行为具有重要意义。

五、交易成本节约功能

在制度经济学中，人类社会的经济关系是一系列交换关系的集合，而交换关系的完成必然产生一定的成本，这种成本就是交易成本。有两种形式的交易成本：狭义的交易成本（即直接交易成本，包括佣金、手续费等）和广义的交易成本（包括搜寻成本与信息成本等）。在市场经济条件下，交易成本是使用市场的成本。交易者利用金融市场完成交换目的，必然存在交易成本。金融市场的交易成本可分为直接交易成本和间接交易成本两种。直接交易成本又称为显性交易成本，是指交易者向经纪商、交易所或税务机关缴纳的费用，属于投资者可见的费用，包括佣金、手续费、过户费和印花税等。间接交易成本是指与金融交易相关的，但并非直接由投资者缴纳的成本，如搜寻成本与信息成本、延迟成本和市场影响成本。

金融市场的交易成本与金融市场的发育度、交易机制、税收政策等因素密切相关，同时它也影响着金融市场的运行及其效率等。应当看到，金融体系的这5种功能并不彼此独立。金融市场是解决资源在不确定环境下进行跨期最优配置的一种重要方式。它通过交易金融产品使得购买力在不同时间、不同地点重新进行了分配与优化。合理的金融产品价格是保障资源得到最好利用的关键，因此价格发现是金融市场的核心功能。同时，金融产品价格既包含时间价值也包括风险价值，因此对风险的优化配置功能也是价格发现功能的必然产物。

此外，如果市场具有完全信息和完美交易过程（即无摩擦），将有助于价格发现和资源合理配置，因而信息生产既是金融市场存在的基础，也是其重要功能。通过信息生产，金融市场获得了自我实现的前提条件。另外，足够的流动性将润滑金融市场交易，交易成本减少则会便利交易的进行，因此提供流动性和减少交易成本既是金融市场的功能，也是金融市场自我发展和完善的应有内容。

第二节　金融市场的交易机制

现代金融理论对金融市场的研究逐渐深入市场内部运行机制的价格形成机制、市场组织结构、市场交易机制以及市场参与者行为选择等微观层面。

一、交易机制

（一）交易机制的含义

对一个市场来说，其微观结构由技术、规则、信息、市场参与者和金融工具五个关键的部分组成。广义的交易机制就是市场的微观结构；狭义的交易机制特指市场的交易规则和保证规则实施的技术，以及规则和技术对定价机制的影响。因为不同的交易机制不仅在价格发现过程中所起的作用不同，而且对市场参与者的行为策略影响也不同，所以在对交易机制的研究中也应当包括对市场质量和投资者行为策略影响的分析。本节主要关注狭义的交易机制——规则和技术方面。

从功能组织方面看，交易机制是指有组织的交易场所为履行其基本职能而制定的与金融工具交易有关的运作规则，它的重要功能之一是使潜在的投资者需求转化为实际交易，发现市场的出清价格。

（二）交易机制的内容

以交易价格的形成过程为主线，交易机制可以划分为六个方面内容：（1）交易委托方式；（2）价格形成机制；（3）委托匹配原则；（4）信息披露方式；（5）市场稳定措施；（6）其他选择性手段。前三项内容是证券交易制度所必须具备的基本要素，其中价格形成机制是交易制度的核心。

价格形成机制包含做市商制和竞价制两种基本方式。竞价制又包括连续竞价和集合竞价两种方式。按照价格形成机制的不同，可以把证券交易市场划分为报价驱动的做市商市场、指令驱动的集合竞价或连续竞价市场，以及两者兼而有之的混合式市场。不同交易机制的市场其价格形成过程和运作特征是有差别的，主要体现在市场组织、订单匹配原则、信息传递范围和价格确定方法等交易过程方面，并导致不同交易机制的市场属性也会有所差别。

二、交易机制的分类与比较

证券市场交易机制分为两类：一类是报价驱动的竞价交易机制，也就是做市商市场；另一类是指令驱动的竞价交易机制，包括集合竞价和连续竞价。兼具这两类特征的交易机制称为混合机制。

（一）报价驱动的做市商市场

做市商是指在证券市场上，由具备一定实力和信誉的独立证券经营法人作为特许交易商，不断向公众投资者报出某些特定证券的买卖价格（即双向报价），并在该价位上接受公众投资者的买卖要求，以其自有资金和证券与投资者进行证券交易。做市商制度，就是以做市商报价形成交易价格、驱动交易发展的证券交易方式。采用做市商制度的市场称为做市商市场。

1. 做市商制度的特点

（1）所有客户订单都必须由做市商用自己的账户买进卖出，客户订单之间不直接进行交易；（2）做市商必须在看到订单前报出买卖价格，而投资人在看到报价后才下订单。

2. 做市商报价驱动制度的优点

（1）成交即时性。投资者可按做市商报价立即进行交易，而不用等待交易对手的买卖指令，尤其是在处理大额买卖指令方面的即时性比指令驱动制度要强。（2）价格稳定性。在指令驱动制度中，证券价格随投资者买卖指令而波动，而买卖指令常有不均衡现象，过大的买盘会过度推高价格，过大的卖盘会过度推低价格，因而价格波动较大。而做市商则具有缓和这种价格波动的作用，这是因为：做市商报价受交易所规则约束；及时处理大额指令，减缓对价格变化的影响；在买卖盘不均衡时，做市商插手其间，可平抑价格波动。（3）矫正买卖指令不均衡现象。在指令驱动市场上，常常发生买卖指令不均衡的现象。出现这种情况时，做市商可以承接买单或卖单，缓和买卖指令的不均衡，并抑制相应的价格波动。（4）抑制股价操纵。做市商对某种股票持仓做市，使得股价操纵者有所顾忌，担心做市商抛压，抑制股价。

3. 做市商报价驱动制度的缺点

（1）缺乏透明度。在报价驱动制度下，买卖盘信息集中在做市商手中，交易信息发布到整个市场的时间相对滞后。为抵消大额交易对价格的可能影响，做市商可要求推迟发布或豁免发布大额交易信息。（2）增加投资者负担。做市商聘用专门人员，承担做市商义务，是有风险的。做市商对其提供的服务和所承担的风险要求补偿，如交易费用及税收优惠等。这将会增大运行成本，也会增加投资者负担。（3）可能增加监管成本。采取做市商制度，要制定详细的监管制度与做市商运作规则，并动用资源监管做市商活动。这些成本最终也会由投资者承担。（4）做市商可能利用其市场特权。做市商的经纪角色与做市功能可能存在冲突，做市商之间也可能合谋串通。这些都需要强有力的监管。

（二）指令驱动市场

1. 指令驱动交易机制分为集合竞价和连续竞价两种

（1）集合竞价。集合竞价也称为单一成交价格竞价。其竞价方法是：根据买方和卖方在一定价格水平的买卖订单数量，计算并进行供需汇总处理。当供给大于需求时，价格降低以调节供求量，反之则调高价格刺激供给，最终在某一价格水平上实现供需的平衡，并形成均衡价格。在集合竞价市场，所有的交易订单并不是在收到之后立刻予以竞价撮合，而是由交易中心将在不同时点收到的订单积累起来，到一定的时刻再进行集合竞价成交。

（2）连续竞价。连续竞价也叫复数成交价格竞价，其竞价和交易过程可以在交易日的各个时点连续不断地进行。在连续竞价市场上，投资者的交易指令由经纪商输入交易系统，交易系统根据市场上已有的订单情况进行撮合。一旦按照有关竞价规则存在与交易指令相匹配的订单，该订单就可以成交。在连续竞价的价格撮合过程中，当出价最低的卖出订单价格等于或小于买进价格时，就可以达成交易。每笔交易构成一组买卖，交易依照买卖组以不同价格连续进行。虽然集合竞价市场缺乏交易的连续性，但集合竞价市场的价格反映了累积的市场信息，其信息效率要高于连续竞价市场。因此，在连续竞价市场交易中断时，集合竞价市场仍然可以正常运转。

2. 指令驱动制度的优点

相对于做市商报价驱动制度，指令驱动制度的优点表现在：（1）透明度高。在指令驱动制度中，买卖盘信息、成交量与成交价格信息等及时对整个市场发布，投资者几乎可以同步了解交易信息。透明度高有利于投资者观察市场。（2）信息传递速度快、范围广。指令驱动制度几乎可以实现交易信息同步传递，整个市场可同时分享交易信息，很难发生交易信息垄断。（3）运行费用较低。投资者买卖指令竞价成交，交易价格在系统内部生成，系统本身表现出自运行特征。这种指令驱动系统，在处理大量小额交易指令方面优越性较明显。

3. 指令驱动制度的缺点

（1）处理大额买卖盘的能力较低。大额买卖盘必须等待交易对手下单，投资者也会担心大额买卖指令对价格的可能影响，因而不愿意输入大额买卖指令，而宁愿分拆开来，逐笔成交。这种情况既影响效率，又会降低市场流动性。

（2）某些不活跃的股票成交可能继续萎缩。一些吸引力不大的股票，成交本来就不活跃，系统显示的买卖指令不足，甚至较长时间没有成交纪录。这种情况又会使投资者望而却步，其流动性可能会进一步下降。

（3）价格波动性。在指令驱动制度下，价格的波动性可能较大。原因如下：买卖指令不均衡引起价格变动；大额买卖指令也会影响价格；操纵价格的行为。最重要的是指令驱动制度没有设计价格维护机制，任由买卖盘带动价格变化。

（三）混合交易机制

混合交易机制同时具有报价驱动和指令驱动的特点。大多数证券市场并不是采取做市商、集合竞价、连续竞价中的一种形式，而是根据不同的市场情况采取不同程度的混合模式。例如，纽约证券交易所采取了辅之以专家制度的竞价制度；伦敦证券交易所的一部分股票由做市商交易，另一部分股票则采用电子竞价交易。在亚洲的新兴证券市场，普遍采用的是指令驱动电子竞价方式，但一般均结合了集合竞价和连续竞价两种形式。通常开盘时先由集合竞价方式决定开盘价，然后采取连续竞价方式。

（四）报价驱动制度与指令驱动制度的区别

1. 价格形成方式不同

在采用做市商制度的市场上，证券的开盘价格和随后的交易价格是由做市商报出的，而指令驱动制度的开盘价与随后的交易价格都是竞价形成的。前者从交易系统外部输入价格，后者成交价格是在交易系统内部生成的。

2. 信息传递的范围与速度不同

采用做市商制度，投资者买卖指令首先报给做市商，做市商是唯一全面及时知晓买卖信息的交易商，成交量与成交价随后才会传递给整个市场。在指令驱动制度中，买卖指令、成交量与成交价几乎同步传递给整个市场。

3. 交易量与价格维护机制不同

在报价驱动制度中，做市商有义务维护交易量与交易价格。而指令驱动制度则不存在交易量与交易价格的维护机制。

4. 处理大额买卖指令的能力不同

做市商报价驱动制度能够有效处理大额买卖指令。而在指令驱动制度中，大额买卖指令要等待交易对手的买卖盘，完成交易常常要等待较长时间。

三、交易订单以及订单匹配原则

（一）订单的种类及其传递的指令信息

在交易机制的定价过程中，由订单表示的交易指令是交易信息传达和揭示的形式。在金融市场上，通常使用的交易指令有市价指令、限价指令、止损指令、止损限价指令四种形式。其中，前两种形式多用于现货市场，后两种形式多用于期货、期权市场。

1. 市价指令

市价指令是指投资者在提交指令时只规定数量而不规定价格，经纪商在接到该市价指令后应该以最快的速度，并尽可能以当时市场上最好的价格来执行这一指令。市价指令的特点是能够确保成交，但是投资者最后接受的价格可能与他们期望的价格存在差异。

2. 限价指令

限价指令则与市价指令相反，投资者在提交指令时不仅规定数量，而且还规定价格。经纪商在接到限价指令后应以最快的速度提交给市场，但成交价格必须优于指令的价格，即如果是买入指令，则买价不高于指令限价；如果是卖出指令，则卖价不低于指令限价。如果订单限价与市价不一致，经纪商只有等待。限价指令的特点是保证成交价格，但不保证成交。

3. 止损指令

止损指令本质上是一种特殊的限制性市价委托，它是指投资者在指令中约定一个触发价格，当市场价格上升或下降到该触发价格时，止损指令被激活，转化为一个市价指令；否则该止损指令处于休眠等待状态，不提交到市场执行。

4. 止损限价指令

止损限价指令是将止损指令与限价指令结合起来的一种指令，投资者所下达的指令中有两个指定价格——触发价格和限制价格。当市场价格上升或下降到该触发价格时，止损指令被激活，转化为一个限价指令，此时成交价格必须优于限价。

（二）订单匹配原则

订单所传递的交易指令可能会在价格、数量、时间等委托交易参数上有所不同，所以交易机制中需要一定的匹配规则，使得买卖订单以尽可能接近委托要求的条件达成交易。综合各地证券市场的实践，订单匹配原则主要有以下优先性依次减弱的七种。

1. 价格优先原则

这是各证券交易所普遍使用的第一优先原则，指经纪商在接受委托进行交易时，必须按照最有利于委托人利益的方式进行交易，即优先满足较高价格的买进订单和较低价格的卖出订单。

2. 时间优先原则

时间优先原则也称先进先出原则，指当存在若干相同价格的订单时，优先满足最早进入交易系统的订单。

3. 按比例分配原则

按比例分配原则指所有订单在价格相同的情况下，成交数量以订单数量按比例进行分配。美国纽约证券交易所的交易大厅和芝加哥期权交易所等采取了按比例分配原则，对于数额太小的订单一般来说是随机分配的。

4. 数量优先原则

在价格相同，或者价格相同并且无法区分时间先后的情况下，有些交易所规定应该遵循数量优先原则。数量优先原则有两种形式：一是价格和时间都相同的情况下，优先满足订单数量较大的订单，以增加交易流动性；二是数量上完全匹配的订单优先满足数量上不一致的订单，以避免订单只是部分被执行的情况。

5. 客户优先原则

客户优先原则指在同一价格条件下，公共订单优先满足经纪商自营账户的订单，以减轻公共客户与经纪商自营之间的利益冲突，纽约证券交易所就采取了这一匹配原则。

6. 做市商优先原则

做市商优先原则与客户优先原则相反，指做市商提交的在自己的市场报价基础上的订单，可以优先于客户的与该报价相当的限价订单，与新进入市场的订单成交。纳斯达克市场在新的限价订单保护规则实施以前，采取的就是做市商优先原则。

7. 经纪商优先原则

经纪商优先原则指当订单的价格相等时，发出这个订单的经纪商可以优先选择与之匹配的订单，经纪商可以用自己提交的订单与该订单匹配。

第三节 中国金融市场的交易机制

一、上海证券交易所交易机制

上海证券交易所（以下简称"上交所"）是中国内地三所综合性证券交易所之一，于1990年11月26日由中国人民银行总行批准成立。上交所股票总市值排名全球第4位，电子订单交易量位居全球第5位。目前，在上交所交易的证券品种涵盖股票（A股和B股）、基金（封闭式基金和交易型开放式指数基金等）、债券（国债、公司债、企业债等）、债券回购和权证等，交易品种广泛。而上交所的交易系统也由最早的单一指令驱动的竞价交易系统，逐渐发展为包括大宗交易市场、固定收益证券的做市商市场，以及融资融券业务的综合性交易系统组合，交易规则也日臻完善。

（一）竞价交易系统

上交所的竞价交易系统是指令驱动的竞价市场。上交所会员和经认可的机构通过参与者交易业务单元进行证券交易，对投资者实行全面指定交易制度，即投资者指定一家会员作为买卖证券的受托人，通过会员的交易业务单元参与证券买卖。股票、基金、债券、债券回购（包括买断式和质押式）、权证以及经证监会批准的其他交易品种均可在上交所挂牌交易。

1. 竞价交易申报

上交所采用限价订单和市价订单。市价订单又分为即时成交剩余撤销申报、即时成交剩余转限价申报两类。前者未成交部分自动撤销，后者未成交部分按照最新成交价或本方最优报价转为限价订单。市价订单只适用于有价格涨跌幅限制证券连续竞价期间的交易。

2. 交易和交收时间

交易日为每周一至周五。每个交易日的9：15—9：25为开盘集合竞价时间，9：30—11：30和13：00—14：57为连续竞价时间，14：57—15：00为收盘集合竞价时间，集合竞价阶段不可撤单，其余交易时段内的未成交订单均可撤销。投资者买入的证券，交收前不得卖出，但实行"回转交易"（成交后，交收前即可卖出）的除外。根据上交所指定结算机构的现行规定，A股股票的交收日为T+1日。

3. 竞价和成交价格

上交所采用集合竞价和连续竞价。集合竞价的所有交易均以同一价格成交，成交价格应同时满足三个条件：（1）成交价格应是可实现最大成交量的价格；（2）高于该价格的买入申报与低于该价格的卖出申报可以全部成交；（3）与该价格相同的买方或卖方至少有一方可以全部成交。连续竞价按价格优先、时间优先的原则进行撮合成交。连续竞价的即时成交价格符合以下条件：①最高买入申报价格与最低卖出申报价格相同；②买入申报价格高于即时揭示的最低卖出申报价格的，以即时揭示的最低卖出申报价格为成交价格；③卖出申报价格低于即时揭示的最高买入申报价格的，以即时揭示的最高买入申报价格为成交价格。

4. 涨跌幅和订单

申报价格限制，即对股票、基金交易实行价格涨跌幅限制，涨跌幅比例为10%。2015年，上交所修改了原新股发行首日无价格涨跌幅限制的交易规则，规定新股发行首日的连续竞价阶段，有效申报价格不得高于发行价格的144%且不得低于发行价格的64%，盘中成交价格较当日开盘价首次上涨或下跌超过10%的，交易所将实施临时停牌；新股发行首日的集合竞价阶段，有效申报价格不得高于发行价格的120%且不得低于发行价格的80%。

5. 开盘价与收盘价

证券的开盘价为当日该证券的第一笔成交价格。开盘价通过集合竞价产生，集合竞价不能产生的，通过连续竞价产生。证券的收盘价为当日该证券最后一笔交易前一分钟所有交易的成交量加权平均价（含最后一笔交易）。当日无成交的，以前收盘价为当日收盘价。

（二）大宗交易市场

在上交所进行证券交易达到一定金额的，可采用大宗交易方式。

1. 入场条件

单笔买卖申报数量，A股不低于30万股，或交易金额不低于200万元人民币；B股不低于30万股，或交易金额不低于20万美元；基金不低于200万份，或交易金额不低于200万元；债券及债券回购不低于1000手，或交易金额不低于100万元。

2. 交易申报

大宗交易的申报接受意向申报、成交申报以及固定价格申报等。每个交易日9：30—11：30、13：00—15：30接受大宗交易意向申报和成交申报，16：00—17：00仍可接受成交申报，15：00—15：30可接受固定价格申报，即在竞价交易系统关闭后仍可进行大宗交易。意向申报可以不包含成交价格和成交数量。当意向申报被会员接受（包括其他会员报出比意向申报更优的价格）时，申报方应当至少与一个接受意向申报的会员进行成交申报。提出固定价格申报的，买卖双方可按当日竞价交易市场收盘价格或者当日全天成交量加权平均价格进行申报。

3. 涨跌幅限制

有涨跌幅限制证券的大宗交易成交价格，由买卖双方在当日涨跌幅价格限制范围内确定。无价格涨跌幅限制股票、存托凭证的大宗交易成交申报价格范围为：双方申报价格不得高于该股票当日竞价交易实时成交均价的120%和最高价的孰低值，且不得低于该股票当日竞价交易实时成交均价的80%和最低价的孰高值。买卖双方达成协议后，须提出成交申报，成交申报一经确认，不得变更或撤销。

4. 清算

交收每个交易日9∶30—15∶30时段确认的成交，于当日进行清算交收；每个交易日16∶00—17∶00时段确认的成交，于次一交易日进行清算交收。

5. 大宗交易的信息披露

大宗交易不纳入上交所即时行情和指数的计算，成交量在大宗交易结束后计入该证券成交总量。每个交易日大宗交易结束后，属于股票和基金成交申报大宗交易的，公告证券名称、成交价、成交量及买卖双方所在会员营业部的名称等信息；属于债券和债券回购成交申报大宗交易的，公告证券名称、成交价和成交量等信息；单只证券的固定价格申报大宗交易，公告成交量、成交金额，及该证券当日买入、卖出金额最大五家会员证券营业部的名称和各自的买入、卖出金额。

（三）固定收益证券综合电子平台

固定收益证券（包括国债、公司债券、企业债券、分离债等）不仅可以在竞价交易系统内进行交易，而且可以在上交所"固定收益证券综合电子平台"进行交易。固定收益证券综合电子平台是上海证券交易所设置的、与集中竞价交易系统平行、独立的固定收益市场体系。

1. 平台交易商

"固定收益证券综合电子平台"是做市商报价系统，平台上的交易商分为两类：一类是普通交易商和一级交易商（即做市商）。普通交易商为上交所核准的取得平台交易资格的证券公司、基金管理公司、财务公司、保险资产管理公司等机构投资者；另一类是一级交易商，一级交易商是指经上交所核准在平台交易中持续提供双边报价及对询价提供成交报价的交易商。做市商必须对指定的关键期限国债进行做市，并可自主对挂牌交易的其他固定收益证券进行做市。一级交易商在交易期间，应当对选定做市的特定固定收益证券进行连续双边报价，每个交易日双边报价中断时间累计不得超过 60 分钟。其他交易商就特定固定收益证券向为其做市的一级交易商提出询价的，该一级交易商应在接到询价后 20 分钟内进行报价。

2. 报价与交易

一级交易商对做市品种的双边报价，应当是确定报价。国债双边报价价差不得大于 10 个基点，单笔报价数量不得低于 5000 手（1 手为 1000 元面值）；公司债券、企业债券、分离债双边报价价差不大于 20 个基点，单笔报价数量不得低于 1000 手。固定收益证券综合电子平台交易时间为 9：30—11：30、13：00—14：00。现券交易实行净价申报，申报价格变动单位为 0.001 元，申报数量单位为手。交易商当日买入的固定收益证券，当日可以卖出，即实行 T +0 交易。价格涨跌幅限制比例为 10%，但依据前一交易日参考价格（即全部交易的加权平均价）确定当日涨跌区间，而非竞价系统中的收盘价。

交易采用报价交易和询价交易两种方式。报价交易中，交易商可以匿名或实名方式申报；询价交易中，交易商须以实名方式申报。报价交易可以采用确定报价或待定报价。前者在其他交易商接受报价后即成交；后者则在其他交易商接受报价后，还须原报价的交易商进行确认。询价交易中，询价方每次可以向 5 家被询价方询价，被询价方接受询价时提出的报价为确定报价。询价方对被询价方提出的报价予以接受的，方能确认成交。在询价方接受前，被询价方可撤销其报价。

（四）融资融券交易

融资融券交易是指投资者借入资金买入上市证券或借入上市证券并卖出的行为，相当于保证金购买和卖空。2010 年，上交所开始实施融资融券试点。

1. 融资融券账户设立

从事融资融券交易，应开立融券专用证券账户、客户信用交易担保证券账户、融资专用资金账户及客户信用交易担保资金账户。会员应与客户签订融资融券合同及交易风险揭示书，并为其开立信用证券账户和信用资金账户。

2. 融券交易的价格限制

融券卖出的申报价格不得低于该证券的最新成交价；当天没有产生成交的，申报价格不得低于其前收盘价。融券期间，客户通过其所有或控制的证券账户持有与融券卖出标的相同证券的，卖出该证券的价格也应遵守上述规定，但超出融券数量的部分除外。

3. 融入资金和证券的偿还

客户融资买入证券后，可通过卖券还款或直接还款的方式向会员偿还融入资金；融券卖出后，可通过买券还券或直接还券的方式向会员偿还融入证券。客户卖出其融资、买入尚未了结合约的证券所得价款，须优先偿还融资欠款。未了结相关融券交易前，客户融券卖出所得价款除买券还券外不得他用。客户未能按期交足担保物或者到期未偿还融资融券债务的，会员可根据约定处分担保物或采取强制平仓措施。融资融券期限最长不得超过6个月。

4. 标的证券

经上交所认可的股票、证券投资基金、债券或其他证券，可以作为融资买入或融券卖出交易的标的证券。上交所会向市场公布标的证券名单。成为标的证券的股票，应当具备一定的流通规模，拥有分散的股东人数，股价波动幅度较小，且流动性良好。

5. 保证金

会员向客户融资、融券，应当向客户收取一定比例的保证金。保证金可以用标的证券或上交所认可的其他证券充抵；可充抵保证金的证券，在计算保证金金额时应当以证券市值或一定的净值折算率进行折算。具体为，上证180指数成份股股票的折算率最高不超过70%，其他A股股票折算率最高不超过65%；交易型开放式指数基金折算率最高不超过90%；证券公司现金管理产品、货币市场基金、国债折算率最高不超过95%；被实施风险警示、暂停上市或进入退市整理期的A股股票、权证折算率为0；其他上市证券投资基金和债券折算率最高不超过80%。融资保证金比例是指投资者融资买入时交付的保证金与融资交易金额的比例，计算公式为：

融资保证金比例 = 保证金/[融资买入（或卖出）证券数量 × 买入（或卖出）价格]×100%

客户融资买入和融券卖出证券时，保证金比例均不得低于50%。同时，融资买入或融券卖出时所使用的保证金不得超过其保证金可用余额。保证金可用余额的计算公式如下：

保证金可用余额 = 现金 + ∑（可充抵保证金的证券市值 × 折算率）+ ∑[（融资买入证券市值 − 融资买入金额）× 折算率] + ∑[（融券卖出金额 − 融券卖出证券市值）× 折算率] − ∑融券卖出金额 − ∑融资买入证券金额 × 融资保证金比例 − ∑融券卖出证券市值 × 融券保证金比例 − 利息及费用

6. 担保物

会员向客户收取的保证金以及客户融资买入的全部证券和融券卖出所得全部资金，整体作为客户对会员融资融券所生债务的担保物。维持担保比例（即客户担保物价值与其融资融券债务之间的比例）不得低于130%，否则会员应通知客户在2个交易日内追加担保物，追加后的维持担保比例不得低于150%。维持担保比例超过300%时，客户可以提取保证金可用余额中的现金或证券，但提取后维持担保比例不得低于300%。

7. 风险控制

上交所会通过"融资监控指标"对融资融券业务风险进行控制。对于融资业务，该指标的具体定义为："会员上报的标的证券融资余额"和"信用账户持有的标的证券市值"取较小者与标的证券流通市值的比值。对于融券业务，则通过"融券余量"与该股票或基金上市可流通量的比值对其进行风险控制。当单只股票融资或融券的风险控制指标达到25%时，上交所可在次一交易日暂停其融资买入或融券卖出，并向市场公布。上述指标降至20%以下时，可以在次一交易日恢复其融资融券业务并向市场公布。

二、深圳证券交易所交易机制

深圳证券交易所（以下简称"深交所"）成立于1990年12月1日。据世界证券交易所联合会（WFE）2020年12月31日统计，深市成交金额、融资金额、股票市价总值分别位列世界第三位、第四位和第七位。在主板市场之外，深交所分别于2004年和2009年启动中小企业板和创业板市场，基本确立了主板、中小企业板和创业板的多层次资本市场体系架构。深交所与上交所的主要交易机制大致相似，以下主要介绍两个交易所的不同之处。

（一）委托指令

与上交所相同，深交所接受会员的市价申报（即市价订单）和限价申报（即限价订单），但订单申报单位、每张数量和订单上限有所不同。

（二）交易时间

深交所的开盘价和收盘价都产生自集合竞价。交易时间中，9：15—9：25为开盘集合竞价时间，9：30—11：30、13：00—14：57为连续竞价时间，14：57—15：00为收盘集合竞价时间。开盘和收盘集合竞价交易时段不可撤单，其他交易时段内未成交订单均可撤销。

（三）涨跌幅与订单申报价格

限制股票、基金交易的涨跌幅限制比例为 10%，ST 等被实施特别处理的股票价格涨跌幅限制比例为 5%。上市首日开盘集合竞价的有效竞价范围为发行价的上下 20%；连续竞价开始后，当盘中成交价较当日开盘价首次上涨或下跌达到或超过 10% 时，将实施盘中临时停牌 1 小时；当盘中成交价较当日开盘价首次上涨或下跌达到或超过 20% 时，将实施盘中临时停牌至 14∶57。

（四）开盘价与收盘价

证券的开盘价产生方式与上交所相同。收盘价通过集合竞价的方式产生。收盘集合竞价不能产生收盘价或未进行收盘集合竞价的，以当日该证券最后一笔交易前一分钟所有交易的成交量加权平均价（含最后一笔交易）为收盘价。当日无成交的，以前收盘价为当日收盘价。除此之外，深交所与上交所在大宗交易的入场条件、ST 股票收盘价的异常波动、申报价格的最小变化单位等方面均存在不同。需要注意的是，上交所债券现券交易仅采用净价交易，而深交所债券交易可以采取净价交易或全价交易的方式。净价交易指买卖债券时以不含应计利息的价格申报并成交；全价交易指买卖债券时以含应计利息的价格申报并成交。

三、北京证券交易所交易机制

北京证券交易所（以下简称"北交所"）于 2021 年 9 月 3 日注册成立，是经国务院批准设立的我国第一家公司制证券交易所，受中国证监会监督管理。经营范围为依法为证券集中交易提供场所和设施、组织和监督证券交易以及证券市场管理服务等业务。设立北京证券交易所的主要目的是继续支持中小企业创新发展、深化新三板改革，打造服务创新型中小企业主阵地。

（一）交易方式

北交所主要交易方式包括竞价交易、大宗交易和协议转让、盘后固定价格交易以及中国证监会批准的其他交易方式等。

（二）交易时间

竞价交易时间为每个交易日的 9∶15—9∶25 为开盘集合竞价时间，9∶30—

11：30、13：00—14：57 为连续竞价时间，14：57—15：00 为收盘集合竞价时间。

（三）涨跌幅限制

涨跌幅限制比例为 30%。价格涨跌幅限制以内的申报为有效申报，超过价格涨跌幅限制的申报为无效申报。涨跌幅限制价格的计算公式为：

$$涨跌幅限制价格 = 前收盘价 × (1 ± 涨跌幅限制比例)$$

股票交易无价格涨跌幅限制的情况：

（1）向不特定合格投资者公开发行的股票上市交易首日；

（2）退市整理期首日；

（3）中国证监会或交易所规定的其他情形。

（四）竞价

集合竞价是指对一段时间内接受的买卖申报一次性集中撮合的竞价方式。连续竞价是指对买卖申报逐笔连续撮合的竞价方式。

（五）成交

竞价交易按价格优先、时间优先的原则撮合成交。

（1）集合竞价时，成交价的确定原则为：

① 可实现最大成交量；

② 高于该价格的买入申报与低于该价格的卖出申报全部成交；

③ 与该价格相同的买方或卖方至少有一方全部成交。

（2）连续竞价时，成交价的确定原则为：

① 最高买入申报与最低卖出申报价格相同，以该价格为成交价；

② 买入申报价格高于集中申报簿当时最低卖出申报价格时，以集中申报簿最低卖出申报价格为成交价；

③ 卖出申报价格低于集中申报簿当时最高买入申报价格时，以集中申报簿最高买入申报价格为成交价。

四、银行间债券市场交易机制

银行间债券市场依托中国外汇交易中心暨全国银行间同业拆借中心和中央国债登记结算公司，是商业银行、保险公司、证券公司等金融机构进行债券买卖和回购的市场。目前，银行间债券市场已成为我国债券市场的主体部分。其交易主体涵盖商业银行及其授权分支机构、非银行金融机构和非金融机构（如基金公司、证券公司、信托投资公司、财务公司、城市信用社）以及经央行批准经营人民币业务的外国银行分行。其交易券种包括但不限于国债、央行票据、政策性金融债、公司债、企业债、中期票据和短期融资券。

（一）交易方式

银行间债券市场的交易方式分为询价和点击成交两种。

1. 询价交易方式

询价交易方式指交易双方自行协商确定交易价格以及其他交易要素的交易方式，包括报价、格式化询价和确认成交三个步骤。询价交易方式下，最低交易量为券面总额 10 万元，交易量最小变动单位为券面总额 10 万元。报价分为意向报价、双向报价和对话报价。意向报价指交易成员向全市场特定交易成员或系统用户发出的、表明其交易意向的报价，受价方可根据意向报价向报价方发送对话报价，进行格式化询价。双向报价指交易成员向全市场发出的、同时表明其买入/卖出或融入/融出意向的报价，交易成员可就双向报价产品（为交易系统事先设定部分交易要素的标准化报价品种）和资产支持证券发出双向报价。对话报价指交易成员为达成交易向特定系统用户发出的交易要素具体明确的报价，受价方可以直接确认成交。一般情况下，意向报价和双向报价不可直接确认成交；对话报价经对手方确认即可成交。交易系统会根据债券交易子市场设置相应的报价方式。格式化询价指交易成员与对手方相互发送的一系列对话报价所组成的交易磋商过程。交易成员可在交易系统允许的轮次内询价。超过允许轮次而仍未确认成交的，格式化询价结束。确认成交指交易成员就交易要素达成一致后向交易系统提交确认成交的请求。

2. 点击成交方式

点击成交方式指报价方发出具名或匿名的要约报价，受价方点击该报价后成交或由限价报价直接与之匹配成交的交易方式。点击成交交易方式下，最低交易量为券面总额 100 万元，交易量最小变动单位为券面总额 10 万元。报价分为做市报价（双边）和点击成交报价（单边）。做市报价指报价方就某一券种同时报出买入和卖出价格及数量的报价。做市商和尝试做市机构可对其设定的做市券种进行双边报价。点击成交报价指报价方就某一券种报出买入或卖出价格及数量的报价。

（二）交易类型

银行间债券市场的交易类型包括现券买卖、质押式回购、买断式回购和债券借贷，其交易规则见表 2-1。

表 2−1　　　　　　　　　　　　银行间债券市场的交易规则

项目	现券买卖	质押式回购	买断式回购	债券借贷
交易时间	北京时间 9：00—12：00，13：30—17：00			
交易方式	采用询价交易方式和点击成交交易方式	采用询价交易方式、可用意向报价、对话报价和双向报价	采用询价交易方式、可用意向报价和对话报价	采用询价交易方式、匿名点击交易方式等
最长期限	—	365 天	91 天	365 天
最低交易量	询价 10 万元/点击成交 100 万元	10 万元	10 万元	10 万元
最小报价单位	0.0001 元	0.0001%	0.0001%	0.0001%

资料来源：全国银行间同业拆借中心。

1. 现券买卖

现券买卖是交易双方以约定的价格转让债券所有权的交易行为。可交易券种包括国债、央行票据、金融债、次级债、企业债、国际开发机构债券、短期融资券、资产支持证券等。

2. 质押式回购

质押式回购是交易双方进行的以债券为权利质押的一种短期资金融通业务，指资金融入方（正回购方）在将债券出质给资金融出方（逆回购方）融入资金的同时，双方约定在将来某一日期，由正回购方按约定回购利率计算的资金额向逆回购方返还资金，逆回购解除出质债券上质权的融资行为。正回购方应在首期结算日提供足额质押债券，质押债券的折算比例应符合中国人民银行规定。回购期间，交易双方不得动用质押的债券。回购到期后，正回购方应按照合同约定全额返还到期回购项下的资金并解除质押关系，且不得以任何方式展期。

3. 买断式回购

买断式回购指债券持有人（正回购方）将债券卖给债券购买方（逆回购方）的同时，交易双方约定在未来某一日期，正回购方再以约定价格从逆回购方买回相等数量同种债券的交易行为。买断式回购实行净价交易，全价结算。

4. 债券借贷

债券借贷是债券融入方以一定数量的债券为质物，从债券融出方借入标的债券，同时约定在未来某一日期归还所借入标的债券，并由债券融出方返还相应质物的债券融通行为。

五、外汇市场交易机制

外汇市场可以分为两个部分，也就是银行间外汇市场和零售外汇市场。银行间外汇市场也可以称作银行间的外汇批发市场,这是外汇交易中最上层的市场,是各家银行间进行外汇交易的市场,形成一个相对集中的外汇市场。零售外汇市场指的就是外汇交易机构与客户之间的市场,在这个市场中最基础的阶层就是个人交易者,特点是广泛且分散。这两个市场相比较,银行间外汇市场的规模更大。

(一) 银行间外汇市场

中国外汇市场目前就是一个以银行间市场为中心的市场体系。除承担银行间债券市场的交易平台职能外,中国外汇交易中心暨全国银行间同业拆借中心也是银行间外汇市场的具体组织者和运行者,主要负责为银行间同业拆借市场、债券市场、外汇市场等提供交易、信息、基准、培训等服务,承担市场交易的日常监测工作,为央行货币政策操作和传导提供服务。

1. 银行间外汇市场的主体

银行间外汇市场的主体主要包括商业银行、投行、中央银行、对冲基金和交易公司。除了中央银行不是以营利为目的之外,其他所有的参与者都是为了牟取利益和获取信息资源。商业银行、投行、交易公司和对冲基金一般都是以做市商的形式加入银行间外汇交易市场。做市商在市场上拥有定价权,为其他交易者提供买卖双向报价,通过不断买卖来维持市场的流动性。做市商可以承受一定的持仓头寸风险,它们等待市场消息面变得有利,从而从中获利。

2. 银行间外汇市场交易产品

银行间外汇市场交易品种包括外汇即期交易、远期交易、掉期交易、货币掉期交易和外汇期权交易。现货和掉期交易在我国银行间外汇市场中的合计比重超过90%。人民币外汇即期交易的外汇币种包括美元、欧元、日元、英镑、港币、澳大利亚元、加拿大元、新西兰元、马来西亚林吉特和俄罗斯卢布。

(二) 中间价与汇率浮动幅度

人民币汇率中间价指交易中心根据央行授权,每日计算和发布人民币对美元等主要外汇币种汇率中间价。根据最新公布的人民币兑美元中间价形成方式,交易中心于每日银行间外汇市场开盘前向外汇市场做市商询价,做市商参考上日银行间外汇市场收盘汇率,综合考虑外汇供求情况以及国际主要货币汇率变化进行报价。交易中心将全部做市商报价作为人民币对美元汇率中间价的计算样本,去掉最高和最低报价后,将剩余做市商报价加权平均,得到当日人民币对美元汇率中间价,权重由交易中心根据报价方在银行间外汇市场的交易量及报价情况等指标综合确定。人民币与其他货币汇率之间的中间价形成方式与上述类似，人民币对港元汇率中间价由外汇交易中心分别根据当日人民币对美元汇率中间价与上午9时国际外汇市场港元对美元汇率套算确定。

2005年7月，我国开始实行以市场供求为基础、参考一篮子货币进行调节、有管理的浮动汇率制度。2010年6月19日，中国人民银行决定进一步推进人民币汇率形成机制改革，增强人民币汇率弹性。在此基础上，形成了基于公布的每日人民币外汇即期交易中间价，在中国人民银行公布的浮动范围内进行外汇交易的交易模式。现阶段，美元对人民币的交易价在中间价上下2%的幅度内浮动。

（三）交易模式

银行间外汇市场的交易模式主要包括竞价交易和询价交易等。竞价交易也称为匿名交易，做市商通过外汇交易系统匿名报价，市场参与者可点击报价或提交订单，系统按照"价格优先、时间优先"的原则进行匹配达成交易，交易双方通过集中净额清算模式进行清算。询价交易指由双边授信关系的交易双方，通过外汇交易系统发起交易请求、协商交易要素达成交易，并通过双边清算模式或集中金额清算等其他清算模式进行清算的交易模式。

（四）清算模式

清算是指交易的匹配确认、盈亏以及双方支付或交割权利义务的计算、结算指令的发送和到账确认等过程。清算包括集中清算和双边清算两种模式。集中清算外汇交易达成后，第三方作为中央清算对手方分别向交易双方独立进行资金清算。双边清算指外汇交易达成后，由交易双方按交易要素直接进行资金清算。银行间外汇市场的竞价交易主要为集中净额清算，适用人民币外汇和外币对即期竞价交易（T+2）及所有人民币外汇和外币对即期竞价会员。询价交易主要为双边清算和集中净额清算，适用人民币外汇即期询价交易（T+2）和指定会员。

根据不同的货币，人民币外汇即期交易包括T+0、T+1和T+2，而外币对即期交易主要为T+2（除USD/CAD为T+1以外）。最小交易金额为外汇交易在交易系统中允许成交的最低金额，以交易货币金额计。流动性限额则指在竞价交易模式下，做市商对其买卖报价所承诺的最低可成交金额，以基准货币金额计。

六、金融期货市场交易机制

中国金融期货交易所（以下简称"中金所"）是经国务院同意，中国证监会批准，由上海期货交易所、郑州商品交易所、大连商品交易所、上交所和深交所共同发起设立的金融期货交易所，于 2006 年 9 月 8 日在上海正式挂牌成立。中金所主要职能是：组织安排金融期货等金融衍生品上市交易、结算和交割，制定业务管理规则，实施自律管理，发布市场交易信息，提供技术、场所、设施服务。

（一）市场进入条件

自然人、一般法人和其他经济组织在申请开户时保证金账户可用资金余额不低于 50 万元，并且具有累计 10 个交易日、20 笔以上的股指期货仿真交易成交记录或者最近 3 年内具有 10 笔以上的商品期货交易成交纪录。一般法人和其他经济组织还需满足净资产不低于人民币 100 万元的条件。

（二）交易标的

目前，在中金所上市的期货合约有沪深 300 股指期货合约、中证 500 股指期货合约、上证 50 股指期货合约、5 年期和 10 年期国债期货。其中，沪深 300 股指期货合约存在时间最长，以下均以此为例进行介绍。沪深 300 指数是由上海和深圳证券市场中选取 300 只 A 股作为样本编制而成的成份股指数，其样本覆盖了沪深市场六成左右的市值，具有良好的市场代表性。以沪深 300 指数为交易标的的股指期货合约，合约乘数为每点 300 元，最小变动价位为 0.2 个指数点，合约月份为当月、下月及随后两个季月（季月指 3 月、6 月、9 月、12 月）。股指期货合约价值为股指期货指数点乘以合约乘数。例如，若某日 IF1204 合约收于 2586.20 点，则对应的合约价值为 775860 元（2586.20×300）。

（三）交易指令

金融期货市场的交易指令主要分为市价指令和限价指令。市价指令指不限定价格、按当时市场上可执行最优报价成交的指令，其未成交部分自动撤销。限价指令指按限定价格或更优价格成交的指令。在买入时，限价指令必须在其限价或者限价以下的价格成交；在卖出时，必须在其限价或者限价以上的价格成交。交易指令的报价只能在合约价格限制范围内，超过价格限制范围的报价为无效报价。交易指令申报经交易所确认后生效。交易指令每次最小下单数量为 1 手（1 张合约），市价指令每次最大下单数量为 50 手，限价指令每次最大下单数量为 100 手。

（四）交易时间与竞价交易

股指期货的最后交易日为合约到期月份的第三个星期五，遇国家法定假日顺延。此外，股指期货竞价交易采用集合竞价和连续竞价两种方式。集合竞价是对在规定时间内接受的买卖申报一次性集中撮合的竞价方式，连续竞价是对买卖申报逐笔连续撮合的竞价方式。集合竞价采用最大成交量原则，即以此价格成交能够得到最大成交量。高于集合竞价产生的价格的买入申报全部成交；低于集合竞价产生的价格的卖出申报全部成交；等于集合竞价产生的价格的买入或者卖出申报，根据买入申报量和卖出申报量的多少，按照少的一方的申报量成交。连续竞价交易按照价格优先、时间优先的原则撮合成交。以涨跌停板价格申报的指令，按照平仓优先、时间优先的原则撮合成交。

（五）涨跌幅

股指期货合约的涨跌停板幅度为上一交易日结算价的 ±10%。季月合约上市首日涨跌停板幅度为挂盘基准价的 ±20%。上市首日有成交的，于下一交易日恢复到合约规定的涨跌停板幅度；上市首日无成交的，下一交易日继续执行前一交易日的涨跌停板幅度。

（六）保证金

中金所实行保证金制度，保证金是交易所向结算会员收取的用于结算和担保合约履行的资金。保证金分为结算准备金和交易保证金。结算准备金是指结算会员在交易所专用结算账户中预先准备的资金，是未被合约占用的保证金。交易保证金是指结算会员存入交易所专用结算账户中确保履约的资金，是已被合约占用的保证金。买卖成交后，交易所根据交易保证金标准和持仓合约价值向双方收取交易保证金。股指期货合约最低交易保证金标准为合约价值的8%（对应12.5倍杠杆）。若股指期货交易出现涨跌停板单边无连续报价（单边市）或交易所认为市场风险明显变化，交易所可以根据市场风险状况调整交易保证金标准，并向证监会报告。交易所调整期货合约交易保证金标准的，在当日结算时对该合约的所有持仓按照调整后的交易保证金标准进行结算。

（七）结算与追加保证金

中金所实行当日无负债结算制度。当日收市后，交易所按照当日结算价对结算会员所有合约的盈亏、交易保证金及手续费、税金等费用进行清算，对应收应付的款项实行净额一次划转，相应增加或者减少结算准备金。结算会员在交易所结算完成后，按照前款原则对客户、交易会员进行结算；交易会员按照前款原则对客户进行结算。

（1）当日盈亏。当日结算价是指某一期货合约最后一小时成交价格按照成交量的加权平均价。期货合约以当日结算价作为计算当日盈亏的依据。计算公式如下：

当日盈亏 = $\sum$［（卖出成交价 − 当日结算价）× 卖出量 × 合约乘数］+ $\sum$［（当日结算价 − 买入成交价）× 买入量 × 合约乘数］+（上一交易日结算价 − 当日结算价）×（上一交易日卖出持仓量 − 上一交易日买入持仓量）× 合约乘数

（2）当日结算准备金余额。结算准备金余额的具体计算公式如下：

当日结算准备金余额 = 上一交易日结算准备金余额 + 上一交易日交易保证金 − 当日交易保证金 + 当日盈亏 + 入金 − 出金 − 手续费

结算完毕后，结算会员的结算准备金余额低于最低余额标准时，该结算结果即视为交易所向结算会员发出的追加保证金通知，两者的差额即为追加保证金金额。交易所发出追加保证金通知后，可通过期货保证金存管银行从结算会员专用资金账户中扣划。若未能全额扣款成功，结算会员应在下一交易日开市前补足至结算准备金最低余额。未能补足的，如结算准备金余额小于结算准备金最低余额，不得开仓；如结算准备金余额小于零，按照《中国金融期货交易所风险控制管理办法》的规定进行处理。

（八）持仓限额制度

中金所实行持仓限额制度。持仓限额是交易所规定的会员或者客户对某一合约单边持仓的最大数量。同一客户在不同会员处开仓交易，其在某一合约单边持仓合计不得超出该客户的持仓限额。股指期货合约持仓限额具体规定为：（1）进行投机交易的客户某一合约单边持仓限额为100手；（2）某一合约结算后单边总持仓量超过10万手的，结算会员下一交易日该合约单边持仓量不得超过该合约单边总持仓量的25%；（3）进行套期保值交易和套利交易的客户号的持仓按照交易所有关规定执行，不受某一合约单边持仓限额为100手的限制；（4）会员、客户持仓达到或者超过持仓限额的，不得同方向开仓交易。

（九）强行平仓

中金所实行强行平仓制度。当会员和客户出现一些特定情形时，交易所可以对其持仓实行强行平仓，如结算会员结算准备金余额小于零且未能在第一节结束前补足，持仓超出持仓限额标准且未能在结束前平仓，或者出现违规、违约行为等。强行平仓的价格通过市场交易形成。

第四节　金融市场质量

金融市场的运行质量对于其发挥筹资和优化资源配置的功能起着至关紧要的作用，市场质量能够确保投资者精确估计风险与收益，从而有利于投资者作出相应的投资决策。同时，也使企业以更低的成本在发行市场筹集资金。

市场质量是包含多方面因素的综合体。一般来讲，市场质量可从有效性、流动性、稳定性、透明性、效率等方面来衡量。

一、金融市场有效性

有效性衡量价格反映信息的效率，即金融产品的价格能准确、迅速、充分反映可得的信息，尽可能减少定价误差。金融市场有效意味着资源配置有效和市场运行有效。资源配置有效指的是：证券价格是一个可以信赖的正确的投资信号，投资者可以根据这些价格信号的指导，选择投资方向并获得最大收获。

当金融资产的价格不能充分反映其基本面信息时，所有人的福利都将由于资源的无效配置而受到损失。在市场经济体系中，像工厂、设备和专业技术等实体投资都高度依赖于金融资产的价格。例如，如果股票价格反映出电信装机容量的价值高于安装成本，那么经理人就会顺理成章地确定电信项目投资可以获得正的净现值，如此，资本市场的价格便指引了实体资源的配置。如果市场无效，或者说证券普遍存在定价误差，那么资源就会系统性地错误配置。股票价格被高估的企业可以用过低的成本得到资本，而价格被低估的企业则可能会因为融资成本过高而失去潜在的投资机会。因此，无效的资本市场将损害市场经济体系最重要的资源配置功能。

（一）有效市场假说（efficient market hypothesis，EMH）

有效市场假说理论认为金融资产的价格能够充分反映所有可获得的信息。早在20世纪50年代，经济周期研究者试图通过分析某些经济变量的时间序列验证并预测经济的增长和衰退过程。一个自然的选择便是股票市场的价格，由于股票价格能够反映企业的经营状况，因此经济增长的波动周期应当能够在股票价格的时间序列中有所表现。当坎达尔（Kendall，1953）检验这一命题时，他发现无法从股票价格中找到可预测的模式。价格似乎随机地发生变化，无论之前的表现如何，其在某一天上涨和下跌的概率几乎相当，数据无法提供可以预测价格变动的方法。最初，坎达尔的结论令许多金融经济学家感到不安，似乎股票市场完全被飘忽不定的市场心理所影响，不遵循任何逻辑规律，因此这一结果从表面上肯定了市场的非理性。1964 年，奥斯本提出了"随机漫步理论"，他认为股票价格的变化类似于化学中的分子"布朗运动"（悬浮在液体或气体中的微粒所做的永不休止的、无秩序的运动），具有"随机漫步"的特点，也就是说，它变动的路径是不可预期的。1970 年，法玛（Fama）也认为，股票价格收益率序列在统计上不具有"记忆性"，所以投资者无法根据历史的价格来预测其未来的走势。

随后的深入研究使经济学家的看法发生了反转，很快随机的价格运动成为市场良好运行或者说市场有效的标志。萨缪尔森的看法是，金融市场并非不按经济规律运作，恰恰相反，这正是符合经济规律的作用而形成的一个有效率的市场。1965 年，法玛第一次提到了有效市场（efficient market）的概念：有效市场是这样一个市场，在这个市场中，存在着大量理性的、追求利益最大化的投资者，他们积极参与竞争，每一个人都试图预测单个股票未来的市场价格，每一个人都能轻易获得当前的重要信息。在一个有效市场上，众多精明投资者之间的竞争导致这样一种状况：在任何时候，单个股票的市场价格都反映了已经发生的和尚未发生但市场预期会发生的事情。1970 年，法玛提出了有效市场假说（efficient markets hypothesis），其对有效市场的定义是：如果在一个证券市场中，价格完全反映了所有可以获得的信息，那么就称这样的市场为有效市场。

衡量证券市场是否具有外在效率有两个标志：一是价格是否能自由地根据有关信息而变动；二是证券的有关信息能否充分地披露和均匀地分布，使每个投资者在同一时间内得到等量等质的信息。

内部有效市场（internally efficient markets）又称交易有效市场（operationally efficient Markets），它主要衡量投资者买卖证券时所支付交易费用的多少，如证券商索取的手续费、佣金与证券买卖的价差。外部有效市场（externally efficient markets）又称价格有效市场（pricing efficient markets），它探讨证券的价格是否迅速地反映出所有与价格有关的信息，这些"信息"包括有关公司、行业、国内及世界经济的所有公开可用的信息，也包括个人、群体所能得到的所有的私人的、内部非公开的信息。

成为有效市场的条件是：（1）投资者都利用可获得的信息力图获得更高的报酬；（2）证券市场对新的市场信息的反应迅速而准确，证券价格能完全反映全部信息；（3）市场竞争使证券价格从旧的均衡过渡到新的均衡，而与新信息相应的价格变动是相互独立的或随机的。

（二）有效市场假说的主要形式

有效市场假说通常可以分为三种形式：弱式有效市场假说、半强式有效市场假说和强式有效市场假说。这些形式的区别在于对所有可获得信息的定义不同。

1. 弱式有效市场假说（weak-form market efficiency）

该假说认为在弱式有效的情况下，市场价格已充分反映出所有过去历史的证券价格信息，包括股票的成交价、成交量、卖空金额、融资金额等。

推论一：如果弱式有效市场假说成立，则股票价格的技术分析失去作用，基本分析还可能帮助投资者获得超额利润。

2. 半强式有效市场假说（semi-strong-form market efficiency）

该假说认为价格已充分反映出所有已公开的有关公司营运前景的信息。这些信息有成交价、成交量、盈利资料、盈利预测值、公司管理状况及其他公开披露的财务信息等。假如投资者能迅速获得这些信息，股价应迅速作出反应。

推论二：如果半强式有效假说成立，则在市场中利用技术分析和基本分析都失去作用，内幕消息可能获得超额利润。

3. 强式有效市场假说（strong-form market efficiency）

该假说认为价格已充分地反映了所有关于公司营运的信息，这些信息包括已公开的或内部未公开的信息。

推论三：在强式有效市场中，没有任何方法能帮助投资者获得超额利润，即使基金和有内幕消息者也一样。

有效市场假说还依赖三个依次减弱的成立条件：第一，投资者是理性的，因而可以理性地评估证券的价值；第二，存在部分非理性投资者，但他们的交易因为具有随机性而会相互抵消，不会影响价格；第三，虽然非理性投资者的交易行为具有相关性，但理性套利者的套利行为可以消除这些非理性投资者对价格的影响。随着20世纪90年代以后行为金融理论的兴起，投资者具有非理性已经成为共识，而许多研究者也都发现投资者的非理性行为之间存在相关性，因而无法全部抵消，最后，有限套利也逐步得到了学术界的广泛认可，因此投资的非理性行为可能会对证券价格造成系统性的影响。进一步地，许多市场异象被研究者所发现，关于金融市场"反应过度"和"反应不足"的研究逐渐变得普遍，说明有效市场假说无法完全成立。

二、金融市场流动性

（一）流动性的含义

流动性是一个很难明确定义的概念，它几乎与市场运行的所有因素有关。当一种资产能以较小的交易成本迅速与现金相互转换时，则该资产具有流动性。因此，可以将流动性定义为：投资者根据市场的基本供给和需求状况，以合理的价格迅速交易一定数量资产的能力。

当一种资产和现金能够以较小的交易成本迅速相互转换时，我们说该资产具有流动性。简单地说，流动性可以用迅速执行一定数量交易的成本来衡量。

流动性是证券市场的生命力所在。二级市场的流动性为投资者提供了转让和买卖证券的机会，也为筹资者提供了筹资的必要前提；如果市场缺乏流动性而导致交易难以完成，市场也就失去了存在的必要。从更广泛的意义上看，市场流动性的增加不仅保证了金融市场的正常运转，也促进了资源有效配置和经济增长。流动性的价格层面意味着，买卖某一证券的价格必须等于或接近占主导地位的市场价格。

（二）流动性的衡量

市场的流动性越高，则进行即时交易的成本就越低。一般而言，较低的交易成本就意味着较高的流动性，或相应的较合理的价格。从以上定义可以看出，流动性实际包含了三个方面：速度（交易时间）、价格（交易成本）和交易数量。

1. 速度（交易时间）

速度指证券交易的即时性。从这一角度看，如果流动性意味着一旦投资者有买卖证券的愿望即可立即得到满足。但是，在任何一个市场如果投资者愿意接受极为不利的条件，交易一般均可得到迅速执行。

基于即时性的主要指标有两个：一是执行时间，即从订单到达到订单得到执行时的间隔；二是交易频率，即在一个特定时间内的交易次数（不考虑交易规模）。时间法的优点是衡量方法十分简便，其主要缺点是：一是限价订单的执行时间与其价格密切相关；二是交易频率与市场波动性有关；三是没有考虑价格变化的影响。

2. 价格（交易成本）

流动性还要满足第二个条件，即交易即时性必须在成本尽可能小的情况下获得，或者说，在特定的时间内，如果某资产交易买方的溢价很小或卖方的折价很少，则该资产具有流动性。流动性的价格因素通常以市场宽度来衡量，常见指标为买卖价差。当买卖价差足够小时，市场具有宽度，当大额订单的买卖价差很大时，市场缺乏宽度。以宽度衡量的流动性在价差为零时达到无限大，此时交易者可按照同一价格实现买和卖。宽度指标主要用来衡量流动性中的交易成本因素。

基于宽度的重要流动性指标是价差衡量指标、价格改善指标和价格自相关模型等，其中最常用的为买卖价差。计算方法是当前市场上最佳卖价和最佳买价之间的差额。衡量买卖价差有两种方法：一是绝对买卖价差，即计算买卖价差的绝对值（等于卖出报价减去买进报价）；二是相对买卖价差，即计算百分比买卖价差，由于买卖价差通常随价格而变化，用绝对买卖价差除以最佳买卖价格的平均值，即得到百分比买卖价差。

$$S_a = P_a - P_b$$
$$S_r = 2(P_a - P_b)/(P_a + P_b)$$

其中，P_a指卖出报价，在竞价市场上是指最优委卖价；P_b指买入报价，在竞价市场上是指最优委买价。理论上，买卖价差只适用于做市商市场，因为做市商是双向报价，并且买价低于卖价，因而只有一个价差；在竞价市场上，所有一对一匹配的买卖订单都是按照相同价格撮合的，故不存在价差，因此分析竞价市场的价差通常采用市场上未成交的有效订单的最低卖价和最高买价之间的差额，即投资者买进和卖出所愿意接受的最佳价格。除买卖价差外，其他重要价差指标还包括有效价差、实现价差、定位价差等。

3. 交易数量

只有速度和低成本还不够，流动性须具备数量上的限制，即数量较大的交易也能以合理价格较快执行。流动性的数量因素通常以市场深度衡量，常见指标为特定价格上存在的订单总数（即最佳买卖报价上的订单数量）。格兰（Glen，1994）把市场深度定义为在目前价格上可交易的能力。订单数量越多，则市场越有深度；反之，如果订单数量很少，则市场缺乏深度。深度反映了在某一个特定价格水平（如最佳卖价或买价）上可交易的数量。深度指标可用来衡量市场的价格稳定程度，即在深度较大的市场，一定数量的交易对价格的冲击相对较小，而在深度较小的市场，同等数量的交易对价格的冲击将较大。

基于深度的重要流动性指标包括市场深度、成交深度、深度改进率和深度改进比例、成交率和换手率等，其中市场深度最为常用，公式如下：

$$D = (Q_a + Q_b)/2$$

其中，Q_a 为股票在最佳卖出价格上所对应的申报量，Q_b 为股票在最佳买入价格上所对应的申报量。深度指标也可以计算其相对值，即深度的绝对值与已发行流通股本或市值的比率。深度指标的主要不足是，做市商（或竞价市场的流动性提供者）通常不愿意披露其愿意在该价位上进行交易的全部数量，因此，买卖最佳报价上的数量并不能真实地代表市场的深度。

4. 弹性

结合以上三个指标，假定由于较大数量的交易在较短的时间内得到执行，从而造成价格上的较大变化，因此，还有衡量流动性的第四个构成要素——弹性，即由于一定数量的交易导致价格偏离均衡水平后恢复到均衡价格的速度。在一个以弹性衡量的高流动性的市场，价格将立刻返回到有效水平。或者说，当由于临时性的订单不平衡导致价格发生变化后，新的订单立即大量进入，则市场具有弹性；当订单流量对价格变化的调整缓慢，则市场缺乏弹性。

基于弹性的指标构造法主要是衡量从交易引起的价格波动到恢复均衡所需要的时间，或者买卖委托单从不平衡到恢复平衡所需要的时间。若所需时间越短则说明弹性越好，流动性越好。但是，由于均衡价格的选择没有统一标准，因此，对于弹性指标的构造与应用目前还不多，主要有两种方法：一是相邻两个最优买（卖）价之间的差额；二是相邻两次订单的差价。

流动性的这四维指标，在衡量流动性时可能彼此之间存在冲突。例如，深度和宽度通常就是一对矛盾，深度越大则宽度（买卖价差）越小，宽度越大则深度越小；即时性和价格也是一对矛盾，为耐心等待更优的价格无疑将牺牲即时性。为克服以买卖价差和单纯交易量方法衡量流动性的不足，一些学者发展了几个结合价格和交易量的衡量流动性的指标，如价格冲击模型和流动性比率法等。价格冲击模型主要包括 Kyle 等净交易量模型、Glostern-Harris 交易成本模型、Hasbrouck 刺激反应模型、Hasbrouck-Foster-Viswanatha 成本模型；流动性比率主要包括 Amivest 比率、Martin 比率、Hui-Heubel 比率和 Marsh-Rock 比率等。

三、市场透明度与信息揭示程度

市场透明度是指市场中的信息对所有参与者公开、透明且容易获取的程度。包括市场中的信息传递、市场参与者的行为和市场规则的透明性。

透明度是设计市场交易机制、确定市场交易所需遵循的法规和准则时涉及的基本问题之一，一定的透明度也是保证市场公正性和市场有效性的中心环节。透明度的概念涉及"市场交易信息被观察和认知的程度"。交易前透明性包括三个方面：一是对于市场报价的可见性；二是对于市场上新订单的可见性；三是对于交易者的身份的可见性。透明度表现为市场参与者观察诸如价格、数量、涉及的经纪商等交易特征的能力。

（一）市场报价的可见性

对于市场上的报价，比如做市商（Dealer）市场中，如果不同的做市商的报价是不可见的，那么交易者需要联系不同的做市商来获取协商价格，询价的过程中会增加额外的交易成本，并且做市商在其中定价时，则可以定更宽的利差，这样对于市场的流动性是不利的。而如果所有的报价都是透明时，交易者自然会选择最优价格的一方进行成交，并且公开透明的价格会促进做市商之间的竞争关系，从而会降低利润空间以提高交易量，这对整个市场的流动性都是有正向影响的。

在一些限价委托（LOB）市场中，交易者只能获取最优的买卖报价（bid and ask quotes），这实际上也会对交易者的交易产生影响，因为不同时刻的市场流动性不同，所以交易者在交易时并不清楚市场完整的状态，整体上获利更少，降低了市场的流动性。下面用一个简单的例子进行说明。

对于一个交易者，想要在市场上用市价单进行成交，所以他在市场上发布订单需求，最终获得的价格为：

$$p(q) = \mu + \lambda q$$

其中，q 表示其订单量，λ 是对价格的影响。由于并不知道市场的完全信息，不知道市场的深度，所以这里 λ 是一个随机的变量。交易者选择交易，是因为其对资产价格有一个自己的估计 $\mu + \tau$，所以为了最优化自己获利，其需要最大化自己的利润：

$$\max_q E\left[(\mu + \tau)q - p(q)q\right] = \tau q - E(\lambda)q^2$$

求一阶导数，就可以得到交易者此时的最优的订单量为：

$$q^o = \frac{\tau}{2E(\lambda)}$$

而如果在一个完全透明的市场里，交易者知道自己的交易量对于市场的影响，从而他的最优的订单量为：

$$q^T(\lambda) = \frac{\tau}{2\lambda}$$

此时利用琴生不等式，我们可以得到：

$$E(\frac{1}{\lambda}) > \frac{1}{\lambda}$$

从而有：

$$E(q^T(\lambda)) > q^O$$

所以我们就能发现，交易者在一个不透明的市场中，会倾向于降低交易量，从而减少不确定性带来的损失。在这样的条件下，我们可以继续比较两者的期望收益：

$$profit^O = E(\tau q^O - E(\lambda)q^{O2}) = \frac{\tau^2}{4}\frac{1}{E(\lambda)}$$

$$profit^T = E(\tau q^T - \lambda q^{T2}) = \frac{\tau^2}{4}E(\frac{1}{\lambda})$$

$$profit^T > profit^O$$

通过计算发现，的确在一个不透明的市场中，投资者的获利会更少。

（二）订单流的可见性

现在考虑这么一个问题，如果市场上有多个做市商，市场上的订单被多个做市商所瓜分，如果每个做市商只能看到自己成交的订单，而看不到其他做市商成交的订单，那么对市场会有什么影响？

影响结果也比较简单，如果看不到全量市场的订单，那么对于市场真实价格的估计就变得不准确，从而利差会更大。

可以假设：

（1）在能看到全量的市场交易时，能够区分出是否有内幕交易者（informed traders）的参与；

（2）资产内在价值可能为 v^L、v^H；

（3）内幕交易的比例为 π。

此时，对于不透明的市场，利差可以表示为：

$$a^O = \mu + \pi(v^H - \mu)$$

$$b^O = \mu - \pi(\mu - v^L)$$

$$s^O = \pi(v^H - v^L)$$

而对于透明的市场，做市商都能看到全量市场上的订单，从而判断市场上是否有内幕交易，当存在内幕交易时，自然就知道当前的资产的内在价值了，那么在定价时，不难发现此时的利差为 0，所以不透明的市场上的利差更大。

当然上面的假设很强，实际上资产内在价值不是两点分布，并且也没有办法完美地获得资产内在价值，但是从上述的推导过程还是可以大致地理解透明的市场会更有利于交易者。

对于价格发现，可以得到：

$$E[(p^O - v)^2] > E[(p^T - v)^2]$$

即透明的市场中有更好的价格发现能力。

（三）交易后的透明性（post-trade transparency）

交易后的透明性主要是关于如何反馈成交信息的。考虑这么一个场景，市场上在源源不断地提交市价订单，并且做市商在提供报价，那么什么时候反馈成交信息呢？

如果需要实时反馈成交信息，那么做市商每次只能看到一笔订单，并且要根据该笔订单对市场价格进行修正，显然此时看到的消息比较少，是很难区分一段时间的交易是来自内幕交易还是噪声交易者。但是如果可以隔一段时间反馈成交信息，那么做市商则可以将一段时间内订单流积累起来，衡量一段时间内的交易订单的表现，这样能够更加准确地估计出当前市场的表现，那么在定价的过程中就可以制定更有利于自己的价格。

总体来说，交易信息的及时公开能提高金融市场的效率，促进价格对信息的反馈；信息的公开通明也加强了市场的公平性，促使市场参与者更多地参与交易，提高市场的流动性并降低交易成本，促进市场运行更趋安全和稳定。当然，透明度也不是越高越好。有学者指出，大宗交易信息的即时披露反而会加剧交易后的价格波动，延迟一段时间披露往往能提高市场稳定性。总之，透明度是金融市场运行质量的重要衡量指标，只有保证交易信息一定程度上的透明，才能实现市场交易的效率、公正和公平。

四、市场稳定性与波动性

（一）稳定性与波动性的含义

稳定性是指在市场剧烈波动时提供一个连续、有序市场的能力，即证券价格短期波动程度及调节平衡的能力。稳定性的对立面是波动性。波动性可概括为两种情况：由于非预期的证券内在价值变化导致的基本波动性和由噪声交易、交易机制等因素导致的临时波动性。市场稳定的核心含义是尽可能降低临时波动性。

波动性通常是指证券价格波动的程度。波动性也是一个非常重要的市场质量指标，其高低程度决定着交易者持有证券的风险程度：如果市场波动性较高，那么价格将可能出现较大程度的变化，交易者也将面临较大的风险。

（二）收益波动率种类

一般我们可以把金融资产的收益波动率分为以下四类。

1. 历史波动率

历史波动率是指投资回报率（收益率）在过去一段时间内所表现出的波动率，它由标的资产市场价格过去一段时间的历史时间序列数据反映，计算出相应的收益率数据，然后运用统计推断方法估算收益率的标准差，从而得到历史波动率的估计值。如果假定实际波动率是一个常数，不随时间的推移而变化，则历史波动率是实际波动率的一个很好的近似。例如，在股票市场中，历史波动率可以反映标的股票价格过去一段时期内的波动。然而，利用历史波动率对权证价格进行预测一般不能保证准确。

2. 预期波动率

预期波动率一般指运用统计推断方法对实际波动率进行预测得到的结果，并可将其用于资产定价模型（如期权定价模型），确定出资产的理论价值。因此，预期波动率是对权证进行理论定价时实际使用的波动率。目前，常用的计算预期波动率的方法基本上是一些统计方法，包括建立各类模型进行预测与推断，除此之外，人们对实际波动率的预期还可能来自经验判断等其他方面。常用的简单方法有移动平均（简单或加权）、指数平滑和条件异方差 ARCHI/GARCH 类模型法。此外，还有扩展的随机波动率模型法（SV/LMSV）、多元 GARCH 模型法、ARIMA/ARFIMA 自回归移动平均模型法等。

3. 隐含波动率

隐含波动率是期权定价理论中的一个概念。从理论上讲，隐含波动率是将市场上的权证交易价格代入权证理论价格模型，反推出来的波动率数值。以期权为例，由于期权定价模型给出了期权价格与 5 个基本参数（标的价格、执行价格、利率、到期时间和波动率）之间的定量关系，只要将其中前 4 个基本参数及期权的实际市场价格作为已知量代入期权定价模型，就可以从中解出唯一的未知量波动率 σ，其大小就是隐含波动率。因此，隐含波动率也可以理解为市场实际波动率的预期。

4. 已实现波动率

已实现波动率是针对频率较高的数据计算的一种波动率，又称为日内波动率或高频波动率。高频数据是指以小时、分钟或秒为采集频率的数据。还有一类数据叫超高频数据，即人们获得的股票市场、外汇市场、期货市场实时的每笔成交数据。超高频数据的时间间隔不一定是相等的，具有时变性，它是交易过程中实时采集的数据，或称逐笔数据。加曼和克拉斯（Garman & Klass，1980）提出了日内波动率的一种估算方法——OHLC；安德鲁森和伯莱斯莱夫（Andersen & Bollerslev，1998）提出使用日内高频股价数据，可以获得对日波动率更精确的描述，并由此建立了一种基于高频股价数据的已实现波动率测度方法。由于高频数据中蕴含了比低频数据更多的市场波动信息，因此基于高频数据的波动率测度一定是一种更为真实的市场波动描述。

五、市场交易成本与金融市场效率

（一）交易成本

从市场微观结构的角度看，由于交易活动是发生在证券的买方和卖方之间的交换行为，那么这种交换行为本身所带来的成本就是交易成本。

1. 直接交易成本和间接交易成本

直接交易成本又称显性交易成本，指交易者向经纪商、交易所或税务机关缴纳的费用，属于投资者可见的费用。金融市场为金融资产交易提供了场所和保证其正常运行的机制，获得这些便利必然要向便利提供者支付一定的费用，这些费用也就组成了直接交易成本。直接交易成本主要包括佣金、印花税、过户费和手续费等。

由于直接交易成本是人为制定的，不仅会直接受到法律和国家政策等相关规定的影响，而且也与金融市场发育程度、市场供求关系和交易数额的大小有关，投资者也会考虑直接交易成本对收益的影响，从而调整自身的交易策略。所以许多国家和地区的证券市场都将税费等直接交易成本的管制与调整作为监管和调控市场价格行为的重要途径之一。

间接交易成本又称隐性交易成本，指与金融交易相关的，但并非直接由投资者缴纳的相关成本，主要包括买卖价差、搜寻成本、延迟成本和市场影响成本。间接交易成本不容易被交易者直接观察和测算，但与直接交易成本一起同时影响投资者的投资决策，所以也对金融市场运行产生影响。

2. 交易决策成本与交易运行成本

在现实的证券市场中市场参与人的行为策略和市场价格呈现不断变化的特征，如果要在这个动态的环境下考察交易机制对市场效率的影响，仅从直接成本和间接成本的角度认识交易成本是不够的，有必要对交易成本这个综合指标作出进一步的解释。

从交易活动的构成角度来看，一个完整的交易活动应包含两个阶段：第一是交易决策阶段，是交易意愿的形成时期，它决定着市场参与人将以怎样的价格和数量进行交易；第二是交易运行阶段，是市场参与人将前一阶段形成的交易意愿付诸实施的过程，此时投资者会向市场提交买卖指令，并通过市场的交易系统达成交易。

与交易活动的两个阶段相对应，交易成本应包括交易决策阶段的成本和交易运行阶段的成本两个方面。交易决策成本主要指信息成本，其大小取决于信息披露的有效性、信息扩散的有效性和信息反映的有效性3个条件。而交易运行阶段市场参与人的行动，比如提交指令的时间、买卖指令的类型（包括交易价格和数量）、成交状况（从指令发出到成交的时间、成交价格和成交数量）等常是可观察和可衡量的。最重要的是，交易决策阶段的信息成本会影响后续的交易运行状况，所以运行阶段的交易成本与交易决策阶段的成本在一定程度上是序列相关的。由此，我们就可以将关注的重点转向运行阶段的成本，这不仅在逻辑上成立，也有利于更好地衡量某一市场机制下的市场效率。

市场的运行成本主要包括直接交易成本、买卖价差和市场影响成本。从更广泛的意义看，市场影响成本和买卖价差均反映某一笔交易对价格的影响；若将市场影响成本的含义界定为交易对价格的影响，则买卖价差就是市场影响成本最常见的存在形式。因而市场运行成本也可以视作直接交易成本和市场影响成本的组合，其中市场影响成本用买卖价差来衡量。

（二）金融市场效率

金融市场效率是指金融市场实现金融资源优化配置功能的程度，它包含两个方面内容：一是金融市场以最低交易成本为资金需求者提供金融资源的能力；二是金融市场的资金需求者使用金融资源向社会提供有效产出的能力。

高效率的金融市场能将社会有限的金融资源配置到效益最好的企业及行业，进而创造最大产出，实现社会效益的最大化。这是因为资本的本质特征是追逐利润，在可以流动的金融市场，资本将流向利润率较高的部门或企业，而利润较高的部门或企业正是市场前景较佳、社会效益或经济效益较好、具有发展潜力的部门或企业，于是资本流动的趋利性恰好达到优化资源配置的目的。金融市场效率的发挥是以资本的合理运动为前提的，正是资本的不间断地运动才使社会资源的优化配置得以实现。

1. 直接交易成本与市场效率

一般来讲，交易税费与流动性之间具有反方向的影响作用，但对于交易税费与波动性的关系还存在争议。

（1）直接交易成本对交易量和流动性的反向影响作用。通常，交易税费提高，则投资者的实际收益和利润就会相应降低，为避免这种"损失"，投资者会降低交易频率或减少资产组合结构中短期证券的比例，甚至将交易转向海外市场，导致国内证券市场的交易量降低和流动性下降。高交易税费会提高进入市场的"门槛"，从而对投资者在进入市场之前就进行了"隐形"的筛选，产生所谓"市场参与的有限性"现象，这将制约市场规模并降低市场的流动性水平。

（2）直接交易成本与市场波动性的关系。随着交易税费的增大和换手率的降低，市场价格的波动性是否相应降低？答案是不明确的，对这个问题的回答与市场上的投资者结构有关。一些学者认为，增大交易税费可减少短期投机交易，降低噪声交易行为对股票市场的影响，使市场波动性降低。但同时，也有学者指出，交易税费的存在或提高不仅对噪声交易者产生作用，也会对知情交易者发生作用。后者的交易行为在降低股票市场波动方面发挥着很大的作用。所以，仅当交易税费对噪声交易者的作用大于知情交易者的作用时，才可以断言增加交易税费能一定程度减少市场波动性。

（3）直接交易成本对证券价格和市场有效性的影响。一方面，交易税费会降低证券价格。因为当交易成本增加时投资者当前报酬就会降低，并期望获得较高的收益率，才会继续持有该金融工具；而当投资者要求的收益率上升时，证券价格就会相应下降。另一方面，交易税费影响证券价格的信息效率。因为交易税费直接作用于每日证券收益，如果信息的价值不足以超过交易成本，则边际投资者将减少交易或不交易。

2. 市场影响成本与市场效率

市场影响成本衡量的是一笔交易的执行给市场价格带来的冲击，可用买卖价差表示，而买卖价差也是市场流动性最重要的衡量指标。所以在考察不同交易机制下的市场影响成本对市场效率的影响时，主要就是考察交易机制对买卖价差的作用。

为了与做市商市场中直接获得的买卖价差进行比较研究，在双向竞价市场上，通常取市场上未成交有效订单的最高卖价与最低买价之差作为竞价市场的价差。因为这两个价位反映了下一笔交易可能的实际成交价格，也是投资者买进和卖出所愿意接受的价格。

（1）市场模式对买卖价差的影响。对于集合竞价市场与连续交易市场，通常的认识是集合竞价市场的价差较低。理论研究也表明，由于集合竞价市场采用了一个相对有效的处理信息不对称分布问题的机制，可以通过推迟交易，迫使交易者通过提交订单的行为暴露私人信息。正是由于集合竞价市场上交易者面临的逆向选择风险较低，所以交易的市场影响成本也相应较低。对于做市商制度与竞价制度，从理论上看，做市商市场的平均价差要高于竞价市场。因为做市商作为流动性的提供者，承担了来自存货风险和逆向选择风险的成本，因而会扩大其买卖报价价差。而对于竞价制度来说，存货风险完全等于零，每个交易者仅面临可能与知情交易者交易的逆向选择风险，故价差会显著降低。

（2）其他交易机制因素对买卖价差的影响。①最小价格升降档位对买卖价差的影响。从理论上看，最小的买卖价差就是所允许的最小价格升降档位。在做市商市场上，最小价格升降档位越大，其最小买卖价差就越大，相应地，最小利润空间也越大；仅对交易者来说，这无疑要承担更大的成本。如果存在做市商的充分竞争则最小的买卖价差就等于最小价格档位。由此可以推断，较小的报价档位应该会使价差下降。②大额交易机制对买卖价格的影响。一般来说，大额交易机制会使得价格发生逆向变化，大额卖出使价格下跌，大额买入使价格上升。但是，在场外市场执行的大额交易价格带来的影响，要低于在交易所内与普通订单一起执行时的价格影响。另外，大量对机构投资者大额交易的实证分析表明，市场对大额卖出和买入的反应程度不同，通常大额买入订单的市场影响成本要高于大额卖出；大额交易价格影响的这种不对称性被归结为作为知情交易者的机构买进行为多由信息导致，而卖出行为则不然。③信息披露制度对买卖价差的影响。如果证券市场的信息披露能够降低信息分布的不对称性，则逆向选择成本也会缩小，价差也将随之降低。这也是为什么透明度高、信息成本低的竞价市场，价差通常要低于做市商市场的原因。

关键术语

交易机制　指令驱动　报价驱动　融资融券交易　涨跌幅　保证金

分析与思考

1. 金融市场的功能有哪些？
2. 交易机制的分类有哪些？试比较其不同点？
3. 上海证券交易所和深圳证券交易所的交易机制分别有哪些特点？
4. 我国银行间债券市场交易机制是如何规定的？
5. 我国金融期货市场交易机制有哪些特点？

第三章

金融机构与风险管理

学习目标

通过本章学习，了解金融机构的组织形式，掌握金融风险的定义以及金融风险的类型，掌握金融风险的计量方法以及金融机构的风险管理方法，了解我国金融机构的创新发展。本章结合金融机构的基本知识，重点介绍金融机构的组织形式以及金融风险的分类、度量和管理办法，同时介绍我国金融机构的改革创新。

第一节　金融机构概述

一、金融机构的定义与作用

金融机构是以货币资金为经营对象，从事货币信用、资金融通、金融工具交易以及相关业务的组织机构。在现代市场经济中，金融机构所从事的金融活动发挥着核心作用。金融机构是金融市场上最重要的中介机构，是储蓄转化为投资的传递者和导向者。金融机构还是金融市场上资金的供给者和需求者。在发达的金融市场中，国家对金融市场实施影响一般也是通过金融机构传递的。具体而言，金融机构在金融市场中充当信用中介和期限中介，具有支付和结算功能，同时可以实现规模效应，在降低交易成本的同时承担并分散风险。总之，金融机构在金融市场中的特殊地位，使其在一国的金融体系中起着关键作用。

二、金融机构经营的特殊性

金融机构是特殊的企业，同一般企业相比，既有共性又有特殊性，主要体现在以下方面。

（1）经营对象与经营内容不同。金融机构的经营对象是货币与资本，经营内容是货币收付、资金借贷与结算、金融工具交易等各种金融业务。

（2）经营关系与经营原则不同。由于经营对象的不同，一般经济单位与客户之间是商品或劳务的买卖关系；而金融机构与客户之间主要是货币资金的借贷或投融资的关系。一般经济单位要遵循等价交换原则；金融机构在经营中则必须遵循安全性、流动性和收益性的原则。

（3）经营风险及影响程度不同。一般经济单位的经营风险主要来自商品生产、流通过程，集中表现为商品是否产销对路。单个企业破产造成的损失对整体经济的影响较小，冲击力不大，一般属小范围、个体性质。金融机构则因其业务大多是以还本付息为条件的货币信用业务，故风险主要表现为信用风险、流动性风险、利率风险、汇率风险、操作风险等。同时，由于金融机构之间的关联性以及自身经营的高杠杆性特征，这一系列风险所带来的后果往往超过对金融机构自身的影响。金融机构因经营不善而导致的危机，有可能对整个金融体系的稳健运行构成威胁，演化成系统性金融风险，甚至会诱发严重的社会或政治危机。

三、金融机构的组织形式

从产业组织结构的形成与演变历史看，企业内部组织结构的基本形式主要包括 U 型结构、H 型结构、M 型结构以及矩阵结构等结构形式。不同类型的产业组织结构均有其特点，并适应于不同类型、不同规模的产业组织机构。金融机构是从事货币与货币资金运作活动的产业组织机构，其内部组织结构的模式与一般性产业组织机构基本相同。各种不同类型的组织结构形式，在金融机构中均有所体现。

（一）U 型结构（unity form）

U 型结构又称"法约尔模型"，是现代企业在早期发展阶段演化的一种组织结构，是现代企业最为基本的组织结构形态。在 U 型组织中，各部门依据不同的经营功能（如销售功能、生产功能、财务功能等）进行分工，在企业中可按照功能及职权的安排，区分为直线制、职能制以及直线职能制三种形式。

直线制组织结构是工业发展初期的一种简单的组织结构形式。其特点是组织中的一切管理工作均由领导者直接指挥和管理，不设专门的职能机构。适用于小型组织或现场作业。这种组织中，上下级的权责关系是直线型，上级在其职权范围内具有直接指挥权和决策权，下属必须服从。在公司成立初期，这种组织结构有利于提高工作效率，使各项工作尽快走上正轨。其缺点是削弱了员工之间的横向联系，员工只服从于领导命令，而缺乏互相沟通协调的意识和能力。

职能制组织结构将公司业务按照工作性质进行了划分，同时根据业务流程将各个部门串联起来以实现公司目标。职能制组织结构最大的优点是能够将具有相同知识、技能的人聚集到一起，针对业务链条上的某一点进行深耕细作，从而使业务流程的各个部分都能够更加专业、更加成熟。但是公司目标的实现需要各个部门的共同努力、通力合作，而不是靠某个部门的卓越就能达成。与其他组织结构形式相比较，职能制组织结构的优点是能适应现代化工业企业生产技术比较复杂、管理工作比较精细的特点；行政组织按职能或业务性质分工管理，选聘专业人才，能充分发挥职能机构的专业管理作用，减轻直线领导人员的工作负担，利于业务专精、思考周密、提高管理水平。这种结构的缺点主要是不便于行政组织间各部门的整体协作，容易形成部门间各自为政的现象，使行政领导难于协调，同时，在上级行政领导和职能机构的指导与命令发生矛盾时，下级就无所适从，影响工作的正常进行，容易造成纪律松弛、生产管理秩序混乱。

直线职能制的组织结构保持了直线型结构集中统一指挥的优点，同时也设置了职能部门，帮助公司领导解决了既要懂得多又要干得多的问题（见图3-1）。直线职能制组织结构形式中各职能部门在自己职能范围内独立于其他职能部门进行工作，各职能人员接受相应的职能部门经理或主管的领导。直线职能制组织形式是以直线制为基础、直线指挥系统和职能系统相结合的组织形式。其职能管理人员是直线指挥人员的助手，只能对下级机构进行业务指导，而不能对它们进行直线指挥和命令。虽然直线职能制有很多优点，但是由于设置了各种部门、机构，公司领导需要能够充分协调各部门、机构之间的工作，与直线制组织结构相比较，工作效率有所下降。该种组织结构形式只适用于规模较小的公司。

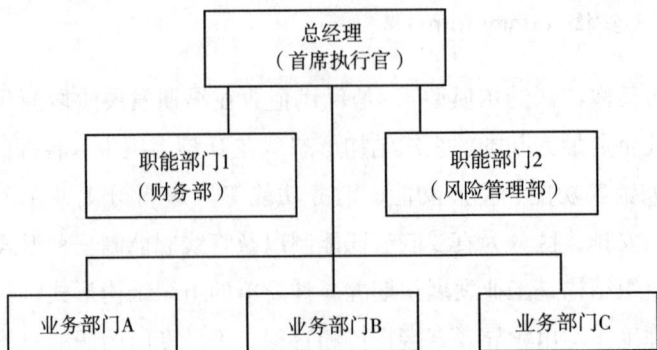

图3-1　直线职能制的组织结构

整体上，U 型结构中各个功能单元之间的协作需要由企业最高领导来协调，意味着企业最高领导需要处理各个单元的信息，其显著特征是在分工下的中央集权制，没有中间的结构层级。我国的大型国有商业银行长期以来一直使用的就是这种组织结构形式。其典型形态如图 3 - 1 所示。

（二）H 型结构（holding company，H-form）

H 型结构的实质为控股公司结构，区别于 U 型结构的高度集权，H 型结构是公司内部分权的一种组织形态。但是严格来讲，H 型结构并不能算作企业的组织结构形式，而是企业集团的组织形式，相当于企业内部不同产业单元之间分工与协作的系统。该种结构多产生于由多企业横向合并而形成的企业中。

H 型公司持有子公司或分公司部分或全部股份，下属各子公司具有独立的法人资格，是相对独立的利润中心。母公司和子公司不是行政上的隶属关系，而是资产上的联结关系。母公司对子公司的控制主要是凭借股权，在股东会和董事会的决策中发挥作用，并通过任免董事长和总经理来贯彻实施集团公司的战略意图。子公司是在法律上具有法人地位的独立企业，有自己的公司名称和公司章程，其财产与集团公司的财产彼此独立注册，各有自己的资产负债表。子公司自主经营、独立核算、自负盈亏，独立承担民事责任。

H 型结构的显著特征是高度分权，各子公司保持了较大的独立性。除不具有战略决定权以外，子公司完全可以独立经营，具有相当高的灵活性，因此集团企业很难进行控制，与控股公司结构一词并不匹配，由于集团总部与子公司始终难以实现协同，因此曾经一度被 M 型结构所取代。然而到了 21 世纪初，市场变化越来越频繁，各种投资基金、资产管理业务的兴起，使这种结构形式有了广阔的发展空间，并成为一些平台型组织、生态型组织的首选。当然背后的管理逻辑也发生了改变，这就是流程型组织结构的出现。目前，H 型组织结构是很多金融机构尤其是大型金融机构非常愿意采用的一种组织结构模式，已经成为各国金融界非常推崇的金融机构组织结构模式，并有快速发展壮大之势。

（三）M 型结构（multidivisional structure，M-form）

现代企业的 M 型结构又被称作事业部制或多部门制等，是一种"集中决策、分散经营"的分权管理组织形式，是以产品或者服务为业务单元的组织结构。实际上，在 M 型结构内部，包含多个 U 型结构，其实质是在总公司协调下的多个 U 型结构的联合。其中的每一个 U 型结构都是企业的一个产品系列或区域分部，各分部独立核算、自负盈亏，集团总部通常扮演业务外部监管者的角色，协调和控制各事业部的活动，同时也提供诸如财务和法律方面的支援服务。因此，M 型结构主要适用于产品系列较多或市场覆盖地较多的企业，是当今很多大型企业集团以及跨国企业的主要组织形态。目前，世界上有很多金融机构也都采用了事业部制作为内部设立组织结构的基本形式（见图 3 - 2）。

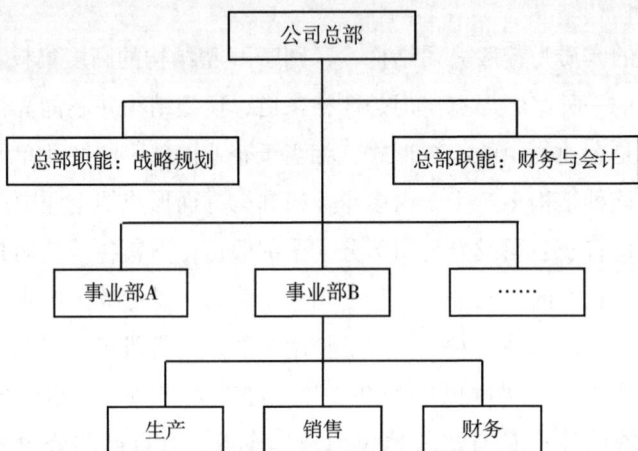

图 3 - 2　M 型结构

（四）矩阵结构（matrix structure）

矩阵结构是既有按职能划分的垂直纵向领导系统，又有按产品（项目）对象划分的横向领导关系的一种组合型组织结构形式。两个管理组织体系采用双重信息、权限控制和汇报关系等进行组织管理，实现横向职能控制与公司纵向控制相结合，完成公司的横向和纵向的控制与协调，实现内部组织效能最大化。它的优点是：既能发挥职能部门纵向优势，又能发挥项目组织横向优势。具有机动、灵活的特点，可随项目的开发与结束进行组织或解散；任务清楚、目的明确，成员之间信息交流通畅，将个人工作同整体工作联系在一起，促进了项目实现。其缺点是：由于成员均来自不同部门，行政关系仍在原部门，所以项目负责人对他们管理困难，管理者需要具备较好的人际沟通能力和平衡协调矛盾的技能。同时，组织中信息和权力等资源一旦不能共享，管理者之间势必会为争取有限的资源或权力不平衡而发生矛盾，这反而会产生适得其反的后果，协调处理这些矛盾必然要牵扯管理者更多的精力，并付出更多组织成本（见图 3 - 3）。

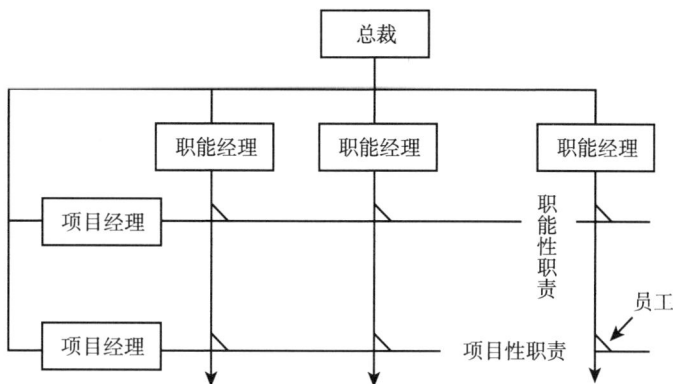

图 3 – 3　矩阵结构

目前，矩阵结构在金融机构尤其是大型金融机构中的应用也是十分广泛的。假设某个商业银行经营多种金融产品，既有传统的银行存贷款业务，也有理财、基金、保险等新型的金融产品；商业银行的服务对象主要是企业客户与个人客户；银行内部包括财务管理、风险管理、稽核等职能部门。这时，我们可以将该商业银行总行的部门分为两大类：一类是业务部门，将其按经营产品的不同进行分类，如企业金融部、个人金融部等，即形成一个个事业部；另一类是职能部门，包括财务部、风险管理部、稽核部等。在每个业务部门（事业部），我们可以再设置一些职能与总行职能部门类似的部门，如财务部、风险管理部等，并将这些部门统一归属总行相应的职能部门。这样，每一个事业部内部的职能部门就接受了来自总行相关职能部门以及本事业部的双重领导，从而形成矩阵式组织结构。随着信息技术的飞速发展及其在金融业的广泛运用，金融机构的业务方式和组织结构形式也在发生一场悄悄的革命。一些金融机构放弃了传统的业务拓展方式，利用信息技术和互联网技术，开展网上金融业务和其他各种电子金融业务，虚拟形态的金融机构的出现向传统物理形态的金融机构提出了挑战。一些纯粹的虚拟金融机构（如网络银行）也正因其显著的成本优势和效率优势而迅速发展壮大。因此，金融机构的虚拟化和虚拟金融机构的发展，将成为金融机构组织形式发展和变化的一个重要趋势。

第二节　金融风险及其管理

一、金融风险的定义

"风险"这一名词最早出现在航海商业及保险业中，指的是航海贸易中遇到自然灾害现象或礁石、风暴等客观危险事件。经过几个世纪的演变，直到现在，还没给出一个严格的"风险"定义，不同的学者以及不同的学科对"风险"一词有着不同的解释。

在经济学领域，美国学者海斯（Haynes）最早给出"风险"的定义。他认为"风险"的含义是损失发生的可能性。在金融界，"风险"通常被定义为事件结果的变动性，将风险看作预期结果与实际结果的差异，差异越大则风险越大。美国经济学家奈特（Knight）在其经典著作《风险、不确定性和利润》（1921）中，较为详细深入地分析了风险和不确定性之间的关系。奈特认为，事件有确定的、风险的和不确定的三种形态，真正的不确定性与风险之间有着紧密的联系，但具有本质区别。"不确定性"强调的是经济行为人所面临的各种影响经济活动但又无法确定地加以预见和分析的各种因素，而"风险"不仅取决于各种无法确定因素的不确定性的大小，还取决于收益函数的性质。因而奈特将风险定义为"从事后角度看的，由不确定性因素所造成的损失"。

本书将金融风险定义为在金融活动中，因为外部宏观环境波动、操作失误以及其他原因产生资金流动性短缺，使得参与主体的财产面临较大损失风险的情况。金融市场中含有各种构成因素，如金融变量、制度性因素、市场主体等，这些构成因素的变动对金融活动的最后结果会产生不确定性的影响，从而导致经济主体在未来时期内遭受损失的可能性。

只要存在投资或者融资活动，就一定存在金融风险。金融市场可看作整个市场经济体系的"动脉"，其任何构成因素，如利率的提高、汇率的下降以及股票价格变动等都可能使经济主体的预期收益与实际收益产生较大的偏差，从而遭受严重的可能性损失。金融风险的发生可以导致金融体系运转失灵，社会经济秩序愈加混乱，严重时甚至会引发政治危机。对于金融经营而言，风险是必然存在的，如何预测和控制风险成为当前金融界及金融组织高度重视的问题。自20世纪70年代以来，世界各国的经济开放程度逐渐加强，金融市场环境发生了巨大的变化。布雷顿森林体系的崩溃，成为世界范围内固定汇率体制衰退的标志。近三十多年来爆发的几次震惊世界的金融危机对世界金融市场的正常运转造成了极大的破坏，同时使人们进一步认识到对金融风险预测和管理的重要性与紧迫性。

二、金融风险的类型

由于认识金融风险的角度、目的、程度不同，再加上金融风险发展迅速并趋于多样化，人们从不同视角提出了许多不同的金融风险类型的划分标准和方法。

（一）按驱动因素和来源分类

按风险驱动因素和来源可以分为市场风险（market risk）、信用风险（credit risk）、流动性风险（liquidity risk）、操作风险（operation risk）、法律风险（legal risk）、通货膨胀风险（inflation risk）、利率风险（interest rate risk）、汇率风险（foreign exchange risk）、政策风险（policy risk）和国家风险（nation risk）。由于从驱动因素和来源的角度对金融风险进行分类有助于我们识别金融风险源，进而可以使我们更具针对性地选择与驱动因素相匹配的方法来度量和控制相应金融风险，所以是目前最为流行和广泛使用的分类方法。

1. 市场风险

市场风险也称为价格风险，指的是金融市场中由于资产价格（包括金融资产价格和商品价格）波动的变化而导致未来收益变化的可能性。金融市场的构成因素，如利率、汇率、股价等变动都会引发市场风险。它是一种综合性的风险，当市场各因素变化加大或较频繁时，投资者遭受损失的可能性及受损程度也会变大。

根据巴塞尔委员会在 1996 年 1 月颁布的《资本协议市场风险补充规定》，市场风险由利率风险、股票风险、汇率风险和商品价格风险等共同组成。在所有风险中，市场风险具有极为重要的地位，几乎所有的市场参与者都要面临市场风险，市场风险也是其他类型风险的基础。

2. 信用风险

信用风险又称为违约风险，是指债务人由于出现不可预料的经济损失或道德问题不能完成契约责任，致使投资者蒙受损失的可能性增加。在商业银行的信贷业务中，信用风险是人们最需要考虑的重要风险因素，信用风险的大小也是决定贷款利率的根据。信用风险的损失包括两种情形：（1）信用风险发生时，给行为人带来的直接损失。（2）信用风险给行为人带来的潜在损失。信用风险造成的损失既有可能很轻微，也可能巨大。在违约的情况下，许多投资者往往连本金也无法收回。信用风险是通过假设行为人一方不能完成契约时所引发的现金流成本来衡量的。信用风险还包括受国家政策干涉而导致的债务人违约所造成的损失，这种风险也可称为主权风险。

信用风险是金融风险中最基本、最传统、最普遍的一种风险。信用风险已经随着市场化的不断加强和金融业务的不断扩展逐渐成为最重要、最有影响力的现代金融风险形式。《巴塞尔协议》中首先讨论的问题就是如何解决金融机构的信用风险。

3. 操作风险

操作风险是由于金融机构信息系统和交易系统不健全或者监管失误、管理疏漏和人为因素所造成的潜在损失。操作风险主要有两个来源：（1）技术性因素，如交易系统、信息系统和风险评估系统的不健全或者操作者的违规操作等；（2）组织结构因素，如风险监测制度的不完善、人员配备不合理以及相关制度的欠缺等。

一般来说，金融机构日常所面临的就是市场风险、操作风险和信用风险这三大金融风险。

4. 流动性风险

流动性风险是指金融资产流动性不能应付流动性需求而造成损失的可能性。不同金融资产的流动性有所不同，例如，在债券市场中，因为国债的发行者是政府，信用程度高，其流动性十分强；而在房地产市场中，因为房产的投资周期长，其流动性就相对弱很多。流动性风险往往是金融机构发生灾难性事件甚至倒闭的直接"导火索"。

流动性风险与信用风险、市场风险和操作风险相比，形成的原因更加复杂和广泛，通常被视为一种综合性风险。流动性风险的产生除了因为金融机构的流动性计划可能不完善之外，信用、市场、操作等风险领域的管理缺陷同样会导致商业银行的流动性不足，甚至引发风险扩散，造成整个金融系统出现流动性困难。

5. 利率风险

利率风险是指由于市场利率的波动给金融资产带来价值损失的风险。一般情况下，利率上升会导致证券市场中各类金融工具价格的下降；利率下降则会使其价格上升。巴塞尔委员会在1997年发布的《利率风险管理原则》中将利率风险定义为：利率变化使商业银行的实际收益与预期收益或实际成本与预期成本发生背离，使其实际收益低于预期收益，或实际成本高于预期成本，从而使商业银行遭受损失的可能性。

6. 汇率风险

汇率风险指的是国际贸易和国际金融交易因货币兑换率的变化而导致的部分或全部损失的可能性。从广义上讲，汇率是国家货币在国际市场上价值的表现形式——外汇的市场价格，它是由外汇的供给和需求决定的，同时也反映国际市场对国家货币币值稳定的信心程度。汇率风险又可分为交易风险和折算风险。交易风险指因汇率的变动影响日常交易的收入；折算风险是指因汇率的变动影响资产负债表中资产价值以及负债成本。

7. 法律风险

法律风险指的是在经济活动中的经济主体因法律方面的问题造成的风险。其表现形式为经济合约没能受到法律保护，或者合约的某些部分不够严密导致无法履行，或者经济主体违反法律规定而面临法律制裁的可能性等。

8. 通货膨胀风险

通货膨胀风险指的是因为一国通货膨胀率的变动所造成损失的可能性。当通货膨胀率上升时，未来的收益将会贬值。一般情况下，金融资产的投资期限越长，它所面临的通货膨胀风险就越大。

9. 政策风险

政策风险指的是由于国家政策的变化给投资者带来的风险。例如，国有的货币政策、产业政策、税收政策的改变，将会使得相关的投资项目收益增加或减少。

10. 国家风险

国家风险指的是在一个国家政治、经济、社会等领域内发生的根本性变革所导致的风险。投资机构在进行跨国投资时往往会面临国家风险，这种风险所造成的损失通常都是巨大和致命的，应当尽量避免。

（二）按风险能否分散分类

按照风险能否分散，可将金融风险分为系统风险（systematic risk）和非系统风险（nonsystematic risk）。

1. 系统风险

系统风险是由那些影响整个金融市场的风险因素引起的未来收益下降的可能性，这些因素包括市场要素、经济运行周期、国家宏观经济政策的变化等。系统风险最基本的特点表现为：系统风险会对市场上所有金融变量的可能值产生影响，并且这种影响不能通过分散投资等任何方式来消除或减弱，因而又称为不可分散化风险。换句话说，投资者所持的投资组合即使是充分分散化的，也不可避免承受系统风险。这种风险是一种无法回避的风险，投资者不能通过分散投资等任何方法来规避系统风险。

2. 非系统风险

相对于系统风险来说，非系统风险是一种仅由特定的个别公司或者行业相关的风险因素引起的，使得该公司或行业自身面临的未来收益的不确定性。因此，非系统风险的基本特点是：采用风险分散化策略来选择适当的投资组合，可以降低甚至消除非系统性风险，即"鸡蛋放在多个篮子里"的道理。因此又称为可分散化风险。

（三）按会计标准分类

按照会计标准，可将金融风险分为会计风险（accounting risk）和经济风险（economic risk）。

1. 会计风险

会计风险是指可以从经济实体的财务报表中反映出的风险，可以根据资产负债表、现金流量表、损益表等反映出来的资产状况、现金流量状况以及盈利状况等信息进行客观的评估。

2. 经济风险

经济风险是指在经济领域中，因为相关经济因素的变动、决策失误等原因而导致的产量变动或价格变动所带来收益损失的可能性。有些经济风险具有社会性，对各个行业均有影响，如金融危机、经济危机、通货膨胀和汇率波动等；有些经济风险具有其行业个性化特征，如银行的信贷风险、证券业的操作风险等。经济风险比会计风险的涵盖范围更广，具有风险难以估计、风险暴露的突发性强等特点。

三、金融风险的计量

近年来，由于受经济全球化和金融一体化、现代金融理论及信息技术、金融创新等因素的影响，全球金融市场迅猛发展，金融市场呈现出前所未有的波动性，金融机构面临着日趋严重的金融风险。近年来频繁发生的金融危机造成的严重后果充分说明了这一点，度量和控制风险也成为金融机构最为关心的一项事情。

（一）波动性方法

自从 1952 年马科维茨（Markowitz）提出了基于方差（标准差）为风险的最优资产组合选择理论后，方差（标准差）就成了一种极具影响力的经典的金融风险度量方法。方差（标准差）计算简便，易于使用，而且已经有了相当成熟的理论。对于单个资产而言，当其收益率 r 为离散型随机变量时，其方差表示为：

$$\sigma^2(r) = \sum_{i=1}^{n} [r_i - E(r)]^2 p_i \tag{3.1}$$

其中，$r_i, p_i (i = 1, 2, 3, \cdots, n)$ 为可能的收益率及其对应的概率；$E(r)$ 为收益率 r 的数学期望，称为期望收益率；$\sigma^2(r)$ 为收益率 r 的方差。方差（标准差）作为一种风险度量，虽然具有次可加性，但是因它不具备平移不变性和单调性，故不是一致性风险度量。此外，它还存在以下缺点：（1）把收益高于均值部分的偏差也计入风险，这显然与事实不符；（2）以收益均值作为回报基准，也与事实不符；（3）只考虑平均偏差，并没对人们普遍关注的收益的左尾问题给予充分的考虑，因此不适合用来描述小概率事件发生所导致的巨大损失，而金融市场中的"稀少事件"产生的极端风险才是金融风险的真正所在。

（二）风险价值（VaR）模型

风险价值（value-at-risk，VaR）模型是目前市场风险度量的主流方法与核心手段，其直观表述是指在一定的置信水平下和一定的目标期间内，预期的最大损失。确切地说，VaR 方法刻画了收益或损失在一定目标期内分布的分位数。运用 VaR 模型通常有两个假设前提：（1）有效市场假设，所谓的市场有效性是指有关证券的各种信息均反映在价格中；（2）市场的波动是随机的，不存在自相关性。VaR 模型用统计学公式表示为：

$$P(\Delta w(\Delta t, x) \leqslant -\mathrm{VaR}) = 1 - \alpha \tag{3.2}$$

其中，x 为风险因素（如利率、汇率等），α 为置信水平，Δt 为持有期，$\Delta w(\Delta t, x)$ 为损益函数。

例如，某银行某天的 99% 置信水平下的 VaR 值为 5000 万美元，则该银行可以以 99% 的可能性保证其资产组合在未来 24 小时内，由于市场价格变动带来的损失不会超过 5000 万美元。从 VaR 的概念中可以发现，VaR 由 3 个基本要素决定：持有期（Δt）、置信水平（α）、风险因素（x）。

持有期（Δt），即确定计算在哪一段时间内的持有资产的最大损失值，可以定义为一天、一周或一个月等。持有期的选择应根据持有资产的特点来定。流动性好的金融产品，注重其短期内的 VaR 值，Δt 应定义为一天。另外，场外交易的衍生工具应以每天为周期计算 VaR。

置信水平（α）在一定程度上反映了金融机构对风险的不同偏好。置信水平越大则意味着对风险厌恶程度越高，希望得到把握性较大的预测结果。

风险因素（x），即风险因子。在计算 VaR 的过程中，其核心是通过风险映射将某项资产的风险分解为一个或若干个影响其变化的基本的市场风险因子。风险因子的变化表现为资产组合的价格变化，即金融资产组合收益的分布特征。对风险因素（x）或金融资产分布的分析是进行风险值计算非常重要的前提。

假定金融资产收益分布的历史数据能恰当地推测未来，风险值 VaR 就可以从金融资产收益的历史分布特征分析得出。假定金融资产收益分布服从给定的条件，风险值 VaR 也可以从该条件下的分布分析求得。在风险值 VaR 的计算理论里，针对金融资产或资产组合的未来收益分布都或多或少地给出某些假设。

2001 年的巴塞尔委员会指定将 VaR 模型作为银行标准的风险度量工具。但在 VaR 度量中广泛应用的正态分布与实际金融收益分布存在着较大的差距，并且 VaR 仅度量了损益分布的分位数，忽视了高于 VaR 水平的极端情况的损失；此外，VaR 不满足次可加性，破坏了风险分散化原理，不是一致风险估计。

（三）灵敏度分析法

灵敏度分析法是金融风险管理中用于量化金融工具或投资组合对特定风险因子（如利率、汇率、股价、波动率等）变动敏感程度的核心方法。其核心思想是通过构建数学模型，评估风险因子微小变化对资产价值或收益的影响，从而识别关键风险来源并制定对冲策略。针对不同的金融产品有不同的灵敏度，我们可以根据定价理论和方法先将资产组合的价值映射为一些市场风险因子的函数，并给出函数的具体表达形式。假设资产组合的价值为 P，受到 n 个市场风险因子 x_i $(i = 1, 2, \cdots, n)$ 的影响，利用定价理论可得到的资产组合价值关于市场风险因子的映射关系为 $P = (t, x_1, \cdots, x_n)$，再利用 Taylor 展式近似地得到资产组合价值随市场因子变化的二阶形式，即：

$$\Delta P = \frac{\partial P}{\partial t}\Delta t + \sum_{i=1}^{n} \frac{\partial P}{\partial x_i}\Delta x_i + \frac{1}{2}\sum_{i,j=1}^{n} \frac{\partial^2 P}{\partial x_i \partial x_j}\Delta x_i \cdot \Delta x_j \tag{3.3}$$

其中，$\Delta P = P(t + \Delta t, x_1 + \Delta x_1, x_2 + \Delta x_2, \cdots, x_n + \Delta x_n) - P(t, x_1, x_2, \cdots, x_n)$；$\Delta x_i$ 表示市场风险因子 x_i 的变化，$i = 1, \cdots, n$；$\frac{\partial P}{\partial t}$ 表示资产组合对时间 t 的灵敏系数；$\frac{\partial P}{\partial x_i}$ 表示资产组合对风险因子 x_i 的一阶灵敏度，二阶偏导数 $\frac{\partial^2 P}{\partial x_i x_j}$ 描述非线性交叉影响。

Δx_i 常见的灵敏度指标主要是久期、凸性、β 值以及主要应用于金融衍生工具风险度量的 Delta、Gamma、Theta、Vega、Rho 等。

灵敏度分析法由于其简单直观而得到广泛的应用，但是它有如下的缺陷：（1）只有在市场因子变化很小时，这种近似关系才与现实相符，对极端事件（市场崩盘）的预测能力有限；（2）不稳定性，如股票的"贝塔"系数存在不稳定的缺陷，用其衡量风险有很大的争议；（3）相对性，敏感度只是相对的比例概念，并没有回答损失到底有多大。

（四）CAViaR 模型

条件自回归分位数风险价值（CAViaR）模型是由恩格尔和曼加内利（Engle & Manganelli, 2004）在分位数回归的基础上提出的，该方法特别适用于捕捉金融时间序列的波动聚集性和尾部风险的非对称性。CAViaR 模型是在 GARCH 模型的基础上推出的，与 GARCH 模型有相似的结构，完全避开了收益分布的假设，直接从分位数的角度进行风险建模，只要有历史收益率和设置一个置信水平，通过一定的回归方法和优化算法，就可以直接计算出 VaR 值，其一般模型形式如下：

$$\mathrm{VaR}_t(\alpha) = \beta_0 + \sum_{i=1}^{p} \beta_i \mathrm{VaR}_{t-i}(\alpha) + \sum_{j=1}^{q} \gamma_j f(X_{t-j}) \tag{3.4}$$

其中，$\mathrm{VaR}_t(\alpha)$ 表示时间 t 在置信水平 α 下的条件风险价值；X_{t-j} 为滞后市场变量；$f(\cdot)$ 则为非线性转换函数。

（五）一致性风险度量模型

阿尔茨纳（Artzner, 1997）提出了一致性风险度量模型，认为一个完美的风险度量模型必须满足下面的约束条件：（1）单调性；（2）次可加性；（3）正齐次性；（4）平移不变性。次可加性条件保证了组合的风险小于等于构成组合的每个部分风险的和，这一条件与我们进行分散性投资可以降低非系统风险相一致，是一个风险度量模型应具有的重要的属性，在实际中，如在银行的资本金确定和最优化组合确定中也具有重要的意义。目前一致性风险度量模型有以下几种。

1. CoVaR 模型

条件风险价值（condition value at risk, CoVaR）模型，是指在正常市场条件下和一定的置信水平上，测算出在给定的时间段内损失超过 VaR 的条件期望值。CoVaR 模型在一定程度上克服了 VaR 模型的缺点，不仅考虑了超过 VaR 值的频率，而且考虑了超过 VaR 值损失的条件期望，有效地改善了 VaR 模型在处理损失分布的后尾现象时存在的问题。当证券组合损失的密度函数是连续函数时，CoVaR 模型是一个一致性风险度量模型，具有次可加性，但当证券组合损失的密度函数不是连续函数时，CoVaR 模型不再是一致性风险度量模型，即 CoVaR 模型不是广义的一致性风险度量模型，需要进行一定的改进。

2. ES 模型

期望损失（expected shortfall, ES），指的是某个金融资产或资产组合损失超过 VaR 尾部事件的条件均值，其测度了超额损失的平均程度。因此，ES 模型比 VaR 模型更保守，度量效果也更贴合实际风险。ES 模型的数学计算公式如下：

$$ES_a = ES_\alpha(X) = -\frac{1}{\alpha}\left\{E\left[XI_{[x \leqslant q_\alpha(X)]}\right] + q_a(X)(a - P[X \leqslant q_a(X)])\right\} \tag{3.5}$$

其中，X 是定义在概率空间 (Q, Z, p) 上的象征金融资产或资产组合的收益分布的随机变量，$q_a(X) = inf\{X \in R : P[X \leqslant x] \geqslant a\}$，代表置信水平 α 下的风险价值。

在金融市场的实际应用中，ES 可以通过以下公式进行计算：

$$ES_a = ES_\alpha(X) = -\frac{1}{\alpha}\int_{-\infty}^{-VaR} xf(x)\,dx \tag{3.6}$$

但由于积分式计算较为复杂，一般研究中更普遍运用的是其损失超过 VaR 期望值的定义，通过在 VaR 值的基础上加上实际损失高于 VaR 的极端情况下超额损失的均值。计算公式如下：

$$ES_\alpha = E[X|X > VaR_\alpha] = VaR_\alpha + E[X - VaR_\alpha | X > VaR_\alpha] \tag{3.7}$$

相较于 VaR 模型，ES 模型具有以下几点优势。

一方面，ES 模型符合一致性风险度量的要求。它有效地改进了 VaR 模型在次可加性上的不足，从而保证了我们可以用投资组合的方法达到优化投资的效果，同时也保证了对不同类型的投资组合进行评估时，显著性水平的变化不会引起它的剧烈变动。此外，当我们进行多资产配置时，VaR 模型要计算每种资产在每个场景下的值，这使得计算量变得非常大，而 ES 模型则可以利用目标函数的办法把问题简化成一个线性规划的问题，大大减小了计算量。

另一方面，ES 模型有效度量了尾部风险。在同一分布情况下，ES 模型算出的结果通常都会比 VaR 模型大一些，得以良好地弥补了 VaR 模型在部分时刻对实际风险估计不足的缺陷，若应用在金融机构中则可以有效降低系统性风险。

四、金融机构风险管理

金融机构风险管理的主要任务就是如何综合考虑它所面临金融风险的性质、大小和它的经营目标、风险承受能力和风险管理能力、核心竞争力等因素，选择合适的风险管理策略和工具，对它所面临的金融风险进行处理。典型的风险管理方法包括风险回避、风险转移和风险保留。

(一) 风险回避

风险回避是指金融机构采取一定措施避免某种金融风险暴露的出现，旨在回避风险因素，使损失产生的必要条件丧失。如果开展某项业务会带来某种风险暴露，那么不从事这项业务就不会承受这种风险，也就是采取回避风险的态度。比如，当银行等金融机构对小微企业做贷款授信时，即在贷前调查时，发现该笔业务存在潜在风险，主动放弃该笔业务。风险回避虽然可以完全避免损失的发生，但它同时也丧失了获得收益的机会。由于它不是一种积极的风险控制手段，因此在实际操作中不是首选的风险控制手段。只有当风险太大，完全超过了银行等金融机构的风险承担水平时才会被使用。

（二）风险转移

如果有些金融风险是金融机构在经营中无法回避或不易回避的，且金融机构自身管理这类市场风险的能力又有限，或即使可以管理这类市场风险，与其他企业相比也不存在比较优势，此时金融机构应该通过其他金融机构、金融市场（特别是衍生金融产品市场）等提供的各种工具和便利来转移这些风险。风险转移最显著的特征是改变了风险承担者，但并没有从根本上消除风险，风险管理责任不能转移。在实践中的具体做法主要有分散化、对冲、保险三种方法。

1. 分散化

分散化是指通过多样化的投资组合，降低金融机构的风险承担水平。分散化的本质在于有效利用不同种类资产的风险相关性，因此其关键在于资产组合的合理选择。现实中，金融机构如商业银行、基金公司、保险公司等普遍将分散化作为其市场风险管理的主要手段之一，如商业银行往往通过资金来源和运用的多样化来降低风险，具体包括以下三种方法。

（1）金融工具分散化。商业银行将其投资分布于金融领域的各个方面，确保金融工具之间不相关或负相关来减少商业银行自身的风险暴露。

（2）地区分布分散化。商业银行面向不同区域的客户提供金融服务，这些地区具有不同的经济发展情况和居民收入水平，从而降低由个别地区经济条件恶化所引发的风险。

（3）期限分散化。银行将其资产负债期限根据营利性、流动性和安全性的目标进行组合，通过资产负债管理，使长短期资产来源和运用的盈亏相互抵补。当不同顾客的现金流以不同的方式变化时，这些分散化的方法可以比较有效地降低银行的市场风险。

2. 对冲

对冲也称为套期保值，是指通过在金融市场上进行一定的交易活动，消除或减轻可能发生的风险。它包括在一种市场上以相反的方向做多和做空交易，以及在不同的市场之间进行交易，从而降低风险和损失。对冲是一种普遍的金融工具，被广泛用于股票、期货、外汇、债券等市场。

对冲的基本思想是通过一种或多种交易策略对冲实际和潜在的亏损。通过在不同市场间做多和做空来抵消价格波动带来的风险。对冲的原理主要基于市场波动，通过一定的方法和工具将波动降到最低，以达到风险管理和资产保值增值的目的。

在进行对冲时，首先，需要测量组合的风险状况，即辨识和测量组合的市场风险；其次，在明确组合市场风险的基础上，根据交易者或金融机构自身的竞争优势和风险偏好，确定合理的对冲目标；再次，根据对冲目标，选择对冲策略，如 Delta 对冲、Gamma 对冲或其他类型的风险对冲；最后，根据不同的对冲策略，选择或构造一种或几种合适的金融工具实现对冲目标。在选择对冲目标、对冲策略和选择或构造对冲工具时，必须考虑对冲成本，并对对冲效果进行评价。

3. 保险

保险是指投保人或被保险人通过与保险人签订保险合同，将风险转移给保险公司。保险转嫁作为目前普遍采用的风险财务工具，在风险管理中具有独特的地位和作用。尤其是在人们对风险的识别、预防、处置技术仍有不足，损失控制无法从根本上消除损失，自留风险又有局限性的情况下，作为专门与风险打交道且积累了丰富风险管理经验的实力雄厚的保险公司，参与风险管理就显得更为重要了。可以说，保险是一种集各种风险管理方法之大成的风险管理工具。

此外，担保也提供了一种类似于一般保险的风险保护方式，包括显性担保和隐性担保。显性担保是指金融担保机构直接向个人和企业客户开具的担保承诺，保证当企业发生某种风险时，担保机构能够弥补企业的风险损失。隐性担保是指一种没有明确完整的担保合同作为依托、没有严格法律约束力的担保形式。

期权可以看作是保险合约的另一种形式。利用期权交易来管理风险的方式很简单。以生产小麦的农民和购买小麦的蛋糕店为例，农民可以不通过远期交易，而买入一个小麦价格的看跌期权转移小麦价格下降的风险；蛋糕店也可以买入一个小麦价格的看涨期权对小麦价格上涨的损失进行保险。

（三）风险保留

对于那些无法回避又不能转移的市场风险，金融机构只能接受并采取相应的措施来吸收和抵御风险。在下面两种情况下，金融机构应该采取风险保留的方法。

（1）金融机构的资产或核心业务中所包含的市场风险性质极其复杂，且很难向第三方转移，或转移时伴随的信息披露会降低企业的竞争力。

（2）金融机构为了获得某类风险的收益而必须接受这种风险。金融机构如商业银行、保险公司等，其经营方式就是通过接受某些风险而获得风险收益。因此，风险保留是金融机构风险管理的重要方式之一，以商业银行贷款为例，当某笔贷款的风险程度还在商业银行等金融机构可以承受的范围之内，暂时不需要处理该笔贷款，便可以采取风险保留措施，但需要关注并监测趋势。风险保留是商业银行等金融机构在综合考虑未来损失和机会成本等变动因素后，作出的主动承担风险的一种手段。例如，商业银行会按照会计要求的谨慎性原则，根据可能发生的贷款损失概率，适时提取贷款损失准备金。

采用风险保留方法管理风险的核心在于，准备合理水平的风险资本金以抵御和吸收风险。第一种方法是金融机构采用等额风险资本金的管理方式，即风险资本金的数额等于企业风险资产数额，或等于蕴含此类风险的金融机构业务的资金额。等额风险资本金的留存虽然能较好地吸收金融机构面临的风险冲击，但导致金融机构的营运资本比例大大下降，严重影响了金融机构资金的周转能力，降低了金融机构的资本收益率。第二种方法是固定比率风险资本金管理方式，如《巴塞尔银行业监管协议》中规定，银行的最低资本限额为银行风险资产的8%，这种方法无法适应日趋波动的金融市场及复杂的经营业务。对于经营较为稳健的金融机构来讲，固定比率可能过高而造成资金浪费，而对于经营中风险较大的金融机构，固定的比率又可能过低而不能满足弥补风险损失的需要，因而降低了风险管理的效率。第三种方法是精确测定金融机构由于市场因子波动而导致的总体风险暴露，并据此确定企业的风险资本金水平。

拓展阅读

依法稳妥处置包商银行风险

2019年5月24日，人民银行、银保监会发布公告，鉴于包商银行出现严重信用风险，为保护存款人和其他客户合法权益，依法依规对包商银行实行接管。人民银行、银保监会在防范系统性风险的同时，坚持市场化原则，防范道德风险，严格依法依规推进包商银行接管工作，历时一年半的时间，顺利完成包商银行金融风险的精准拆弹。

一、包商银行的风险成因

包商银行的基本情况。包商银行前身为包头市商业银行，成立于1998年

12月，2007年9月更名为包商银行，在内蒙古自治区及北京、成都、深圳、宁波等地共设立18家一级分行，拥有员工10171人。自2011年北京分行成立后，包商银行总行高管、核心部门陆续迁至北京，并在北京聘用大量员工，北京成为包商银行实际总部所在地。

"明天系" A 控股并占用包商银行资金。从1998年开始，"明天系"陆续通过增资扩股和受让股权等方式不断提高其在包商银行的股权占比，截至2019年5月末，已有35户"明天系"企业共持有42.23亿股，占全部股份的89.27%。在控股包商银行期间，"明天系"通过虚构业务，以应收款项投资、对公贷款、理财产品等多种交易形式，共占用包商银行资金逾1500亿元，占包商银行资产总规模近30%。

"明天系"长期占用资金，无法归还，严重侵蚀包商银行的利润和资产质量。"明天系"股东多次尝试重组包商银行，但均以失败告终。2017年开始，包商银行的风险逐步暴露，经营难以为继。"明天系"大股东尝试邀请多家民营企业、地方国企，参与战略重组包商银行，但有的战略投资者明显不具备商业银行股东资格，有的战略投资者在了解资产状况后望而却步，重组工作难以取得实质进展。包商银行持续受到"明大系"污名效应影响，外部融资条件不断恶化，只能通过高息揽储等方式，勉强维持流动性。

二、风险处置工作实施情况

依照《中国人民银行法》《银行业监督管理法》《商业银行法》，包商银行实际已触发"已经或者可能发生信用危机，严重影响存款人和其他客户合法权益"的法定接管条件，2019年5月24日，人民银行、银保监会联合对包商银行实施接管。

在接管期间，主要开展以下工作。

稳妥推进债权保障与处置工作。包商银行中小投资者和同业负债占比高，假结构性存款、假协议存款等金融产品违规现象严重。为此，在债权保障过程中，一是建立跨部门、跨机构的债权保障协调工作机制，依据《商业银行法》《存款保险条例》等法律法规，根据债权的性质及法律属性，按金额提供分段保障。二是建立债权确认与收购保障的五部门联合工作机制，开展债权保障政策解释和宣传及收购协议的签署工作。三是调动相关金融基础设施，研究制定确保相关金融产品正常流通和交易的措施。经过各方通力合作，依法实现对5000万元以下债权全额保障，对5000万元以上大额债权部分保障，全部债权保障水平近90%，并对二级资本债实施了减记。在充分保障客户债权合法权益的同时，打破了刚性兑付，严肃了市场纪律，有助于引导金融机构健康发展，促进金融市场良性运转。

摸清风险底数，推动改革重组。清产核资结果显示，以 2019 年 5 月 24 日接管日为基准，包商银行资不抵债金额为 2200 亿元。人民银行会同银保监会、内蒙古自治区政府等有关方面，研究提出具体实施方案：一是设立新银行。由存款保险公司会同建设银行全资子公司建信投资、徽商银行以及内蒙古自治区财政厅等内蒙古自治区内 8 家发起人在内蒙古自治区共同发起设立蒙商银行，承接包商银行内蒙古自治区内资产负债及相关业务，服务内蒙古自治区经济社会发展，不再跨区域经营。二是将包商银行内蒙古自治区外 4 家分行资产负债及相关业务打包评估，出售给徽商银行。

依法申请破产清算。包商银行改革重组工作平稳落地，收购承接包商银行业务的蒙商银行和徽商银行资本充足、运行平稳。根据《商业银行法》《企业破产法》《中资商业银行行政许可事项实施办法》等相关规定，鉴于包商银行严重资不抵债，无法清偿到期债务，接管组以包商银行名义，向银保监会提交破产申请，并获得进入破产程序的行政许可。2020 年 11 月 23 日，北京一中院裁定受理包商银行破产清算，并指定包商银行清算组担任包商银行管理人。2021 年 2 月 7 日，北京一中院裁定宣告包商银行破产，包商银行风险处置工作基本完成。

摘自《中国金融稳定报告（2021）》

关键术语

　　金融机构　金融风险　组织结构　U 型结构　H 型结构　M 型结构　矩阵结构　系统风险　非系统风险　风险回避　风险转移　风险保留

分析与思考

1. 金融机构的定义与作用是什么？
2. 金融机构经营的特殊性有哪些？
3. 金融机构的组织结构有哪些？
4. 金融风险的类型有哪些？
5. 金融风险的度量方法有哪些？
6. 金融机构风险管理的方法有哪些？

第四章 货币市场

通过本章学习，掌握货币市场的内涵、运行特征，以及货币市场各子市场的内涵、特征；熟悉货币市场运行的基础理论及各子市场的发展；了解各货币市场交易主体、中介机构的构成和特征；熟悉货币市场的政策功能和政策工具。

第一节　货币市场概述

货币市场是金融市场重要的组成部分，是专门融通短期资金的市场。随着金融创新的发展，货币市场的工具、运行机制及其对宏观经济的影响也日益复杂。

一、货币市场的内涵与运行特征

（一）货币市场的含义

货币市场的概念是相对于资本市场而言的。货币市场（money market）是指1年期以内（包括1年期）的短期金融工具发行和交易所形成的供求关系与运行机制的总和。短期金融工具的"短期"是指金融工具从发行日到到期日之间的时间不超过1年。

货币市场的存在，是因为个人、机构和政府对现金的需求不一定与其现金收入恰好相吻合，由于持有过多的现金余额将导致利息损失、产生机会成本，因此，现金持有者会将多余的现金以金融产品的形式投资在金融市场。由于投资期限较短，在他们需要现金时，又可以在几乎没有价值损失风险的情况下将这些金融产品以相对低廉的成本迅速转变为现金。

（二）货币市场的运行特征

（1）货币市场没有固定、统一的集中交易场所，是一个无形市场。货币市场是一个通过电话和计算机进行交易的市场，市场参与者通过遍及全国和全球的计算机、电话等通信工具安排交易。

（2）期限短，大多数货币市场工具期限小于120天。货币市场主要满足市场参与者短期流动性资金需求。

（3）交易具有批发性质。货币市场中的大多数交易在机构之间进行，资金借贷数额都很大，动辄就会有数千万、上亿元的交易产生，因此货币市场经常被称为货币"批发市场"。

（4）货币市场的金融产品流动性强、风险小、收益低。正因为货币市场证券有着期限短、流通性强的特点，其违约的可能性较小，因此安全性高，风险溢价较小，收益率也相对较低。

对于投资者来说，货币市场为闲散资金提供一个临时的投资场所，降低其机会成本。而对于货币市场证券的出售者来说，货币市场提供了一个低成本的融资渠道。相比于货币市场，同样提供短期借贷服务的商业银行还受到存款准备金制度和利率管制的影响。因此，货币市场正逐渐成为公司或金融机构发挥短期剩余资金用处的理想场所。

二、货币市场运行的基础理论

（一）真实票据理论

真实票据理论认为，银行资金的来源主要是吸收流动性很强的活期存款，银行经营的首要宗旨是满足客户兑现的要求，所以，商业银行必须保持资产的高流动性，才能避免因流动性不足给银行带来经营风险。因此，商业银行的资产业务主要集中于以真实票据为基础的短期自偿性贷款，以保持与资金来源高度流动性相适应的资产的高度流动性。短期自偿性贷款主要指的是短期的工商业流动资金贷款。

真实票据理论产生于商业银行发展的初期。当时企业的资金需求比较小，主要依靠自有资本经营，企业对资金的需求以商业周转性流动资金为主。此外，由于金融机构管理水平较低，还没有作为最后贷款人角色的中央银行在商业银行发生清偿危机时给予救助，商业银行的经营管理者更强调维持银行的流动性，并不惜以牺牲部分盈利为代价。在这种金融市场很不完善、融资渠道和资产负债业务比较单一的历史条件下，银行在经营实践中找到了保持资产流动的理论依据，即真实票据理论。

然而，随着经济的发展，这一理论的缺陷也越来越明显。首先，它未考虑到短期存款的沉淀部分和长期存款比重的上升，真实票据理论忽略了银行资金来源的潜力。其次，它对贷款多样化的否定是不利于经济增长的。再次，自偿性贷款未必能保证贷款的收回，有时长期贷款更可靠。最后，自偿性贷款随商业周期而波动，将影响金融体系的稳定。

（二）货币市场均衡理论

凯恩斯主义者认为商品市场包括投资品和消费品市场。货币市场是一个以货币供给和货币需求为内容的市场，它专注于研究货币流通工具和支付手段的供求关系以及利率均衡机制。当货币供应量增加时，会导致货币存量增加，从而增加对债券的需求。这进一步促使实业部门获得更多投资，导致就业水平增加和产出增加，同时也会影响商品市场价格；相反，如果货币供应量减少，会导致对债券的需求下降，限制投资，降低就业水平，导致产出减少。

（三）流动性资产组合理论

现代货币市场的发展可以追溯到 20 世纪 30 年代希克斯（J. R. Hicks）进行的资产选择分析，其中所谓的"资产"是指带有利息收入的金融债券。希克斯将风险因素考虑在内，将不同风险程度的资产赋予不同的贴现率。他认为，对于一家公司来说，其持有的各种资产都应该为公司带来收益。这些资产包括现金、银行账户存款、银行存单、政府债券、商业票据以及外币资产，它们都是高流动性的金融资产，具有不同的成本费用率、利息收益率、期限和兑换条件。公司需要选择不同的资产组合方式，以实现流动性、安全性和收益性的最佳平衡。同样，政府和家庭也会根据经济形势与客观情况不断调整其资产结构，以最大限度地实现收益并降低风险。

（四）金融市场创新理论

自 20 世纪 60 年代以来，世界各国的货币市场不断涌现出新的交易工具。这些工具包括以货币清算为基础的远期合约、货币期货合约、货币期权、货币利率互换、货币市场基金、大额可转让存单等。这些市场的发展使全球货币市场的流动性和风险表现得更加突出，为投资者提供了更多机会，同时也给市场管理者带来了新的挑战。面对不断涌现的货币市场工具，学者们从不同的角度对金融创新进行了解释。

西尔柏（W. L. Silber）提出的约束诱导性金融创新理论主要从金融机构寻求最大化利润并减轻外部金融压力的角度开始，认为金融机构在面对外部政府控制和内部约束加强的情况下，通过不断创新和提高效率来弥补损失。

在凯恩（E. J. Kane）提出的规避型金融创新理论中，"规避"是指金融机构绕过各种监管措施的行为。规避创新表示金融机构回避各种金融控制和管理的行为，政府对金融的控制与相关规避行为形成了政府和金融机构之间的博弈。这种博弈的结果是监管—创新—新监管—新创新的循环，推动了金融创新不断发展。

制度学派的戴维斯（S. Davies）、塞拉（R. Syla）和诺斯（North）认为，作为经济制度的一个组成部分，金融创新是一种与经济制度相互影响、互为因果关系的制度改革。基于这种观点，一国金融体系的任何因制度改革的变动都可以视为金融创新。因此，政府政策的调整与改变都会引起金融制度的变化。

第二节　货币市场子市场与工具

货币市场由多个子市场构成，主要包括同业拆借市场、回购市场和票据市场等。

一、同业拆借市场

同业拆借是指具有法人资格的金融机构及经法人授权的非法人金融机构、分支机构之间以货币借贷方式进行短期资金融通的行为，目的在于调剂头寸和临时性资金余缺。同业拆借市场又称同业拆放市场，是指银行与银行之间、银行与其他金融机构之间进行短期的（1年以内）、临时性的资金拆出/拆入的市场。其产生源于各国存款准备金制度的建立，在存款准备金制度下，产生了商业银行间调剂资金头寸的需求。当前，同业拆借不仅在于调剂存款准备金，也可满足金融机构在日常经营中实现的短期资金供需平衡。

同业拆借市场为金融机构提供了一种实现流动性的机制，能提高金融机构的资产盈利水平。同业拆借市场也是中央银行制定和实施货币政策的重要载体。同业拆借市场利率往往被视作基础利率，能迅速反映市场资金供求状况的变化，对宏观经济发挥着重要作用。

（一）同业拆借市场的特点

同业拆借活动有严格的市场准入条件，一般在金融机构或指定某类金融机构之间进行。一般而言，融通资金的期限比较短，交易手段比较先进，交易手续比较简便，成交的时间也较短。市场交易额较大，且一般不需要担保或抵押，完全是一种信用资金借贷式交易。拆借利率由供求双方议定，可以随行就市。同业拆借交易以询价方式进行，自主谈判、逐笔成交。

1. 依托于存款准备金制度

完备的存款准备金制度是同业拆借市场发展的基础，清算支付和流动性管理的功能是其发展的持续动力。存款准备金一般不付利息，因此，商业银行等金融机构在难以准确预测存款余额和准备金水平的情况下，产生了相互调剂准备金的要求，直接导致了同业拆借市场的快速发展。但值得注意的是，进入20世纪90年代之后，部分国家取消了法定存款准备金制度，如英国和加拿大，而美国以及欧洲央行也逐渐降低了法定存款准备金率调整在货币政策中的作用。但是即使存款准备金制度的地位有所下降，建立在准备金基础之上的同业拆借市场在货币政策中的作用却更加突出了，这一市场已逐渐回归其最原始的功能，即商业银行清算支付和流动性管理的功能。

2. 市场主体多元化

同业拆借市场中的参与者包含了种类众多的金融机构。多元化的主体具有不同的风险和收益偏好，对资金需求的数量和期限不同，既能保证市场的活跃性，也能促使同业拆借利率成为真正反映市场资金供求关系的敏感指标。

3. 交易以短期拆借为主

同业拆借市场的交易以短期资金拆借为主，70%以上为隔夜拆借，是金融机构头寸调剂和流动性管理的主要场所。

4. 同业拆借利率市场化程度高

在同业拆借市场上形成的利率通常被视为该国或地区的基准利率，其形成机制具有以下特点：一是同业拆借利率通过报价形成，是有资格的报价行拆借资金的报价，而非实际交易利率，基准利率是在报价基础上剔除一定比例最高和最低报价部分，对剩余的报价部分进行简单算术平均求得的；二是形成了利率体系，利率由隔夜至1年期的各档次利率组成；三是基准利率信息一般由指定机构计算并按时对外公布。

（二）中国同业拆借市场运行模式

我国金融机构间同业拆借是由中国人民银行统一负责管理、组织、监督和稽核。金融机构用于拆出的资金只限于交足准备金、留足5%备付金、归还人民银行到期贷款之后的闲置资金；拆入的资金只能用于弥补票据清算、先支后收等临时性资金周转的需要。

1. 同业拆借市场的机构类型

同业拆借市场机构包括政策性银行、中资商业银行、外商独资银行、中外合资银行、城市信用合作社、农村信用合作社县级联合社、企业集团财务公司、信托公司、金融资产管理公司、金融租赁公司、汽车金融公司、证券公司、保险公司、保险资产管理公司、中资商业银行（不包括城市商业银行、农村商业银行和农村合作银行）授权的一级分支机构、外国银行分行、中国人民银行确定的其他机构。

2. 交易类型

（1）头寸拆借，一般为日拆。

（2）同业借贷，它的期限比较长，从数天到1年不等。

3. 交易方式

同业拆借一般通过各商业银行在中央银行的存款准备金账户，由拆入银行与拆出银行之间用电话或电传通过以下三种方式进行。

（1）要求拆入的银行直接与另一家商业银行接触并进行交易。

（2）通过经纪人从中媒介，促成借贷双方面议成交。

（3）通过代理银行沟通成交，即拆出行和拆入行都用电话通知代理行，由代理行代办交易。其大致过程是由拆出银行通知中央银行将款项从其准备金账户转到拆入银行的账户，中央银行借方记拆出银行账户，贷方记拆入银行账户，由此完成拆借过程。

拆借交易采用询价交易方式。询价交易方式是指交易双方以双边授信为基础，自行协商确定交易价格以及其他交易条件的交易方式，包括报价、格式化询价和确认成交三个步骤。

4. 交易要素

同业拆借的交易要素包括拆借利率、拆借金额、拆借方向、拆借期限、清算速度。拆借双方就交易要素达成一致的，交易系统方可予以确认成交。

5. 交易基本参数

每笔拆借交易的最低拆借金额为人民币 10 万元，最小拆借金额变动量为人民币 1 万元。日计数基准为实际天数/360。

6. 交易时间

交易系统的工作日为每周一至周五，法定节假日除外，交易时间为 9：00—12：00、13：30—16：30。

7. 报价

拆借交易报价包括公开报价、定向报价、双向报价和对话报价四种报价方式。其中，公开报价、定向报价和双向报价属于意向报价，不可直接确认成交；对话报价属于要约报价，经对手方确认即可成交。交易成员可修改或撤销已发出的报价。

8. 格式化询价

格式化询价是指交易成员与对手方相互发送的一系列对话报价所组成的交易磋商过程。交易成员可在交易系统允许的轮次内询价。超过允许轮次而仍未确认成交的，格式化询价结束。

9. 成交

交易成员通过格式化询价就交易要素达成一致后，可向交易系统提交确认成交的请求。

（三）同业拆借利率及利息的计算

1. 同业拆借利率的确定

同业拆借的交易价格（即利率）分为两种情况：一种是由拆借双方当事人协定，而不通过公开市场竞价来确定；另一种是拆借双方借助于中介人——经纪商，通过观察公开竞价来进行确定。同业拆借有两个利率：拆进利率（bid rate），表示银行愿意借款的利率；拆出利率（offered rate）表示银行愿意贷款的利率。

国际同业拆借市场广泛使用的利率有伦敦银行同业拆借利率（LIBOR）、联邦基金利率、新加坡银行同业拆借利率和香港银行同业拆借利率。

上海银行间同业拆放利率（shanghai interbank offered rate，SHIBOR）以位于上海的全国银行间同业拆借中心为技术平台计算、发布并命名，是由信用等级较高的银行组成报价团自主报出的人民币同业拆出利率计算确定的算术平均利率，是单利、无担保、批发性利率。目前，对社会公布的 SHIBOR 品种包括隔夜、1 周、2 周、1 个月、3 个月、6 个月、9 个月及 1 年 8 个品种。利率品种代码按期限长短排列为 O/N、1W、2W、1M、3M、6M、9M、1Y（O/N 代表隔夜，W 代表周，M 代表月，Y 代表年）。SHIBOR 报价银行团现由 18 家商业银行组成，每天上午 11 点准时发布。计算的过程很简单，18 家银行每天提供各自的报价，按从高到低排序，剔除掉最高、最低 4 家之后，剩下的算术平均数就是 SHIBOR。报价银行是公开市场一级交易商或外汇市场做市商，在中国货币市场上人民币交易相对活跃、信息披露比较充分的银行。中国人民银行成立 SHIBOR 工作小组，依据《上海银行间同业拆放利率（SHIBOR）实施准则》确定和调整报价银行团成员、监督和管理 SHIBOR 运行、规范报价行与指定发布人行为。

2. 利息计算

$$I = P \times R \times A/D \tag{4.1}$$

其中，I 表示同业拆借的利息，P 表示拆借的金额，R 表示拆借的利率，A 表示生息的天数，D 表示 1 年的基础天数。

我国自 1984 年起开放同业拆借，并以《中华人民共和国银行管理暂行条例》为标志，同业拆借业务开始发展，1996 年起正式建立全国统一的银行间同业拆借市场，2002 年 6 月 1 日起中国外汇交易中心为金融机构办理外币拆借中介业务，建立起统一、规范的国内外币同业拆借市场。从我国银行间同业拆借市场的年累计成交金额来看，自 2007 年我国正式实施上海同业间银行拆借款利率以来，交易总量大幅上升。上海银行间同业拆借利率成为反映我国短期资金供求状况的参考指标，也是我国金融工具基准利率的参考指标。

二、回购市场

（一）回购协议与回购市场的内涵

回购市场是指通过回购协议进行短期资金融通的市场。回购协议是指证券资产的卖方在卖出一定数量的证券资产的同时与买方签订的在未来某一特定日期按照约定价格购回所卖证券资产的协议。

（二）回购协议的类型

根据所质押的债券所有权是否由正回购方转移给逆回购方，回购交易可分为质押式回购和买断式回购两种类型的交易方式。

1. 质押式回购

质押式回购又称封闭式回购，是指交易双方以债券为权利质押所进行的短期资金融通业务。在质押式回购交易中，资金融入方（正回购方）在将债券出质给资金融出方（逆回购方）融入资金的同时，双方约定在将来某一日期由正回购方向逆回购方返还本金和按约定回购利率计算的利息，逆回购方向正回购方返还原出质债券。在这一过程中，正回购方所质押证券的所有权并未真正让渡给逆回购方，而是由交易清算机构作质押冻结处理，并退出二级市场；待回购协议到期，正回购方按双方约定的回购利率向逆回购方返还本金并支付利息后，交易清算机构对质押冻结券予以解冻，质押证券重新进入二级市场流通。在回购期间，逆回购方没有对质押证券实施转卖、再回购等处置的权利。封闭式回购实际上是一种以证券为质押的资金拆借方式。

2. 买断式回购

买断式回购指债券持有人（正回购方）将债券卖给债券购买方（逆回购方）的同时，与买方约定在未来某一日期，由卖方再以约定价格从买方买回相等数量同种债券的交易行为。买断式回购又称开放式回购，逆回购方拥有买入证券的完整所有权和处置权以在回购期间灵活运用质押证券的权利。在回购到期前，逆回购方可以根据资金管理的需要和对市场形势的把握，将质押证券用于在回购或二级市场上交易，并只需要在回购到期时，以约定价格将相等数量的同种证券反售给正回购方即可。开放式回购实际上是一种依附于证券买卖的融资方式。

（三）回购协议的市场交易风险

回购协议的市场交易的主要风险是信用风险以及相应抵押物价值的波动。其中的信用风险主要包括交易对手方破产或申请破产、陷入经济纠纷无法行使质押权和违约不进行回购或返售证券。可以通过设置保证金，并根据市值调整交易减少信用风险。

（四）回购利息的计算和回购利率的影响因素

1. 回购利息的计算

$$回购利息 = 成交额 \times 年收益率 \times 回购天数/365$$

2. 影响回购利率的因素

（1）用于回购的证券质地：信用等级越高，流动性越好，回购利率越低。

（2）回购期限的长短：期限越长，利率越高。

（3）交割的条件：把质押品直接交给贷款人，回购利率较低；把质押品放在借款人的银行里，回购利率比较高。抵押品越不容易得到，回购利率越低。如果采用实物交割的方式，回购利率就会较低；如果采用其他交割方式，则利率就会相对高一些。

（4）货币市场其他子市场的利率水平：如同业拆借市场利率。

（五）中国回购市场的发展

1. 发展历程

我国的国债回购交易始于 1991 年，当时上海证券交易所和全国证券交易自动报价系统（STAQ 系统）成立不久，跨地区、有组织、规范化的国债交易刚刚起步。为发展我国国债市场，活跃国债交易，引导短期资金的流通，STAQ 系统于 1991 年 7 月宣布试办国债回购交易。1993 年 12 月 15 日，上海证券交易所发布了《关于国债交易专场回购业务的通知》，正式开办了以国债为主要品种的回购交易业务。1994 年 10 月，深圳证券交易所也推出了该项交易。为防范大量银行资金通过债券回购流入股票市场，同时也为了公开市场操作顺利进行，人民银行开始建立银行间债券市场。1996 年 1 月 3 日，全国统一拆借网络系统开始试运行；1996 年 12 月 2 日，中央国债登记结算公司正式成立；1997 年 6 月 5 日，商业银行停止在证券交易所进行债券回购和现券买卖业务；1997 年 6 月 16 日，全国银行间债券市场正式启动，商业银行债券交易必须在全国统一同业拆借网络中心处理，并在中央国债登记结算公司开立债券集中托管账户。

在银行间债券回购市场，2000 年 7 月 28 日，央行发布了《全国银行间债券市场债券回购主协议》，标志着我国债券回购交易的规范化；2004 年 5 月 20 日，财政部、中国人民银行和证监会发布了《关于买断式回购交易业务的通知》，中国人民银行发布了《全国银行间债券市场债券买断式回购业务管理规定》，银行间债券市场债券买断式回购正式推出。至此，银行间市场两种形式的债券回购交易（质押式和买断式）全部推出。银行间债券市场回购发展迅速，并成为债券交易的主体。

我国的回购协议市场由两类市场组成：交易以国债和企业债为回购协议标的的上海证券交易所和深圳证券交易所，交易以国债、中央银行融资券、中央银行票据和特种金融债券等为回购协议标的的全国银行同业拆借中心市场。目前，回购协议市场是我国交易最活跃的货币市场之一，为金融机构融通资金和中央银行开展公开市场业务发挥了巨大作用。

2. 回购市场结构

（1）交易所和银行间两大市场的相互分割。我国的债券回购交易始于交易所，目前银行间债券回购与交易所债券回购并行，但以银行间市场为主。交易所和银行间两大市场的相互分割：首先，两个回购市场之间有着相差悬殊的回购参与者。银行间债券回购市场的直接参与者只限于金融机构，非金融机构只能在交易所进行债券回购交易；同样，商业银行也只限于在银行间债券回购市场进行交易。其次，两个市场之间有着完全不同的交易价格形成机制。银行间债券市场回购交易方式为自主询价、自主交易，自主选择、相互协商交易品种和交易对象，是场外交易市场，债券的结算、托管与资金的清算服务是两个分开的系统；交易所债券市场实行的是集合竞价电脑撮合交易，交易品种是标准化的，是场内交易市场。最后，两个市场之间的债券托管和资金清算系统是相互分离的。交易所市场拥有自己的债券托管结算系统，银行间市场则由中央债券登记结算公司和上海清算所负责债券的托管与结算。

（2）质押式回购为主，买断式回购不活跃。买断式回购自2004年推出以来，与质押式回购相比，交易相对不活跃。2020年，银行间市场质押式回购累计成交952.7万亿元，同比增长17.6%；买断式回购累计成交7万亿元，同比下降26.3%。产生这一现象的主要原因有以下几点：第一，买断式回购的逆回购方进行卖空交易，所面临的市场风险愈发凸显；第二，买断式回购要求逆回购方到期返还相同数量的同种债券，给逆回购方带来一定的流动性风险；第三，在债券回购现行的财务制度安排下，利率和市场价格波动较大时，市场成员做空的内在动力并不十分充足；第四，虽然买断式回购引入了做空机制，但是监管部门对卖空进行了一系列严格的限制。

（3）短期回购活跃。目前，全国银行间市场回购的期限为1~365天，交易系统按1天、7天、14天、21天、1个月、2个月、3个月、4个月、6个月、9个月、1年共11个品种统计公布质押式回购和买断式回购的成交量与成交价。上海证券交易所质押式和买断式回购的回购期限均分为1天、2天、3天、4天、7天、14天、28天、91天和182天9个品种。深圳证券交易所质押式回购也包括以上9个品种。从近年来各回购期限品种交易量占比情况来看，隔夜品种占80%左右，期限在7天以下（含）的占99%，主要为短期交易。

三、票据市场

（一）票据市场的含义

票据市场指的是在商品交易和资金往来过程中产生的以汇票、本票和支票的发行、担保、承兑、贴现、转贴现、再贴现来实现短期资金融通的市场。

票据市场是短期资金融通的主要场所，是直接联系产业资本和金融资本的枢纽之一。

（二）票据的含义和种类

1. 票据的含义

票据是指出票人依法签发的，约定自己或委托付款人在见票时或指定的日期向收款人或持票人无条件支付一定金额并可以转让的有价证券。

票据是一种重要的有价证券，因为它以一定的货币金额来表现价值，同时体现债权债务关系，且能在市场上流通交易，具有较强的流动性。

2. 票据的种类

票据的基本形式有三类：汇票、本票和支票。

（1）汇票。汇票是出票人签发的，委托付款人在见票时或者在指定日期无条件支付一定金额给收款人或持票人的一种票据。汇票包括商业汇票和银行汇票，二者根据付款时间又分为即期汇票和远期汇票；商业汇票中的远期汇票按照承兑人不同可以分为商业承兑汇票和银行承兑汇票。

（2）本票。本票是出票人签发的，承诺自己在见票时无条件支付确定的金额给收款人或者持票人的票据。本票包括商业本票和银行本票，二者根据付款时间分为即期本票和远期本票。

（3）支票。支票是出票人签发的，委托办理支票存款业务的银行或其他金融机构在见票时无条件支付确定金额给收款人或持票人的票据。支票包括转账支票和现金支票。

（三）商业票据市场

1. 商业票据的特点

商业票据是指以企业为出票人、以贴现方式出售给投资者，到期按票面金额向持票人付现而发行的无抵押担保的承诺凭证。它是一种商业证券。其发行成本较低；融资和资金使用具有灵活性；一般为大机构发行，其发行可以提高发行公司声誉。

商业票据在发行之前需要进行信用评级。较高的信用评级，意味着该商业票据的信用风险较小，发行人付出的利息成本也较低。

2. 商业票据的发行

（1）发行者：票据市场的供给方。商业票据的发行者包括金融公司、非金融公司及银行控股公司。

（2）投资者：票据市场的需求方。商业票据的主要投资者是中央银行、大商业银行、非金融公司、保险公司、政府部门、基金组织和投资公司等。

（3）发行渠道：商业票据的发行渠道通常有两种，一是直接销售；二是经销商销售。

（4）发行成本：商业票据的发行成本包括利息成本和非利息成本两部分。

（5）信用评级：商业票据具有一定的风险是由于投资人可能面临票据发行人到期无法偿还借款的局面，因而货币市场对发行公司的信用等级有很严格的要求，只有信用等级达到一定程度的公司才有资格在市场上发行商业票据。

3. 我国票据市场概况

中国人民银行《货币政策执行报告》中的票据市场是指：记录在全国商业银行的业务中发生承兑的贴现、转贴现的实际数之和，并有余额和累计发生额的具体信息。作为货币市场的一个子市场，在整个货币体系中票据市场是最基础、交易主体中最广泛的组成部分。票据市场可以把"无形"的信用变为"有形"的，把不能流动的挂账信用变为具有高度流动性的票据信用。票据市场的存在与发展不仅为票据的普及、推广提供了充分的流动性，还集中了交易信息，极大地降低了交易费用，使得票据更易为人所接受。

这个市场按票据发行主体来划分，有银行票据市场、商业票据市场；按交易方式来划分，有票据发行市场、票据承兑市场和票据贴现市场；按票据种类来划分，有商业银行票据市场、银行承兑汇票市场、银行大额可转让定期存单市场、短期以及融资性票据市场。由于银行承兑汇票及商业票据是投资者进行短期投资和金融机构进行流动性管理的重要工具，银行承兑汇票市场和商业银行票据市场也成为票据市场最主要的两个子市场。

我国票据市场按交易层次主要集中在银行柜台交易市场和区域性票据市场，前者如各家商业银行开办的票据贴现窗口，后者包括京津地区、长三角地区和珠三角地区等区域性票据交换市场。2003 年之后，中国外汇交易中心暨全国银行间同业拆借中心成立了中国票据网网站，为网站会员提供了在线交流和报价的平台，在一定程度上起到了整合全国票据市场的作用。

作为一个信息服务平台，中国票据网还不具有现实、完备的交易功能和机制。在实践中，我国票据市场主要采用在柜台交易基础上发展起来的实物票据、手工操作模式。

我国的商业汇票利率体系主要由承兑费率、贴现利率、转贴现利率和再贴现利率构成，其中票据转贴现利率已实现市场化。转贴现业务包括买断式转贴现和回购式转贴现两种。在监管部门加大力度规范会计科目核算、严查逃避信贷规模的票据业务后，买断式转贴现业务的信贷特性日趋明显，其利率更多受到信贷规模影响，与其他银行间货币市场利率产生了一定的背离；回购式转贴现业务利率水平逐步接轨其他银行间货币市场利率，逐步脱离规模互转方式，近期呈现了较强的资金业务特性。

四、大额可转让存单市场

可转让存单最早产生于 20 世纪 60 年代的美国。由于美国政府对银行支付的存款利率规定上限，上限往往低于市场利率水平，为了吸引客户，商业银行推出可转让大额存单。我国曾于 1986 年由交通银行首先引进和发行可转让定期存单。1987 年，中国银行和中国工商银行也相继面向个人与企事业单位发行大额可转让定期存单。1997 年，由于亚洲金融危机的爆发，中国人民银行暂停了对银行发行大额定期存单的审批。2015 年 6 月 2 日，中国人民银行正式发布《大额存单管理暂行办法》（以下简称《办法》），6 月 15 日，市场利率定价自律机制核心成员正式启动，发行首期大额存单产品，我国大额存单产品正式推出。从国际经验看，不少国家在存款利率市场化的过程中都曾以发行大额可转让存单作为推进改革的重要手段，主要包括面向非金融机构投资者发行的记账式大额存款凭证和向同业发行的同业存单。

（一）大额存单

大额存单是指由银行业存款类金融机构面向非金融机构投资人发行的记账式大额存款凭证。目前我国大额存单产品以人民币计价，是银行存款类金融产品，属一般性存款。

大额存单的推出，有利于有序扩大负债产品市场化定价范围，健全市场化利率形成机制；也有利于进一步锻炼金融机构的自主定价能力，培育企业、个人等零售市场参与者的市场化定价理念，为继续推进存款利率市场化进行有益探索并积累宝贵经验。同时，通过规范化、市场化的大额存单逐步替代理财等高利率负债产品，对于促进降低社会融资成本也具有积极意义。

大额存单的投资人包括个人、非金融企业、机关团体等非金融机构投资人；鉴于保险公司、社保基金在商业银行的存款具有一般存款属性，且须缴纳准备金，这两类机构也可以投资大额存单。考虑到不同投资群体投资能力的差异，《办法》在存单起点金额设计上对个人和机构投资人有所区别，个人投资人认购的大额存单起点金额不低于 20 万元，机构投资人则不低于 1000 万元。

从期限品种看，目前已发行存单包括 1 个月、3 个月、6 个月、9 个月、1 年期、18 个月、2 年期、3 年期、5 年期共 9 个期限品种。从发行利率看，各期限存单利率一般高于相应期限存款基准利率，并低于相应期限的保本理财产品收益率。

（二）同业存单

同业存单是存款类金融机构在全国银行间市场上发行的记账式定期存款凭证，其投资和交易主体为全国银行间同业拆借市场成员、基金管理公司及基金类产品。

2013 年 12 月 7 日，中国人民银行发布了《同业存单管理暂行办法》，10 家银行获得首批发行资格，包括工行、农行、中行、建行、交行、招行、中信、兴业、浦发 9 家商业银行和 1 家政策性银行国开行。同业存单被视为大额可转让定期存单的先行步骤。按央行"先同业后企业和个人，先长期后短期"的思路，在同业存单稳定运行一段时间后，待条件成熟再推进面向企业和个人发行的大额可转让存单。

同业存单在银行间市场发行，存单投资主体覆盖了商业银行、证券公司、信托公司和财务公司等各类金融机构。同业存单定价市场化程度较高，发行交易全部参照 SHIBOR 定价。利率走势与 SHIBOR 3 个月及中债国债 3 个月的收益率走势较为一致。自 2013 年 12 月推出以来，同业存单便快速发展。截至 2020 年底，同业存单存量已达到 11.11 万亿元，约占债券存量的 9.7%；年度发行量最大的为股份制银行，大概有 7 万亿元。

五、银行承兑汇票市场

银行承兑汇票是由出票人开立的一种以银行为付款人，在未来某一约定的日期，支付给持票人一定数量金额的远期汇票，具有信用好、流通性强、节约资金成本的特点。

出票人既可以是购货人，也可以是售货人。一般而言，在国内贸易中，出票人是购货人。而在国际贸易中，承兑汇票往往是售货人自行签发给付款人的汇票，其性质相当于账单（Bill）。目前，银行承兑汇票已经成为世界各国货币市场的重要组成部分。我国银行承兑汇票的票面金额最高为 1000 万元（含）。银行承兑汇票按票面金额向承兑申请人收取万分之五的手续费，不足 10 元的按 10 元计。承兑期限最长不超过 6 个月。承兑申请人在银行承兑汇票到期未付款的，按规定计收逾期罚息。

银行承兑汇票市场就是以银行承兑汇票为交易对象，通过发行、承兑、贴现与再贴现进行融资的市场。

（一）我国银行承兑汇票市场发展概况

我国银行承兑汇票业务经历了从禁止到逐步放开再到不断发展的历史演变。党的十一届三中全会以前，我国实行高度集中的计划经济体制，银行信用包揽商业信用，对商业信用一直采取禁止或限制的政策。党的十一届三中全会后到20世纪90年代中期，商业信用的禁令逐渐被解除，商业信用逐步票据化，银行承兑汇票随之得到发展，但银行承兑汇票的功能和作用尚未被充分认识。自20世纪90年代开始，银行承兑汇票的融资功能日益显著。银行承兑汇票的承兑业务作为商业银行重要的表外业务被纳入统一授信范畴，并得到极大发展，在增加商业银行收入、调整资产结构和规避资本充足率低的矛盾等方面发挥了重要作用；企业则利用银行承兑汇票的融资功能来降低经营成本，加速资金周转，提高经营效益。银行承兑汇票由结算工具到融资工具的转变受到企业和商业银行的普遍欢迎，银行承兑汇票业务迅速发展起来。

1984年，中国人民银行在上海等地试点的基础上，出台了《商业汇票、承兑、贴现暂行办法》，鼓励商业银行积极开展银行承兑汇票业务；1986年，在全国开展了银行承兑汇票再贴现业务，引导银行承兑汇票业务的发展；1988年，针对全国范围的货款拖欠情况，作为清理拖欠的一项措施，进行了银行结算制度的改革，要求大力推行商业票据，颁布了《银行结算办法》，将商业汇票作为货款结算的一种工具，规范了结算、承兑、贴现、再贴现的处理程序和会计核算手续；同年颁发了《关于加强商业汇票管理促进商业汇票发展的通知》，继续倡导和促进商业汇票的使用和推广。1995年，《中华人民共和国票据法》（以下简称《票据法》）颁布，明确了包括银行承兑汇票在内的各种票据行为和法律责任等；根据《票据法》的有关规定，中国人民银行出台了《支付结算办法》，明确了银行承兑汇票业务核算程序；1997年，中国人民银行颁发《商业汇票承兑、贴现与再贴现管理暂行办法》，要求商业银行必须将贴现纳入资产负债比例管理中；1999年颁发《关于改进和完善再贴现业务管理的通知》；2001年颁发《关于切实加强商业汇票承兑贴现和再贴现业务管理的通知》等，提出银行承兑汇票业务的规模不得超过上年存款的5%，以防范风险。

21世纪以来，票据业务走上规模化和专业化发展轨道，票据业务总量成倍增长。在票据业务全国范围内推广应用和市场制度建立后，票据业务运作机制逐渐成熟，商业银行票据业务开展的规模化和专业化程度明显上升，由此促进了票据业务快速增长。其间，票据市场参与主体迅速扩大，除票据业务恢复开展初期的大型国有商业银行之外，股份制商业银行、城市商业银行、财务公司和信用社等金融机构纷纷开展票据业务，票据市场活跃程度明显提高。

（二）银行承兑汇票的市场结构

银行承兑汇票市场的参与者主要是承兑银行、市场经纪人和投资者。银行承兑汇票市场的初级市场主要涉及出票和承兑。出票即出票人签发汇票并交付给收款人的行为。承兑即银行对远期汇票的付款人明确表示同意按出票人的指示，于到期日付款给持票人的行为。二级市场主要涉及汇票的贴现与再贴现。

第三节　货币市场运行

一、交易主体

货币市场的交易主体主要包括中央银行、政府部门、银行类金融机构、非银行类金融机构、企业和个人投资者等。

（一）中央银行

中央银行作为一国政府在金融领域的主要代表，是现代金融体系中的重要组成部分。中央银行参与货币市场的主要目的并非营利，而是通过利用各种货币政策工具，在货币市场这一平台上实施货币政策，以调控宏观经济。中央银行在货币市场中的主要操作集中在二级交易市场，其中涉及各类短期信用工具，如国债和国库券等。例如，中央银行通过在公开市场上购买和出售短期信用工具，来调整金融机构的可用资金和市场货币供应量，以实现调整社会货币供应和信用规模的目标。

中央银行的公开市场操作行为对各种信用工具的价格、收益率和利率都会产生重要影响，因此，人们常常根据中央银行的公开市场操作来判断市场的预期走向。此外，中央银行还通过调整金融机构的再贴现利率水平来影响商业银行的融资成本，并改变它们的超额储备和可贷款额。再贴现率的变动也起到了向资金市场传递货币政策操作信息和影响的作用。为了支持货币政策操作，中央银行还会发行央行票据等信用工具。近年来，各国的货币政策工具变得越来越多样化和精细化，以更好地适应经济环境的需要。

（二）政府部门

政府部门包括中央和地方政府。政府部门参与货币市场的目的是筹措资金弥补财政赤字，是货币市场中资金的需求者。政府在货币市场中的活动集中于发行市场。

政府在金融市场运行中充当两重角色：其一是作为筹款者；其二是作为调节者和管理者。政府作为筹款者，主要是为了弥补财政赤字，或为了公共支出，在金融市场上发行政府债券筹措资金。当政府发行的债券被用于中央银行公开市场业务操作对象时，就充当了金融市场的调节者。此外，政府还是金融市场运行的监督管理者。

政府债券发行管理的一项基本原则是保证发行顺利和发行成本最低。货币市场利率相对稳定，有助于降低发行成本，是政府筹措资金，尤其是短期资金的重要场所，政府债券的利率水平也成为市场中其他信用工具制定发行利率水平的一个重要依据。

（三）银行类金融机构

银行类金融机构是货币市场中最主要的交易主体，主要进行流动性头寸管理。银行持有的超额储备过多会影响银行的盈利，过少的超额储备又会面临流动性不足的风险。因此，同业拆借市场、票据市场、短期债券等市场就成了商业银行赖以进行短期融资、保持合理头寸的基本渠道。

（四）非银行类金融机构

非银行类金融机构主要包括保险公司以及各种养老和投资基金。这些机构有一个共同的特点，那就是它们管理着大量个人的长期资金，并希望在尽量降低风险的前提下实现高于普通银行存款的投资收益。为实现这一目标，它们需要精心调整资产组合，以找到最佳的配置方案。这种最佳配置方案不仅包括高风险高回报的资产，还包括风险较低、流动性较高的资产。货币市场信用工具由于其高度流动性和低风险的特点，成为满足这些机构资产配置需求的重要工具之一。这些工具可以帮助这些机构在追求高收益的同时，保持相对低的投资风险。因此，非银行类金融机构倚重货币市场信用工具，以帮助它们有效管理个人长期资金，并在风险可控的情况下实现理想的投资回报。

（五）企业

企业参与货币市场活动的目的是调整流动性资产比重、融通短期资金，取得短期投资收益，实现现金管理。

企业主要借助金融机构服务或购买相关的金融工具进行货币市场的投资活

动。可以通过发行商业票据、票据贴现来获得短期资金融通，为企业经营提供流动性。同时，企业也是货币市场资金的重要供给者，在生产经营过程中形成的短期闲置资金，为了获得可观的投资收益，同时避免承担很大的资本损失风险，就可以进入货币市场将短期资金投放于各种货币市场工具。

（六）个人投资者

个人投资者在货币市场上充当资金供应者。由于货币市场是批发性质的资金交易市场，一般情况下，这类个人投资者不直接参与货币市场的交易，而是委托有货币市场交易资格的金融中介机构进行交易。因此，居民个人投资者是主要通过购买货币市场基金的渠道，将手中规模有限的闲置资金间接运用到货币市场中以获取自己理想中的收益。

二、货币市场的中介机构

（一）货币市场的做市商

做市商是指在金融市场上，由具备一定实力和信誉的金融组织法人作为特许交易商，不断地向公众投资者报出某些特定金融产品的买卖价格（双向报价），并在该价位上接受公众投资者的买卖要求，以其自有资金与投资者进行交易。做市商机制是金融市场基本的交易机制之一。做市商通过这种不断买卖来维持市场的流动性，满足公众投资者的投资需求。

1. 外汇市场做市商

我国外汇市场做市商是指经国家外汇管理局核准，在我国银行间外汇市场进行人民币与外币交易时，承担向市场会员持续提供买、卖价格义务的银行间外汇市场会员。各国对于货币市场的做市商选择都有严格规定。要求具备雄厚的资金实力，掌握足够的市场交易工具，具有管理市场交易工具的能力、控制交易风险的能力以及准确的报价能力。

做市商须签署做市协议并遵守银行间外汇市场做市商相关规章制度。人民币外汇做市商分为即期做市商和远期掉期做市商。目前，人民币对林吉特，人民币对俄罗斯卢布，人民币对欧元、日元、英镑、澳元、新西兰元、新加坡元、瑞士法郎、加拿大元、南非兰特、韩元、阿联酋迪拉姆、沙特里亚尔、匈牙利福林、波兰兹罗提、丹麦克朗、瑞典克朗、挪威克朗、土耳其里拉、墨西哥比索和泰铢直接交易实行做市商制度，分别设置相应做市商。即期外汇市场和远期掉期外汇市场还推出了尝试做市商业务，以完善做市商优胜劣汰的考核机制，增强做市商做市积极性。

我国银行间外汇市场做市商应具备以下基本条件：（1）前一个评选周期内，依据《银行间外汇市场评优办法》计算的客观指标评分和外汇局评分两项综合得分，排名靠前；上述综合得分涵盖各会员在即期、远掉期、期权等市场的综合做市表现。（2）遵守中国人民银行和外汇局的有关规定，外汇市场行为符合自律机制相关要求。前一个评选周期内，外汇业务管理与审慎经营评估考核等级出现一次 C 级，或外汇市场自律机制评估出现一次严重不达标的，自动丧失评选资格；其他会员按照排名先后依次递补。

2. 银行间债券市场做市商

债券做市商制度是指做市商在银行间市场按照有关要求连续报出做市券种的现券买、卖双边价格，并按其报价与其他市场参与者达成交易的行为。

我国银行间债券市场做市商应具备以下条件：（1）注册资本或净资本不少于 12 亿元人民币；（2）市场表现活跃，提交申请时上一年度的现券交易量排名前 80 位；（3）提交申请前，已在银行间市场尝试做市业务，具备必要的经验和能力；（4）具有完善的内部管理制度、操作规程和健全的内部风险控制机制、激励考核机制；（5）有较强的债券市场研究和分析能力；（6）相关业务部门有 5 人以上的合格债券从业人员，岗位设置合理、职责明确；（7）提交申请前 2 年没有违法和重大违规行为；（8）中国人民银行规定的其他条件。

截至 2019 年末，银行间债券市场全部做市机构共计 85 家。其中做市商 30 家，尝试做市机构 55 家（含银行 58 家和证券公司 27 家，其中银行包括政策性银行 2 家、国有银行 6 家、股份制银行 12 家、城商行 22 家、农商行 5 家、外资银行 11 家）。

（二）货币经纪公司

货币经纪就是为金融机构媒介金融产品提供交易信息、促进交易达成的金融中介服务，该行业被称为货币经纪业。

货币经纪公司最早起源于英国外汇市场，是金融市场的交易中介。货币经纪公司的服务对象仅限于境内外金融机构。它可以从事的业务包括境内外的外汇市场交易、境内外货币市场交易、境内外债券市场交易、境内外衍生产品交易。货币经纪公司自身不会以交易主体的身份参与任何产品的直接交易。国际上著名的货币经纪公司主要包括英国毅联汇业、英国国惠集团和瑞士利顺金融集团等。

1. 货币市场经纪机构的业务特点

货币经纪公司起源于 19 世纪 60 年代英国的外汇市场和货币批发市场，20 世纪 50 年代之后逐步得到规范发展，并逐渐成为世界各主要金融中心不可或缺的组成部分。

从性质上看，货币经纪公司是货币市场参与主体之间的中间连接枢纽，是货币市场高效运行的内在要求，它的主要功能是提高市场流动透明度和有效性。与直接交易相比，通过货币经纪公司的间接交易具有以下特点：

（1）货币经纪公司能够为客户尤其是为中小客户提供充分的市场信息。

（2）通过双边撮合，提供实时可成交价格。

（3）由于货币经纪公司通常不做自营业务，其报价能真实反映市场的实际情况，保证市场价格的公平和透明。

（4）货币经纪公司在交易完成前不透露客户的姓名，可避免资金交易的大户报价及看法对市场价格的不利影响，有利于市场稳定，为市场营造一个相对理性的交易空间，并且为市场中金融衍生产品不断推出创造有利条件。

（5）增强了市场流动性。

（6）具有交易成本低的优势。

2. 我国货币经纪公司的设立与发展

根据《货币经纪公司试点管理办法》，在我国进行试点的货币经纪公司是指经批准在中国境内设立的，通过电子技术或其他手段，专门从事促进金融机构间资金融通和外汇交易等经纪服务，并从中收取佣金的非银行金融机构。货币经纪公司在银行间市场进行同业拆借、债券买卖和外汇交易等经纪业务活动应同时接受中国人民银行和国家外汇管理局的收管与检查；其业务涉及外汇管理事项的，应当执行国家外汇管理部门的有关规定，并接受国家外汇管理部门的监督和检查。

基于我国金融市场的发展状况和我国外汇管理的规定，《货币经纪公司试点办法》对货币经纪公司的业务范围作出了相应的规定，现阶段允许开办的业务只包括货币经纪公司的部分基本业务。根据国际经验，对货币经纪公司明确了不做自营的中立性原则，严格规定不得开展自营业务。同时规定，货币经纪公司只能向金融机构提供有关外汇、货币市场产品、衍生产品等交易的经纪服务，不允许从事自营交易，不允许向自然人提供经纪服务，也不允许商业银行向货币经纪公司投资。这不仅能够保证货币经纪公司以完全的中立性确保交易的公正，不会采取有意抬高或压低价格的方式侵害客户利益，也不会在行情变化时为了满足自营要求而压后客户的交易委托。同时，将保证货币经纪业在活跃交易、提高流动性时，不会为金融市场增加系统性的风险。

2005 年底，银监会正式批准全国首家合资货币经纪公司——上海国利货币经纪有限公司的开业申请，标志着货币经纪服务正式进入中国金融市场。此后 5 年间，陆续有上海国际货币经纪有限责任公司、平安利顺国际货币经纪有限责任公司、中诚宝捷思货币经纪有限公司、天津信唐货币经纪有限责任公司 4 家公司获批筹建。彼时陆续成立的 5 家货币经纪公司，有 4 家的大股东均为信托公司。2019 年 7 月，国务院金融稳定发展委员会办公室推出 11 条金融对外开放措施，其中包括"支持外资全资设立或参股货币经纪公司"。

三、交易价格与货币市场基准利率

（一）交易价格

影响货币市场工具价格的因素既有无风险利率水平，也有风险溢价。当为无风险货币市场工具定价时，重点在于确定影响无风险利率的因素，而为风险性货币市场工具定价则在考虑无风险利率的同时需要考虑发行人的风险溢价，其受到经济、行业和特定公司状况的影响。

（二）货币市场基准利率

基准利率是为人们公认并普遍接受的利率，是以金融市场供给和需求为基础形成的基准性利率，对其他金融工具利率水平或金融资产定价具有普遍参照作用。在利率市场化条件下，融资者衡量融资成本、投资者计算投资收益，以及管理层对宏观经济的调控，客观上都要求有一个普遍公认的基准利率水平作参考。货币市场基准利率应具备以下基本属性。

（1）市场性。市场性是基准利率最本质的属性，其含义就是基准利率的大小是由市场力量自发决定的，以货币市场中资金供求情况为基础形成的。所以，基准利率首先必须是市场化利率。在这个基础上，要想很准确地反映市场的资金供需状况，则该利率必须具有较高的市场参与度、较大的影响力。交易主体广泛、交易种类多、交易量大、交易活跃度高，可以保证市场处于高流动性的状态，降低买卖差价，提高市场的有效性，提高操控市场的难度，更准确地反映资金供求。

（2）稳定性。稳定性的含义是即便在受到外部预期之外的冲击时，基准利率仍能保持自身波动幅度的可控，避免出现大起大落。

（3）基准性。基准性是指基准利率反映的借贷关系不存在违约可能，不包含信用风险。

（4）传导性。传导性是指基准利率能够作为货币政策传导中的一个重要变量，及时地将央行的管理目标传导至整个金融市场，进而实现通过货币政策变化调节实体经济运行的目标。

（5）可测性。可测性是指基准利率的大小是可以明确观测，其数据是能够得到的。这是由基准利率的作用所决定的。

（6）可控性。可控性指的是货币当局能够对基准利率加以调节和影响，进而实现对整个宏观经济的调控。

（7）相关性。相关性是指基准利率既要与货币市场利率体系高度相关，又要与宏观经济的重要指标之间保持相关关系。

当前，我国正着力构建以上海银行间同业拆借利率（SHIOBR）、国债收益率曲线和贷款基础利率（LPR）等为代表的金融市场基准利率体系。

四、货币市场与央行货币政策调控

货币市场除融资功能外，还能够为货币政策的实施提供条件。中央银行可以在货币市场通过公开市场业务来实现数量调控，通过基准利率来实现价格调控。

（一）传统货币政策工具

我国传统的货币政策工具有法定存款准备金、再贴现和公开市场操作。

1. 法定存款准备金

法定存款准备金是金融机构在中央银行的存款，在央行的存款占存款总额的比率称为法定存款准备金率。其特点如下：（1）央行拥有完全的自主权；（2）法定存款准备金率对货币供应量的影响迅速；（3）对所有金融机构影响相同；（4）影响强烈，不太适宜作为日常货币供给的调整工具；（5）受商业银行超额存款准备金的影响，提高法定存款准备金率不一定会影响货币供给量。

我国于1984年实施法定存款准备金制度，2004年实行差别存款准备金制度，至今为止，存款准备金制度仍是我国最重要的货币政策工具之一。央行相机抉择运用存款准备金率来调节货币供给。存款准备金被认为是比较猛烈的货币政策工具，存款准备金率的小幅调整往往就能带来货币供给的剧烈变化。

超额准备金一般包括借入准备金和非借入准备金。借入准备金是商业银行由于准备金不足向拥有超额准备金的银行借入的货币资金。超额准备金中扣除借入准备金，即为非借入准备金，又称自有准备金。超额准备金增加往往意味银行潜在放款能力增强，若这一部分货币资金不予运用则意味利息的损失。同时，银行为了预防意外的大额提现等现象发生，又不能使超额准备金为零，这就成为银行经营管理中的一大难题。

2. 再贴现

再贴现是指中央银行买进商业银行未到期的商业汇票，向银行提供资金支持。主要特点如下：（1）有利于央行发挥最后贷款人的身份，既能调节货币供给的总量，又能调节货币供给的结构；（2）主动权在商业银行，而不在中央银行，央行具有被动性。

再贴现是中央银行对金融机构持有的未到期已贴现商业汇票予以贴现的行为。中央银行可以调整再贴现规模和再贴现率来调控货币供给量。通过适时调整再贴现总量及利率，达到宏观调控的目的，同时发挥调整信贷结构的功能。

3. 公开市场操作

公开市场操作是指中央银行买卖证券和外汇，从而调节市场流动性。公开市场操作是利率和基础货币变动最主要的决定因素，又是货币供给变动的重要来源，因此，公开市场操作是最重要的货币政策工具。公开市场购买可以扩大准备金和基础货币的规模，从而增加货币供给和降低短期利率。公开市场出售会减少准备金和基础货币，进而减少货币供给和提高短期利率。其主要特点如下：（1）灵活且精确，可以随时进行操作，精准控制银行体系的准备金和基础货币；（2）无告示效应，不会引起社会公众对其的错误解读；（3）必须拥有一个完整、发达的金融市场；（4）具有可逆性，出现操作失误可以立即反向操作。

从1998年起，中国人民银行陆续将国债、政策性金融债券和中央银行票据作为公开市场业务的操作工具。公开市场操作有两种类型：（1）旨在改变准备金和基础货币规模的能动性公开市场操作（dynamic open market operations）；（2）旨在抵消影响准备金和基础货币的其他因素变动的防御性公开市场操作（defensive open market operations）。

中国人民银行公开市场业务债券交易主要包括回购交易、现券交易和发行中央银行票据，以回购交易为主。其中回购交易分为正回购和逆回购两种，正回购为中国人民银行向一级交易商卖出有价证券，并约定在未来特定日期买回有价证券的交易行为，正回购为央行从市场收回流动性的操作，正回购到期则为央行向市场投放流动性的操作；逆回购为中国人民银行向一级交易商购买有价证券，并约定在未来特定日期将有价证券卖给一级交易商的交易行为，逆回购为央行向市场上投放流动性的操作，逆回购到期则为央行从市场收回流动性的操作。现券交易分为现券买断和现券卖断两种，前者为央行直接从二级市场买入债券，一次性地投放基础货币；后者为央行直接卖出持有债券，一次性地回笼基础货币。中央银行票据即中国人民银行发行的短期债券，央行通过发行央行票据可以回笼基础货币，央行票据到期则体现为投放基础货币。

（二）新型货币政策工具

货币政策调控方式目前仍以数量型调控为主，正在逐渐向价格型调控过渡。对于货币政策中介目标，仍以 M2 和社会融资规模为主，正在越来越多地考虑利率等价格型中介目标。2013 年创设了常备借贷便利（SIF）、中期借贷便利（MLF）构成利率走廊的上限，加上已有的存款准备金率作为利率走廊的下限，正在构筑利率走廊机制和价格型调控方式。2012 年 9 月，《金融业发展与改革"十二五"规划》明确提出："在继续关注货币供应量、新增贷款等传统中间目标的同时，发挥社会融资规模在货币政策制定中的参考作用，推进货币政策从以数量型调控为主向以价格型调控为主转型。"在 2015 年 10 月，中国人民银行明确提出未来的政策利率体系："对于短期利率，人民银行将加强运用短期回购利率和常备借贷便利利率，以培育和引导短期市场利率的形成。对于中长期利率，人民银行将发挥再贷款、中期借贷便利、抵押补充贷款（PSL）等工具对中长期流动性的调节作用以及中期政策利率的功能，引导和稳定中长期市场利率。"这标志着我国货币政策框架正式进入价格型框架时代，以 M2 为基准的数量型货币政策工具正在向以市场利率为调控目标、以某些政策利率为基准的价格型货币政策工具转向。

1. 定向降准

定向降准主要发挥了信号和结构引导作用。国际金融危机爆发以来，通过开展定向操作疏通货币政策传导机制成为主要经济体央行的新动向。然而，货币政策主要还是总量政策，其结构引导作用是辅助性的。定向降准等结构性措施若长期实施也会存在一些问题，如数据的真实性可能出现问题，市场决定资金流向的作用可能受到削弱，准备金工具的统一性也会受到影响。

2020 年 3 月 13 日，中国人民银行宣布，决定于 2020 年 3 月 16 日实施普惠金融定向降准，对达到考核标准的银行定向降准 0.5~1 个百分点。在此之外，对符合条件的股份制商业银行再额外定向降准 1 个百分点，支持发放普惠金融领域贷款。以上定向降准共释放长期资金 5500 亿元。普惠金融定向降准，是央行为支持金融机构发展普惠金融业务，而对符合考核标准的商业银行实行的准备金优惠政策。普惠金融业务，与普通百姓和小微企业密切相关，包括农户生产经营贷款、建档立卡贫困人口消费贷款、助学贷款、创业担保贷款、个体工商户经营性贷款、小微企业主经营性贷款、单户授信小于 1000 万元的小型企业和微型企业贷款。央行的考核对象，包括大型银行、股份制银行、城商行、较大的农商行和外资银行，只要这些银行考核达标，就可以享受准备金优惠政策。鼓励银行多为实体经济的"小客户"提供服务，解决小微企业的贷款难、贷款贵问题。

2. 短期流动性调节工具

短期流动性调节工具（short-term liquidity operations，SLO）是指央行推行的短期逆回购操作。短期流动性调节工具属于公开市场常规操作的补充，主要以7天期以内短期回购为主，简单说就是"超短期的逆回购"，主要用来调节比7天更短的货币供应和利率。央行可灵活决定该工具的操作时机、操作规模及期限品种等。SLO对象一般为公开市场业务一级交易商中具有系统重要性、资产状况良好、政策传导能力强的部分金融机构。这一工具的及时创设，既有利于央行有效调节市场短期资金供给，熨平突发性、临时性因素导致的市场资金供求大幅波动，促进金融市场平稳运行，也有助于稳定市场预期和有效防范金融风险。

其特点主要有：（1）SLO的操作期限短，多为7天以内的回购。（2）SLO的操作时点具有灵活性，通常为公开市场常规操作的间歇期。常规公开市场操作是一级交易商在每周一上报回购需求，央行根据上报的需求确定周二、周四发行相应期限、品种的回购。但是当一级交易商预期的资金变化与实际需求不符时，市场就有可能出现利率过度波动，而SLO的不固定时间点将会使市场调控更加精准。（3）SLO的操作对象为符合特定条件的一级交易商。

3. 常备借贷便利

常备借贷便利（standing lending facility，SLF）是指以高信用评级的债券和优质信贷资产作为抵押而获得央行的贷款。

常备借贷便利的主要功能在于满足金融机构的大额流动性需求，期限以1~3个月为主。当金融机构缺少流动资金时，可以将高信用评级的债券类资产及优质信贷资产等作为抵押，向央行一对一地申请抵押贷款，那么央行就可以借此把货币注入市场，调节市场的短期货币供应量和利率。全球大多数央行具备借贷便利类的货币政策工具，但名称各异，如美联储的贴现窗口（discount window）、欧央行的边际贷款便利（marginal lending facility）、英格兰银行的操作性常备便利（operational standing facility）、日本银行的补充贷款便利（complementary lending facility）、加拿大央行的常备流动性便利（standing liquidity facility）、新加坡金管局的常备贷款便利（standing loan facility），以及新兴市场经济体中俄罗斯央行的担保贷款（secured loans）、印度储备银行的边际常备便利（marginal standing facility）、韩国央行的流动性调整贷款（liquidity adjustment loans）、马来西亚央行的抵押贷款（collateralized lending）等。

2013 年初中国人民银行创设了常备借贷便利，对象主要为政策性银行和全国性商业银行。银行根据自身的资金需求，单独向央行提出申请，央行根据当时的流动性紧缺情况、货币政策目标和引导市场利率需要等多种因素，综合确定 SLF 的利率水平。SLF 到期后，申请 SLF 的银行根据央行确立的利率水平向央行赎回抵押的资产，资金由此再回收到央行。常备借贷便利有以下三个特点：（1）SLF 的操作期限较短，多为 1~3 个月；（2）金融机构可根据自身流动性需求申请，针对性强；（3）常备借贷便利的交易对手覆盖面广，能覆盖不同的银行。

常备借贷便利利率水平根据货币政策调控、引导市场利率的需要等综合确定。常备借贷便利以抵押方式发放。合格抵押品包括高信用评级的债券类资产及优质信贷资产等。现在常备借贷便利交易期限为隔夜、7 天和 1 个月，主要用于发挥利率走廊上限的作用。央行每月公布交易状况。

4. 中期借贷便利

中期借贷便利（medium-term lending facility，MLF）是指商业银行及政策性银行通过招标方式以国债、央行票据、政策性金融债、高评级信用债等作为抵押品获得央行贷款，期限为 3 个月至 1 年。中期借贷便利是央行提供中期基础货币的货币政策工具，并以此引导中期利率。中期借贷便利采取质押方式发放，金融机构各行可以通过质押利率债和信用债等获取中期借贷便利工具的投放。

中期借贷便利有以下三个特点：（1）MLF 的操作期限较 SLF 长，多为 3 个月至 1 年；（2）MLF 具有 SLF 针对性强及交易对手覆盖面广等特点；（3）MLF 可多次展期，为银行的信贷投放意愿起到助力作用，能有效把利率往中长端传导。

中期借贷便利（MLF）是中央银行的一种货币政策工具，用于向符合宏观审慎管理要求的商业银行和政策性银行提供中期基础货币。这一工具通过招标方式进行操作，旨在通过调整金融机构的中期融资成本来影响它们的资产负债表和市场预期，以引导它们向符合国家政策导向的实体经济部门提供低成本资金，从而降低社会融资成本。通常情况下，商业银行为了贷款而频繁借用短期资金，面临短期利率风险和成本压力。MLF 的特点是期限较长，商业银行可以利用 MLF 获得的资金来提供长期贷款，从而避免频繁借用短期资金，减轻了利率风险。

MLF 的利率水平调整可以影响商业银行的融资成本，对其资产负债表进行调节，并影响市场预期，从而促使银行业向实体经济提供低成本资金，降低贷款利率和社会融资成本，有助于实体经济的发展。从商业银行的角度来看，MLF 的利率较为稳定，可以改善其负债管理。从资产端来看，MLF 有助于资金流向符合国家政策导向的实体经济领域，为企业提供低成本资金，但可能会减少商业银行的利息收入。

近年来，中国人民银行根据货币政策和银行体系流动性状况的需要，使用了中期借贷便利（MLF）和常备借贷便利（SLF）等货币政策工具，以增强流动性管理的灵活性和有效性，以维护银行体系的流动性稳定。银行体系流动性管理面临多种挑战，需要应对来自资本流动、财政支出变化和资本市场活动等多方面的不确定性。为此，中央银行需要不断丰富和完善工具组合，以提高流动性管理的灵活性、针对性和有效性。

5. 抵押补充贷款

2014 年 4 月，中国人民银行创设抵押补充贷款（pledged supplementary lending, PSL）为开发性金融支持棚户区改造提供长期稳定、成本适当的资金来源。抵押补充贷款的主要功能是支持国民经济重点领域、薄弱环节和社会事业发展而对金融机构提供的期限较长的大额融资。抵押补充贷款采取质押方式发放，合格抵押品包括高等级债券资产和优质信贷资产。PSL 这一工具和再贷款非常类似，再贷款是一种无抵押的信用贷款，不过市场往往将再贷款赋予某种金融稳定含义，即一家机构出了问题才会被投放再贷款。出于各种原因，央行可能将再贷款工具升级为 PSL，未来 PSL 有可能在很大程度上取代再贷款工具，但再贷款依然在央行的政策工具篮子当中。

6. 建立利率走廊的尝试

利率走廊是指以央行存款利率作为利率下限，常备借贷便利利率作为利率上限，短期利率（美国为联邦基金利率，国内为 SHIBOR 或质押式回购利率）作为基准利率，在上下限之间实行的一种货币政策调控方式。

在完善的金融市场中，央行只需要调节短期利率，并通过金融市场的调节，就可以达到调控整个利率期限结构曲线的目标。然而，我国的金融市场仍然不够发达，利率传导不畅，央行仍需要调节短期和中长期利率来达到调控利率期限结构曲线的目标。对于短期利率，中国人民银行将加强运用短期回购利率和常备借贷便利（SLF）利率，以培育和引导短期市场利率的形成。对于中长期利率，中国人民银行将发挥再贷款、中期借贷便利（MLF）、抵押补充贷款（PSL）等工具对中长期流动性的调节作用以及中期政策利率的功能，引导和稳定中长期市场利率。

利率走廊的应用可以帮助我们更好地理解我国的货币政策。我国货币政策的执行基于货币政策的传导机制，也就是央行通过政策工具影响中介目标，最后达到最终目标（多目标制）。近年来，我国货币的投放更多从外汇占款转移到公开市场操作，所以货币政策的传导也逐渐从数量型转移到价格型。价格型才是未来利率市场化的核心，而央行通过对利率的调控影响债券市场和信贷市场，最终影响实体经济。未来，利率走廊机制会逐渐完善，帮助市场更健全，使得市场利率更稳定，政策利率更具有基准性。

拓展阅读

　　欧洲央行于1998年6月成立后即实施利率走廊机制，该机制随着1999年欧元的启动而正式实施。其走廊上限利率为边际借贷便利，走廊下限利率为银行存款便利。银行存款便利允许金融机构在国家中央银行存入隔夜存款。通常情况下，存款便利利率比市场利率低，边际借贷便利则允许银行以惩罚性的市场利率获得隔夜流动性。原则上对边际借贷便利不设额度限制。欧洲央行设定的初始走廊系统为不对称系统，其中边际贷款便利利率比目标利率高150个基点，存款便利利率比目标利率低100个基点。然而，随着欧洲央行在1999年4月8日降息，利率走廊的走廊宽度随即收窄为20个基点，目标利率也开始位于走廊的中间位置。金融危机期间，由于欧洲央行实施宽松的货币政策，欧元隔夜平均利率指数不断下降。与此同时，利率走廊的宽度也经历多次变化，先是2008年10月被暂时收窄至100个基点，接着2009年初又被恢复到200个基点，最后才在2009年5月7日的会议之后重新收窄并确定在150个基点。从2009年的年中开始，实际隔夜拆借利率已被足量的流动性驱使至走廊下限附近，此时的利率走廊系统近似于地板系统。事实上，正是由于地板系统将利率政策与流动性政策相分离的优点，欧洲央行向货币市场注入空前流动性的同时才能将短期市场利率稳定地控制在政策利率附近。

　　为实施利率走廊，欧洲央行创设了多样化的货币政策工具，从常态化和非常态化的货币市场操作，到经常性的融资便利。此外，金融危机之后，欧洲央行还发明了长期再融资计划LTRO（long-term refinancing operation）、资产担保购买计划CBPP（covered bond purchase program）等多项非常规的货币政策工具，以实行超宽松的货币政策，为实体经济提供流动性支持。

关键术语

　　货币市场　同业拆借　票据市场　回购协议

分析与思考

　　1. 货币市场基准利率应具备哪些基本属性？

　　2. 新型货币政策工具有哪些？宏观影响如何？

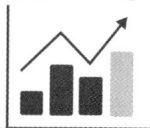

第五章

债券市场

学习目标

通过本章学习，掌握债券和债券市场的内涵、债券价值分析方法；熟悉中国债券市场结构和基础设施支持，熟悉债券市场风险揭示机制；熟悉债券市场不同产品及其发行机制、不同债券市场的交易机制；了解中国债券市场的发展历程；了解当前中国债券市场创新与发展。

第一节　债券市场概述

一、债券与债券市场的内涵

（一）债券的内涵

1. 债券的含义

债券是一种有价证券，是社会各类经济主体为筹集资金而向债券投资者出具的、承诺按一定利率定期支付利息并到期偿还本金的债务凭证。债券发行者有义务定期支付利息，并在到期日偿还本金。

2. 债券的要素

债券的基本要素包括债券的名称、债券的面值、偿还期限、票面利率和债券价格。

（1）债券的名称。债券的名称一般由发行年份、发行人简称以及债券发行和流通时在相应市场中所获得的编号代码共同构成。

（2）债券的票面价值。债券的票面价值是债券票面标明的货币价值，是债券发行人承诺在债券到期日偿还给债券持有人的金额。债券需要规定票面价值的币种、票面金额。

（3）偿还期限。偿还期限指的是债券发行之日起到偿清本息之日止的时间。不同债券有不同的偿还期限，短则几个月、长则几十年，习惯上有短期、中期、长期债券之分。发行者在确定债券期限时要考虑多种因素的影响，包括资金使用方向、未来现金流、市场利率变化、债券的变现能力等。

（4）票面利率。票面利率也称为名义利率，是债券年利息与债券票面价值的比率，通常年利率用百分比表示，主要与借贷资金市场利率水平、筹资者的资信水平、债券的期限等因素有关。

（5）债券价格。债券的价格反映了投资者对债券未来收益的现值预期。影响债券价格的因素主要有利率（票面利率和市场利率）、信用水平、流动性等。由无信用风险、不同剩余期限债券的交易价格所形成的收益率曲线是社会经济中一般金融产品收益水平的重要基准之一。

3. 债券种类

债券种类繁多，根据发行主体划分可以分为政府债券、公司债券和金融债券。按收益划分可以分为固定利率债券、浮动利率债券、指数债券、零息债券、高收益债券。按抵押担保状况划分可以分为信用债券、抵押债券、担保债券、担保信托债券、设备信托债券。按内涵选择权划分可分为可赎回债券、偿还基金债券、可转换债券和带认股权证的债券。按偿还期限划分，可以分为短期、中期、长期债券。其中最为常见的是根据发行主体进行划分。

（二）债券市场的内涵

1. 债券市场的含义

债券市场是发行和交易债券的场所，是金融市场的一个重要组成部分。债券市场是一国金融体系中不可或缺的部分。一个统一、成熟的债券市场可以为全社会的投资者和筹资者提供风险与收益匹配的投融资工具；债券的收益率曲线是社会经济中金融商品收益水平的重要基准，因此债券市场也是传导中央银行货币政策的重要载体，是一个国家金融市场的重要基础。

2. 债券市场的分类

根据不同的分类标准，债券市场可分为不同的类别。

（1）发行市场和流通市场。根据债券的运行过程和市场的基本功能，可将债券市场分为发行市场和流通市场。债券发行市场又称一级市场，是发行单位初次出售新债券的市场。发行市场是整个债券市场的源头，是债券流通市场的前提和基础。债券流通市场又称二级市场，是已发行债券买卖转让的市场。债券一经认购，即确立了一定期限的债权债务关系，通过债券流通市场，投资者可以转让债权,把债券变现。债券发行市场和流通市场相辅相成,是互相依存的整体。发行市场是债券流通的前提和基础,发达的流通市场是发行市场的重要支撑,发达的流通市场是发行市场扩大的必要条件。

(2)场内交易市场和场外交易市场。根据市场组织形式,债券流通市场可进一步分为场内交易市场和场外交易市场。在证券交易所内买卖债券所形成的市场就是场内交易市场,如我国的上海证券交易所和深圳证券交易所。交易所作为债券交易的组织者,本身不参加债券的买卖和价格的决定,只是为债券买卖双方创造条件、提供服务,并作为自律性机构提供相应的监管。市场参与者既有机构投资者也有个人投资者,属于批发和零售混合型的市场。场外交易市场是在证券交易所以外进行证券交易的场所。柜台市场为场外交易市场的主要形式。许多证券经营机构都设有专门的证券柜台,通过柜台进行债券买卖。此外,场外交易市场还包括银行间交易市场,以及一些机构投资者通过电话、互联网等通信手段形成的市场等。目前,我国债券流通市场由三部分组成,即沪深证券交易所市场、银行间交易市场和证券经营机构柜台交易市场。

(3)国内债券市场和国际债券市场。根据债券发行地点的不同,债券市场可以划分为国内债券市场和国际债券市场。国内债券市场的发行者和发行地点同属一个国家,而国际债券市场的发行者和发行地点不属于同一个国家。根据发行债券所用货币与发行地点的不同,国际债券又可分为外国债券和欧洲债券。外国债券是指借款人在其本国以外的某一个国家发行的、以发行地所在国的货币为面值的债券。例如,在美国发行的外国债券(美元)称为扬基债券;在日本发行的外国债券(日元)称为武士债券。欧洲债券是借款人在债券票面货币发行国以外的国家或在该国的离岸国际金融市场发行的债券,即债券发行者、发行地以及面值货币分别属于三个不同的国家。例如,法国一家机构在英国债券市场上发行的以美元为面值的债券即是欧洲债券。

我国债券市场在世界债券市场中占据越来越重要的地位,从中国、美国、英国、日本四个主要经济体的债券总存量(国内债券存量+国际债券存量)来看,目前我国总债券市场存量规模超过了日本和英国,仅次于美国,位居世界第二位。

截至2020年中期,美国未偿还债券总余额为45.61万亿美元,中国未偿还债券总余额为15.77万亿美元,日本未偿还债券总余额为13.47万亿美元,英国未偿还债券总余额为6.45万亿美元。

二、债券市场结构

我国债券市场分为交易所市场、银行间市场和商业银行柜台市场。其中,银行间市场是中国债券市场的主体。银行间市场从 1997 年 6 月正式启动，是我国债券交易最主要的市场，属于场外交易市场。该市场参与者是各类机构投资者，属于大宗交易批发市场，实行双边谈判成交，逐笔结算。目前，场外市场的交易量占到我国债券市场的交易总额的 95% 以上；场内市场以上交所为主，占比达 90% 以上。

（一）交易所市场

上交所和深交所分别成立于 1990 年 11 月 26 日和 1990 年 12 月 1 日，归属中国证监会直接管理。交易所市场是债券交易的场内市场，市场参与者既有机构投资者也有个人投资者，属于批发和零售混合型的市场。2023 年前 7 个月，我国交易所债券市场发行各类债券合计融资 7.32 万亿元。

交易所市场交易的品种包括现券交易和质押式回购。交易所实行"两级托管体制"，其中，中央国债登记结算有限公司（以下简称"中央结算公司"）为一级托管人，负责为交易所开立代理总账户；中国证券登记结算公司（以下简称"中证登"）为二级托管人，记录交易所投资者账户。中央结算公司与交易所投资者之间没有直接的权责关系。交易所交易结算由中证登负责，上交所后台的登记托管结算由中证登上海分公司负责，深交所由中证登深圳分公司负责。典型的结算方式是净额结算。

（二）银行间市场

银行间市场由同业拆借市场、票据市场、债券市场等构成。银行间市场有调节货币流通和货币供应量、调节银行之间的货币余缺以及金融机构货币保值增值的作用。银行间市场作为债券场外市场的主体，参与者限定为各类机构投资者，属于场外批发市场。

银行间市场的交易品种最多，包括现券交易、质押式回购、买断式回购、远期交易、互换、远期利率协议、信用风险缓释工具等。银行间市场实行双边谈判成交，典型的结算方式是逐笔结算，由外汇交易中心系统作为前台报价系统，由中央结算公司作为后台托管结算系统。中央结算公司为银行间市场投资者开立证券账户，实行一级托管，此外，中央结算公司还为这一市场的交易结算提供服务。

（三）商业银行柜台市场

商业银行柜台市场（cover the counter，OTC）市场，和交易所市场完全不同，OTC 市场没有固定的场所，没有规定的成员资格，没有严格可控的规则制度，没有规定的交易产品和限制，主要是交易对手通过私下协商进行一对一的交易。OTC 交易方式以双方的信用为基础，由交易双方自行承担信用风险，交易价格由交易双方协商确定，清算安排也由交易双方自行安排资金清算。

商业银行柜台市场是银行间市场的延伸，参与者限定为个人投资者，属于场外零售市场。商业银行柜台市场只进行现券交易。柜台市场实行"两级托管体制"，其中中央结算公司为一级托管人，负责为承办银行开立债券自营账户和代理总账户；承办银行为二级托管人。中央结算公司与柜台投资者之间没有直接的权责关系。与交易所市场不同的是，承办银行每个交易日结束后需将余额变动传给中央结算公司，同时中央结算公司为柜台投资人提供余额查询服务，是保护债券投资者权益的重要途径。

三、债券市场基础设施支持

金融市场基础设施（FMI）是保障金融市场安全高效运行和整体稳定的一整套体系，包括系统重要性支付系统（SIPS）、中央证券存管系统（CSD）、证券交收系统（SSS）、中央对手方（CCP）和交易信息集中报告机构（TR）等。债券登记、托管、清算和结算系统是债券市场重要的基础设施。

目前支撑债券市场运行的金融基础设施详见表 5－1。

表 5－1　　　　　　　　　债券市场基础设施

分类	名称	主要职能/业务	角色	涉及品种/类型
银行间	交易商协会	自律监管/准入	自律监管/注册机构	非金融企业债务融资工具（DR）
	交易中心	提供交易和交易后等基础服务	场外交易平台	利率债、信用债、场外衍生品、外币
	北金所	组织交易	场外交易平台	仅限非金融机构债券交易部分
	上海清算所	登记、托管、结算、信息服务	CSD、SSS、CCP	非金融企业债务融资工具（DR）、同业存单等
交易所	中证登	登记、托管、结算、信息服务	CSD、SSS、CCP	国债、地方政府债、企业债、公司债
	上交所	提供发行和交易服务	集中交易平台、做市交易平台	国债、地方政府债、企业债、公司债、ABS
	深交所	提供发行和交易服务	集中交易平台、做市交易平台	国债、地方政府债、企业债、公司债、ABS

续表

分类	名称	主要职能/业务	角色	涉及品种/类型
交易所	报价系统	提供私募发行、转让、登记、结算服务	私募债服务平台	私募公司债、ABS
	中金所	组织国债期货上市交易、结算、交割和信息服务	CSD、SSS、CCP	国债期货
	中债登	登记、托管、结算、信息服务	CSD、SSS	利率债、部分信用债、ABS、熊猫债

资料来源：微信公众号"金融监管研究院"。

　　银行间市场主要金融基础设施包括中国外汇交易中心暨全国银行间同业拆借中心（交易中心 FETS）、银行间市场清算所股份有限公司（上海清算所 SHCH）。北京金融资产交易所有限公司（北金所）因参与建设非金融机构合格投资人交易平台，为非金融企业投资者提供做市服务，在此也被视为具有基础设施功能。中国银行间市场交易商协会（交易商协会 NAFMII）作为银行间市场自律组织，主要负责市场监管以及非金融企业债务融资工具注册，虽其并非严格意义上的基础设施，但鉴于其在银行间市场举足轻重的地位，在此一并介绍。

　　交易所债券市场既有集中撮合交易的零售交易，也有实行做市制度的固定收益平台，主要基础设施包括中国证券登记结算有限责任公司（中证登、中国结算 CSDC）、上海证券交易所固定收益证券综合电子平台和深圳证券交易所综合协议交易平台。

　　另外，中国金融期货交易所（中金所）为债券场内衍生品国债期货提供交易和结算服务，机构间私募产品报价与服务系统（报价系统）因其固收平台提供非公开公司债券发行、转让、登记和结算等服务，也将其视为债券市场基础设施。全国中小企业股份转让系统（简称"全国股转系统"，俗称"新三板"）是经国务院批准，依据证券法设立的继上交所、深交所之后第三家全国性证券交易场所，也是我国第一家公司制运营的证券交易场所，其业务范围包括为创新型、创业型、成长型中小微企业提供债权融资平台，但据公开信息显示，目前没有在新三板挂牌转让的债券。

　　从登记结算方面来看，中国证券登记结算有限公司负责交易所市场，成为对境内证券交易所提供证券托管、结算服务的唯一后台系统。在银行间债券市场，中央国债登记结算有限责任公司和上清所负责对在银行间债券市场发行与流通的国债、政策性金融债、一般金融债、次级债、地方政府债、企业债、中期票据、短期融资券、超短期融资券、资产支持证券等券种的登记与托管。不同机构间较为明确的机构分工格局已初步形成，这在一定程度上满足了不同层次投资者的差异化需求。

从债券托管方面来看，在中国债券市场中，一级托管和二级托管并存。其中，银行间债券市场实行一级托管，交易所和商业银行柜台实行二级托管。中央国债登记结算有限责任公司负责债券总托管和一级托管业务，二级托管人和分托管人在总托管统驭下负责债券二级托管业务。银行间债券市场，凡符合人民银行有关市场准入规定的投资者，均可成为中央国债登记结算有限责任公司的托管结算成员。中央国债登记结算有限责任公司根据投资人的机构性质以及可以从事的业务范围对债券托管账户实行了分类设置和集中管理。机构投资者直接在中央国债登记结算有限责任公司开立一级债券账户，分为债券自营账户和债券代理总账户。其中，债券自营账户用以记载债券持有人自营债券余额及其变动情况，结算代理人、直接交易结算、委托结算代理人成员均应在中央国债登记结算有限责任公司开立债券自营账户。债券代理总账户用以记载二级托管机构和分托管机构所托管的债券余额及其变动情况，二级托管机构和分托管机构应在中央国债登记结算有限责任公司开立债券代理总账户。交易所所有债券统一集中在中证登登记，记录转移过程；投资者参与交易所债券交易必须通过有资格的证券公司，由证券公司托管资产并代理交易结算。作为国债、地方政府债和企业债的分托管机构，中证登在中央国债登记结算有限责任公司开立托管总账户，投资者在中证登开立托管账户，中证登承担场内债券交易的登记、托管职责，并管理相应风险，其上海与深圳分公司分别作为上海证券交易所和深圳证券交易所的托管机构，托管账户体系设置相同。商业银行柜台采用二级托管体制，中央国债登记结算有限责任公司为一级托管机构，柜台业务开办机构为二级托管机构。中央国债登记结算有限责任公司为开办机构开立自营和代理总账户（一级托管账户），分账记载开办机构自有债券和其托管的二级托管客户所持有的债券总额，中央国债登记结算有限责任公司对一级托管账务的真实性、准确性、完整性和安全性负责，并为柜台市场投资者提供复核查询功能。开办机构为投资者开立债券托管账户（二级托管账户），用于记载投资者持有的债券及其买卖变化，并办理债券发售、交易、质押、冻结、非交易过户、转托管、兑付等业务，开办机构对二级托管账户负责。

然而，一些体制机制方面的因素造成几方之间的互联互通仍然存在障碍。证券系统信息割裂、市场割裂问题依旧存在，在跨现货和衍生品市场的信息整合与共享方面还存在一些薄弱环节，跨市场监管的及时性和有效性有待加强。随着产品复杂性和关联度的不断提高，风险传导性与递延性问题凸显，如何强化信息共享和联动监控是迫在眉睫的重要问题。

从国际债券市场发展的趋势来看，债券市场的登记托管结算体系呈现出一体化的趋势。托管结算体系建设中最主要的创新是中央证券托管机构的出现。自20世纪60年代末诞生以来，从初期作为解决实物券分散托管问题的具体方案，发展成为支持证券市场安全高效运行的核心基础设施、服务和推动证券市场创新的必要环节以及政府进行市场监管的重要手段。中央托管结算机构的发展水平直接反映了一国金融基础设施的先进程度，影响着该国金融市场的国际竞争力。中央登记托管体系是一国的核心金融基础设施，在无纸化、网络化的现代证券市场运行中处于核心地位。

四、债券市场风险揭示机制

首先，监管部门确保债券市场中的风险得到准确揭示，并提高市场的透明度。这可以通过强制性且严格的信息披露机制来实现。发行人必须按时、如实地披露其经营状况、财务状况和信用状况，以便投资者能够作出明智的投资决策。其次，监管部门应密切关注发债机构的经营状况的变化，这有助于及早发现并应对潜在的风险，确保市场的稳定和对投资者的保护。最后，债券市场中的信用评级制度是确保市场健康发展的关键组成部分。独立、公正、客观的信用评级对于评估债券的风险和回报至关重要。监管部门应确保信用评级机构的独立性和准确性，以防止不当的利益冲突。此外，监管部门还需要对其他在债券市场中发挥重要角色的中介服务机构，如会计师事务所和资产评估机构，进行加强监管。这有助于防止它们与债券发行方合谋侵犯投资者的利益，维护市场的公平性和透明度。

总之，发达国家债券市场的监管经验表明，确保信息披露、关注发债机构经营状况、强化信用评级制度以及监管中介服务机构都是监管部门应关注的关键领域，以确保市场的稳定和投资者的利益。这些措施有助于建立一个安全、透明和可信赖的债券市场。

（一）债券的信用评级

债券的信用评级是由专门的信用评级机构根据发行人提供的信息材料并通过调查、预测等手段，运用科学的分析方法，对计划发行的债券资金使用的合理性、按期偿还本金和利息的能力以及风险水平进行全面评估。债券信用评级的目的是向投资者传达债券发行人的信誉和偿债可靠性信息，以保护投资者免受因信息不对称而可能造成的损失。信用评级主要依赖于债券发行人的还款能力、信用记录以及投资风险。

从公司债券来看，公司债券信用评级本身是针对公司债券这一产品进行的评级，因此债券获得的信用等级（债项级别）一般反映了两方面因素：一是债券发行人自身的信用风险，即主体信用等级；二是公司债券的特点，主要包括担保、抵押及债券的优先偿付次序等因素，即债项信用等级。

1. 主体信用评级主要考察的因素

主体信用评级是对受评主体如期偿还其全部债务及利息的能力和意愿的综合评价，主要以受评主体违约概率的高低来衡量。主体信用评级是基于"长期"基础上的，因此在进行企业主体信用评级或信贷企业信用评级时所考察的因素是将会影响企业未来长短期偿债能力的因素。主要包括宏观及区域经济环境、行业发展趋势、产业政策与监管措施等外部因素和企业基本经营风险、管理能力、发展战略、财务实力（包括财务政策、现金流情况、流动性、营利性、财务弹性）等企业内部因素。由于受评主体所属行业的不同，主体评级的方法也会有所差异。

（1）经营风险评价。主要包括宏观分析、行业分析和发行人分析。宏观经济环境分析的重点是了解宏观经济环境的变化对受评行业产品或服务需求、原料供给及价格、外部融资环境等方面的影响，一般需要关注整个宏观经济运行状态和国家宏观调控政策的变化。在宏观经济运行状态方面主要考察整个国家经济发展所处的阶段、GDP增长速度、固定资产投资增长速度、人均可支配收入变化情况、物价指数等方面的指标。国家宏观调控政策方面主要关注国家货币政策、财政政策、收入政策方面的变化情况。需要指出的是，由于信用评级是对企业未来偿还债务能力的评价，所以评级结果应该是跨企业经营周期的，应该本着谨慎的原则，考虑受评主体在外部经济环境不好的情况下的违约可能性。企业所在区域的经济发展状况、产业配套效应方面的综合表现关系，以及区域基础设施建设状况、人文文化、人才储备、地方政府的经济发展规划、地区税收政策等也会对企业的长远发展产生较大的影响。评级分析时要依据受评主体的商业特征分析区域经济环境对受评主体的影响。

行业分析主要考虑产业政策、行业供求和产品价格变化趋势、行业在产业链中的地位和行业内竞争等。国家的产业政策对受评企业的经营和发展有重大影响。评级分析时，首先要判断受评主体所处行业是否能获得相关国家政策支持；其次要关注国家具体政策和政策变化趋势，判断对行业内企业的影响；最后综合判断产业政策对受评主体所处行业和企业的经营、盈利、发展的影响及其程度。产品价格是决定企业盈利能力的核心因素，而行业供求状况是决定产品价格的基础，也是决定企业盈利能力的外部环境，对企业资金获取能力有重大影响。评级分析时，应分析当前产品供求的状况，结合行业周期性和行业所处的阶段以及消费习惯的变化趋势来预测未来产品需求的变化趋势，并根据短期行业内产能规划情况，判断未来产品的供应状况，再对未来产品价格作出合理的分析和判断，进而判断这些因素对受评企业所处行业盈利能力的影响。对行业在产业链中的地位分析时，重点应判断所属行业对上下游行业的依赖程度及议价能力，可从上下游行业的竞争激烈程度、所属行业对上游资源及技术的依赖程度、所属行业对下游行业销售渠道的依赖程度、所属行业向上下游行业拓展的难度等方面加以分析，最后综合判断行业在产业链中的位置及其影响。行业内竞争程度是决定行业内企业获利能力和现金流稳定性的核心因素。评级分析时应考察行业集中度、行业内经营企业的数量、行业内企业的主要竞争手段，判断行业内竞争程度，同时应该把握行业内核心企业的经营及发展状况，判断其对行业内其他企业的影响。

发行人分析主要从其竞争能力、管理和战略着手分析。在竞争能力方面，主要分析企业的规模和市场地位、技术水平和研发能力、运营模式、采购渠道稳定性和议价能力、生产设备和产品结构、销售渠道建设、稳定性和议价能力等。管理与战略主要分析法人治理结构及组织架构、管理团队及人员素质、分支机构管控能力、管理制度建设及执行情况以及发展战略合理性等。

（2）财务风险评价。财务信息质量的判断是第一位的。财务数据是企业经营和管理的综合体现，是企业财务风险分析的基础，财务信息的可靠性关系到信用风险判断是否合理。审计机构是对企业财务报表进行审计的专业机构，其对财务报表的审计意见是评级机构判断财务信息质量的基础。分析时要重点关注企业财务报表审计机构的资质、财务报表的审计结论，以及企业重要会计政策选择是否与行业一般企业选择一致等。

资产质量的分析是财务分析的起点，企业资产账面价值与实际价值不符，会造成企业实际债务负担与财务指标表现差异显著，进而影响对企业债务负担和偿债能力的分析与判断力。其中流动资产分析与判断的出发点是企业资产的变现能力和价值的合理性，重点要关注存货、应收账款、其他应收款的变现能力。对于非流动资产重点要分析在建工程、固定资产、无形资产。

对企业资本结构的分析重点主要关注以下五个方面：一是企业当前债务负担的轻重程度，可以通过行业比较来加以分析和判断；二是企业当前债务结构是否合理，主要分析企业长期、短期债务占比情况，并结合企业的资产布局和销售收入的规模进行判断；三是企业所有者权益的稳定性，主要关注企业所有者权益的构成及其利润分配政策对企业所有者权益的影响；四是企业债务负担的变化趋势；五是关注企业对外担保、诉讼等或有债务对企业债务负担的潜在影响。

盈利能力分析的重点是企业盈利能力的强弱及其稳定性。盈利能力的强弱主要通过毛利率、总资产报酬率等指标进行衡量；对盈利稳定性的分析，要区分经营性盈利和非经营性盈利对企业的影响，对于投资收益、营业外收支等非经营性盈利项目要重点考察其稳定性，同时结合产品价格波动和企业近几年盈利的波动情况判断企业经营性盈利的稳定性。

现金流是企业自身偿还债务的真正来源，因此，考察企业现金流状况是企业财务风险分析的重点。从企业自身的偿债资金来源看，经营活动现金净流量和投资活动的现金流入量是企业偿还债务的重要来源，因此需要在分析中重点考察；同时企业经营活动现金流入量规模的大小能在一定程度上反映企业资金周转能力的强弱，对此也需要重点关注；企业未来投资支出的规模大小是企业未来现金流出的重要方面；历史筹资活动现金流入量能在一定程度上反映企业的融资能力，分析中也应该有所关注。

偿债指标的分析是企业财务分析的综合，旨在综合资产质量、资本结构、盈利能力、现金流量分析的结论，通过偿债指标综合评定受评企业财务风险的高低，是支持企业财务风险分析结论的关键因素。对企业偿债指标的分析分为短期偿债指标分析和长期偿债指标分析两部分。其中，对于企业短期偿债指标分析首先要考察可变现资产对企业短期债务的保障程度，其次是短期债务周转或偿还能力。对于企业长期偿债指标的考察主要集中在企业长期偿债资金来源对长期债务和利息的保障程度。

（3）支持评级。支持评级主要从股东支持和政府支持两个方面来考察发行人可获得的外部支持程度。

股东支持方面，评估的重点包括股东的财务实力、主要股东在发行人中的持股比例、发行人对股东的重要性（包括在股东的合并财务报表中所占比重，以及发行人业务是否为股东战略的核心部分），以及股东过去表现出的支持意愿、方式和力度。此外，还需要考虑股东未来是否承诺在资金注入、债务偿还等方面提供支持。

政府支持方面，评估的要素包括政府的财政实力、政府在发行人中的持股比例、发行人对国家或地方经济的重要性，以及政府过去提供的支持意愿、方式和力度。同时，还需要关注政府未来是否有计划在资金注入、债务偿还等方面为发行人提供支持。

2. 债项信用评级考察的基本因素

（1）债券偿付优先级。不同债权人在面临违约时所承受的损失程度受到债券偿付优先级的影响，因此在进行债项信用评级时，需要特别关注债券偿付的优先级。

（2）担保措施。如果发行的公司债券为有担保的债券，则担保人的信用品质也将成为债项信用评级时需要重点考察的因素。对担保人的信用评级方法与对发行人的评级方法基本一致。担保人的信用品质可能会对债券信用等级有提升作用，这种提升的作用取决于担保人自身的信用等级以及担保人与发行人之间的相关性等因素。

（3）抵押措施。如果发行的公司债券为设置抵押的债券，那么在进行债项信用评级时需要考虑抵押品的价值、流动性以及可能涉及的法律问题。最终的债项信用评级将综合考虑发行人的主体信用评级和抵押品对债项信用的增级效果。这种增级效果将取决于发行人违约后，对抵押品的处置能在多大程度上降低债券持有人的违约损失。

（二）信息披露机制

我国银行间债券市场对企业的信息披露制度包括多项规则和指南，以确保市场透明度和投资者的权益保护。这些规定包括《银行间债券市场非金融企业债务融资工具信息披露规则》《非金融企业债务融资工具存续期信息披露表格体系》《银行间债券市场非金融企业债务融资工具主承销商后续管理工作指引》等。此外，针对不同类型的债券，如资产支持证券，还有特定的信息披露规则。这些规则要求企业披露定期财务信息、重大事项、已披露信息的更新、信息披露管理制度以及付息兑付相关工作等。企业在债务融资工具的存续期内，需要按照规定披露年度报告、半年度报告和季度报告。此外，公司债的信息披露制度还包括证监会发布的《公司债券发行与交易管理办法》中的相关章节，以及上海证券交易所和深圳证券交易所发布的自律管理规定。这些规定旨在确保市场的透明度，并保障投资者的权益。

五、债券市场交易的规范与监管

跨市场发行的部分国债和企业债可以在交易所市场和银行间市场相互转托管。目前，跨市场转托管的速度为 T+1。此外，还需要注意的是，目前我国债券产品的交易分割比较严重。

按监管部门来看，我国债券市场具有财政部、中国人民银行、中国证券监督管理委员会、国家金融监督管理总局等多部门监管的特点。这种多部门监管体制是中国债券市场发展进程中逐步演变的结果，对于促进债券市场品类的发展发挥了重要作用，但也成为债券市场发展的突出问题。

多部门监管的结果导致了监管职能分割。其中，中国人民银行和中国证监会履行银行间债券市场、交易所市场监管的职能；财政部、中国人民银行、中国证监会、国家金融监督管理总局、银行间市场交易商协会分别履行国家和地方政府、企业、政策性金融机构和国际金融开发机构、公司和证券机构、银行业机构、保险业机构、发行非金融企业债务融资工具的企业主体等发行主体监管职能；国家金融监督管理总局、中国证监会履行本行业机构参与债券交易的机构监管职能。市场发行、交易等功能性监管职能和机构投资者监管职能相分割。

由于各部门对中国债券市场监管的权力来源不一，不仅存在着功能监管与机构监管边界不够清晰，功能监管也存在着分割，尤其是一级市场发行所涉及的监管主体极其庞杂，不可避免地形成监管重复交叉和监管空白，难以形成合理的分工协调机制。2023 年，根据《党和国家机构改革方案》，证监会划入国家发展和改革委员会的企业债券发行审核职责，统一负责公司（企业）债券发行审核工作，实现发行审核、信息披露、持续监管、风险防范整体性监管、贯通式监管，形成统一规范的公司（企业）债券市场体系。

六、我国债券市场的发展

我国债券市场的雏形早在新中国成立初期就已经出现。1949 年 12 月 21 日，中央人民政府第四次会议上通过了《关于发行人民胜利折实公债的决定》，并于次年 11 月开始发行为期 5 年、总额 3 亿元的"人民胜利折实公债"。在第一个"五年计划"中，规模庞大的建设形成了对资金的巨大需求。从 1954～1958 年我国连续发行了 5 次"国家经济建设公债"，实际发行总额 35.45 亿元。"人民胜利折实公债"和"国家经济建设公债"的发行，对国民经济恢复和"一五"计划的胜利完成发挥了重要的作用。1958 年以后，国家停止了在国内外的举债活动，并随之进入了 1959～1978 年长达 20 年的"既无内债，又无外债"的债券市场空白时期。

改革开放后，我国债券市场真正迎来发展的契机。至今，该发展主要可以分为三大阶段。

（一）以场外交易为主的阶段（1981～1991 年）

由于在这段时间内市场经济并未建立，市场参与主体也没有发行债券的意识和需求，债券的交易和发行仍是以满足政府需求为主，国有企业也希望寻找除银行贷款之外的其他资金融通渠道，在行政审批后尝试发行企业债，但是这一时期的债券不能公开转让，只能以场外交易的形式自愿展开。而在 1986 年，沈阳率先成立了官方批准的柜台交易市场，允许企业债券交易。与此同时，政府也进一步推出除国债之外的其他品种债券，包括国家建设债券、国家重点工程建设债券、特种国债、保值公债等，以增加债券市场的品种。1988 年，随着国债发行规模的扩大，如何增加其流动性成为首要问题，为此，政府开始设定部分地区作为转让试点，允许部分已发行的国库券上市转让。到了 1991 年初，国债流通转让的覆盖区域大大增加，更多城市也纳入其中，柜台交易机制逐步建立。虽然柜台市场仍然属于场外交易市场，并且在全国也未建立统一的债券市场，但我国债券市场的活跃度大大提高，债券的流通交易量增加，调动了市场参与者的积极性。

（二）以交易所交易为主的阶段（1991～1997 年）

随着 1991 年交易所的成立，债券进入场内交易。而 1995 年国债招标发行试点获得成功，国债利率的确定逐步以市场为导向，这也意味着中国债券发行的市场化拉开序幕。此后，两大交易所也丰富了交易品种，国债和企业债陆续进入市场，并且开发期货市场，加入回购等不同的交易方式，这些使我国债券市场的投资者在债券种类和交易形式上有了更多的选择。而在市场监管和基础设施建设上，我国成立了中国证券监督管理委员会和两家自律监管机构（中国国债协会及中国证券业协会），以及全国性的国债登记托管机构，并开发了交易所电子交易系统。在这一时期，我国初步建立债券交易市场，交易品种得到丰富，交易方式创新，与场外交易方式相比，交易所市场显得更加具有组织性、法治化和正规化。

（三）以银行间市场交易为主的阶段（1997 年至今）

1997 年股票市场过热，银行资金也集聚其中，主要以债券回购形式为主。因此，央行要求各商业银行转换交易场所，改在全国同业拆借中心进行债券交易，银行间债券市场就此形成。它从最初的仅仅 16 家商业银行，不断发展完善。此后，各类金融机构得到央行等各政府部门的许可，也开始加入银行间债券市场，扩大债券市场的覆盖面，市场成员增加，规模有所扩大。目前，主要市场参与者包括外资银行、保险公司、投资基金、证券公司、财务公司等各机构主体。而债券发行量也大幅增长。2020 年，在银行间债券市场发行方面，在中央结算公司发行记账式国债 6.91 万亿元，同比增长 83.91%；发行地方政府债 6.44 万亿元，同比增长 47.71%；发行政策性银行债 4.90 万亿元，同比增长 33.95%；发行商业银行债 1.94 万亿元，同比增长 21.13%；发行信贷资产支持证券 0.80

万亿元，同比下降 16.53%。在上清所发行中期票据 2.29 万亿元，同比增长 24.97%；发行短期融资券（含超短期融资券）4.99 万亿元，同比增长 39.40%；发行非公开定向债务融资工具 0.69 万亿元，同比增长 11.99%。

第二节　债券市场产品与发行机制

一、债券的发行审核机制

发行审核是债券市场运行机制中的重要组成部分。债券的发行审核是政府对债券发行主体和债券市场进行监管的一种手段，债券本身的质量直接关系债券市场整体运行的稳定，正确运用这种手段，对于保护债券投资者利益、降低债券市场风险，具有十分重要的作用，所以金融当局通常都会对债券的发行进行审核。就其内容而言，一是审批机关对发债主体的情况进行审查，二是对拟发债券的情况进行审查。在此基础上，对发债作出同意或不同意的决定。我国债券市场的发行审核制度主要有审批制、核准制、备案制和注册制 4 种常见的类型，不同的债券品种使用不同的发行制度，具体如下所示。

（一）审批制

审批制不但要对申请发行的机构、发行的债券进行实质性审查，还要按照预先确定的发行规模对拟发债券进行筛选，甚至连发行利率、发行日期等也要作出规定。审批制最主要的特点是存在较多行政干预，即发行人的选择和推荐，由地方和主管政府机构根据额度决定。

（二）核准制

核准制对发债主体和债券本身的情况进行实质性审查或程序性审查，只要发行主体具备了发债的条件，就允许其发行债券。与审批制相比，核准制在干预方面有较大放松，由于发行过程中行政干预有所放松，因此核准制对发行人信息披露提出较高要求：强制性信息披露和合规性审核。

（三）备案制

与核准制对内容的实质性审核不同，备案制仅进行形式审查，即只对申请文件的完整性和真实性进行核查，理论上并不对申请文件的内容作实质性审查。

（四） 注册制

注册制一般是指申请人要取得某种特定资质，或者加入某种特定行业组织需要进行注册，一般是加入某个行业协会。注册制下，发行人信息披露是核心，相关管理机构对发行人及债券的价值等实质问题不进行实质审核，以中介机构的尽职调查为基础，主要对披露材料的真实性、准确性和完整性进行评议。

中国债券市场不同的债券品种往往具有不同监管主体，监管标准不同，发行条件也随之有所区别，发行管理方式各异。

二、政府债券发行

（一） 发行审批机制

政府债券具有信用风险小、发行和交易量大的特点，一般享受税收优惠，采用公募发行。政府债券的性质主要从两个方面考察：第一，从形式上看，政府债券也是一种有价证券，它具有债券的一般性质。政府债券本身有面额，投资者投资于政府债券可以取得利息，因此政府债券具备了债券的一般特征。第二，从功能上看，政府债券最初仅是政府弥补赤字的手段，但在现代商品经济条件下，政府债券已成为政府筹集资金、扩大公共开支的重要手段，并且随着金融市场的发展，逐渐具备了金融商品和信用工具的职能，成为国家实施宏观经济政策、进行宏观调控的工具。

我国国债、地方政府债券发行根据国务院下达的限额，报本级人民代表大会常务委员会批准发行。我国国债的发行是与国家预算相联系的，主要是为了弥补赤字，保证国家预算的顺利实施。此外，国债的发行还与一定时期的财政政策有关。在实行积极财政政策时，为了扩大政府开支、支持企业发展，往往需要发行一定数量的国债来筹集资金。国家发行债券是一种国家信用，一般情况下不存在信用风险，因此无须监管部门进行审批或审核。但正因为国家发行债券涉及国家信用，为维护国家信用的权威性，防止政府负债的任意性，一定时期内国债的发行量和一定时点上的余额必须控制在可承受的范围之内。这种控制，通过国家权力机关——全国人大或它的常设机构全国人大常委会来进行。全国人大规定国债的存量不超过一定的水平，由财政部决定当年发行量及发行时间。

（二） 发行定价机制

在 20 世纪 80 年代恢复国债发行初期，各级政府还是采取行政分配的方式发行国债。1991 年，财政部逐步引入了市场化的发行机制，组织了国债的承购包销，顺利地完成了当年的国债销售任务。1996 年，随着发行方式由承购包销向公开招标的过渡，其定价方式由承销团成员集体与发行者之间的商议，变为投资者按自己的意愿投标，由竞标的结果决定发行的价格。

招标发行定价方式是发行方式中市场化程度最高的一种。招标发行有多种形式，主要有数量招标和价格招标两种。数量招标即发行人确定价格后，投资人依其对这种价格的认可程度投下标书，提出认购的数量。在这种招标方式下，价格是确定的，投资人通过认购数量，表达其对价格的看法。价格招标是发行人只确定发行规模，不确定债券价格，由投资人提出某一价格下的认购数量，最后将达到发行规模时的报价作为发行的价格。

债券价格竞标有三种中标方式，即"荷兰式"中标、"美式"中标和"混合式中标"。其中"荷兰式"中标和"美式"中标是两种典型的中标方式。

1．"荷兰式"中标

"荷兰式"中标又称统一价位中标或单一价位中标，是指在投标结束后，发行系统将各承销商有效投标价位按对发行人有利原则进行排序（利率、利差招标由低到高排序，价格招标由高到低排序），并将投标数额累加，直至满足预定发行额为止。此时的价位点称为边际价位点，中标的承销商都以此价格或利率中标。"荷兰式"中标是以所有投标者的最低中标价格作为最终中标价格，全体中标者的中标价格是单一的。标的为利率时，最高中标利率为当期国债的票面利率；标的为利差时，最高中标利差为当期国债的基本利差；标的为价格时，最低中标价格为当期国债的承销价格。

2．"美式"中标

"美式"中标是在投标结束后，发行系统将各承销商的有效投标价位按对发行人有利原则进行排序（利率、利差招标由低到高排序，价格招标由高到低排序），直至募满预定发行额为止，在此价位以内的所有有效投标均以各承销商的各自出价中标。所有中标价位、中标量加权平均后的价位为该期债券的票面价格或票面利率。

标的为利率时，全场加权平均中标利率为当期国债的票面利率，各中标机构依各自及全场加权平均中标利率折算承销价格；以募满发行额为止的中标者所投标的各个价位上的中标收益率作为中标者各自的最终中标收益率，各中标者的认购成本是不相同的。

标的为价格时，各中标机构按各自加权平均中标价格承销当期国债；以募满发行额为止的中标者各自的投标价格作为各个标者的最终中标价，各中标者的认购价格是不相同的。

"美式"中标和"荷兰式"中标的主要区别就是，"荷兰式"中标后对于各中标机构价格是统一的，而"美式"中标后对于各中标机构很有可能是不同的。

3. "混合式"中标

"荷兰式"中标和"美式"中标是价格招标中的两种典型的中标方式，但在实际运作中，完全的、纯粹的定价方式并不多见，往往是将几种主要的方式混合起来，形成一些新的方式，即"混合式"中标。

"混合式"中标也有利率招标和价格招标两种情形。利率招标"混合式"中标是指在投标结束后，发行系统将各承销商有效投标价位按对发行人有利原则进行排序（由低到高排序），直至募满为止，此时的价位点称为边际价位点。对低于边际价位点（含该点）的各投标价位及对应中标量计算加权平均价位，作为该期债券的票面利率。对低于或等于票面利率的投标价位，按票面利率中标；对高于票面利率的投标价位，按各自投标价位中标。

价格招标"混合式"中标是指在投标结束后，发行系统将各承销商有效投标价位进行排序（由高到低排序），直至募满预定发行额为止，此时的价位点称为边际价位点。对高于边际价位点（含该点）的各投标价位及对应中标量计算加权平均价，作为该期债券的票面价格。对高于或等于票面价格的投标价位，按票面价格中标；对低于票面价格的投标价位，按各自投标价位中标。

三、金融债券发行

金融债券分为央行监管的政策性银行金融债、商业银行金融债、企业集团财务公司债，以及"一行两会"主管的商业银行次级债、保险公司债、证券公司债等。根据发行主体性质可以分为政策性金融债券和非政策性金融债券。

（一）政策性金融债券的发行

政策性金融债券是随着政策性银行的设立而出现的。政策性银行不能吸收公众存款，主要通过发行债券来筹集资金，因此成为我国债券市场上规模很大的品种。

政策性金融债是由我国政策性银行（国家开发银行、中国农业发展银行和中国进出口银行）为筹集信贷资金，经国务院批准向银行金融机构及其他机构发行的金融债券。按性质分为浮动利率债券、固定利率债券、投资人选择权债券、发行人选择权债券以及增发债券等；按期限分为3个月、6个月、1年期、2年期、3年期、5年期、7年期、10年期、20年期、30年期。2013年国开行获准并成功在上交所试点发行政策性银行金融债，首批发行额度 300 亿元。

政策性银行由国家财政最终为其财务结果承担责任，因此政策性金融债券是一种准政府信用债券，其发行数量有严格的限制。每年年初，国家开发银行等 3 家政策性银行都要向人民银行提出全年发行债券的申请，人民银行根据其当年新的计划批准其债券发行规模。在限额之内，由政策性银行自行决定发行时间、次数和规模。

与政府债券相似，对政策性金融债券的审核并不涉及发行主体本身的信用状况。

（二）非政策性金融债券的发行

我国非政策性金融债最初发行于 2001 年。2001 年 12 月，中国中信集团公司发行了国内第一只信托投资公司债券，拉开了商业性机构发行金融债的序幕。

非政策性金融债的主要发行机构有商业银行、证券公司、保险公司，其他金融机构所发行的金融债存量规模占比较小。商业银行和证券公司发行的金融债中既有次级债，又有普通的非次级属性的债券，保险公司发行的金融债均为次级债。从发行期限来看，有次级属性的金融债期限大多较长，而非次级属性的普通金融债的期限偏短。

2004 年以来，商业银行次级债、证券公司短期融资券、保险公司次级定期债券、商业银行债、证券公司次级债、保险公司次级可转换债券、资本补充债券等品种相继推出，品种逐步完善。与此同时，金融债的发行规模也持续增长。2008 年之前，商业性金融债券每年的发行规模不足 1000 亿元，如今每年的发行量已经超过 1.78 万亿元。截至 2022 年底，我国非政策性机构发行的金融债存量规模合计约 3.61 万亿元。

四、非金融企业债券的发行

（一）公司债券的发行

我国公司债券市场起步于 2007 年。2007 年 8 月，《公司债券发行试点办法》发布，公司债券正式进入试点阶段。随后上交所和深交所分别制定了公募公司债券与私募公司债券业务细则，公司债券的发行与上市有了行业规范和标准。由于试点阶段的公司债券对发行主体的要求较为严格，仅限于上市公司发行，发行准入门槛较高，因此 2007~2014 年我国公司债券市场的发展一直停留在千亿元规模水平，与同期在银行间市场发行的企业债券发行量相去甚远。2015年1月，证监会出台了《公司债券发行与交易管理办法》，从发行主体、发行方式、债券期限和交易场所等多方面放宽了公司债券准入，业内称此后发行的公司债券为"新公司债"，公司债券市场实现了量级的跨越，仅2015年全年公司债券发行规模就达到10283.55亿元，远超2007~2014年公司债券发行总额，此后公司债券市场一直保持万亿元容量水平。

1. 公司债发行条件

根据《证券法》《公司债券发行与交易管理办法》《非公开发行公司债券备案管理办法》，一般公司债发行条件如表5-2所示。

表5-2　　　　　　　　　　　　　一般公司债发行条件

一般公司债	大公募（向公众投资者公开发行）	小公募（向专业投资者公开发行）	私募（向专业机构投资者发行）
发行人类型	股份有限公司、有限责任公司		
发行条件	公募发行一般条件： （1）最近3年可分配利润≥债券1年利息； （2）合理的资产负债结构和正常的现金流量； （3）具备健全且运行良好的组织结构。 大公募额外规定： （1）发行人最近3年无债务违约或者延迟支付本息的事实； （2）发行人最近3年平均可分配利润≥债券1年利息的1.5倍； （3）发行人最近1期末净资产规模≥250亿元； （4）发行人最近36个月内累计公开发行债券≥3期，发行规模≥100亿元		实行负面清单管理
担保和评级	不强制		
融资灵活度	一次注册，分期发行 有效期24个月		一次发行6个月内有效，分期发行12个月内有效
募集资金用途	使用灵活，可用于偿还银行贷款、补充流动资金等		
核准要求	公开发行公司债券须编制和报送申请文件，证监会受理后3个月内做出是否核准的决定	上交所对小公募债券的上市申请进行受理，对其作出预审核并出具上市预审核意见（反馈意见），上交所预审通过后报证监会受理发行申请并通过上交所下发核准批复，前后历时1个月左右	上交所对非公开公司债的挂牌申请进行受理，对其作出预审核并出具反馈意见，预审核通过后由上交所下发无异议函，前后历时1个月左右

资料来源：刘红忠、卢华：《金融市场与金融机构》，复旦大学出版社2019年版。

2. 公司债券发行流程

公司债券从项目组进场到债券发行上市完成，以T日作为起始日（项目组进场日），T~T+30日主要是项目组对发行主体进行尽职调查和收集底稿、撰写募集说明书的时间段；T + 30 ~ T + 40 日这 10 天的时间一般通知发行主体及各中介方对有关文件进行签字盖章和集中申报；T + 40 ~ T + 60 日是交易所核查的时间段，在该期间交易所针对主承销商提交的申报材料进行审核并下达反馈意见，由主承销商对反馈意见进行补充说明。交易所核查结束后，公司债券接下来的发行流程可大致分为两类：对于私募公司债券来说，在交易所核查结束拿到交易所出具的无异议函即代表审核通过准许发行；对于公募公司债券来说，交易所层面只是执行了预审核工作，申报材料还需提交证监会进行审核，以证监会出具的批文作为公司债券审核通过的依据。公司债券拿到无异议函或批文后，簿记管理人（一般为主承销商）就可以准备启动发行工作，以及披露主管部门要求的信息公告和文件。以上为公司债券一个完整的操作流程和周期。

公开发行的公司债券，应当在依法设立的证券交易所上市交易，或在全国中小企业股份转让系统或者国务院批准的其他证券交易场所转让。

公司债券的发行定价主要受以下因素影响：其一是资金市场或金融市场上资金供求状况及利率水平；其二是发行公司的资信状况；其三是政府的金融政策；其四是债券本身内涵的相关条件，如期限、偿债保障、内涵选择权等。一般以同一期限的国债利率为基础，上浮一定利差。

（二）企业债券的发行

企业债券是企业依照法定程序发行，约定在一定期限还本付息的有价证券。目前我国企业债券的发行采取核准制，由国家发改委核准。企业债券可以分为传统企业债及创新品种。

由国家发改委作为主管部门的企业债券市场有一套较为完善和成熟的制度体系作为保证，对我国其他固定收益类融资工具市场的建设具有一定的指导意义。2008 年 1 月 2 日，国家发改委发布了《关于推进企业债券市场发展、简化发行核准程序有关事项的通知》，明确企业债券发行制度由"双重核准"程序改为一次核准制，企业债进入了市场化发行阶段；同时明确了企业债定义、发行条件、资金用途、比例限制等要素，对企业债券发行作出了规范。

1. 企业债券的发行条件

（1）股份有限公司的净资产不低于人民币 3000 万元，有限责任公司和其他类型企业的净资产不低于人民币 6000 万元。

（2）累计债券余额不超过企业净资产（不包括少数股东权益）的 40%。

（3）最近 3 年平均可分配利润（净利润）足以支付企业债券 1 年的利息。

（4）筹集资金的投向符合国家产业政策和行业发展方向，所需相关手续齐全。用于固定资产投资项目的，应符合固定资产投资项目资本金制度的要求，原则上累计发行额不得超过该项目总投资的60%；用于收购产权（股权）的，比照该比例执行；用于调整债务结构的，不受该比例限制，但企业应提供银行同意以债还贷的证明；用于补充营运资金的，不超过发债总额的20%。

（5）债券的利率由企业根据市场情况确定，但不得超过国务院限定的利率水平。

（6）已发行的企业债券或者其他债务未处于违约或者延迟支付本息的状态。

（7）最近3年没有重大违法违规行为。

除了《证券法》和国家发改委对企业证券发行的一般规定之外，国家发改委在推出企业债券创新品种时，会给予一定的附加条件（或放宽条件）以支持其发行。

2. 企业债券发行流程

（1）前期准备。发行人形成发债意愿并与发改部门预沟通；制作发行人本次债券发行的申请报告；召开股东大会，形成董事会决议，制定债券发行章程；出具发行企业债券可行性研究报告，报告应包括债券资金用途、发行风险说明、偿债能力分析等。

发行人做好企业债券发行的担保工作，按照《担保法》的有关规定，聘请其他独立经济法人依法进行担保，并按照规定格式以书面形式出具担保函。发行人及其担保人提供的最近3年财务报表，经会计师事务所进行审计。发行人聘请有资格的信用评级机构对其发行的企业债券进行信用评级。企业债券发行申请材料由具有从业资格的律师事务所进行资格审查和提供法律认证。

企业债券由具有承销资格的证券经营机构承销，企业不得自行销售企业债券。主承销商由企业自主选择。需要组织承销团的，由主承销商组织承销团。主承销商协助制作完成债券申报材料，并报送省发改委，由省发改委转报国家发改委。

（2）材料报批。按照公开发行企业债券申请材料目录及其规定格式，逐级上报企业债券发行方案。经省发改委审核后，向国家发改委申请。国家发改委受理企业发债申请后，依据法律法规及有关文件规定，对申请材料进行审核。符合发债条件、申请材料齐全的直接予以核准。申请材料存在不足或需要补充有关材料的，及时向发行人和主承销商提出反馈意见。发行人及主承销商根据反馈意见对申请材料进行补充、修改和完善，重要问题出具文件进行说明。

国家发改委分别会签中国人民银行、中国证监会后，印发企业债券发行批准文件，并抄送各营业网点所在地省级发改部门等有关单位。企业债券发行批准文件由国家发改委批复给省发改委后（中央企业除外），再由省发改委批复给企业或相关市发改委。

（3）正式发行。发行人通过指定媒体，在债券发行首日3日前公告企业债券发行公告或公司债券募集说明书。

承销团负责债券销售市场宣传工作，推广债券的发行和认购工作。承销团销售债券募集到的资金划付到发行人专门的资金账户。发行人根据债券的发行情况对募集资金相关情况进行查验。

企业债券资金直接用于固定资产投资项目，在支持实体经济发展方面的效果十分突出，企业债券最大的特点是募集资金指定项目用途，打通投资与融资的渠道，为项目建设提供直接的融资渠道。企业债券已经成为社会直接融资重要的组成部分。2020年，累计发行企业债券（不含项目收益债）377只，同比增长2.72%，合计发行金额3851.09亿元，同比增长13.91%。

（三）非金融企业债务融资工具的发行

2007年9月，银行间市场交易商协会成立，为我国债券市场引入了注册制为核心的发行管理制度，并先后推出中期票据、短期融资券、超短期融资券、非公开定向债务融资工具等债券品种，其中的中期票据和非公开定向债务融资工具为资本市场中长期金融工具。中期票据是指具有法人资格的非金融企业依照相关法规，在银行间债券市场按照计划分期发行的，约定在一定期限还本付息的债务融资工具，期限一般为3~5年。非公开定向债务融资工具是指具有法人资格的非金融企业向银行间市场特定机构投资人发行，并限定在特定投资人范围内流通转让的债务融资工具。在创新方面，交易商协会在2013年以来推出了长期限含权融资工具、项目收益票据、非公开定向可转债务融资工具、供应链票据、双创专项债务融资工具、扶贫债券等创新品种。

银行间债务融资工具的发行与交易在创立伊始便确立了自律管理制度。2008年3月14日，中国人民银行通过了《银行间债券市场非金融企业债务融资工具管理办法》，明确"交易商协会依据本办法及中国人民银行相关规定对债务融资工具的发行与交易实施自律管理。交易商协会应根据本办法制定相关自律管理规则，并报中国人民银行备案"。

《非金融企业债务融资工具公开发行注册工作规程（2020年版）》根据企业市场认可度、信息披露成熟度等，债务融资工具注册发行企业分为第一类、第二类、第三类、第四类企业，实行相应注册发行工作机制。其中，第一类和第二类为成熟层企业，第三类和第四类为基础层企业。

1. 同时符合以下条件的为成熟层企业

（1）生产经营符合国家宏观调控政策和产业政策，市场认可度高，行业地位显著，公司治理完善。

（2）经营财务状况稳健，企业规模、资本结构、盈利能力满足相应要求。

（3）公开发行信息披露成熟。最近 36 个月内，累计公开发行债务融资工具等公司信用类债券不少于 3 期，公开发行规模不少于 100 亿元。

（4）最近 36 个月内，企业无债务融资工具等公司信用类债券或其他重大债务违约或者延迟支付本息的事实；控股股东、控股子公司无债务融资工具等公司信用类债券违约或者延迟支付本息的事实。

（5）最近 36 个月内，企业无重大违法违规行为，不存在国家法律或政策规定的限制直接债务融资的情形，未受到交易商协会警告及以上自律处分；实际控制人不存在因涉嫌违法违规被有权机关调查或者受到重大行政、刑事处罚的情形。

（6）交易商协会根据投资者保护需要规定的其他条件。

2. 成熟层企业中，符合以下条件之一的为第一类企业

（1）资产规模超过 3000 亿元、资产负债率低于 75%、总资产报酬率高于 3%。

（2）最近 36 个月内，债务融资工具公开发行规模不少于 500 亿元。

（3）资产规模超过 8000 亿元，在国民经济关键领域中发挥重要作用。

成熟层企业中，不符合以上条件的为第二类企业。不符合成熟层企业相关条件的为基础层企业。其中，完成债务融资工具首次公开发行注册满 2 年，且有公开发行记录的企业为第三类企业；完成债务融资工具首次公开发行注册不满 2 年，或者没有公开发行记录的企业为第四类企业。

第三节　债券二级市场交易机制

一、债券市场交易机制

债券交易机制是指汇集与交易有关各方的指令以形成市场价格规则的总和，其实质是市场价格的形成方式。债券市场交易机制对于债券市场而言是非常重要的，直接决定着市场的运行效率和功能。债券交易分为场内交易和场外交易，这两种市场的组织形式不同，所采用的交易机制也具有不同的特点。

（一）场内市场交易机制

场内市场的交易模式最主要的是以"竞价撮合、时间优先、价格优先"为特征的指令驱动制，但为了满足大宗交易的需要，有的场内市场也提供了大宗交易机制。在场内模式下，市场是统一的，所有投资者，无论是交易商还是一般投资者，都可以在同一个市场中直接进行竞价。

指令驱动制又称拍卖制度。拍卖制度是投资者下达交易指令，并等待在交易过程中执行交易系统根据一定的指令匹配规则撮合买卖双方的交易指令，以决定成交价格的交易方式。根据成交连续性的不同，拍卖制度又可以分为定期拍卖制度（集合竞价机制）和连续拍卖制度（连续竞价机制）。

（二）场外市场交易机制

场外市场一般分为交易商间的市场和交易商与客户间的市场。交易商间市场的主要参与者是众多的做市商和一般交易商，在这个市场中单笔交易规模大，可以说是一个批发市场。交易商与客户市场的主要参与者是终端投资者，在该市场中，终端投资者主要与做市商、一般交易商进行交易，由做市商、一般交易商对债券进行买卖报价，最终投资者是债券价格的接受者，可以说是一个零售市场。目前，几乎所有的场外债券市场都采用了报价驱动的交易方式。所谓报价驱动制是指交易者以自主报价、一对一谈判的方式进行交易。按流动性提供方的不同，报价驱动制可以分为询价交易制度和做市商制度，各种制度适用不同类别的投资者。

（三）我国债券市场的交易机制

我国的银行间债券市场、交易所债券市场和商业银行柜台市场采用了不同的交易机制（见表5-3）。

表5-3　　　　　　　　中国债券市场的交易机制

项目	银行间债券市场		交易所债券市场	柜台债券市场
	中债登	上清所		
市场性质	场外交易	场外交易	场内交易	场外交易
债券产品	国债、地方债、政策性金融债、夹票、企业债、中票、商业银行债	短融、中票、同业存单、资产证券化产品等	国债、地方债、政策性金融债、企业债、公司债、可转债、中小私募债等	记账式国债、凭证式国债

149

续表

项目	银行间债券市场		交易所债券市场	柜台债券市场
	中债登	上清所		
投资人	银行、农信社、证券、保险、基金、财务公司、企业、境外机构等		证券、保险、基金、财务企业、个人、企业、QFII（银行除外）	个人投资者
交易方式	一对一询价和双边报价		自动撮合交易	银行柜台报价
交易类型	现券、回购、远期、互换等，T+1 或 T+0		现券、回购、T+1	现券、T+0
债权托管机构	中债登	上清所	中证登、上交所、深交所	商业银行

资料来源：刘红忠、卢华：《金融市场与金融机构》，复旦大学出版社 2019 年版。

1. 银行间债券市场的交易机制

与国际经验相类似，定位于场外市场的银行间债券市场也主要采用了报价驱动的交易机制。银行间债券市场报价驱动的交易机制既包括简单的询价交易机制，也包括做市商机制。银行间债券市场交易品种包括现券交易、质押式回购、买断式回购、远期交易和债券借贷。

2. 交易所债券市场的交易机制

我国的交易所债券市场传统上是指在交易所场内进行交易的市场，采取指令驱动、竞价撮合、价格优先、时间优先的交易方式。2007 年以来，上海证券交易所和深圳证券交易所分别建立了固定收益证券综合电子平台以及协议转让平台，这两个平台采用的交易方式与银行间债券市场的交易方式相类似。交易所债券市场的交易品种包括现券交易、质押式回购和融资融券。

3. 商业银行柜台市场的交易机制

商业银行柜台市场没有固定的场所，主要是交易对手通过私下协商进行一对一的交易。交易方式以双方的信用为基础，由交易双方自行承担信用风险，交易价格由交易双方协商确定，清算安排也由交易双方自行安排资金清算。商业银行柜台市场是银行间市场的延伸，参与者限定为个人投资者，属于场外零售市场。柜台市场交易品种仅有现券交易。

2020 年，债券市场现券交易量 253 万亿元，同比增长 16.5%。其中，银行间债券市场现券交易量 232.8 万亿元，日均成交 9350.4 亿元，同比增长 12%。交易所债券市场现券成交 20.2 万亿元，日均成交 830.4 亿元，同比增长 142.6%。

2020 年我国投资者数量进一步增加。截至 2020 年末，银行间债券市场各类参与主体共计 27958 家，较上年末增加 3911 家。截至 2020 年末，银行间市场存款类金融机构持有债券余额 57.7 万亿元，持债占比 57.4%，与上年末基本持平。

二、债券的定价

（一）债券的价值

债券价格应等于债券未来所有现金流的现值之和：

$$P = \sum_{t=1}^{n} \frac{C}{(1+r)^t} + \frac{Par}{(1+r)^n}$$

或

$$P = \frac{C}{r} \left[1 - (1+r)^{-n} \right] + \frac{Par}{(1+r)^n}$$

其中，P 为当前债券价格，C 为每年利息额，r 为该类债券的内含收益率，Par 为债券面值。

当债券清算日距离下次付息日不满一年时，将上述的 t 和 N 以 d 计，其中，d = 清算日距离下次付息日的天数/365。

债券价格随市场利率上升而下降，随市场利率下降而上升。投资者对债券的内在价值作出估计，并将它与市场价格进行对比，如果现行的市场价格低于债券的内在价值，则该债券定价偏低；反之，则定价偏高。

（二）债券收益的衡量

1. 当期收益率

当期收益率（current yield）是债券年利息同其当前市场价格之比。

$$当期收益率 = \frac{年息票利息}{市场价格}$$

2. 到期收益率

到期收益率也被称为保证的到期收益率（Promised Yield to Maturity），到期收益率是指债券按当前市场价格购买并持有至到期日所产生的预期收益率。具体来说，到期收益率是指债券预期利息和到期本金（面值）的现值与债券现行市场价格相等时的折现率。它比较完整地反映了当投资者持有债券到期时所获得的收益水平。到期收益率的计算与内部收益率相似，但要注意期限问题。

当债券发行时，其息票利率、当期收益率和到期收益率的关系如下：

票面利率 = 当期收益率 = 到期收益率，平价发行

票面利率 > 当期收益率 > 到期收益率，溢价发行

票面利率 < 当期收益率 < 到期收益率，折价发行

3. 持有期收益率

持有期收益率（holding period yield）是一个特定投资期间的收益率，能综合反映债券持有期间利息收入水平和资本损益情况。它依赖于在持有期末债券的市场价格，这个价格现在是不确定的。由于持有期间债券价格受市场利率波动的影响，因此持有期收益率只能预测。

$$持有期收益率 = \frac{卖出价格 - 买入价格 + 持有期间的利息}{买入价格 \times 持有年限} \times 100\%$$

4. 赎回收益率

若市场利率下调，对于不可赎回的债券来说，价格会上涨；但对于可赎回债券来说，当市场利率下调，债券价格上涨至赎回价格时，就存在被赎回的可能性，因此价格上涨存在压力。若债券被赎回，投资者不可能将债券持有到期，因此到期收益率失去意义，从而需要引进赎回收益率（yield to call，YTC）的概念。赎回收益率（YTC）以平均年收益率表示，用以衡量从购买日到债券被发行人购回日，个人从债券投资中得到的收益。赎回收益率一般指的是第一赎回收益率，即假设赎回发生在第一次可赎回的时间，从购买到赎回的内在收益率。

首次赎回收益率是累积到首次赎回日止，利息支付额与指定的赎回价格加总的现金流量的现值等于发行价格的利率。赎回收益率的计算公式为：

$$P = \sum_{t=1}^{n^*} \frac{C}{(1 + Y)^t} + \frac{M^*}{(1 + Y)^{n^*}}$$

其中，C 为利息收入，Y 为赎回收益率，P 为发行价格，n^* 为直至第一个赎回日的时期数（年数），M^* 为赎回价格。

三、债券的报价

在金融行情表上提出的债券价格并非真正是投资者为购买债券支付的价格，这是因为牌价里没有包括在计息期间产生的利息。如果买方在利息支付日期之间购买债券，其就得向卖方支付应计利息，即未来利息的应摊份额。

债券报价主要有净价和全价两种模式。债券应付利息是指当投资者卖出债券的日期离下次付息日不到一个付息周期时，上次付息日和结算日之间那段时间内投资者应得的利息。利用债券价格公式计算得到的价格被称为净价（clean price），净价加上应付利息就是投资者应得的债券的价值，被称为全价（full price）：

$$全价 = 净价 + 应计利息$$

例如，某按年计息债券，其中应计利息为：

$$I_a = \frac{D}{365} \times C$$

其中，D 为结算日离上次付息日的天数，C 为年利息。

第四节　债券市场创新与发展

一、我国地方政府债券市场的发展

（一）地方政府债券基本内涵

地方政府债券是由各级地方政府发行的债券。发行这类债券的目的是筹措一定数量的资金用于满足市政建设、文化进步、公共安全、自然资源保护等方面的资金需要。发展我国地方政府债券市场的意义如下：

（1）促进地方经济平稳健康发展。通过地方政府债券管理模式创新，形成总量可控、动态可持续的资金保障机制，以合法规范的方式保障地方政府合理的融资需求，支持地方稳增长、补短板。

（2）构建一个更加透明和高效的融资方式，进一步拓宽地方政府的融资渠道，促使政府融资模式进行结构性转变，有利于促进地方财政透明运行，遏制违法违规变相举债行为。

（3）锻炼了政府市场化融资的能力，有利于形成市场对政府行为的硬约束。

（4）深化财政与金融互动。完善地方政府债券市场，进一步增强地方政府债券透明度，保护投资者合法权益，支持对债券科学合理定价，丰富地方政府债券品种，提高地方政府债券市场化水平，吸引更多社会资本投资地方政府债券，带动民间资本支持重点领域项目建设，激发民间投资潜力。

同时，对地方政府的财政管理体制改革、我国债券市场品种和价格体系完善、社会信用体系构建等诸多方面都将产生深远影响。

（二）发展历程

1949 年后我国就允许地方政府发行债券，如东北生产建设折实公债、地方经济建设折实公债等。1958 年 4 月，中共中央发布了《关于发行地方公债的决定》，决定自 1959 年起，在必要时允许发行地方建设公债，并规定了发债的条件。

1985 年，在各地方政府怀有强烈投资冲动的情况下，为了控制投资规模，决定暂停发行地方债。此后，地方债的发行一直受到 1985 年《中华人民共和国预算法》第 28 条规定的限制。该条指出："地方各级预算按照量入为出、收支平衡的原则编制，不列赤字。除法规和国务院规定的以外，地方政府不得发行地方政府债券。"该规定本身含有"例外条款"。

2008 年国际金融危机对我国经济造成严重冲击，为了缓解地方政府的资金"瓶颈"，从 2009 年开始，中央政府每年代地方政府发行一定数量的债券。

自 2011 年起，经国务院批准，上海、浙江、广东、深圳试点在国务院批准的额度内自行发行债券，但仍由财政部代办还本付息；其余地区的地方政府债券仍由财政部代理发行、代还本付息。2013 年，自行发债试点地区在 2012 年 4 个的基础上增加江苏和山东。2014 年 5 月 22 日，财政部印发《2014 年地方政府债券自发自还试点办法》，继续推进地方政府债券改革：第一，在前期自行发行的基础上，在还本付息上从财政部代行改为发债地区自行还本付息；第二，在前期 6 个试点地区的基础上，再次增加直辖市北京、计划单列市青岛以及中西部省份江西和宁夏为试点地区；第三，将债券期限由 2013 年的 3 年、5 年和 7 年分别拉长至 5 年、7 年和 10 年；第四，在 2013 年试点办法提出逐步推进建立地方政府信用评级的基础上，明确提出"试点地区按照有关规定开展债券信用评级"。

2014 年 8 月 31 日，《中华人民共和国预算法修正案草案》在第十二届全国人民代表大会常务委员会第十次会议上高票通过。修正后的《中华人民共和国预算法》于 2015 年 1 月 1 日起施行，地方政府发债走向合法化和常态化。

首次修订的《预算法》对地方发债权的规定是："经国务院批准的省、自治区、直辖市的预算中必需的建设投资的部分资金，可以在国务院确定的限额内，通过发行地方政府债券举借债务的方式筹措。"同时，首次修订的《预算法》规定："举借债务的规模，由国务院报全国人民代表大会或者全国人民代表大会常务委员会批准。"地方举债只能用于公益性资本支出，而不得用于经常性支出。

自 2014 年首次修订的《预算法》颁布以来，我国地方政府债务管理机制持续完善，地方政府债券市场保持快速发展。截至 2020 年 12 月末，全国地方政府债券存量规模已经达到 25.49 万亿元，在债券市场中占比达到 22%，是我国债券市场第一大债券品种。

我国经济已由高速增长阶段转向高质量发展阶段，须按照全面深化改革的要求，加快建立现代财政制度。地方债作为债券市场的主要品种、财政政策的重要组成、宏观调控的重要手段，其高质量发展须坚定不移地推进财税体制改革，建立全面规范透明、标准科学、约束有力的预算制度，推动财政资金聚力增效。从中短期来看，为防范地方债高速发展的潜在风险，地方债"借、用、管、还"流程也将全面细化管理。从区域分布来看，2020年1~6月，我国共计有25个地方政府发行能源专项债，其中新疆维吾尔自治区发行7只能源专项债，发行数量居于首位；四川省发行5只能源专项债，发行数量排名第二。由于地方政府项目收益专项债可以对应单一项目发行，也可以对应多个项目集合发行，且对于集合发行的专项债的项目类型、区域等要素未有统一要求，故目前发行的能源专项债中投向能源类项目建设的金额不大。相较其他类别的地方政府项目收益专项债，能源专项债的起步较晚，目前发行总量较少，但2020年以来呈现较快发展趋势。未来受益于政策面创造的宽松环境和建设资金的需求等，能源专项债的发行数量和发行规模有望继续增长。

（三）发行方式

地方政府债券包括一般债券和专项债券。一般债券是为没有收益的公益性项目发行，主要以一般公共预算收入作为还本付息资金来源的政府债券；专项债券是为有一定收益的公益性项目发行，以公益性项目对应的政府性基金收入或专项收入作为还本付息资金来源的政府债券。

2020年12月9日，财政部公布了《地方政府债券发行管理办法》，规定地方财政部门应当统筹债券发行、财政收支和库款管理等，结合资金需求科学安排地方政府债券发行节奏，提高债券资金使用效率。地方财政部门应当合理设置单只债券发行规模，公开发行的地方政府债券鼓励采用续发行方式。地方政府债券发行可以采用承销、招标等方式。

地方财政部门采用承销方式发行地方政府债券，应当与主承销商协商确定承销规则，明确承销方式和募集原则等。地方财政部门与主承销商协商确定利率（价格）区间，各承销商在规定时间内报送申购利率（价格）和数量意愿，按事先确定的定价与配售规则确定最终发行利率（价格）和各承销商债券承销额。

地方财政部门采用招标方式发行地方政府债券，应当科学制定招标规则，明确招标方式和中标原则，合理设定投标比例、承销比例等技术参数。地方财政部门通过财政部规定的电子招标系统，要求各承销商通过该系统在规定时间报送投标利率及投标额，按地方财政部门制定的招标发行规则，确定债券发行利率及各承销商债券中标额。地方财政部门可结合市场情况和自身需要，采用弹性招标方式发行地方政府债券。

地方财政部门应当按照财政部有关规定积极通过商业银行柜台市场发行地方政府债券。

（四）地方政府债券的信用评级与信息披露

1. 信用评级

2021 年 1 月 20 日，财政部印发了《地方政府债券信用评级管理暂行办法》，规定信用评级机构对影响地方政府债券的信用风险因素进行分析，就偿债能力和偿债意愿作出综合评价，并通过预先定义的信用等级符号进行表示。地方财政部门应当按照党中央、国务院要求，做到公开、公平、公正，依法依规选择信用评级机构，并通过全国统一的地方政府债券信息公开平台、本单位门户网站、中国债券信息网等财政部指定网站及时公开选定的信用评级机构。信用评级机构应当制定信用评级工作程序，并据此开展地方政府债券信用评级。信用评级工作程序包括项目立项与准备、尽职调查、信用分析和初评、等级评定、结果反馈（及可能发生的复评）、评级结果发布、跟踪评级、终止评级等环节。信用评级机构对开展信用评级所依据的文件资料内容进行必要的核查和验证，并对出具的信用评级报告的真实性、准确性、完整性负责。信用评级机构应当将地方政府债券信用评级方法、工作程序、指标体系等向财政部报备，并在本机构网站上进行披露。信用评级机构应当结合一般债券、专项债券的特点，客观公正出具评级意见。开展一般债券信用评级，应当重点关注本地区经济、财政、债务等情况。开展专项债券信用评级，在关注本地区经济、财政、债务等情况的基础上，应当重点关注项目基本情况、项目收益与融资平衡方案、对应的政府性基金或专项收入等情况，促进评级结果合理反映项目差异。信用评级机构首次评级后，债券存续期内应当每年开展一次跟踪评级，同时关注可能影响偿债能力和偿债意愿的重大事项（如调整债券资金用途等），进行不定期跟踪评级，并及时公布评级结果。信用评级机构发生影响或者可能影响本机构地方政府债券信用评级开展的重大事件时，应当立即向财政部报告，说明事件的起因、目前的状态和可能产生的后果。

2. 信息披露机制

2020 年 11 月 11 日，财政部发布《关于进一步做好地方政府债券发行工作的意见》，指出地方财政部门应当在每月 20 日前披露本地区下月地方债发行计划，在 3 月、6 月、9 月和 12 月 20 日前披露本地区下季度地方债发行计划。地方财政部门应当进一步加大专项债券信息披露力度，充分披露对应项目详细情况、项目收益和融资平衡方案、第三方评估意见等。地方债存续期内，应当于每年 6 月 30 日前披露对应项目上一年度全年实际收益、项目最新预期收益等信息。如新披露的信息与上一次披露的信息差异较大，应当进行必要的说明。地方债发行后，确需调整债券资金用途的，地方财政部门应当按程序报批，不迟于省级人民政府或省级人大常委会批准后第 10 个工作日进行信息披露，包括债券名称、调整金额、调整前后项目名称、调整后项目收益与融资平衡方案、跟踪评级报告、第三方评估意见等。

二、我国债券市场国际化进程

近年来，随着人民币国际化步伐的加快，我国债券市场国际化进程加速。国际清算银行（BIS）对国际债券有狭义和广义两个统计口径。按照 BIS 的统计口径，狭义的人民币国际债券是指境外机构在境内外发行的以人民币标价的债券；广义的人民币国际债券是指发行人在本国或本地区之外发行的以人民币标价的债券。

2019 年 4 月 1 日，人民币计价的中国国债和政策性银行债券开始被纳入彭博巴克莱全球综合指数（bloomberg barclays global aggregate index），这是中国债券市场融入全球资本市场的一个重要里程碑。人民币计价的中国债券成为该指数中的第四大计价货币债券——仅次于美元、欧元和日元（中国债券市场权重为 6.1%）。据估计，此次纳入可吸引至少 1500 亿美元的资金流入中国债券市场。2020 年 2 月摩根大通新兴市场政府债券指数（GBI-EM）纳入中国债券，2020 年 9 月富时全球政府债券指数（WGBI）宣布将于 2021 年 10 月纳入中国国债，目前全球三大债券指数均将纳入中国债券。

随着我国国债被纳入国际指数以及外资的快速流入，中国债券市场的国际化进程明显加快。根据彭博巴克莱全球综合指数纳入标准，此次纳入中国债券表明：第一，投资者可以自由交易和兑换人民币；第二，中国主权债务评级为投资级；第三，中国拥有一个成熟的远期人民币市场。2020 年新冠疫情暴发以后，全球金融市场动荡，而中国债券市场仍然提供稳定收益，外资加码中国债券的热情持续高涨。中国外汇交易中心的数据显示，随着我国境外机构投资者数目的增长，2020 年前三季度境外机构投资者在中国银行间债券市场的交易额达到 33.2 万亿元，同比增长 88%。中国人民银行上海总部披露数据显示，截至 2020 年 10 月末，境外机构持有银行间市场债券 3 万亿元，较 9 月末增加 544.81 亿元，约占我国银行间债券市场总托管量的 3.0%，未来仍有巨大成长空间。

中国国债正在逐步与世界接轨，外国投资者投资中国国债变得越来越容易，未来中国国债市场的增长潜力很大。

（一）境外投资者投资中国债券市场的途径

目前境外投资者可以通过 QFII/RQFII、银行间债券市场直接投资（CIBM-Direct）和债券通（bond connect）三种渠道投资银行间债券市场，并通过 QFII/RQFII 投资交易所债券市场。目前，境外投资者通过 CIBM-Direct 或 QFII/RQFII 投资银行间债券市场（CIBM）需与结算代理行或其境内托管行签署结算代理协议（即"结算代理模式"），并通过它们向中国人民银行进行备案。通过债券通渠道的境外投资者由香港金管局的中央结算系统（CMU）会员通过债券通有限公司向中国人民银行完成备案。

早期境外投资者进入中国债券市场前需要通过一些有配额限制的外国投资计划。其中一个计划就是 2002 年发起的合格境外机构投资者（QFII）计划，允许境外投资使用在岸人民币进行投资，该项目受到证监会和国家外汇管理局的监管。最初 QFII 只能投资于交易所债券市场，但自 2013 年 3 月起 QFII 可以投资银行间债券市场固定收益产品。另一个计划就是 2011 年启动的人民币合格境外机构投资者（RQFII）计划，着眼离岸人民币的投资。该计划允许国内金融机构在香港设立人民币计价基金，目的是将境外投资者的离岸人民币引回国内债券市场。2019 年 9 月，国家外汇管理局宣布取消 QFII 和 RQFII 投资总额度、取消单家境外投资者额度备案和审批、取消 RQFII 试点国家和地区限制。2019 年 10 月，央行、外汇局宣布允许同一境外机构投资者将其在 QFII 或 RQFII 项下债券账户和银行间市场债券进行双向非交易过户，进一步便利境外机构投资者投资中国债券。

2010 年，中国推出了全球通计划，该项目吸引了大型境外机构投资者进入中国银行间债券市场。2015 年，全球通计划将审批制改为申请登记制，取消了配额限制，并将投资产品扩展至交易远期合约、利率互换和债券回购。2016 年，全球通计划向更广泛的机构投资者全面开放了银行间债券市场，并简化了申请程序，中国债券市场对外开放全面提速。2017 年，国家外汇管理局针对已参与银行间债券市场的境外投资机构，进一步开放了外汇衍生品市场。2020 年 9 月 1 日，银行间债券市场直接投资下的直接交易服务（CIBM-Direct）开始试运行，在银行间债券市场开立债券账户的境外投资者可以通过境外第三方平台 Tradeweb 和彭博等进行中国银行间债券交易。

2017 年 7 月，中国推出了债券通（bond connect），允许境外投资者在无须设立境内账户的情况下进入银行间债券市场，受到境外投资者的热烈欢迎。该项目允许境外投资者通过内地与香港债券市场基础设施的互联互通，投资内地银行间债券市场（简称"北向通"），未来将扩展至"南向通"。通过债券通，境外投资者可以通过熟悉的国际惯例（交易系统、交易模式和结算方式等）进入中国银行间债券市场，交易变得更容易操作，而且没有投资配额限制，投资者还能享有比较优惠的资本利得税税率。

香港交易所 2019 年 6 月的研究报告显示，债券通推出后，仅 2018 年就有 1000 亿美元的资金流入了中国债券市场，占进入新兴经济体债券市场资金总额的 80%，中国已成为新兴市场经济体中接收外资的最重要的国家。外国投资者通过债券通的日交易额也从 2018 年 4 月的 31 亿元增加至 2020 年 6 月的 201 亿元。2024 年，债券通年交易总额达到 10.4 万亿元。债券通推出前，中国只有 411 家境外投资者，该项目推出后境外投资者数量迅速增长，从 2017 年的 247 家大幅增至 2020 年 3 月底的 1818 家。

（二）离岸人民币债券市场的发展

随着人民币国际化进程的加速，人民币在国际贸易结算和投资中的使用占比越来越高，跨国公司和国际金融机构对人民币有较强的融资偏好。因此，离岸人民币债券市场在近些年得到了较大发展，发行量总体呈上升趋势。作为一类投资工具，国际市场对于人民币债券的持有偏好与人民币升值预期挂钩。在 2014 年之前，人民币一直处于升值通道，这也进一步提高了人民币债市的活跃度。而在 2015 年 8 月启动新一轮汇改之后，人民币币值趋于稳定，并伴有小幅下滑，导致国际投资者对于离岸人民币债券投资意愿降低。离岸人民币债市发行的热潮也开始逐步褪去。

但从长期来看，离岸人民币债券市场是对在岸市场的有效补充，也是进一步推进人民币国际化、形成人民币健康回流机制的重要环节。

三、资产证券化

资产证券化是指将缺乏流动性，但能够在将来产生稳定的、可预见的现金流收入的资产转换为可以在金融市场上出售与流通的证券的行为。

我国于 2005 年 12 月由国家开发银行在银行间债券市场成功发行首单信贷资产支持证券。根据中央结算公司数据，2014～2020 年我国资产支持证券发行数量呈现出先增后减的态势，2019 年的资产支持证券发行数量最多，为 9635 亿元。2020 年，我国共发行资产支持债券约 8042 亿元，同比减少 16.5%。

　　与国外相比，我国资产证券化起步较晚，且具有很强的政策驱动特征。从2004年国务院提出促进资本市场发展和探索开发资产证券化产品以来，我国资产证券化行业经历了试点、停滞、复苏和常态化发展阶段，目前已步入"规范发展期"。目前，我国资产证券化产品主要有三种模式，分别是信贷资产证券化（信贷 ABS）、企业资产证券化（企业 ABS）和资产支持票据（ABN）。

　　纵向梳理关于资产证券化的政策可以发现，我国资产证券化产品的发展可谓一波三折。2008年美国次贷危机爆发，资产支持证券和衍生产品一度被认为是罪魁祸首，国内外关于发展资产证券化的反对声音很大，受此影响，国内资产证券化试点被迫暂停。在此后的两年多时间里，虽然中国证监会于2009年发布了《证券公司企业资产证券化业务试点指引（试行）》，但是国内的资产证券化业务一直处于停滞状态，直到2012年央行、银监会和财政部联合下发了《关于进一步扩大信贷资产证券化试点有关事项的通知》，开启第二轮500亿元资产证券化试点工作，国内的资产证券化业务才开始破冰。2012年后，国内金融创新氛围浓郁，资产证券化市场也迎来了大发展，三大部委在不断规范资产证券化产品交易结构的同时，积极推动资产证券化业务创新，房地产信托投资基金（REITS）、PPP 资产支持证券等多种创新融资工具应运而生，资产证券化越来越被国内资本市场视为是一种适应国家供给侧结构性改革政策、盘活优质存量资产、丰富企业融资渠道的融资手段，资产证券化市场的广度和深度也得到了一定拓展。

拓展阅读

全球范围内资产证券化发展历史

　　资产证券化最早起源于美国，而最早出现的时间可追溯到20世纪20年代末期的大萧条。当时美国为了救市，建立了不动产抵押贷款次级市场，为资产证券化开启了大门。随后，1932年美国联邦住宅贷款银行成立，为居民抵押贷款提供信贷支持；再后，1934年成立联邦住宅管理局，为拥有不动产抵押贷款的银行提供保险机制；其后，1938年房利美公司（Fannie Mae）成立；再其后，1968年从房利美公司分解出来国民抵押贷款协会，后来被称为 Ginnie Mae。也就是其在20世纪70年代美国利率市场化中发行的第一只不动产抵押贷款债权担保证券。后来房地美（Freddie Mac）也被建立起来，三大住房抵押贷款证券专业机构相互竞争，不断完善和发展了住房抵押贷款证券化（MBS）市场。

住房抵押贷款证券的成功很快被应用于其他资产。1985年3月，Sperry电脑公司的租赁合约被证券化，成为首支非住房抵押贷款的证券化产品。同年5月，证券化开始应用于汽车贷款债权，因为其与住房抵押贷款一样，都有明确的本息偿付时间表，并且都有抵押品，违约风险较低。

1987年开始推出基于信用卡债权的证券。由于持卡人的刷卡金额和还款时间表都不确定，使其现金流十分不稳定，对证券化的技术要求更高。1988年业界开始将住房权益贷款（home equity loan，HEL）进行证券化，该贷款是房主以其已经抵押的房子再度向银行抵押贷款，所以也称为次顺序抵押贷款，主要用于房屋修缮、教育支出等。20世纪80年代末期，美国储蓄商业银行的不良贷款比例大幅上升，证券化方式也应用到了不良债权的处置上。

目前美国市场上证券化产品的规模已占债券总规模的32%，其中75%都是MBS，规模达到5.75万亿美元，是所有类型债券中规模最大的；ABS规模最小，但主要是因为发展历史不长，仅仅20年的时间从零到1.92万亿美元的规模，已接近市政债的规模。

在美国以外的地区，证券化发展相对较为缓慢。欧洲在1980年以后才开始进行证券化，一方面是因为欧洲多数贷款利率为浮动利率，资产和负债期限错配带来的利率风险不大，银行证券化动机不强；另一方面是因为多数国家实施的是大陆法系，发展证券化需要配合许多立法工作，效率比较低。

英国由于法律体系与美国较为接近，在欧洲各国中发展最快，而大陆法系国家德国和法国也开始逐步推动证券化的发展。日本在1992年就通过了部分关于证券化的法令，但直到1997年亚洲金融危机经济陷入萧条后，银行紧缩银根，才促使对证券化的需求大大增加。自此之后，资产证券化得到了快速的发展。

关键术语

债券市场　地方政府债券　企业债券　公司债券　信用评级

分析与思考

1. 试述公司债券主体信用评级主要考察的因素。

2. 简述债券债项信用评级考察的基本因素。

3. 当前中国企业选择发行债券的发行方式主要有哪些？

第六章

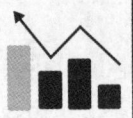

股票市场

学习目标

通过本章学习，了解多层次股票市场结构以及我国股票市场的发展历程，重点掌握一级市场、二级市场的运行特点及功能，以及股票发行和交易的制度。

第一节 我国多层次股票市场结构

股票市场就是进行股票发行和交易的场所。股票发行市场又称"一级市场"或"初级市场"，是发行人以筹集资金为目的，按照一定的法律规定和发行程序，向投资者出售新股票所形成的市场。股票交易市场又称"二级市场"或"次级市场"，是已发行的股票通过买卖交易实现流通转让的市场。

一、股票市场要素

股票市场的构成要素主要包括股票市场参与者、证券市场交易工具和股票交易场所三个方面。

（一）股票市场参与者

1. 股票发行人

股票发行人是指为筹措资金而发行股票的金融机构、公司（企业）。股票发行人是股票发行的主体。股票发行是把股票向投资者销售的过程。股票发行可以由发行人直接办理，这种股票发行称为自办发行或直接发行。自办发行是比较特殊的发行行为，也比较少见。20 世纪末以来，由于网络技术在发行中的应用，自办发行开始增多。股票发行一般由股票发行人委托证券公司进行，又称承销或间接发行。按照发行风险的承担、所筹资金的划拨及手续费高低等因素划分，承销方式有包销和代销两种，包销又可分为全额包销和余额包销。

2. 证券投资者

证券投资者是股票市场的资金供给者，也是金融工具的购买者。证券投资者类型甚多，投资的目的也各不相同。证券投资者可分为机构投资者和个人投资者两大类。

（1）机构投资者。机构投资者相对于中小投资者而言拥有资金、信息、人力等优势，能影响某个证券价格波动的投资者，包括企业、商业银行、非银行金融机构（如养老基金、保险基金、证券投资基金）等。各类机构投资者的资金来源、投资目的、投资方向虽各不相同，但一般都具有投资的资金量大、收集和分析信息的能力强、注重投资的安全性、可通过有效的资产组合以分散投资风险、对市场影响大等特点。

（2）个人投资者。个人投资者是指从事证券投资的居民，他们是证券市场最广泛的投资者。个人投资者的主要投资目的是追求盈利，谋求资本的保值和增值，所以十分重视本金的安全性和资产的流动性。

3. 中介机构

中介机构是指为股票的发行与交易提供服务的各类机构，包括证券公司和其他证券服务机构，通常把两者合称为证券中介机构。中介机构是连接证券投资者与筹资人的桥梁，证券市场功能的发挥很大程度上取决于证券中介机构的活动。通过它们的经营服务活动，沟通了证券需求者与证券供应者之间的联系，不仅保证了各种证券的发行和交易，还起到维持证券市场秩序的作用。

（1）证券公司。证券公司是指依法设立可经营证券业务的、具有法人资格的金融机构。证券公司的主要业务有承销、经纪、自营、投资咨询、购并、受托资产管理、基金管理等。证券公司一般分为综合类证券公司和经纪类证券公司。

（2）证券服务机构。证券服务机构是指依法设立的从事证券服务业务的法人机构，主要包括财务顾问机构、证券投资咨询公司、会计师事务所、资产评估机构、律师事务所、证券信用评级机构等。

4. 自律性组织

自律性组织包括证券交易所和证券行业协会。

（1）证券交易所。根据《中华人民共和国证券法》的规定，证券交易所是提供证券集中竞价交易场所的不以营利为目的的法人。其主要职责有：提供交易场所与设施；制定交易规则；监管在该交易所上市的证券以及会员交易行为的合规性、合法性，确保场中的公开、公平和公正。

（2）证券业协会。证券业协会是证券行业的自律性组织，是社会团体法人。证券业协会的权力机构为由全体会员组成的会员大会。根据《中华人民共和国证券法》规定，证券公司应当加入证券业协会。证券行业协会应当履行协助证券监督管理机构组织会员执行有关法律，维护会员的合法权益，为会员提供信息服务、制定规则、组织培训和开展业务交流、调解纠纷、就证券业的发展开展研究、监督检查会员行为的职责，以及证券监督管理机构赋予的其他职责。

（3）证券登记结算机构。证券登记结算机构是为证券交易提供集中登记、存管与结算业务，不以营利为目的的法人。按照《证券登记结算管理办法》，证券登记结算机构实行行业自律管理。我国的证券登记结算机构为中国证券登记结算有限责任公司。

5. 证券监管机构

在中国，证券监管机构是指中国证券监督管理委员会及其派出机构。它是国务院直属的证券监督管理机构，依法对证券市场进行集中统一监管。它的主要职责是：负责行业性法规的起草，负责监督有关法律法规的执行，负责保护投资者的合法权益，对全国的证券发行、证券交易、中介机构的行为等依法实施全面监管，维护公平而有秩序的证券市场。

（二）证券市场交易工具——股票

证券市场活动必须借助一定的工具或手段来实现，这就是证券交易工具，股票市场的交易工具就是股票。

（三）证券交易场所

证券交易场所包括场内交易市场和场外交易市场两种形式。场内交易市场是指在证券交易所内进行的证券买卖活动，这是证券交易场所的规范组织形式；场外交易市场是指在证券交易所之外进行证券买卖活动，它包括柜台交易市场（又称店头交易市场）、第三市场、第四市场等形式。

二、股票市场的发展历程

（一）股份制改革与股票的发行（1978～1990年）

1978年，中国农村部分地区的农民自发采用"以资代劳、以劳带资"的方式进行集资，兴办了一批合股经营的股份制乡镇企业，称为"家庭联产承包责任制"，成为改革开放后股份制经济的雏形。20世纪80年代初，城市中的一些集体企业和国有企业开始进行股份制尝试。1980年1月，辽宁抚顺市红砖一厂发行的被称为"红砖股票"成为中国第一只发行的"股票"，但当时的"股票"还具有债券的性质。1980年6月，成都市为了建设成都展销大楼成立了"工业展销信托股份公司"，成为中国有记载的第一家股份制企业，通过定向募集的方式发行股票募集资金。1984年7月，北京天桥百货公司是中国第一家由国营制转为股份制的公司，其通过向社会公开发行的方式，发行了定期3年的股票，依然具有债券的属性。而在同年，飞乐音响股份有限公司经中国人民银行上海分行批准正式成立，并通过向社会公众募集方式发行股票1万股，募集资金50万元，没有期限限制，被视为中国真正意义上的第一只股票。

随着飞乐音响股票的成功发行，作为资金筹集的一种新方式，股份制的需求逐步扩大。随着证券发行的增多和投资者队伍的不断扩大，带来了证券的交易需求，于是在全国各地就陆续出现了股票交易柜台。1986年8月，沈阳市信托投资公司率先开办了代客买卖股票业务。1986年9月，中国工商银行上海市信托投资公司静安证券业务部开设了股票交易柜台，为当时已发行的飞乐音响公司和延中实业公司的股票开展柜台挂牌交易，标志着股票二级市场雏形的出现。深圳经济特区证券公司红荔路营业部也开设了柜台交易，为发行股票的公司提供柜台交易。

（二）股票市场的建立与探索阶段（1990~1998年）

1990年11月，上海证券交易所由中国人民银行正式批准设立，这是新中国成立以来第一家证券交易所。随后，1991年4月，深圳证券交易所经中国人民银行批准设立。1992年之后，国内参与股票投资的市场情绪热情高涨。深圳证券交易所在筹划发行新股过程中暴露出一系列监管问题，给我国股票市场的发展带来诸多不确定性影响。

1992年10月，国务院宣布成立国务院证券委员会和中国证券监督管理委员会；1992年12月，国务院发布了《关于进一步加强证券市场宏观管理的通知》，标志着中国资本市场开始逐步纳入中央政府的统一监管体制。1998年，国务院证券委员会和中国证券监督管理委员会合并为一个机构——中国证监会，对中国证券市场进行统一的监督与管理。

随着监管机构的设立，一系列关于资本市场的规范性法律法规不断推出。1993年，国家先后颁布了《股票发行与交易管理暂行条例》《公开发行股票公司信息披露实施细则》《禁止证券欺诈行为暂行办法》等，对股票的发行、上市公司信息披露、上市交易、严禁违法交易活动等方面都进行了详细的规定。1994年7月，《中华人民共和国公司法》实施，对公司设立的条件、组织架构、股份发行和转让、公司债券、破产清算及其法律责任等作了具体的规定。1996年12月16日，对在上交所和深交所上市的股票、基金类证券的交易实行价格涨跌幅10%限制并实行公开信息制度。1998年4月22日，深沪两市交易所实行"特别处理"（ST）制度；4月28日，辽物资A成为我国证券市场第一家ST公司。

（三）市场规范与制度建设阶段（1998~2006年）

1998年底，历经六载的反复研讨与修改，经过全国人大五次审议的《中华人民共和国证券法》正式推出，1999年7月正式实施。《证券法》的实施以法律形式确认了资本市场的地位，标志着证券市场法制化建设进入了新阶段，资本市场进入了改革与创新的新阶段。2004年5月，深交所推出了中小企业板，专为具有收入增长快、盈利能力强的中小企业上市创造条件。

股权分置改革是我国资本市场发展史上的一件大事。在我国资本市场诞生初期，国有企业向社会公众发行股票进行融资时，为了保证国有企业的控股地位，我国资本市场设置了一种特殊的制度安排，所有公开发行的股票可以上市流通交易，而企业的存量股票（即国有股和法人股）不能上市流通，形成了"股权分置"的局面。股权分置不利于维护中小投资者的利益，同时也影响资本、资产的最优配置，阻碍了经济改革的深化。2004年，国务院发布《关于推进资本市场改革开放和稳定发展的若干意见》（被称为"国九条"），明确提出"积极稳妥解决股权分置问题"。2005年4月，经国务院批准，中国证监会发布了《关于上市公司股权分置改革试点有关问题的通知》，股权分置改革试点工作正式启动。同年，三一重工股权分置改革方案顺利通过，成为中国股改第一股。2005年9月，中国证监会发布了《上市公司股权分置改革管理办法》，股权分置改革开始全面执行。到2006年底，在沪深两市1400多家上市公司中，已有1200多家完成了股改，股权分置改革任务基本完成，国内资本市场由此进入了一个新阶段。

为了适应资本市场发展变化的需要，2003年起，全国人大开始对《证券法》《公司法》进行修订。2006年，修订后的《证券法》《公司法》同时实施。与此同时，监管体制也得到逐步完善，监管力度不断加大，资本市场开始建立集中统一监管体制。

（四）深化改革与创新：多层次资本市场开启新时代（2007年至今）

2009年10月，创业板正式开板，主要为从事新技术产业、成立时间短、规模较小，但成长性好的企业提供较为宽松的上市融资机会，首批 28 家公司挂牌上市。创业板的推出为国内 PE/VC 机构提供了良好的退出渠道，带动了风险投资行业的发展。2012 年，国内资本市场迎来了全国中小企业股权转让系统（以下简称"新三板"），进一步充实了我国多层次资本市场体系，为创新性企业的发展提供了新活力。

随着企业的成长和资本市场的发展，证券市场各板块在对接不同层级、不同类型高科技企业中出现缺口。不同层次证券市场功能的重叠，在一定程度上加剧了各类企业在金融需求和供应方面的不平衡。为适应企业发展，国家对资本市场的改革不断深化与创新。2018 年 11 月，我国在首届"中国国际进口博览会"开幕式上宣布，在上交所设立科创板并试点注册制。2019 年 3 月，中国证监会正式发布了科创板的相关规定；2019 年 7 月 22 日，科创板首批 25 家公司上市交易。科创板的成功开启为我国"注册制"改革迈出了成功的一步。

2020 年 3 月 1 日，《中华人民共和国证券法》正式实施。作为中国资本市场的根本大法，新《证券法》落地事关亿万股民的切身利益。新《证券法》的落地有利于保护中小投资者利益，促进市场健康发展，也是促进我国证券市场长期健康发展的制度基石。

2020 年，A 股发行制度开始向注册制全面推进。2020 年 4 月 27 日，深交所创业板正式开启注册制试点；8 月 24 日，首批 18 家注册制新股上市。2020 年 10 月 31 日，国务院金融稳定发展委员会会议提出，增强资本市场枢纽功能，全面实行股票发行注册制，建立常态化退市机制。2020 年 12 月 14 日，沪深交易所同时发布《股票上市规则（征求意见稿）》《退市公司重新上市实施办法（征求意见稿）》等多项文件，其中参照科创板、创业板经验，在退市程序上取消暂停上市、恢复上市环节，在财务类退市标准上新增组合财务退市指标。中国资本市场"史上最严"退市制度正式落地。2021 年 4 月，深交所主板与中小板合并，为全面注册制铺路。2021 年 7 月，《关于支持浦东新区高水平改革开放打造社会主义现代化建设引领区的意见》发布，提出"研究在全证券市场稳步实施以信息披露为核心的注册制"。2021 年 9 月，中国证监会发布《首次公开发行股票并上市辅导监管规定》，进一步规范辅导相关工作，压实中介机构责任，从源头提高上市公司质量，为全市场稳步推进注册制改革创造条件。2021 年 11 月，北交所开市并实行注册制试点。

通过图 6 - 1 可以看出，经过 30 多年的发展，我国多层次的股票市场结构基本形成。

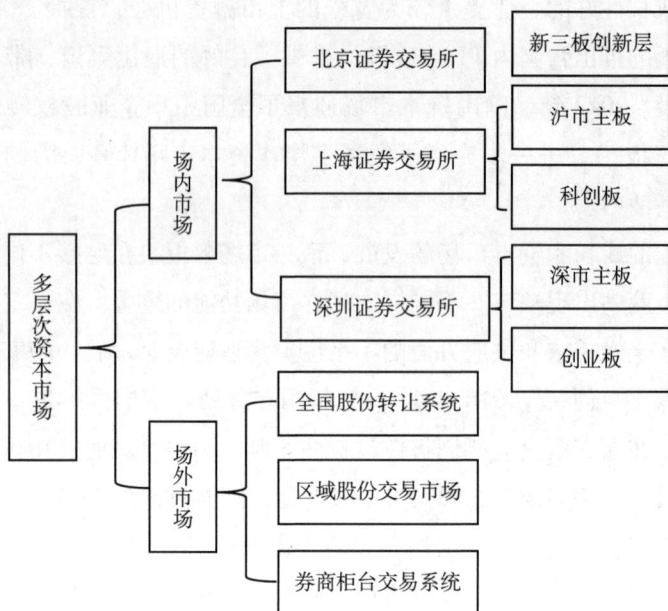

图 6-1　我国多层次资本市场结构

三、我国股票市场结构

（一）主板市场

主板市场是一个国家或地区证券发行、上市及交易的主要场所，一般而言，各国主要的证券交易所代表着国内主板市场。主板市场对发行人的营业期限、股本大小、盈利水平、最低市值等方面的要求标准均较高，主要针对资本规模大、盈利能力稳定的大型成熟企业。我国证券市场的主板市场包括上海证券交易所、深圳证券交易所、中小板块。上海证券交易所，简称"上交所"，于1990年11月26日成立。上交所上市股票主要包括沪市主板和科创板，沪市主板主要针对大型的成熟企业，而科创板是2019年专门为科技型及创新型的中小企业服务的板块，股票上市实行注册制。深圳证券交易所，简称"深交所"，于1990年12月1日成立。深交所上市股票主要包括深市主板和创业板，深市主板已停止上市，创业板、中小板块是深圳证券交易所为了鼓励自主创新于2004年专门设置的中小型公司聚集板块，2021年中小板块合并到深市主板。

根据相关法律规定，我国主板市场上市的基本条件如下：

（1）发行人是依法设立且持续经营3年以上的股份有限公司。

（2）发行人最近3个会计年度净利润均为正且累计超过人民币3000万元；

最近 3 个会计年度经营活动产生的现金流量净额累计超过人民币 5000 万元，或者最近 3 个会计年度营业收入累计超过人民币 3 亿元。

（3）最近一期末无形资产（扣除土地使用权等）占净资产的比例不超过 20%。

（4）发行前股本总额不少于人民币 3000 万元。

（5）最近 3 年内公司的主营业务未发生重大变化。

（6）最近 3 年内公司的董事、管理层未发生重大变化。

（7）最近 3 年内公司的实际控制人未发生变更。

（8）最近 3 年内无重大违法行为。

（二）创业板市场

创业板市场又称二板市场、第二交易系统，是指主板市场之外、专门为中小企业特别是具有较高成长性的中小企业和中小高新技术企业提供融资服务的新兴证券市场。在创业板市场上市的公司大多从事高科技业务，具有较高的成长性，但往往成立时间较短、规模较小，业绩也不突出。20 世纪 60 年代可以称为创业板市场的萌芽起步时期。诞生于 1971 年 2 月 8 日的美国 NASDAQ（全国证券商协会自动报价体系）市场，是全球最成功的创业板市场，培育了美国的一大批高科技"巨人"，如微软、英特尔、苹果、思科等。1995 年 6 月，伦敦交易所设立了创业板市场 Aim；1996 年 2 月 14 日，法国设立了新市场 Le Nouveau March；1999 年 11 月，香港创业板正式成立。按与主板市场的关系，分为独立型和附属型两种，前者指独立于主板之外，具有自己鲜明的角色定位，如美国的 NASDAQ 市场；后者指附属于主板，为主板培养上市公司，如新加坡的 SESDAQ 市场。它是主板市场的补充，对发行人的上市条件要求相对较低，市场监管更加严格，上市企业大多具有较高的成长性、前瞻性、高风险性、高技术产业导向性，具有风险资本退出和促进产业升级功能，很大程度上能反映技术创新和商业模式创新状况。我国创业板于 2009 年 10 月 30 日在深圳证券交易所设立，专为暂时无法在主板上市的创业型中小企业提供融资和发展的途径。

深圳证券交易所的创业板市场上市条件如下：

（1）发行人是依法设立且持续经营 3 年以上的股份有限公司。

（2）最近 2 年连续盈利，最近 2 年净利润累计不少于 1000 万元；或者最近 1 年盈利，最近 1 年营业收入不少于 5000 万元。净利润以扣除非经常性损益前后孰低者为计算依据。

（3）最近一期末净资产不少于 2000 万元，且不存在未弥补亏损。

（4）发行后股本总额不少于 3000 万元。

（5）交易所规定的其他条件。

（三）三板市场

我国三板市场起源于 2001 年"股权代办转让系统"，大致经历了新旧两个阶段。三板市场包含三类企业股：第一类是历史遗留问题公司，主要指从 STAQ、NET 法人股市场转过来的股票。STAQ 和 NET 是两个法人股流通市场，为解决股份公司法人股的转让问题而设置。第二类是因为连年亏损、走投无路而被迫从主板上摘牌的企业。前两类企业股俗称"老三板"。第三类是 2006 年初，国家批准中关村科技园区的高科技企业在三板市场进行交易后挂牌的企业，俗称"新三板"。新三板全称是"全国中小企业股份转让系统"。2013 年 1 月，全国中小企业股份转让系统在北京揭牌成立，成为继上海证券交易所、深圳证券交易所之后第三家全国性证券交易场所。

新三板采用的是企业分层制度，新三板分层制度是指在新三板挂牌的数量众多的企业当中，按照一定的分层标准，将其划分为若干个层次的制度安排，我国的新三板按一定的标准将挂牌企业分为精选层、创新层和基础层。采用分层制度可以降低信息收集成本，提高投融资效率，引导投融资精准对接，增强风险控制能力，易于差异化管理。《全国中小企业股份转让系统分层管理办法》具体规定了挂牌企业进出精选层和基础层的不同条件。为了继续支持中小企业创新发展，深化新三板改革，打造服务创新型中小企业主阵地，2021 年 9 月 3 日，北京证券交易所成立。北京证券交易所（以下简称"北交所"）是我国第一家公司制证券交易所，成立之初，新三板精选层的 71 家挂牌公司被平移至北交所，新三板只包括创新层和基础层。北交所坚持交易所上市公司由创新层公司产生，维持新三板基础层、创新层与北交所"层层递进"的市场结构。

根据 2022 年颁布的《全国中小企业股份转让系统分层管理办法》，挂牌公司进入创新层，应当符合下列条件之一：

（1）最近 2 年净利润均不低于 1000 万元，最近 2 年加权平均净资产收益率平均不低于 6%，截至进层启动日的股本总额不低于 2000 万元。

（2）最近 2 年营业收入平均不低于 8000 万元，且持续增长，年均复合增长率不低于 30%，截至进层启动日的股本总额不少于 2000 万元。

（3）最近 2 年研发投入累计不低于 2500 万元，截至进层启动日的 24 个月内，定向发行普通股融资金额累计不低于 4000 万元（不含以非现金资产认购的部分），且每次发行完成后以该次发行价格计算的股票市值均不低于 3 亿元。

（4）截至进层启动日的 120 个交易日内，最近有成交的 60 个交易日的平均股票市值不低于 3 亿元；采取做市交易方式的，截至进层启动日做市商家数不少于 4 家；采取集合竞价交易方式的，前述 60 个交易日通过集合竞价交易方式实现的股票累计成交量不低于 100 万股；截至进层启动日的股本总额不少于 5000 万元。

挂牌公司进入创新层，同时还应当符合下列条件：

（1）挂牌同时或挂牌后已完成定向发行普通股、优先股或可转换公司债券（以下简称"可转债"），且截至进层启动日完成的发行融资金额累计不低于 1000 万元（不含以非现金资产认购的部分）。

（2）最近 1 年期末净资产不为负值。

（3）公司治理健全，截至进层启动日，已制定并披露经董事会审议通过的股东大会、董事会和监事会制度、对外投资管理制度、对外担保管理制度、关联交易管理制度、投资者关系管理制度、利润分配管理制度和承诺管理制度，已设董事会秘书作为信息披露事务负责人并公开披露。

（4）中国证监会和全国股转公司规定的其他条件。

申请挂牌同时进入创新层的公司，应当符合下列条件之一：

（1）最近 2 年净利润均不低于 1000 万元，最近 2 年加权平均净资产收益率平均不低于 6%，股本总额不少于 2000 万元。

（2）最近 2 年营业收入平均不低于 8000 万元，且持续增长，年均复合增长率不低于 30%，股本总额不少于 2000 万元。

（3）最近 2 年研发投入不低于 2500 万元，完成挂牌同时定向发行普通股后，融资金额不低于 4000 万元（不含以非现金资产认购的部分），且公司股票市值不低于 3 亿元。

（4）在挂牌时即采取做市交易方式，完成挂牌同时定向发行普通股后，公司股票市值不低于 3 亿元，股本总额不少于 5000 万元，做市商家数不少于 4 家，且做市商做市库存股均通过本次定向发行取得。

申请挂牌同时进入创新层的公司，同时还应当符合下列条件：

（1）完成挂牌同时定向发行普通股、优先股或可转债，且融资金额不低于 1000 万元（不含以非现金资产认购的部分）。

（2）符合本办法第八条第一款第二项和第三项的规定。

（3）不存在本办法第十条第一项～第五项、第七项规定的情形。

（4）中国证监会和全国股转公司规定的其他条件。

在全国股转系统连续挂牌满 12 个月的创新层挂牌公司如果最近 1 年期末净资产不低于 5000 万元且符合中国证券监督管理委员会规定的发行条件，可以申请在北交所上市，其上市条件如下：

（1）市值不低于2亿元，最近2年净利润均不低于1500万元且加权平均净资产收益率平均不低于8%，或者最近1年净利润不低于2500万元且加权平均净资产收益率不低于8%。

（2）市值不低于4亿元，最近2年营业收入平均不低于1亿元，且最近1年营业收入增长率不低于30%，最近1年经营活动产生的现金流量净额为正。

（3）市值不低于8亿元，最近1年营业收入不低于2亿元，最近2年研发投入合计占最近2年营业收入合计比例不低于8%。

拓展阅读

全球主要多层次资本市场发展概况

一、美国多层次资本市场发展

经过近200年的发展，美国已形成了多层次资本市场体系，分为全国性证券交易所市场、创业板市场、场外市场、区域性资本市场等。美国资本市场体系按层次划分，可分为主板市场、创业板市场、场外交易或柜台交易市场、区域性交易市场四个层次。

第一层次主板市场又称为交易所市场，也称为主板市场，由纽约证券交易所（NYSE）和美国证券交易所（AMEX）组成。主板市场上市标准较高，主要是为全国乃至全球的大企业提供股权融资和上市交易服务的全国性市场。纽约证券交易所成立于1792年，是全球市值最大和流通性最强的交易所市场。根据2019年数据，纽约证券交易所上市公司总市值和IPO数量在全球排名第一，交易量第二。美国证券交易所（AMEX）成立于1849年，并于1953年正式命名为美国证券交易所。美国证券交易所（AMEX）历史上曾是美国仅次于纽约证券交易所的第二大证券交易所，地址位于纽约华尔街附近，现为美国第三大股票交易市场。美国证券交易所运营模式大致和纽约证券交易所相同，区别之处是，美国证券交易所相对于纽约证券交易所而言，上市门槛和上市公司标准较低。上市公司数量、市值和交易量显著小于纽约证券交易所和纳斯达克。但是，美国证券交易所是唯一能同时进行股票、期权和衍生品交易的交易所，是全球最大的ETF交易所和美国第二大股票期权交易所市场。

第二层次为创业板市场或称纳斯达克市场。纳斯达克（Nasdaq）是全美证券商协会自动报价系统（national association of securities dealers automated quotations）的英文缩写。纳斯达克市场始建于 1971 年，是一个完全采用电子交易，为新兴产业、高成长公司提供融资和上市交易服务，立足美国、面向全球的股票交易市场，是世界最大的股票电子交易市场。纳斯达克市场现已成为全球仅次于纽约证券交易所的第二大证券交易市场，是世界第一个采用电子交易的股票市场。纳斯达克现在的繁荣并非一蹴而就，而是由近百年来活跃的场外交易市场和柜台交易市场演进发展而来的。纳斯达克市场内部也进行了层次划分。2006 年，纳斯达克将原有市场分为三个层次：纳斯达克全球精选市场（global select market）、纳斯达克全球市场（global market，即原来的纳斯达克全国市场）、纳斯达克资本市场（capital market，即原来的纳斯达克小型股票市场），意在吸引全球不同类型的企业在此上市，并进一步优化市场结构。纳斯达克全球精选市场上市标准和要求高于世界上任何其他市场，能列入精选市场是公司成就性与身份地位的象征。在纳斯达克市场中建立一个最高上市标准的全球精选市场（global select market），目的是与纽约证券交易所竞争，争夺全球最优质的上市公司。纳斯达克全球市场即为原来的全国市场，是纳斯达克最大、上市公司最多且交易最活跃的板块，包括一批世界上最著名的公司在此上市交易。纳斯达克资本市场即原来的纳斯达克小额资本市场，是专为成长期公司提供融资交易的市场，上市标准较低，可以满足以高风险、高成长为特征的高科技企业和其他符合条件企业上市融资的要求。在纳斯达克资本市场上市并发展壮大后，小型公司通常会升级转板至纳斯达克全球市场甚至是纳斯达克全球精选市场。经过近 30 年的发展，在纳斯达克市场发行上市的外国公司股票数量已超过纽约证券交易所和美国证券交易所的总和，成为外国公司在美国上市的主要场所，是全球最开放、最发达、最活跃的创业板市场和资本市场。纳斯达克、OTCBB 和粉红单市场（pink sheet market）之间设有升降转板制度。在升板制度方面，规定只要达到：上市公司总市值在 5000 万美元以上；净资产在 500 万美元以上；上一年度净利润在 75 万美元以上；公众股东人数超过 300 等条件，挂牌公司就可申请从 OTCBB 升级到纳斯达克市场挂牌交易。在退市制度方面，纳斯达克市场规定：如果上市公司股票连续 30 个交易日交易价格低于 1 美元，警告后 3 个月内仍未能升至 1 美元以上，则将其退市摘牌，或者退至 OTCBB 交易；在 OTCBB 摘牌的公司将退至 Pink Sheet 进行报价交易。

第三层次主板市场为第三市场和第四市场。美国在 20 世纪 60 年代创建了第三市场，目的是满足大额投资者的交易需求。所谓第三市场是指由交易所会员以外的证券商，在证券交易所以外的场所经营证券买卖而形成的证券流通交易市场。该市场受到众多机构投资者大宗交易的青睐，原因是该市场收益主要依靠佣金的收取，而佣金是通过双方磋商确定的，通常比在交易所交易的佣金要低得多。第四市场与第三市场相似，也是为满足机构投资者而建立的，其做法是通过电子通信系统把交易会员连接起来，通过系统来寻找买方和卖方，无须中间人参与，因此大大降低了交易成本。第三市场和第四市场实际上只是上市股票流通交易的另一个场所，是一个附属的配套市场，而不具备像其他交易所那样，具有发行融资、挂牌交易等功能，因此，不是一个完整的证券市场。除第三市场和第四市场外，美国还存在 PORTAL（private offering, resales and trading through automated linkages，私募证券的自动报价系统）市场，PORTAL系统是由美国全国交易商协会（NASD）发起运营的，该系统可显示交易证券公司的价格等基本信息，该系统可以供合格的机构投资者交易私募证券，以增强私募证券的流动性。

美国第四层次的资本市场为区域性市场，主要包括芝加哥证券交易所、波士顿交易所、太平洋交易所、费城交易所、辛辛那提证券交易所、中西交易所等区域性交易市场，这些市场主要交易地方性证券。此外，还有一些未经注册的交易所，主要交易地方性中小企业证券。除区域性交易所外，还有各种地方性柜台市场，交易着大量中小企业股票。

二、英国多层次资本市场发展

英国资本市场包括伦敦证券交易所和场外交易市场，其多层次资本市场主要是以伦敦证券交易所内部多层次架构为主的市场体系，而场外市场不如美国发达。伦敦证券交易所分为两个层次：第一层次是主板市场（main market），主要为英国金融服务局批准正式上市的国内外公司提供上市交易服务。第二层次是另类投资市场（alternative investment market，AIM），该板块创建于1995年，由伦敦证券交易所负责运营，附属于伦敦证券交易所，其运行相对独立，现已成为全球瞩目的创业板（市场）之一。

伦敦证券交易所（London stock exchange，LSE）是全球四大证券交易所之一，也是全球最开放、国际化程度最高的资本市场之一。伦敦证券交易所的外国股票占50%左右，外国股票的上市交易比例超过任何其他证交所，为伦敦成为全球最国际化的金融中心，在保持领先地位方面作出了重要贡献。截至2010年11月，伦敦交易所上市公司总数为2972家，总市值为33538亿美元，在全球交易所排名第四位，股票成交金额排名第六位，IPO企业个数和总筹资金额分别排在第八位和第五位。除伦敦证券交易所主板市场外，伦敦证交所还开办了 AIM 市场，AIM 市场为英国的创业板市场，在 AIM 市场上市交易的企业以中小企业为主，行业分布广泛。AIM 上市公司的行业结构呈现出典型的多元化特征，有金融服务、IT 等新兴行业，也有采矿、能源等传统行业。AIM 的定位主要是满足中小企业小额多次的融资需求方式，该市场的公司单笔融资规模不大，甚至与同期的欧洲大陆创业板或香港创业板市场相比都要低。这种小额多次的融资方式相对符合中小企业的发展特征和满足融资需求。AIM 根据中小企业的融资特点设计了简单快速的上市程序和公开透明的上市规则，其企业的上市审批权在伦敦证券交易所，上市审批十分便捷。此外，AIM 设计了保荐人为核心的运营监管制度，上市公司在任何时候都必须有一名有资格的机构作为其保荐人，保荐人的职责是保证上市企业遵守 AIM 的规则。

三、我国香港特别行政区多层次资本市场发展状况

1. 香港特别行政区主板市场的概况

香港特别行政区资本市场由香港联合交易所主板市场和创业板市场两个层次组成。香港证券交易所成立于 1947 年，随后又成立了远东证券交易所（1969）、金银证券交易所（1971）、九龙证券交易所（1972）三家证券交易所，简称"四会"。1986 年 4 月，四个交易所合并成为现在的香港联合交易所。在 20 世纪 90 年代，香港证券市场就已被国际金融公司列为成熟市场，跻身于世界 10 大证券市场之列。

2. 香港特别行政区创业板市场发展情况

香港特别行政区创业板市场成立于 1999 年 11 月，是在香港联交所主板市场以外设立的一个独立的股票交易市场，而非低于主板或是主板的配套市场，但香港特别行政区创业板仍隶属于香港联交所。香港特别行政区创业板在上市条件、交易方式、信息披露、监管内容等方面都与主板有较大差别，其设立的目的是为高科技等高成长性企业提供融资交易平台，支持高新技术中小企业的发展，其目标是发展成为亚太地区成功的创业板市场，成为亚洲的 NASDAQ。

香港特别行政区创业板上市的有关规定。香港创业板上市不设盈利要求，要求主营业务为一项业务和多项不相干业务，并且须显示公司至少 2 年的活跃业务记录。在上市公司最低公众持股方面，若上市公司市值不足港币 40 亿元，则要求最低公众持股量为 25%，公众持股市值至少达 3000 万元港币。若上市公司市值在 40 亿元港币以上，则最低公众持股量为 20% 或持股市值为 10 亿元港币。与主板市场相比，香港创业板其有如下特色：一是以高成长公司为目标，

不要求上市项目的盈利水平，但注重上市项目的增长潜力；市场风险巨大，适合高风险偏好的投资者；要求上市公司的保荐人具有较高的诚信水平和专业水平。二是香港创业板对上市项目行业和上市项目规模不做要求，宗旨是为在香港及内地营运的成长性好的企业提供便利的融资和上市交易服务。三是香港创业板实施严格的监管制度，其监管的基本原则是保护投资者利益；实行严格的监督执法制度；实行严格的信息披露制度和"买者自负"原则。监管机构只负责确保上市公司所提供资料的及时性、完整性和真实性，但不会对投资项目的好坏作出判断或评价。四是香港创业板采用的是先进的电子交易系统及电子信息发布系统，以降低上市公司的成本。其股票交易采用竞投单一价，交易分时段进行，每一时段均采用集合竞价而非连续竞价的方式，决定成交价格和成交数量。上市公司的信息披露一般在香港创业板网页（http：//www. hkgem. com）发布，上市公司可将招股书、上市公司公告及公司其他资料在此发布，无须报刊登载，以降低上市运作和信息披露的成本。

第二节　一级市场业务

一、一级市场的含义

一级市场又称初级市场或发行市场，是公司通过发行新的股票筹集资金的市场。一级市场的经营主体包括投资银行、经纪人和证券自营商，股票发行者（资金使用者）在一级市场向初始投资者（资金供给者）出售新的股票来筹集资金，一般通过投资银行这类承销商完成股票的发行过程。上市公司在一级市场通过首次公开募股和再融资两种方式筹集资金。

一级市场主要功能为资金需求者提供筹措资金的渠道；为资金供应者提供投资机会，实现储蓄向投资的转化；形成资金流动的收益导向机制，促进资源配置的不断优化。

二、股票发行

（一）股票的发行方式

股票的发行方式，也就是股票经销出售的方式。由于各国的金融市场管制不同，金融体系结构和金融市场结构不同，股票发行方式也有所不同。如果按照发行与认购的方式及对象，股票发行可划分为公开发行与非公开发行；如果按是否有中介机构（证券承销商）协助，股票发行也可划分为直接发行与间接发行（或叫委托发行）；若按不同的发行目的，股票发行还可以划分为有偿增资发行和无偿增资发行。

公开发行又称公募，是指事先不确定特定的发行对象，而是向社会广大投资者公开推销股票。

非公开发行又称私募，是指发行公司只对特定的发行对象推销股票。非公开发行方式主要在以下几种情况下采用：（1）以发起方式设立公司；（2）内部配股；（3）私人配股，又称第三者分摊。

直接发行又称直接招股，或称发行公司自办发行，是指股份公司自己承担股票发行的一切事务和发行风险，直接向认购者推销出售股票的方式。

间接发行又称委托发行，是指发行者委托证券发行承销中介机构出售股票的方式。股票间接发行的方式与债券的间接发行方式一样，也分为代销发行、助销发行和包销发行三种方式。

有偿增资发行，就是认购者必须按股票的某种发行价格支付现款，方能获得新发股票。一般公开发行的股票和私募中定向发行的股票都采用有偿增资的发行方式。

无偿增资发行，是指股份公司将公司盈余结余、公积金和资产重估增益转入资本金股本科目的同时，发行与之对应的新股票，分配给公司原有的股东，原有股东无须缴纳认购股金款。

（二）证券发行制度

证券发行制度主要有两种：一是注册制，以美国为代表；二是核准制，以欧洲各国为代表。

1. 注册制

证券发行注册制实行公开管理原则，实质上是一种发行公司的财务公开制度。它要求发行人提供关于证券发行本身以及和证券发行有关的所有信息。发行人不仅要完全公开有关信息，不得有重大遗漏，还要对所提供信息的真实性、完整性和可靠性承担法律责任。证券监管机构不对证券发行行为及证券本身作出价值判断，对公开资料的审查只涉及刑事，不涉及任何发行实质条件。发行人只要按规定将有关资料完全公开，监管机构就不得以发行人的财务状况未达到一定标准而拒绝其发行。证券发行相关材料报证券监管机构后，一般会有一个生效等待期，在这段时间内，由证券监管机构对相关文件进行形式审查。注册生效等待期满后，如果证券监管机构未对申报书提出任何异议，证券发行注册生效，发行人即可发行证券。但如果证券监管机构认为报送的文件存在缺陷，会指明文件存在的缺陷，并要求补正或正式拒绝，或阻止发行生效。澳大利亚、巴西、加拿大、德国、法国、意大利、荷兰、菲律宾、新加坡、英国和美国等国家，在证券发行上均采取注册制。2023 年 2 月 17 日，中国证监会发布全面实行股票发行注册制相关制度规则，我国启动全面股票发行注册制改革。

2. 核准制

核准制是指发行人申请发行证券，不仅要求公开披露与发行证券有关的信息，符合《公司法》和《证券法》所规定的条件，而且要求发行人将发行申请报请证券监管机构决定的审核制度。证券发行核准制实行实质管理原则，即证券发行人不仅要以真实状况的充分公开为条件，而且必须符合证券监管机构指定的若干适合于发行的实质条件。只有符合条件的发行人经证券监管机构的批准方可在证券市场发行证券。实行核准制的目的在于证券监管机构能尽法律赋予的职能，使发行的证券符合公众利益和证券市场稳定发展的需要。

（三）询价机制

在询价机制下，新股发行价格并不事先确定，而在固定价格方式下，主承销商根据估值结果及对投资者需求的预计，直接确定一个发行价格。固定价格方式相对较为简单，但效率较低。以前中国一直采用固定价格发行方式，2004 年 12 月 7 日，证监会推出了新股询价机制，迈出了市场化的关键一步。

发行方式确定以后，进入了正式发行阶段，此时如果有效认购数量超过了拟发行数量，即为超额认购，超额认购倍数越高说明投资者的需求越强烈。在超额认购的情况下，主承销商可能会拥有分配股份的权利，即配售权，也可能没有，依照交易所规则而定。通过行使配售权，发行人可以达到理想的股东结构。在中国，主承销商不具备配售股份的权利，必须按照认购比例配售。

当出现超额认购时，主承销商还可以使用"超额配售选择权"（又称"绿鞋"）增加发行数量。"超额配售选择权"是指发行人赋予主承销商的一项选择权，获得此授权的主承销商可以在股票上市后的一定期限内按同一发行价格超额发售一定比例的股份，在此期间，如果市价低于发行价，主承销商直接从市场购入这部分股票分配给提出申购的投资者，如果市价高于发行价，则直接由发行人增发。这样可以在股票上市后一定期间内保持股价的相对稳定，同时有利于承销商抵御发行风险。

三、首次公开募股与再融资

（一）首次公开募股（IPO）

首次公开募股是指某公司（股份有限公司或有限责任公司）首次向社会公众公开招股的发行方式。对应于一级市场，大部分公开发行的股票由投资银行承销或者包销而进入市场，按照一定的折扣价从发行方购买到自己的账户，然后以约定的价格出售。

1. IPO 的基本流程

一般而言，IPO 的流程大致如下：

（1）招股说明书的撰写。招股说明书是 IPO 流程的重要组成部分，它是一本介绍企业基本情况、战略规划、市场分析等内容的资料，旨在为潜在投资者提供相关的信息。

（2）确定承销商。承销商是独立的金融机构，负责协助企业在股票市场上进行股票公开发行，其工作包括筹资、市场宣传、销售、报告撰写等工作。

（3）上市申请。在确定承销商的同时，企业还需要向证监会提交 IPO 申请，并经过严格审查后才可以获得上市准许。

（4）定价。定价是 IPO 流程中的重要环节，决定了股票的发行价格。承销商会通过市场调研、投资者反馈等信息来确定发行价格。

（5）股票发行。企业会在证券交易所挂牌上市，并将其股票发行给投资者。IPO 完成后，企业的股票就可以在公开市场上进行自由交易。

2. IPO 的优点

（1）IPO 可以帮助企业快速获得巨大的资本。通过发行股票，企业可以获得投资者的资金，用于扩大规模、增强品牌公信力等。

（2）IPO 可以提高企业的知名度和市场份额。通过挂牌上市，企业可以在市场上获得更多的曝光度，吸引更多的潜在投资者，并打造出更好的品牌形象。

（3）IPO 可以激励核心团队和员工。作为股份持有人，核心团队和员工可以获得企业股票的升值增值，使得他们更加有动力为企业贡献出更好的表现。

3. IPO 的缺点

（1）IPO 需要支付高昂的承销费用、律师费等辅助费用，这些费用可能会对企业的财务状况产生负面影响。

（2）IPO 会增加企业的财务和法律责任。企业需要成为公众公司，在股票上市之后要遵守更为严格的财务和信息公开规定，否则将面临罚款和其他法律制裁。

（3）IPO会分散企业所有权和控制权。发行股票会将企业所有权分散给投资者，这可能会对企业决策产生一定制约。

（二）上市公司再融资

我国证券市场上市公司再融资的股权融资方式主要有配股和增发新股。配股是指上市公司向公司原股东配售股份；增发新股是指上市公司向市场所有证券投资者公开募集股份。

1. 配股

配股是上市公司根据公司发展需要，依照有关法律规定和相应的程序，向原股东进一步发行新股、筹集资金的行为。

按照惯例，公司配股时新股的认购权按照原有股权比例在原股东之间分配，即原股东拥有优先认购权。配售的股票限于普通股，是按照发行公告发布时的股票市价做一定的折价处理，配售的对象为股权登记日登记在册的公司全体股东。

上市公司在一级市场进行配股，除应当符合《公司法》《证券法》和上述发行新股所需满足的条件外，还应符合以下条件：

（1）上市公司最近3个会计年度加权平均净资产收益率平均不低于6%。

（2）公司一次配股发行股份总数，原则上不超过前一次发行并募足股份后股本总额的30%。

（3）本次配售股距前次发行股票的时间间隔不少于1个会计年度。

（4）采用证券法规定的代销方式。

2. 增发新股

增发新股是指上市公司为了再融资而再次发行股票的行为。

上市公司申请增发新股，除应当符合《上市公司新股发行管理办法》的规定外，还应当符合以下条件：

（1）近3个会计年度加权平均净资产收益率平均不低于10%，近1个会计年度加权平均净资产收益率不低于10%。扣除非经常性损益后的净利润与扣除前的净利润相比，以较低者作为加权平均净资产收益率的计算依据。

（2）增发新股募集资金量不超过公司上年度末经审计的净资产值。

（3）发行前最近1年及一期财务报表中的资产负债率不低于同行业上市公司的平均水平。

（4）前次募集资金投资项目的完工进度不低于70%。

（5）增发新股的股份数量超过公司股份总数 20% 的，其增发提案还须获得出席股东大会的流通股（社会公众股）股东所持表决权的半数以上通过。股份总数以董事会增发提案的决议公告日的股份总数为计算依据。

（6）上市公司及其附属公司近 12 个月内不存在资金、资产被实际控制上市公司的个人、法人或其他组织（以下简称"实际控制人"）及关联人占用的情况。

（7）上市公司及其董事在近 12 个月内未受到中国证监会公开批评或者证券交易所公开谴责。

（8）最近 1 年及一期财务报表不存在会计政策不稳健（如资产减值准备计提比例过低等）、或有负债数额过大、潜在不良资产比例过高等情形。

（9）上市公司及其附属公司违规为其实际控制人及关联人提供担保的，整改已满 12 个月。

第三节　二级市场

一、二级市场的含义

（一）二级市场的含义

二级市场是指那些已经在初级市场发行并由投资者持有的股票在后续交易中进行的市场。二级市场是已经发行的股票按时价进行转让、买卖和流通的市场，包括交易所市场和场外交易市场两部分。

在二级市场上，股票的价格由供需关系和市场参与者的交易行为决定。投资者可以根据自己的判断和策略，在二级市场上买入或卖出股票，以实现对股价变动的投资收益或风险管理。

二级市场的构成要素：（1）股票持有人，在此为卖方；（2）投资者，在此为买方；（3）中介机构，为股票交易提供流通、转让便利条件的信用中介操作机构，如证券公司或股票交易所。

（二）股票二级市场的功能

1. 股票二级市场的存在和发展为股票发行者创造了有利的筹资环境

投资者可以根据自己的投资计划和市场变动情况，随时买卖股票。由于解除了投资者的后顾之忧，它们可以放心地参加股票发行市场的认购活动，有利于公司筹措长期资金，股票流通的顺畅也为股票发行起到了积极的推动作用。

2. 增强了股票的流动性和安全性

对于投资者来说，通过股票流通市场的活动，可以使长期投资短期化，在股票和现金之间随时转换，增强了股票的流动性和安全性。

3. 股价是反映经济动向的"晴雨表"

股票二级市场上的价格是反映经济动向的"晴雨表"，它能灵敏地反映出资金供求状况和市场供求情况、行业前景和政治形势的变化，是进行经济预测和分析的重要指标。对企业来说，股权的转移和股票行情的涨落是其经营状况的"指示器"，还能为企业及时提供大量信息，有助于它们提高经营决策水平和改善经营管理水平。可见，股票流通市场具有重要的作用。

二、股票交易基本制度

交易制度框架由两部分组成，一是股票交易制度，二是登记结算制度。

（一）股票交易制度

我国的证券交易采用会员制组织形式和集中交易方式。上海证券交易所、深圳证券交易所和北京证券交易所提供集中交易场所和设施，投资者通过委托证券交易所的会员参与证券买卖，会员可通过人工方式或电话、自助终端、互联网等自助委托方式受理并执行客户的委托买卖。具体的交易机制在本书的第二章第三节中已有介绍。

（二）登记结算制度

我国的登记结算业务采取全国集中统一的运营方式，由证券登记结算机构依法集中统一办理，具体来讲，中国证券登记结算有限责任公司负责证券交易所上市证券的登记、存管、清算和交收。目前，中国已经建立了一套完整的登记结算风险控制体系，以有效防范系统风险的发生。登记结算制度包括以下内容。

1. 证券账户实名制

投资者开立证券账户应当向证券登记结算机构或其授权的开户代理机构提出申请，投资者应当保证其提交的开户申请资料真实、准确、完整。投资者不得将本人的证券账户提供给他人使用。目前，可以开立证券账户的投资者包括中国公民、中国法人、中国合伙企业及法律、行政法规、中国证监会规章规定的其他投资者。

2. 货银对付原则

货银对付原则是指证券登记结算机构与结算参与人在交收过程中，当且仅当资金交付时给付证券、证券交付时给付资金。证券登记结算机构采取多边净额结算方式的，根据业务规则，作为结算参与人的共同对手方，按照货银对付原则办理，并辅以限制卖空的证券前端控制、全额保证金、客户交易结算资金第三方存管、结算备付金等配套措施，防范结算风险。

3. 净额结算原则

证券交易所达成的大多数证券交易均采用多边净额结算方式，即证券登记结算机构以结算参与人为单位，轧差计算应收应付净额并办理清算交收。

4. 结算参与人制度

证券公司参与证券和资金的集中清算交收，应当向证券登记结算机构申请取得结算参与人资格，与证券登记结算机构签订结算协议，明确双方的权利和义务。没有取得结算参与人资格的证券公司，应当与结算参与人签订委托结算协议，委托结算参与人代其进行证券和资金的集中清算交收，通过对结算参与人实行准入制度，制定风险控制和财务指标要求，证券登记结算机构可以有效控制结算风险，维护结算系统安全。

5. 分级结算制度

证券结算实行分级结算制度，即证券登记结算机构负责办理证券登记结算机构与参与人之间的集中清算交收，结算参与人负责办理该参与人与其客户之间的清算交收。

三、二级市场类型

（一）交易所市场

交易所市场是股票流通市场最重要的组成部分，也是交易所会员、证券自营商或证券经纪人在证券市场内集中买卖上市股票的场所，是二级市场的主体。具体来说，它具有固定的交易所和固定的交易时间。接受和办理符合有关法律规定的股票上市买卖，使原股票持有人和投资者有机会在市场上通过经纪人进行自由买卖、成交、结算及交割。

证券公司是二级市场上重要的金融中介机构之一，其最重要的职能是为投资者买卖股票等证券，并提供为客户保存证券、为客户融资融券、提供证券投资信息等业务服务。股票在交易所交易的流程如图6-2所示。

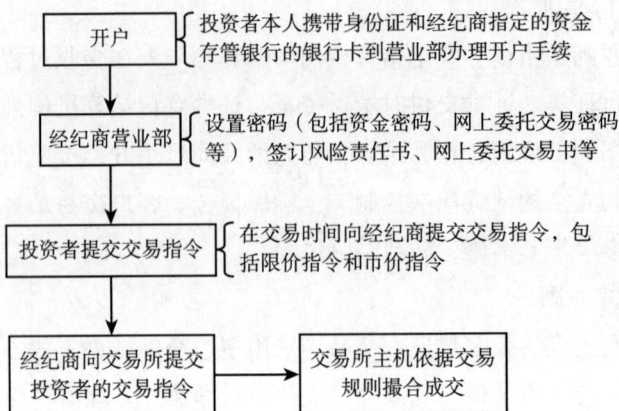

图 6 – 2　股票在交易所交易的流程

（二）场外交易市场

场外交易市场又称店头市场或柜台市场，它与交易所共同构成一个完整的证券交易市场体系。场外交易市场实际上是由千万家证券商行组成的抽象的证券买卖市场。在场外交易市场内，每个证券商行大都同时具有经纪人和自营商的双重身份，随时与买卖证券的投资者通过直接接触或电话、电报等方式迅速达成交易。作为自营商，证券商具有创造市场的功能。证券商往往根据自身的特点，选择有几个交易对象。作为经纪证券商，证券商替顾客与某证券的交易商行进行交易。在这里，证券商只是顾客的代理人，并不承担任何风险，只收取少量的手续费作为佣金。

场外交易市场与股票交易所的主要不同点是：第一，它的买卖价格是证券商之间通过直接协商决定的，而股票交易所的证券价格则是公开拍卖的结果；第二，它的证券交易不是在固定的场所和固定的时间内进行，而主要是通过电话等方式成交。在股票交易所内仅买卖已上市的股票，而在场外交易市场则不仅买卖已上市的股票，同样也买卖未上市的股票。

场外交易市场在证券流通市场的地位，并不是在所有的国家都一样，场外交易市场在美国比在任何国家都发达。其主要原因是，美国的证券交易委员会对证券在交易所挂牌上市的要求非常高，一般的中小企业无法达到。这样，许多企业的证券不可能甚至不愿意在交易所挂牌流通，它们的股票往往依靠场外交易市场，所以比其他国家都要发达得多。欧洲国家，如英国，则有所不同，其场外交易市场远不如美国场外交易市场那样发达。原因很简单，就是交易所非常发达，在交易所交易的股票不仅包括所有上市的股票，也包括许多非上市的中小企业的股票。投资者如果想买卖某些公司发行的、没有在股票交易所登记上市的股票，可以委托证券商进行。他们通过电脑、电话网或电报网直接联系完成交易。在场外交易市场买卖股票有时需付佣金，有时只付净价。

场外交易市场的股票通常有两种价格：（1）公司卖给证券公司的批发价格；（2）证券公司卖给客户的零售价格。在这种市场上，股票的批发和零售价格的差价不大，但当市场平淡时，差价就要大一些，一般来说，这种差额不得超过买卖金额的5%。

场外交易市场具有三个特点：（1）交易品种多，上市或不上市的股票都可以在此进行交易；（2）是相对的市场，不挂牌，自由协商价格；（3）是抽象的市场，没有固定的场所和时间。

（三）第三市场

第三市场是指在柜台市场上从事已在交易所挂牌上市的证券交易。这一部分交易原属于柜台市场范围，由于交易量增大，其地位日益提高，以至于许多人都认为它实际上已变成独立的市场。第三市场是20世纪60年代才开创的一种证券交易市场，是为了适应大额投资者的需要发展起来的。一方面，机构投资者买卖证券的数量往往以千万计，如果将这些证券的买卖由交易所的经纪人代理，这些机构投资者就必须按交易所的规定支付相当数量的标准佣金。机构投资者为了降低投资的费用，便把目光逐渐转向了交易所以外的柜台市场。另一方面，一些非交易所会员的证券商为了招揽业务，赚取较大利润，常以较低廉的费用吸引机构投资者，在柜台市场大量买卖交易所挂牌上市的证券。正是由于这两方面的因素相互作用，才使第三市场得到充分的发展。第三市场的交易价格，原则上是以交易所的收盘价为准。第三市场并无固定交易场所，场外交易商收取的佣金是通过磋商来确定的，因而使同样的股票在第三市场交易比在股票交易所交易的佣金要便宜一半，所以第三市场一度发展迅速。直到1975年美国证券交易管理委员会取消固定佣金比率，交易所会员自行决定佣金，投资者可选择佣金低的证券公司来进行股票交易，第三市场的发展便有所减缓。

第三市场交易属于场外市场交易，但它与其他场外市场的主要区别在于第三市场的交易对象是在交易所上市的股票，而场外交易市场主要从事上市的股票在交易所以外的交易。

（四）第四市场

第四市场是投资者直接进行证券交易的市场。在这个市场上，证券交易由买卖双方直接协商办理，不用通过任何中介机构。同第三市场一样，第四市场也是适应机构投资者的需要而产生的，当前第四市场的发展仍处于萌芽状态。由于机构投资者进行的股票交易一般都是大数量的，为了保密，不致因大笔交易而影响价格，同时也是为了节省经纪人的手续费，一些大企业在进行大宗股票交易时，就通过电子计算机网络直接进行交易。

第四市场的交易程序是：用电子计算机将各大公司股票的买进或卖出价格输入储存系统，机构交易双方通过租赁的电话与机构网络的中央主机联系，当任何会员将拟买进或卖出的委托储存在计算机记录上以后，在委托有效期间，如有其他会员的卖出或买进的委托与之相匹配，交易即可成交，并由主机立即发出成交证实，在交易双方的终端上显示并打印出来。由于第四市场的保密性及其节省性等优点，对第三市场及证券交易所来说，它是一个颇具竞争性的市场。

四、股票价格指数

（一）股票价格指数的含义

股票价格指数是指为度量和反映股票市场总体价格水平及其变动趋势而编制的股价统计相对数。通常是报告期的股票平均价格或股票市值与选定的股票平均价格或股票市值相比，并将两者的比值乘以基期的指数值，即为该报告期的股票价格指数。股票价格指数可以综合反映一定时期内证券市场上的股票价格的变动方向和变动程度，为投资者研究、判断股市动态及变化趋势提供重要信息。

编制股票指数，通常以某年某月为基础，以这个基期的股票价格作为100，用以后各时期的股票价格和基期价格作比较，计算出升降的百分比，就是该时期的股票指数。投资者根据指数的升降，可以判断出股票价格的变动趋势，并且为了能实时地向投资者反映股市的动向，所有的股市几乎都是在股价变化的同时即时公布股票价格指数。

（二）计算指数

股票市场上每时每刻都有多种价格各异、涨跌不同的股票进行交易。用单一股票的价格显然不能反映整个股票市场的价格变动，这就需要计算股价平均数和股票价格指数。股票市场上股票交易品种繁多，在计算股价平均数和股票价格指数时并非对所有股票都进行计算，而是就样本股票来计算。这就要求所选择的样本股票必须具有代表性和敏感性。代表性是指在种类繁多的股票中，既要选择不同行业的股票，又要选择能代表该行业股价变动趋势的股票；敏感性是指样本股票价格的变动能快速反映整个股市价格的升降变化。

计算股价平均数或指数时经常要考虑以下四点：（1）样本股票必须具有典型性、普遍性，为此，选择样本应综合考虑其行业分布、市场影响力、股票等级、适当数量等因素；（2）计算方法应具有高度的适应性，能对不断变化的股市行情作出相应的调整或修正，使股票指数或平均数有较好的敏感性；（3）要有科学的计算依据和手段，计算依据的口径必须统一，一般均以收盘价为计算依据，但随着计算频率的增加，有的以每小时价格甚至更短的时间价格计算；（4）基期应有较好的均衡性和代表性。

计算股票指数要考虑三个方面：（1）抽样，即在众多股票中抽取少数具有代表性的成份股；（2）加权，按单价或总值加权平均，或不加权平均；（3）计算程序，计算算术平均数、几何平均数，或兼顾价格与总值。

股票指数是反映不同时间点上股价变动情况的相对指标。通常是将报告期的股票价格与基期价格相比，并将两者的比值乘以基期的指数值，即为该报告期的股票指数。股票指数的计算方法有三种：一是相对法；二是综合法；三是加权法。

1. 相对法

相对法又称平均法，就是先计算各样本股票指数，再加总求算术平均数。其计算公式为：

$$股票指数 = n 个样本股票指数之和/n$$

2. 综合法

综合法是先将样本股票的基期和报告期价格分别加总，然后相比求出股票指数。即：

$$股票指数 = 报告期股价之和/基期股价之和$$

从平均法和综合法计算股票指数来看，两者都未考虑到由各种采样股票的发行量和交易量的不相同，而对整个股市股价的影响不一样等因素，因此，计算出来的指数也不够准确。为使股票指数计算精确，则需要加入权数，这个权数可以是交易量也可以是发行量。

3. 加权法

加权股票指数是根据各期样本股票的相对重要性予以加权，其权数可以是成交股数、股票发行量等。按时间划分，权数可以是基期权数，也可以是报告期权数。以基期成交股数（或发行量）为权数的指数称为拉斯拜尔指数；以报告期成交股数（或发行量）为权数的指数称为派许指数。对拉斯拜尔指数和派许指数作几何平均，得到几何加权股价指数"费雪理想式"。

拉斯拜尔指数偏重基期成交股数（或发行量），而派许指数则偏重报告期的成交股数（或发行量）。当前世界上大多数股票指数都是派许指数。

（三）国际上具代表性的股票价格指数

国际上比较重要的股票价格指数有道琼斯平均价格指数、纽约股票交易所综合指数、标准普尔股票价格指数、纳斯达克综合指数、法兰克福指数、香港恒生指数、日经指数等。

1. 道琼斯平均价格指数

道琼斯指数（Dow Jones index）的全称为道琼斯平均价格指数（Dow Jones average price index），是目前人们最熟悉、历史最悠久、最具权威性的一种股票指数。

在道琼斯指数建立初期，道琼斯指数只包括两大类指数：道琼斯工业平均指数（Dow Jones industrial average index，DJIAI）和道琼斯交通运输平均指数（Dow Jones transportation average index，DJTAI）。1884 年 7 月 3 日，道氏正式创立道琼斯工业平均指数，经道琼斯公司计算和发布进入华尔街。当时该指数仅包括纽约股票交易所中 11 种最活跃和最流行的股票，其中 9 家为铁路公司，另外 2 家为传统工业公司。当时道氏没有将指数分类，只统称为工业平均指数。1896 年 10 月 26 日，道氏将价格指数扩大到 20 家公司，并正式将该指数命名为道琼斯铁路平均指数（由于铁路当时是主要的交通运输工具，所以只考虑了铁路公司）。

随着工业公司及制造业公司在股票市场的重要性增加，1896 年 5 月 26 日，道氏正式建立以 12 种工业公司及制造业公司股票为基础的道琼斯工业平均指数，以反映工业公司及制造业公司的经营状况。这 12 家公司主要集中于商业制造业，如棉花、糖、烟草、皮革及橡胶等行业。

经过多年的发展，这两类指数的计算方式及结构经历了数次变化。1970 年，随着铁路在交通运输中的作用下降，铁路指数进行了根本性的调整和变化，加进了航空、航运和汽车运输业等公司的股票，但公司规模一直保持为 20 家，指数名称改为交通运输业平均指数。目前，工业平均指数包括工业部门比较有代表性的 30 家公司，大部分集中在采掘业、制造业和商业，全球著名企业如西门子、微软、沃尔玛等都被囊括其中。而通用电气公司是唯一一家一直进入道琼斯工业平均指数的工业公司。

时至今日，道琼斯指数除包括上述两类重要指数外，还包括由 15 家公用事业公司股票价格编制的公用事业股票平均价格指数和上述三类指数中的 65 家公司股票价格联合编制的综合价格指数。1929 年 1 月 2 日，道琼斯公司开始公布道琼斯电气指数，这就是公用事业股票平均价格指数的前身。当时，该指数包括了 20 种不同的电力、能源公司股票，1938 年减少至 15 种，并一直沿用至今。随后，包括 20 种铁路股、30 种工业股和 15 种公用事业股的 65 种股票综合股价指数问世。

道琼斯平均价格指数包括上述四类指数：30 种工业股平均价格指数、20 种交通运输股平均价格指数、15 种公共事业股平均价格指数和 65 种混合股的综合平均价格指数。它们均以 1928 年 10 月 1 日为基期，基期指数为 100。这些指数经过计算机连续采用，每分钟计算一次，每小时发布一次，反映着全球股票市场的走势。

2. 纽约股票交易所综合指数

1966 年，纽约股票交易所设立了纽约股票交易所综合指数，其目的是要全面地反映出整个纽约股票交易所股票的业绩。该指数由所有在纽约股票交易所上市的普通股构成。除了综合指数之外，纽约股票交易所的股票还可分为工业股、运输股、公用事业股和金融公司股四组。这四组股票的指数价值也要在每天进行报道。纽约股票交易所综合指数是一个价值平均指数，即它等于指数中所有股票当期的市场价值（股票价格×股票的发行量）除以这些股票基期的价值（纽约股票交易所选择的基期为 1965 年 12 月 31 日）。指数中股票的任何变化都将通过对指数基期价值的调整反映出来。

3. 标准普尔股票价格指数

标准普尔股票价格指数（S&P500）在美国很有影响力，它是美国最大的证券研究机构标准普尔公司（Standard & Poor's Financial Services LLC）编制的股票价格指数。该公司于 1923 年开始编制发表股票价格指数。最初采选了 230 种股票，编制两种股票价格指数。到 1957 年，这一股票价格指数的范围扩大到 500 种股票，分成 95 种组合。其中最重要的四种组合是工业股票组、铁路股票组、公用事业股票组和 500 种股票混合组。从 1976 年 7 月 1 日开始，改为 400 种工业股票、20 种运输业股票、40 种公用事业股票和 40 种金融业股票。几十年来，虽然有股票更迭，但始终保持为 500 种。

标准普尔公司股票价格指数以 1941～1943 年抽样股票的平均市价为基期，以上市股票数为权数，按基期进行加权计算，其基点数为 10。以目前的股票市场价格乘以股票市场上发行的股票数量为分子，用基期的股票市场价格乘以基期股票数为分母，相除之数再乘以 10 得出股票价格指数。

4. 纳斯达克综合指数

纳斯达克综合指数（一种价值平均指数）诞生于 1971 年，它由在纳斯达克上市的以下三类公司的股票构成：工业公司、银行和保险公司。在纳斯达克上市的所有以上三类公司的股票都包括在内。纳斯达克还提供以工业、银行业、保险公司、计算机公司和通信公司等行业为基础而计算出来的分类指数。

5. 法兰克福指数

法兰克福指数（DAX30）是德国重要的股票指数，是由德意志交易所集团（Deutsche Börse Group）推出的一个蓝筹股指数。该指数中包含有 30 家主要的德国公司。与其他指数不同的是，DAX30 指数试图反映德国股市的总收益情况，而其他指数则只反映市场价格的变化。DAX30 指数考虑到股息收入，名义上将所有股息收入（按成份股的比重）再投资在股票上。如此一来，即便德国股票价格没有变动，DAX30 指数仍可能因股息收入而上涨。DAX30 指数的期货和期权合约在欧洲期货期权交易所（EUREX）挂牌买卖。该指数通过 Xetra 交易系统进行交易，因此其交易方式不同于传统的公开交易方式，而是采用电子交易的方式，便于进行全球交易。

6. 香港恒生指数

香港恒生指数（Hang Seng index，HSI）是香港股票市场上历史最久、影响最大的股票价格指数，由香港恒生银行于 1969 年 11 月 24 日公布使用，目前已经过多次调整。恒生股票价格指数的编制是以 1964 年 7 月 31 日为基期，基点确定为 100 点。其计算方法是将 33 种股票按每天的收盘价乘以各自的发行股数作为计算日的市值，再与基期的市值相比较，乘以 100 就得出当天的股票价格指数。

1980 年 8 月，港英政府通过立法，将香港证券交易所、远东交易所、金银证券交易所和九龙证券所合并为香港联合证券交易所。在目前的香港股票市场上，只有恒生股票价格指数与新产生的香港指数并存。

恒生股票价格指数包括从香港 500 多家上市公司中挑选出来的 33 家有代表性且经济实力雄厚的大公司股票作为成份股，分为金融业股票（4 种）、公用事业股票（6 种）、地产业股票（9 种）和其他工商业（包括航空和酒店等 14 种）四大类，这些股票占香港股票市值的 65% 以上，因为该股票指数涉及香港的各个行业，所以具有较强的代表性。由于恒生股票价格指数所选择的基期适当，因此不论股票市场狂升或猛跌，还是处于正常交易水平，恒生股票价格指数基本上都能反映整个股市的活动情况。

7. 日经指数

日经指数原称为"日本经济新闻社道琼斯股票平均价格指数"，是由日本经济新闻社编制公布的反映日本东京证券交易所股票价格变动的股票价格平均指数。按计算对象的采样数目和计算方式不同，日经指数可分为日经 225 股指指数（日经 225）和日经 500 股指指数（日经 500）。前者所选样本均为在东京证券交易所第一市场上市的股票，样本选定后原则上不再更改；基期为 1949 年 5 月 16 日；1981 年定位制造业 150 家，建筑业 10 家，水产业 3 家，矿业 3 家，商业 12 家，陆运及海运 14 家，金融保险业 15 家，不动产业 3 家，仓库业、电力和煤气 4 家，服务业 5 家；该指数从 1950 年一直延续至今，是考察和分析日本股票市场长期演变及动态的最常用和最可靠的指标。后者为日经 500 种股票平均股价，1982 年 1 月 4 日起开始编制，包括 500 种股票，每年 4 月要根据上市公司的经营状况、成交量和成交金额、市价总值等因素对样本进行更换。

（四）我国的主要股票价格指数

1. 上海证券综合指数

上海证券综合指数简称"上证指数"或"上证综指"，其样本股是在上海证券交易所全部上市股票，以发行量为权数的派氏加权综合股票指数，反映了上海证券交易所上市股票价格的变动情况。该指数以 1990 年 12 月 19 日为基日，基日指数为 100 点，自 1991 年 7 月 15 日起正式发布，并于 1992 年 2 月 21 日增设上证 A 股指数与上证 B 股指数，1993 年 6 月 1 日又增设了上证分类指数，即工业类指数、商业类指数、地产业类指数、公用事业类指数、综合业类指数，以反映不同行业股票各自的走势。

2. 深证成份指数

深证成份指数简称"深证成指"，是深圳证券交易所编制的一种成份股指数，该指数从上市的所有股票中抽取具有市场代表性的 40 家上市公司的股票作为计算对象，并以流通股为权数计算得出的加权股价指数，综合反映深交所上市 A 股、B 股的股价走势。以 1994 年 7 月 20 日为基期，基点为 1000 点。

关键术语

多层次资本市场　一级市场　二级市场　股价指数

分析与思考

1. 我国建立多层次股票市场结构有哪些意义？
2. 配股与增发新股的联系与区别。
3. IPO 的基本流程。

第七章

衍生品市场

学习目标

通过本章学习，掌握金融衍生品市场的构成，了解中国金融衍生品市场的发展与演变过程；熟悉中国金融衍生品市场的主要类型和特点；熟悉金融远期合约、金融期权合约以及金融互换合约的基本特征，掌握金融远期合约、金融期权合约以及金融互换合约的基本原理和主要产品；了解中国金融衍生品市场的发展趋势。

第一节　衍生品市场概述

衍生产品及其交易的历史可追溯到 17 世纪 30 年代席卷荷兰和英格兰的郁金香球茎期权交易，至今已有数百年历史。衍生产品好比一把"双刃剑"，利用得当可以成为交易者进行风险管理的有效手段，即通过开展衍生产品交易业务转移风险，保值获利；但另外，金融衍生品市场中的各种金融衍生工具本身就是杠杆性的交易工具，因此衍生工具交易具有较高的风险性。自金融衍生品诞生之日开始，就备受争议，甚至股票市场经常被指责为一个鼓励赌博和操纵的场所，而因为金融衍生工具交易者的不当操作导致的公司破产、市场泡沫甚至经济危机也偶有发生。巴林银行的倒闭、安然公司的破产、1987 年美国的股灾、20 世纪 90 年代日本的股市崩盘都让金融衍生品招致大量批评。但是金融衍生品作为一种金融创新，在现代公司制度和资本市场不断完善发展过程中出现并快速发展，金融衍生品市场的竞争也成为全球经济和资本市场竞争的核心。

一、金融衍生品

（一）金融衍生品的含义

金融衍生品又称为金融衍生工具，是指建立在金融基础产品或基础变量之上的金融合约。它是以传统金融产品为基础衍生出来的、作为买卖对象的金融产品。基础产品除了包括现货金融产品之外，还包括金融衍生品；基础变量主要包括利率、汇率、通货膨胀率、价格指数、各种资产价格及信用等级等。在国际金融市场上最为普遍运用的衍生品有金融远期、金融期货、期权、互换（掉期）和信用衍生品等。

这种合约可以是标准化的，也可以是非标准化的。标准化合约是指其标的物（基础资产）的交易价格、交易时间、资产特征、交易方式等都是事先标准化的，因此此类合约大多在交易所上市交易，如期货。非标准化合约是指以上各项由交易的双方自行约定，因此具有很强的灵活性，如远期协议。

金融衍生产品是与金融相关的派生物，通常是指从原生资产（underlying assets）派生出来的金融工具。其共同特征是保证金交易，即只要支付一定比例的保证金就可进行全额交易，不需实际上的本金转移，合约的了结一般也采用现金差价结算的方式进行，只有在满期日以实物交割方式履约的合约才需要买方交足货款。因此，金融衍生产品交易具有杠杆效应，保证金越低，杠杆效应越大，风险也就越大。

（二）金融衍生品的特点

与其他金融工具不同，金融衍生品自身并不具有价值，它的价格取决于基础金融产品价格（或数值）变动，价格是从可以运用衍生品进行买卖的货币、汇率、证券等的价值中衍生出来的，因此金融衍生品具有以下几个特点。

1. 零和博弈性

合约交易的双方（在标准化合约中由于交易是不确定的）盈亏完全负相关，并且净损益为零，因此称"零和"。

2. 跨期性

金融衍生工具是交易双方通过对利率、汇率、股价等因素变动趋势的预测，约定在未来某一时间按一定的条件进行交易或选择是否交易的合约。无论是哪一种金融衍生工具都会影响交易者在未来一段时间内或未来某一时间上的现金流，跨期交易的特点十分突出。这就要求交易的双方对利率、汇率、股价等价格因素的未来变动趋势作出判断，而判断的准确与否直接决定了交易者的交易盈亏。因此，金融衍生品会影响交易者在未来一段时间内或时点上的现金流，体现跨期交易的特点。

3. 联动性

金融衍生品的价值与基础产品或基础变量紧密联系，规则变动。通常来说，金融衍生工具与基础变量相联系的支付特征由衍生工具合约所规定，其联动关系既可以是简单的线性关系，也可以表达为非线性函数或者分段函数。例如，我国股指期货沪深 300 指数合约和沪深 300 股票指数价格走势密切相关，存在高度的关联性。

4. 不确定性或高风险性

金融衍生品交易的后果取决于交易者对基础工具未来价格的预测和判断的准确程度。基础工具价格的变幻莫测决定了金融衍生工具交易盈亏的不稳定性，这是金融衍生品具有高风险的重要原因。

5. 高杠杆性

金融衍生产品的交易一般只需要支付少量的保证金或权利金就可以签订远期大额合约或互换不同的金融工具。采用保证金制度，使得金融衍生交易所需的最低资金只需满足基础资产价值的某个百分比即可。保证金可以分为初始保证金和维持保证金，并且在交易所交易时采取盯市（marking to market）制度，如果交易过程中的保证金比例低于维持保证金比例，那么将收到追加保证金通知，如果投资者没有及时追加保证金，其将被强行平仓。可见，衍生品交易者承担的风险和损失会成倍放大，即基础工具的轻微变动也许就会给交易者带来大盈大亏的高风险或高收益的特点。

6. 契约性

金融衍生产品交易是对基础工具在未来某种条件下的权利和义务的处理，从法律上理解是合同，是一种建立在高度发达的社会信用基础上的经济合同关系。

7. 交易对象的虚拟性

金融衍生产品合约交易的对象是对基础金融工具在未来各种条件下处置的权利和义务，如期权的买权或卖权、互换的债务交换义务等，构成所谓的"产品"，表现出一定的虚拟性。

8. 交易目的的多重性

金融衍生产品交易通常有套期保值、投机、套利和资产负债管理四大目的。

其交易的主要目的并不在于所涉及的基础金融商品所有权的转移，而在于转移与该金融商品相关的价值变化的风险或通过风险投资获取经济利益。

（三）金融衍生品的作用

1. 避险保值

金融衍生品产生的根源就是投资者为了避险保值，投资者能以较低的成本转嫁风险。金融衍生品合约使交易参与者更清楚地识别风险，根据其对风险的承受程度来选择一种最适合自己的投资组合，实现资金的合理配置。买方通过在两个市场的反向操作来规避或者转移部分可能遇到的市场风险、流动性风险和信用风险。总的来说，金融衍生品的实质就是通过合约出售金融市场上的风险，实现风险的转移。虽然整个经济体系中的总风险并未降低，但是这种交易能够使企业更好地规划财务，做好财务风险管理。

2. 增加盈利

金融衍生品产生的初衷主要是为了避险保值，但是在其发展过程中，参与者发现其存在获利的可能性。大体可以分为两类参与者：一类是投机者，他们在资产或市场中通过保证金交易以较低的成本持有头寸，通过做空某项资产，获得高额投机利润。另一类是套利者，他们追求的是无风险获利。由于信息不对称、信任度等原因使得不同金融市场之间出现暂时的不平衡，这就给套利者提供了获得无风险收益的机会。不管是投机活动还是套利活动，他们都有很大可能会直接使资本市场上的交易额得到大幅度增加，提高了资本市场的资金流动性，进一步提升资本市场的运作效率，金融衍生品市场才得以迅速发展和完善。

3. 价格发现

价格发现是金融衍生品的一个外部性作用。价格发现的关键环节就是价格确定，这一环节主要是交易参与者根据自己收集到的公开信息或非公开信息，进行预测判断、设定价格，通过场内集中公开竞价的方式，最终确定价格，完成交易。通过这种方式所制定出来的产品价格可以比较好地反映未来市场的真实供求信息，同时也能够指导未来行业内产品的价格。因此，市场通过场内公开竞价、自由选择的交易手段可以直接形成一个较为可靠的市场均衡价格，推动金融市场的强势有效进程。

4. 降低成本

由于各类金融衍生品交易活动的参与者众多，一方面交易活动的参与者能够充分利用各种金融衍生品规避、减少甚至消除产品最终在市场上的价格风险，而交易量的增加也会降低交易成本；另一方面交易的参与者也能够依靠金融衍生品市场的价格发现功能，根据未来价格走势指导和制定相应的经营战略，优化资源配置，从而降低经营成本，最终形成多方共赢的局面。

金融衍生产品是对冲资产风险的好方法。但是任何事情有好的一面也有坏的一面，风险规避了，一定是有人承担了。衍生产品的高杠杆性就是将巨大的风险转移到了愿意承担风险的人手中。金融衍生产品交易不当将导致巨大的风险，有的甚至是灾难性的，国外有巴林银行事件、宝洁事件、LTCM 事件、信孚银行，国内有国储铜事件、中航油事件。

背景资料

案例分析

2004 年，星辰股份有限公司（以下简称"星辰"）因从事石油衍生品期权交易而巨亏 5.5 亿美元。

事件回顾

星辰是星辰集团有限公司（以下简称"集团公司"）的海外控股子公司，于2001 年在新加坡交易所主板上市。从一个濒临破产的贸易型企业发展成为工贸结合的实体企业，一时成为资本市场的明星。

2003 年 4 月，星辰集团公司被批准进行境外期货交易，经集团公司授权，星辰开始做油品期货套期保值业务。但星辰擅自扩大业务范围，违规从事风险极大的投机性石油期权交易。

自 2003 年 10 月起，星辰预测油价下跌，大量卖出看涨期权、买入看跌期权。但星辰错误判断了油价走势，进入 2004 年以后，油价攀升，至 4 月期权结算之际，公司已潜在亏损 580 万美元。

为收复失地，星辰采取了更激进的投机策略，买入先前卖出的看涨期权将其平仓，同时不执行先前买入的看跌期权。为获得权利金弥补保证金缺口，公司卖出更多执行价格更高的看涨期权。随着油价持续升高，至 2004 年 6 月，公司潜在亏损增至 3000 万美元左右。公司再次决定展期，延后到 2005 年和 2006 年交割，并加大做空量。

2004 年 10 月，公司的潜在亏损额已高达 1.8 亿美元，卖出的看涨期权合约达到 5200 万桶石油的巨量，是公司每年实际进口量 1700 万桶的 3 倍多。持续不断地补充保证金几乎耗掉了星辰所有的可用资金。10 月 10 日，星辰向集团公司首次呈报交易和账面亏损，但未向其他股东及公众披露。10 月 20 日，集团公司提前配售 15% 的股票，所得 1.08 亿美元贷款给星辰用于保证金的支付。

2004 年 10 月 26 日和 28 日，星辰的交易对手日本三井公司发出违约函，催缴保证金，星辰被逼高位斩仓，造成实际亏损 1.32 亿美元。自 11 月 8 日起，公司的衍生商品合约不断遭到巴克莱资本、伦敦标准银行等国际投行逼仓，至 11 月 25 日，实际亏损达 3.81 亿美元，相对于 1.45 亿美元的净资产已资不抵债。

2004 年 11 月 29 日，在亏损 5.5 亿美元后，星辰向法庭申请破产保护。

2004 年 12 月 1 日，在亏损 5.5 亿美元后，星辰宣布向法庭申请破产保护。

星辰涉及欺诈、制作虚假财务报表、故意隐瞒巨额亏损等指控。

案例剖析——分析风险形成

星辰在这场腥风血雨中其实从一开始就种下了毁灭的种子，因为其从事的期权交易所面临的风险敞口是巨大的。就期权买方而言，由于风险一次性锁定，最大损失不过是已付出的期权费，但收益却可能很大（在看跌期权中）甚至是无限量（在看涨期权中）。相反，对于期权卖方收益被一次确定了，最大收益限于收取买方的期权费，然而其承担的损失却可能很大（在看跌期权中），以致无限量（在看涨期权中）。至于在信用风险与流动性风险等方面期权合约与期货合约大致相似，只是期权风险可能还会涉及更多的法律风险与难度更大的操作风险。星辰却恰恰选择了风险最大的做空期权。

期权交易本身的高风险性使星辰暴露在市场风险极高的国际衍生交易市场中。国际上，期权的卖方一般是具有很强市场判断能力与风险管理能力的大型商业银行和证券机构，而星辰显然不具备这种能力。由于星辰从事的是场外期权交易（即 OTC 交易），交易双方都必须承担比交易所衍生品交易更大的信用风险，然而星辰的交易对手却是在信息收集和分析技术方面占绝对优势的机构交易者，其必然会充分利用自身的信息垄断地位来获利，几乎将信用风险全部转嫁到星辰身上。加上星辰所雇用的交易员全是外籍交易员，机密全部暴露，营运风险加剧，在这种强势对手面前，公司无疑处于绝对劣势地位。星辰的贪婪心理导致了公司严重违规操作面临一系列的法律风险，因为其从事的石油期权投机是我国政府当时明令禁止的。1999 年 6 月，国务院发布的《期货交易管理暂行条例》规定："期货交易必须在期货交易所内进行。禁止不通过期货交易所的场外期货交易。""国有企业从事期货交易，限于从事套期保值业务，期货交易总量应当与其同期现货交易量总量相适应。"2001 年 10 月，中国证监会发布的《国有企业境外期货套期保值业务管理制度指导意见》规定："获得境外期货业务许可证的企业在境外期货市场只能从事套期保值交易，不得进行投机交易。"星辰的期权交易远远超过远期套期保值的需要，属于纯粹的博弈投机行为。

深层原因分析——总结经验教训

一个因成功进行海外收购的企业，却因从事投机交易，造成 5.54 亿美元的巨额亏损而倒闭，造成这一切的原因到底是什么？联系前述情况，可以将此次事件归结为以下三点。

（1）管理层风险意识淡薄。企业没有建立起防火墙机制，即在遇到巨大的金融投资风险时，没有及时采取措施，进行对冲交易来规避风险，而是在石油价格居高不下的情况下采用挪盘的形式，继续坐等购买人行使买权，使风险敞口无限量扩大直至被逼仓。正如前面所提到的，公司财务部在面临这种风险威胁时应当发挥其作用，必须获得独立监控金融业务部门资金出入和头寸盈亏的权力，在亏损突破止损限额后直接向董事会报告，并停止为亏损头寸追加保证金，在风险已经显露时及时筑起一道"防火墙"，规避市场风险。

另外，事实上公司是建立起了由安然会计师事务所设计的风控机制来预防流动、营运风险的，但因为总裁的独断专行使得当公司在市场上"血流不止"的时候，该机制完全没有启动，造成制定制度的人却忘了制度对自己约束的局面，那么就有必要加强对企业高层决策权的有效监控，保障风控机制的有效实施。

（2）企业内部治理结构存在不合理现象。此次惨痛损失"归功"于一人，那就是星辰总裁，由于其手中权力过大，且绕过交易员私自操盘，发生损失也不向上级报告，长期投机违规操作酿成苦果。而在"一人集权"的表象下也同时反映了公司内部监管存在重大缺陷。星辰有内部风险管理委员会，其风险控制的基本结构是：实施交易员—风险控制委员会—审计部—CEO—董事会，层层上报，交叉控制，每名交易员亏损 20 万美元时要向风险控制委员会汇报，亏损 37.5 万美元时要向 CEO 汇报，亏损达 50 万美元时必须平仓，抽身退出。从上述架构中可以看出，星辰的风险管理系统从表面上看确实非常科学，可事实并非如此。公司风险管理体系的虚设导致对总裁的权力缺乏有效的制约机制。

另外，在信息披露方面，星辰集团也没有向投资者披露公司所面临的真实的财务风险。操作中，当损失达 5 亿多美元时，星辰才向集团报告，而批准星辰套期保值业务的集团，在事发后私下将 15% 股权折价配售给机构投资者，名义是购买国外石油公司的股权，事实上这笔 1.08 亿美元的资金却贷给了星辰用于补仓。令人惊讶的是，星辰在 2004 年 11 月公布的第三季度财务状况中依然作出下列判断："公司确信 2004 年的盈利将超过 2003 年，达到历史新高。"此行为不仅没有"亡羊补牢"，反而用一个新错误去填补了一个旧错误。

（3）外部监管失效。至 2004 年 10 月 10 日，星辰已经纸包不住火，在不得不向集团开口之前，它所从事的巨额赔本交易都从未向投资者公开披露过，上市公司的信息披露义务已然成为可有可无的粉饰手段，使得外部监管层面的风险控制体系也成为一种摆设。1998 年国务院曾颁布《国有企业境外期货套期保值业务管理办法》，其中规定，相关企业不但需要申请套期保值的资金额度以及头寸，每月还必须向证监会以及外管局详细汇报期货交易的头寸、方向以及资金情况。显然，星辰并没有这样做。中国证监会作为金融期货业的业务监管部门对国企的境外期货交易负有监管责任。在内控制度缺失的情况下，作为最后一道防线，外部监管的重要性是不言而喻的，但星辰连续数月进行的投机业务竟然没有任何监管和警示，也暴露出当时国内金融衍生工具交易监管的空白。此外，国际金融监管加强合作也是一种趋势。若此次事件中，涉及案件的两国监管部门可以密切及时地合作，相信至少也能将损失控制在最低范围内了。

从以上案例中不难看出，金融衍生工具交易中形成的风险足以给一个庞大的机构造成致命的冲击。星辰整起事件与它的内部控制制度不健全、高层管理者严重越权违规操作、公司内部监管和审查机制没有发挥应有的作用不无关系。因此，结合案例我们可以发现，由于衍生工具本身的复杂和创新性使得任何单方面的风险控制措施都不能有效地降低交易风险。所以针对不同工具事先做好风险监控、建立一个全面有效的内控机制，再加大、加强政府外部监督、监管措施，对于金融衍生交易市场的正常运作、防范个体风险影响整个市场是十分必要的。

资料来源：本案例为虚构，资料来源为笔者设计。

二、金融衍生品市场的含义和类型

（一）金融衍生品市场的含义

金融衍生品市场是一种以证券市场、货币市场、外汇市场为基础派生出来的金融市场，它是利用保证金交易的杠杆效应，以利率、汇率、股价的趋势为对象设计出大量的金融商品进行交易，以支付少量保证金及签订远期合同进行互换、掉期等的金融衍生品的交易市场。

金融衍生品市场的交易对象是各类金融衍生品，进行金融衍生交易的目的是转移基础金融资产的风险，或降低交易双方的成本。

（二）金融衍生品市场的类型

1. 按产品形态分类

根据产品形态，金融衍生品市场可以分为金融远期、期货、期权和掉期四大类型。

远期合约和期货合约都是交易双方约定在未来某一特定时间、以某一特定价格、买卖某一特定数量和质量资产的交易形式。

（1）金融期货合约是指在特定的交易所通过竞价方式成交，承诺在未来的某一日或某一期限内，以事先约定的价格买进或卖出标准数量的某种金融工具的标准化契约。金融期货合约是期货交易所制定的标准化合约，对合约到期日及其买卖的资产种类、数量、质量作出了统一规定。

（2）远期合约是根据买卖双方的特殊需求由买卖双方自行签订的合约，双方约定在未来的某一确定的时间，按照确定的价格买卖一定数量的某种金融资产的合约。因此，期货交易流动性较高，远期交易流动性较低。

（3）掉期合约也称为金融互换，是一种由交易双方签订的在未来某一时期相互交换某种资产的合约。更为准确地说，掉期合约是当事人之间签订的在未来某一期间内相互交换他们认为具有相等经济价值现金流的合约。较为常见的是利率掉期合约和货币掉期合约。掉期合约中规定的交换货币是同种货币，则为利率掉期；是异种货币，则为货币掉期。

（4）期权交易是买卖权利的交易。期权合约规定了在某一特定时间、以某一特定价格买卖某一特定种类、数量、质量原生资产的权利。期权合同有在交易所上市的标准化合同，也有在柜台交易的非标准化合同。

2. 按原生资产分类

根据原生资产不同，金融衍生交易市场大致可以分为股票市场、利率市场、货币市场和商品市场。

股票市场中的原生资产包括股票和由股票组合形成的股票指数；利率市场原生资产主要包括以短期存款利率为代表的短期利率和以长期债券利率为代表的长期利率；货币市场原生资产包括各种不同币种之间的比值；商品市场原生资产包

括各类大宗实物商品。具体如表 7 - 1 所示。

表 7 - 1   根据原生资产对金融衍生产品市场的分类

市场分类	原生资产	金融衍生产品
利率市场	短期存款	利率期货、利率远期、利率期权、利率掉期合约等
	长期债券	债券期货、债券期权合约等
股票市场	股票	股票期货、股票期权合约等
	股票指数	股票指数期货、股票指数期权合约等
货币市场	各类现汇	货币远期、货币期货、货币期权、货币掉期合约等
商品市场	各类实物商品	商品远期、商品期货、商品期权、商品掉期合约等

3. 按交易方法分类

根据交易方法，金融衍生品市场可分为场内交易市场和场外交易市场。

（1）场内交易，又称交易所交易，指所有的供求方集中在交易所进行竞价交易的交易方式。这种交易方式具有交易所向交易参与者收取保证金，同时负责进行清算和承担履约担保责任的特点。此外，由于每个投资者都有不同的需求，交易所事先设计出标准化的金融合同，由投资者选择与自身需求最接近的合同和数量进行交易。所有的交易者集中在一个场所进行交易，这就增加了交易的密度，一般可以形成流动性较高的市场。期货交易和部分标准化期权合同交易都属于这种交易方式。

（2）场外交易，又称柜台交易，指交易双方直接成为交易对手的交易方式。这种交易方式有许多形态，可以根据每个使用者的不同需求设计出不同内容的产品。同时，为了满足客户的具体要求，出售衍生产品的金融机构需要有高超的金融技术和风险管理能力。场外交易不断产生金融创新。但是由于每个交易的清算是由交易双方相互负责进行的，交易参与者仅限于信用程度高的客户。掉期交易和远期交易是具有代表性的柜台交易的衍生产品。

到目前为止，国际金融领域中流行的衍生产品主要有互换、期货、期权和远期利率协议四种。采取这些衍生产品的最主要目的均为保值或投机。但是这些衍生产品所以能存在与发展都有前提条件，那就是发达的远期市场。

小常识

衍生品的本源——对冲风险（套保）

衍生品的发明是为了对冲风险。早期的衍生品是商品期货，包括商品远期；

20 世纪 70 年代后金融衍生品开始发展，包括股指期货、股债期货和外汇期货；到了 20 世纪 90 年代、21 世纪，信用衍生品信用违约掉期（CDS）也发展了起来。对冲的买方主要使用这些衍生品来对冲现货资产，卖方为了卖掉衍生品，也需要对冲手上头寸的风险。

但事实上，有一部分风险是对冲不了的，其中最重要的是基差风险。假设市场参与者手上有一堆现货，卖空一些期货来进行对冲交易。如果现货跌了，期货涨了，该参与者两个方面都在亏钱，其中亏的就是基差的变化。

图 1 是股指 300 的期货从 2010 年 4 月上市到 2016 年 8 月这 6 年的时间里升贴水的变化。前 5 年大部分时间该期货一直在升水，最多的时候升水 7%、8%。但是从股灾 2.0 的时候开始，升贴水一下子发生了结构性变化，从升水一下子打到贴水，而且延续到现在还没有转到升水的状态。最疯狂的时候，贴水甚至快到 20%，如果是年化的话，最高的时候贴水达到了 40%，可见基差的波动非常大。如果在套利的时候没有规避好这个风险，可能会亏得很惨。

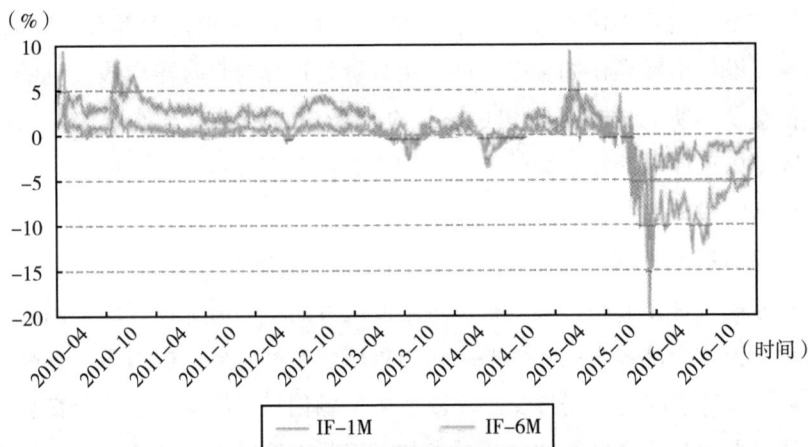

图 1　IF 升贴水

另一个就是交叉风险。假设投资者手上有一堆股票头寸要对冲，则有 IF、IH 或 IC 三个选择。这时候投资者要选择合适的对冲工具，需要做精确的计算，也要看持有的股票头寸与哪个相关性更紧密一些。如果选错的话，可能就需要不断地对冲风险，甚至风险还会增加。

资料来源：高联军. 衍生品对于投资的意义［EB/OL］.（2017 - 08 - 21）［2024 - 02 - 10］. https：//www. sohu. com/a/166130223_632933.

第二节　期货市场

随着现代商品经济的发展和社会劳动生产力的极大提高，国际贸易普遍开展，世界市场逐步形成，市场供求状况变化更为复杂，仅有一次性地反映市场供求预期变化的远期合约交易价格已经不能适应现代商品经济的发展，需要有能够连续地反映潜在供求状况变化全过程的价格，以便广大生产经营者能够及时调整商品生产，以及回避由于价格的不利变动而产生的价格风险，使整个社会生产过程顺利地进行。在这种情况下，期货交易就产生了。

一、期货市场的内涵

期货市场是按达成的协议交易并按预定日期交割的金融市场。现货与期货的显著区别是，期货的交割期放在未来，而价格、交货及付款的数量、方式、地点和其他条件是在即期由买卖双方在合同中规定的，商品及证券均可在期货市场上交易。虽然合同已经签订，但双方买卖的商品可能正在运输途中，也可能正在生产中，甚至可能还没有投入生产过程，卖者手中可能有商品或证券，也可能没有商品或证券。

期货市场是交易双方达成协议或成交后不立即交割，而是在未来的一定时间内进行交割的场所。期货市场被认为是一种较高级的市场组织形式，是市场经济发展到一定阶段的必然产物。广义上的期货市场包括期货交易所、结算所或结算公司、经纪公司和期货交易员；狭义上的期货市场仅指期货交易所。期货交易所是买卖期货合约的场所，是期货市场的核心。

二、期货市场主要交易品种

期货交易是买卖双方事先就交易的商品数量、质量等级、交割日期、交易价格和交割地点等达成协议，而在约定的未来某一日期进行实际交割的交易。

期货按照其原生产品的不同可以分为商品期货和金融期货。

(一) 商品期货

商品期货是指标的物为实物商品的期货合约。商品期货历史悠久，种类繁多，主要包括农副产品、金属产品、能源产品等几大类，是关于买卖双方在未来某个约定的日期以签约时约定的价格买卖某一数量的实物商品的标准化协议。商品期货交易是在期货交易所内买卖特定商品的标准化合同的交易方式。

1. 商品期货投资的特点

（1）以小博大。投资商品期货只需要缴纳5%～20%的履约保证金，就可控制100%的虚拟资金。

（2）交易便利。由于期货合约中主要因素如商品质量、交货地点等都已标准化，合约的互换性和流通性较高。

（3）信息公开，交易效率高。期货交易通过公开竞价的方式使交易者在平等的条件下公平竞争。同时，期货交易有固定的场所、程序和规则，运作高效。

（4）期货交易可以双向操作，简便、灵活。缴纳保证金后即可买进或卖出期货合约，且只需用少数几个指令在数秒或数分钟内即可达成交易。

（5）合约的履约有保证。期货交易达成后，须通过结算部门结算、确认，无须担心交易的履约问题。

2. 商品期货交易的品种

商品期货是期货交易的起源品种。商品期货交易的品种随着交易发展而不断增加，从传统的谷物、畜产品等农产品期货，发展到各种有色金属、贵金属和能源等大宗初级产品的期货交易。

（1）农产品。农产品是最早构成期货交易的商品，包括：①粮食期货，主要有小麦期货、玉米期货、大豆期货、豆粕期货、红豆期货、大米期货、花生仁期货等；②经济作物类期货，有原糖、咖啡、可可、橙汁、棕榈油和菜籽期货；③畜产品期货，主要有肉类制品和皮毛制品两大类期货；④林产品期货，主要有木材期货和天然橡胶期货。目前，美国各交易所尤其是芝加哥期货交易所（CBOT）是农产品期货的主要集中地。

（2）有色金属。有色金属是当今世界期货市场中比较成熟的期货品种之一。在国际期货市场上上市交易的有色金属主要有10种，即铜、铝、铅、锌、锡、镍、钯、铂、金、银，其中金、银、铂、钯等期货因其价值高又称为贵金属期货。目前，世界上的有色金属期货交易主要集中在伦敦金属交易所、纽约商业交易所和东京工业品交易所，尤其是伦敦金属交易所期货合约的交易价格被世界各地公认为有色金属交易的定价标准。我国上海期货交易所的铜期货交易近年来成长迅速，目前铜单品种成交量已超过纽约商业交易所，居全球第二位。

（3）能源期货。能源期货开始于1978年。作为一种新兴商品期货品种，其交易异常活跃，交易量一直呈快速增长之势。目前仅次于农产品期货和利率期货，超过了金属期货，是国际期货市场的重要组成部分。原油是最重要的能源期货品种，目前世界上重要的原油期货合约有纽约商业交易所的轻质低硫原油、伦敦国际石油交易所的布伦特原油期货合约等。

（二）金融期货

金融期货是指交易双方在金融市场上，以约定的时间和价格，买卖某种金融工具的具有约束力的标准化合约，以金融工具为标的物的期货合约。金融期货一般分为货币期货、利率期货和指数期货三类。金融期货作为期货中的一种，具有期货的一般特点，但与商品期货相比较，其合约标的物不是实物商品，而是传统的金融商品，如证券、货币、利率等。金融期货产生于20世纪70年代的美国市场，金融期货在许多方面已经走在商品期货的前面，占整个期货市场交易量的80%，成为西方金融创新的成功例证。

金融期货主要包括利率期货、货币期货、股指期货、外汇期货、国债期货等。

1. 利率期货

利率期货是指以利率为标的物的期货合约。世界上最先推出的利率期货是1975年由美国芝加哥商业交易所推出的美国国民抵押协会的抵押证期货。利率期货主要包括以长期国债为标的物的长期利率期货和以2个月短期存款利率为标的物的短期利率期货。

2. 货币期货

货币期货是指以汇率为标的物的期货合约。货币期货是适应各国从事对外贸易和金融业务的需要而产生的，目的是借此规避汇率风险。1972年美国芝加哥商业交易所的国际货币市场推出第一张货币期货合约并获得成功。其后，英国、澳大利亚等国相继建立货币期货的交易市场，货币期货交易成为一种世界性的交易品种。国际上，货币期货合约交易所涉及的货币主要有欧元、英镑、美元、日元、瑞士法郎、加元、澳元、新西兰元、人民币等。

3. 股指期货

股指期货是指以股票指数为标的物的期货合约。股票指数期货是金融期货市场最热门和发展最快的期货交易。股票指数期货不涉及股票本身的交割，其价格是根据股票指数计算，合约以现金清算形式进行交割。世界上影响范围较大、具有代表性的股票指数有道琼斯价格指数、标准普尔500指数、英国金融时报指数、香港恒生指数。

4. 外汇期货

外汇期货是指交易双方约定在未来某一时间，依据约定的比例，以一种货币交换另一种货币的标准化合约的交易。外汇期货是以汇率为标的物的期货合约，用来规避汇率风险。它是金融期货中最早出现的品种。自 1972 年 5 月芝加哥商品交易所的国际货币市场分部推出第一张外汇期货合约以来，随着国际贸易的发展和世界经济一体化进程的加快，外汇期货交易一直保持着旺盛的发展势头。它不仅为广大投资者和金融机构等经济主体提供了有效的套期保值的工具，而且也为套利者和投机者提供了新的获利手段。

5. 国债期货

国债期货是指通过有组织的交易场所预先确定买卖价格并于未来某一特定时间内进行钱券交割的国债派生交易方式。国债期货属于金融期货的一种，是一种高级的金融衍生工具。它是在 20 世纪 70 年代美国金融市场不稳定的背景下，为满足投资者规避利率风险的需求而产生的。

三、期货市场定价理论与期货投资分析方法

（一）期货市场定价理论

经济学中有一个基本定律叫作"一价定律"。它意味着两个相同的资产必须在两个市场上以相同的价格报价，否则一个市场参与者可以进行所谓的无风险套利，即在一个市场低价买入，在另一个市场高价卖出。最后，资产的价格会因为低价市场的需求增加而上升，而资产的价格会下降，直到高价市场的最后两个报价相等。因此，供求力量会产生公平竞争的价格，使套利者无法获得无风险的利润。

简要介绍一下远期和期货价格的持仓成本定价模型。该模型有以下假设：期货和远期合约是相同的；相应的资产是可分离的，也就是说，股票可以是零股或分数；现金分红是肯定的；资金的借贷利率是一样的，是已知的；卖空现货没有限制，可以立即获得相应的付款；没有税收和交易成本；现货价格已知；相应的现货资产有足够的流动性。

这种定价模式基于以下一种假设，即期货合约是现货资产未来交易的临时替代品。期货合同不是真正的资产，而是买卖双方之间的协议。双方同意在未来的某个时间进行现货交易，所以资金在协议开始时并没有转手。

期货合同的卖方将来只能交付相应的现货来获取现金，因此必须通过持有

相应的现货来补偿资金立即放弃带来的收入；相反，期货合约的买方必须支付现金以便在稍后结算现货，并且必须通过使用资金头寸支付延迟现货付款的成本。

因此，期货市场价格必须高于现货价格以反映这些融资或持仓成本，该融资成本通常由该期间的无风险利率表示。

$$期货价格 = 现货价格 + 融资成本$$

如果对应的资产是一个支付现金股息的股票组合，那么购买期货合约的一方因没有马上持有这个股票组合而没有收到股息；相反，合约卖方因持有对应股票组合收到了股息，因而减少了其持仓成本，因此期货价格要向下调整相当于股息的幅度。结果期货价格是净持仓成本即融资成本减去对应资产收益的函数。即有：

$$期货价格 = 现货价格 + 融资成本 - 股息收益$$

一般地，当融资成本和股息收益用连续复利表示时，指数期货定价公式为：

$$F = S \times e^{(r-q)(T-t)}$$

其中，F 为期货合约在时间 t 时的价值；S 为期货合约标的资产在时间 t 时的价值；r 为对时刻 T 到时刻 t 的一项投资的以连续复利计算的无风险利率（%）；q 为股息收益率，以连续复利计（%）；T 为期货合约到期时间（年）；t 为时间（年）。

考虑一个标准普尔 500 指数的 3 个月期货合约。假设用来计算指数的股票股息收益率换算为连续复利每年 3% 标普 500 指数现值为 400，连续复利的无风险利率为每年 8%。这里 $r = 0.08$，$S = 400$，$T - t = 0.25$，$q = 0.03$。则期货价格 F 为：$F = 400 \times e^{(0.05)(0.25)} = 405$。

我们将这个均衡期货价格叫理论期货价格。实际中，由于模型假设的条件不能完全满足，因此可能偏离理论价格。但如果将这些因素考虑进去，那么实证分析已经证明实际的期货价格和理论期货价格没有显著差异。

（二）期货投资分析方法

1. 经济周期性分析

经济周期性分析是期货投资分析当中最重要的部分。一般情况下，经济有周期性：繁荣—衰退—萧条—复苏。繁荣是指经济的扩张或向上阶段，在这一阶段，投资和消费的需要都会增加，期货价格也会因此而上涨；衰退是经济由繁荣向萧条的过渡阶段；萧条是经济的收缩或下降阶段，这一阶段因为投资和消费的总需求下降，因此期货价格也会下降；复苏是由萧条向繁荣的过渡阶段。

另外，根据美林投资时钟理论，当经济呈现周期性波动时，最佳的资产配置也会发生相应的变化。该理论形象地将经济的周期性衰退、复苏、过热和滞胀比作时钟：在衰退阶段由于投资下滑，消费需求减弱，收益预期下滑，央行多实施宽松政策来刺激经济发展，这一阶段是债券牛市的黄金期，所以这一阶段应该主要配置债券，其次持有现金。复苏期是指随着经济的缓慢增长，需求也出现回暖，企业业绩改善，股票将迎来千载难逢的机会，所以这个阶段以股票为主、债券为辅。过热阶段时由于投资热情不断高涨，债务不断增加，杠杆率不断提高，"灰犀牛"事件使得人们忽视了不断积累的风险，明斯基时刻随之到来。为了避险，商品成为最佳选择。到了滞胀阶段，经济增长缓慢，库存积压，产能过剩，需求严重不足，所以现金为王就成了首选。

尽管经济的周期与期货尤其是商品期货存在明显的正相关性，但是判断经济所处的周期相对较难，即使判断正确，也会因为其他短期性或临时性因素的影响而出现差异，在具体应用上还是需要和其他分析方法结合起来。

2. 平衡表分析

平衡表分析主要还是对报表的分析，尤其是对一些行业报表的统计分析，既有官方的也有非官方的。这些报表里面主要包括期初库存、库存消费比、期末库存、总需求和总供给等。

3. 季节性分析

季节性分析主要适用对原油和农产品等期货的分析，比如在供给的淡季和需求的旺季，价格会上涨；而在供给的旺季和需求的淡季，价格会下跌。这一现象就是大宗商品的季节性波动规律，如天然橡胶、大豆等季节特征非常明显。该方法简单明了，但只适用于特定品种的特定阶段，不应过度依赖。

4. 成本利润分析

该方法主要是将产品的成本线和盈亏临界线作为期货价格的底与顶进行分析的，而且这种分析方法不能将单一产品拿出来进行成本利润分析，而应该充分结合产业链的上下游、副产品、替代品和时间等因素。很多企业因为副产品销售较好，可以忍受价格的下行压力。下面我们以大豆为例进行分析。

（1）种植成本与利润。如果大豆种植成本为每公顷 8000 元，每公顷产量为 1.9 吨，售价为 4600 元/吨，则理论收益为（4600 × 1.9 − 8000）÷ 1.9 = 390（元/吨），而当价格跌到 4210 时，农民就会亏损，所以该价格可以作为一个较强的支撑。

（2）进口成本。大豆的进口一般是基差贸易，也就是点价交易，需要考虑进口关税、增值税等，在基差贸易中，

$$大豆的到岸价格 = [(CBOT期价 + FOB升贴水) \times 单位转换系数 + 海运费]$$
$$\times 增值税 \times 关税 \times 汇率 + 港杂费$$

其中，单位转换系数通常为0.3674（将蒲式耳转换为吨），海运费根据运输距离和航线动态调整。

例：假设某年3月CBOT期价为1000美分/蒲式耳，FOB升贴水为50美分/蒲式耳，海运费为40美元/吨，汇率为7.0，则成本 = [(1000 + 50) × 0.3674 + 40] × 1.09(增值税) × 1.03(关税) × 7.0 ≈ 3420（元/吨）（不含港杂费）。

（3）油厂压榨利润和期货盘面套期保值利润。油厂压榨利润公式为：

$$油厂压榨利润 = 豆粕出厂价 \times 出粕率 + 豆油出厂价 \times 出油率 - 大豆成本 - 加工费$$

其中，豆粕出厂价为油厂销售豆粕的实际价格（元/吨）；出粕率为每吨大豆可产出的豆粕比例，通常在78%~80%；豆油出厂价为油厂销售豆油的实际价格（元/吨）；出油率为每吨大豆可产出的豆油比例，通常在18%~20%；大豆成本为采购大豆的原料成本，通常参考CBOT或DCE大豆期货价格（需换算为人民币到厂价）；加工费为压榨过程中的固定成本，通常为80~150元/吨。

例：若大豆成本为4000元/吨，出粕率为80%，豆粕价为3500元/吨，出油率为18%，豆油价为8000元/吨，加工费为100元/吨，则利润 = (3500 × 0.8) + (8000 × 0.18) - 4000 - 100 = 2800 + 1440 - 4000 - 100 = 140（元/吨）。

期货盘面套期保值利润通过期货合约锁定未来价格，公式为：

$$套保利润 = 豆粕期货价 \times 出粕率 + 豆油期货价 \times 出油率 - 大豆期货价 - 加工费$$

其中，豆粕/豆油期货价为对应交割月份的期货合约价格（如DCE的M合约和Y合约）；大豆期货价通常参考CBOT或DCE大豆期货价格（需考虑汇率、升贴水等）。

例：若大豆期货价为4100元/吨，豆粕期货价为3600元/吨，豆油期货价为8200元/吨，其他参数同上，则利润 = (3600 × 0.8) + (8200 × 0.18) - 4100 - 100 = 2880 + 1476 - 4100 - 100 = 156（元/吨）。

5. 持仓分析

持仓分析主要是看价格、持仓量与成交量之间的关系。主要看净持仓量的大小；观察某一品种或合约是否集中在一个会员或几个会员手中，即区域或派系会员进行持仓分析；跟踪某一主要席位的交易情况、持仓增减，从而确定主力进出场动向。美国商品交易委员会一般提供商业性持仓和非商业性持仓。商业性持仓

主要是套保者，而非商业性持仓是投机者，也是重点关注的部分，是影响行情的主力军。通过持仓分析报告来确定大型对冲者、大型投机者和小型交易者的预测表现，一般大型对冲机构的预测效果要好于大型投机者，而投资者在不同的市场预测结果中差别较大。需要注意的是，持仓分析是从资金的角度进行分析，对短期作用较为明显，而长期趋势需要结合其他分析方法。

6. 事件驱动分析

事件驱动实际上主要有两类事件：系统性事件和非系统性事件。系统性事件对应系统性风险，非系统性事件对应非系统风险。对于金融衍生品而言，系统性事件是影响价格变动的主要原因。在系统性事件中，比较典型的就是"黑天鹅"事件，它有三个特点：意外性、能够生产重大影响、或多或少地可解释和可预测。黄金市场的"黑天鹅"事件诸如美国总统尼克松公然单边撕毁布雷顿森林协议。

而"灰犀牛"事件则是人们习以为常的风险，只是被忽视，没有引起足够的重视，结果导致严重的后果，如影子银行、房地产泡沫、企业杠杆、地方债务等。

通过以上分析，在进行金融衍生品分析时，要相互取长补短。上面分析仅是期货投资分析的一个分支，具体分析时都需要综合考虑。比如原油价格因为全球经济增速下降而下滑，但在 OPEC 等减少作用下又触底反弹，既有经济周期性因素影响，又有事件驱动的因素。

四、中国期货交易所及上市品种

（一）郑州商品交易所（郑商所）

郑州商品交易所成立于 1990 年 10 月，是国务院批准成立的首家期货市场试点单位，由中国证监会管理。其前身是郑州粮食批发市场，先后开展即期现货、现货远期交易，于 1993 年正式推出标准化期货合约，实现了由现货远期到期货的转变。郑商所实行会员制，目前共有会员 164 家，指定交割仓（厂）库、车船板服务机构 345 家，指定保证金存管银行 15 家。

郑商所依托华中、华北平原的庞大粮食产业基地，上市交易的品种主要集中在粮食及经济作物领域，兼备少量轻工业品种。郑商所目前上市交易农产品期货包括强麦（优质强筋小麦）、普麦、早稻棉花、菜籽油、苹果；化工品期货包括 PTA（精对苯二甲酸）、甲醇、玻璃、硅铁、锰硅以及动力煤能源期货；

还有其他期货包括棉纱、红枣、尿素、短纤、纯碱。郑州商品交易所上市的期权品种包括白糖期权、棉花期权、菜籽粕期权、动力煤期权等多个国民经济重要领域。

（二）大连商品交易所（大商所）

大连商品交易所成立于 1993 年，是经国务院批准并由中国证监会监督管理的 5 家期货交易所之一，也是中国东北地区唯一一家期货交易所，大商所也实行会员制，拥有会员单位 161 家，指定交割仓库 464 个。

大商所依托东北三省的粮食产业做支撑，上市交易的品种主要集中在粮油等农产品和少量工业原材料。大商所目前已上市主要期货品种农产品期货包括玉米、大豆 1 号、大豆 2 号、豆粕、豆油、棕榈油、鸡蛋、粳米、生猪、花生；化工产品期货包括聚乙烯（LLDPE、HDPE）、聚氯乙烯（PVC）、聚丙烯（PP）、焦炭、焦煤、苯乙烯、液化石油气（LPG）等；其他期货品种包括细工木板、中密度纤维板、线型低密度聚乙烯（LLDPE）。大连商品交易所已经推出了多个期权品种，具体包括玉米期权、大豆 1 号期权、大豆 2 号期权、豆粕期权、豆油期权、棕榈油期权、鸡蛋期权、粳米期权、生猪期权、聚乙烯期权、聚氯乙烯期权、聚丙烯期权、焦炭期权、焦煤期权、苯乙烯期权、液化石油气期权。近期，大连商品交易所还上市了新的期货和期权品种——原木期货和期权：作为对应木材产业最上游的品种，原木期货和期权的上市有效拓展了期货市场服务木材产业链的深度和广度，并在助力相关产业链企业应对价格风险、完善原木价格形成机制等方面发挥积极作用。此外，大连商品交易所还推出了部分期货和期权品种的夜盘交易，包括玉米、棕榈油、铁矿石、液化石油气、聚丙烯、聚氯乙烯、线型低密度聚乙烯。总之，大连商品交易所通过不断丰富和完善其上市品种，为市场参与者提供了多样化的风险管理工具和投资机会。

（三）上海期货交易所（上期所）

上海期货交易所成立于 1998 年，由上海金属交易所、上海粮油商品交易所和上海商品交易所合并组建而成，于 1999 年 12 月试运营。为了更好地与国际能源品种接轨，2013 年 11 月 6 日由上海期货交易所发起设立了上海国际能源交易中心股份有限公司（以下简称"上期能源"或称"能源中心"），是面向期货市场参与者的国际交易场所。上期所也实行会员制，现有会员 201 家，全国交割仓库 120 家，存放点 225 个。

上期所主要品种集中在工业原材料，尤其是金属材料和能源原材料。目前上海期货交易所上市交易的期货品种有：金属期货（包括黄金、白银、铜、铝、铅、锌、镍、螺纹钢、线材等）、能源期货（包括燃料油、石油沥青、天然橡胶等）、化工类期货（包括沥青、燃料油、橡胶等）、钢铁期货（包括螺纹钢、热卷、不锈钢和线材等）、其他期货（包括纸浆期货等）。

上海期货交易所的上市品种涵盖了金属、能源、化工、农产品等多个领域，这些品种的成交量排名也因市场行情的变化而有所波动。

（四）中国金融期货交易所（中金所）

中国金融期货交易所成立于 2006 年，是专门从事金融期货、期权等金融衍生品交易与结算的公司制交易所。中金所由上海期货交易所、郑州商品交易所、大连商品交易所、上海证券交易所和深圳证券交易所共同发起。中金所实行会员分级结算制度，会员分为结算会员和交易会员。结算会员按照业务范围分为交易结算会员、全面结算会员和特别结算会员。交易结算会员，可以为自己的客户进行结算；全面结算会员，可以为自己的客户和非结算会员进行结算；特别结算会员，本身不参与股指期货的经纪业务和自营业务，但可以为非结算会员进行结算。实行会员分级结算制度，形成多层次风险控制体系，保障市场安全运行。

中国金融期货交易所主要期货期权品种包括沪深 300 股指期货、上证 50 股指期货、中证 500 股指期货、5 年期国债期货、10 年期国债期货、股指期权。中国金融期货交易所上市的股指期权包括股指期权 IO、股指期权 MO、股指期权 HO，除了股指期货外，中国金融期货交易所还上市了多种国债期货品种：2 年期国债期货、5 年期国债期货、10 年期国债期货、30 年期国债期货。这些国债期货的推出，为投资者提供了更加丰富的投资选择和风险管理工具，有助于提高市场的流动性和降低风险。

（五）广州期货交易所（广期所）

广州期货交易所成立于 2021 年 4 月，是我国第一家混合所有制的交易所，股东构成多元，包括中国证监会管理的 4 家期货交易所、广东国资企业、民营企业和境外企业。广期所定位于创新型期货交易所，其设立将为粤港澳大湾区内企业、"一带一路"沿线企业提供更多风险管理工具。广期所股东构成及股比为：上海期货交易所股比 15%、郑州商品交易所股比 15%、大连商品交易所股比

15%、中国金融期货交易所股份有限公司股比 15%、中国平安保险（集团）股份有限公司股比 15%、广东珠江投资控股集团有限公司股比 9%、广州金融控股集团有限公司股比 9%、香港交易及结算所有限公司股比 7%。

广州期货交易所在未来将会涵盖科技、绿色、金融、环保等新兴产业，着力推进碳排放权、电力、工业硅、多晶硅等 16 个期货品种的研发上市。

（六）各期货交易所交易时间

有夜盘的品种，交易日 T 的开盘时间是"T-1"日的夜盘时间，即"T-1"日的夜盘时间是 T 日的一个交易小节，T 日的日盘交易不再进行集合竞价。需要注意的是，法定节假日（双休日除外）的前一交易日夜盘时间暂停，节假日后的第一个日盘开盘时间进行集合竞价。各期货交易所交易时间如表 7-2、表 7-3 所示。

表 7-2　　　　　　　　　　　　日盘交易时间

交易所	集合竞价时间	交易品种		交易时间
郑商所	08：55—08：59（夜盘品种除外）	农产品：强麦、棉纱、白糖（期权）、粳稻、晚籼稻、菜籽油、普麦、早籼稻、菜籽粕（期权）、油菜籽、苹果、棉花（期权）、红枣、花生 工业品：短纤、纯碱、硅铁、锰硅、甲醇（期权）、PTA（期权）、尿素、玻璃、动力煤（期权）	周一～周五	09：00—10：15 10：30—11：30 13：30—15：00
大商所		农产品：黄大豆1号、黄大豆2号、鲜鸡蛋、玉米（期权）、豆油、玉米淀粉、粳米、生猪、豆粕（期权）、棕榈油（期权）、纤维板、胶合板 工业品：苯乙烯、乙二醇、铁矿石（期权）、焦炭、焦煤、聚乙烯（期权）、PVC（期权）、液化石油气（期权）、聚丙烯（期权）		
上期所		有色金属：铜（期权）、铝（期权）、锌（期权）、铅、镍、锡 黑色金属：螺纹钢、线材、不锈钢、热轧卷板 贵金属：白银、黄金（期权） 能源化工：燃料油、沥青、天然橡胶（期权）、纸浆		
能源中心		有色金属：国际铜（BC） 能源化工：原油（期权）、低硫燃料油、20号胶		
中金所	国债9：10—9：14	2年期国债、5年期国债、10年期国债		09：15—11：30 13：00—15：15
	股指9：25—9：29	上证50股指、中证500股指、沪深300股指/期权		09：30—11：30 13：00—15：00

表 7-3　　　　　　　　　　　　夜盘交易时间

交易所	集合竞价时间	交易品种		交易时间
郑商所	20：55—20：59	农产品：棉纱、白糖（期权）、菜籽油、菜籽粕（期权）、棉花（期权） 工业品：短纤、纯碱、甲醇（期权）、PTA（期权）、玻璃、动力煤（期权）	周一～周五	21：00—23：00
大商所		农产品：黄大豆1号、黄豆2号、玉米（期权）、豆油、玉米淀粉、粳米、豆粕（期权）、棕榈油（期权） 工业品：苯乙烯、乙二醇、铁矿石（期权）、焦炭、焦煤、聚乙烯（期权）、PVC（期权）、液化石油气（期权）、聚丙烯（期权）		21：00—23：00
上期所		白银、黄金（期权）		21：00—次日02：30
		铜（期权）、铝（期权）、锌（期权）、铅、镍、锡、不锈钢		21：00—次日01：00
		螺纹钢、热轧卷板、燃料油、沥青、天然橡胶（期权）、纸浆		21：00—23：00
能源中心		国际铜（BC）		21：00—次日01：00
		原油（期权）		21：00—次日02：30
		低硫燃料油、20号胶		21：00—23：00

背景资料

2021 年度中国期货市场发展综述[*]

2021 年中国期货市场成交量创历史新高，连续 3 年大幅增长；在全球场内衍生品市场中，中国 4 家期货交易所的成交量排名稳中有升；在农产品、金属和能源 3 类品种的全球成交量排名中，中国期货品种包揽农产品前 11 名，在金属品种前 10 强中占 9 席，在能源品种前 20 强中占 7 席；期货期权新品种稳步增加，衍生品体系更加完善；期货公司资本实力增强，经纪业务收入大幅增长。

一、期货市场成交量创历史新高

2021 年，中国期货市场成交 75.14 亿手（单边，下同）和 581.2 万亿元，

---

[*] 资料来源：中国期货业协会. 2021 年度中国期货市场发展综述 [EB/OL]. （2022－01－28）［2024－02－20］. https：//futures. jrj. com. cn/2022/01/28144634242531. shtml.

同比分别增长 22.13% 和 32.84%（见图1）。

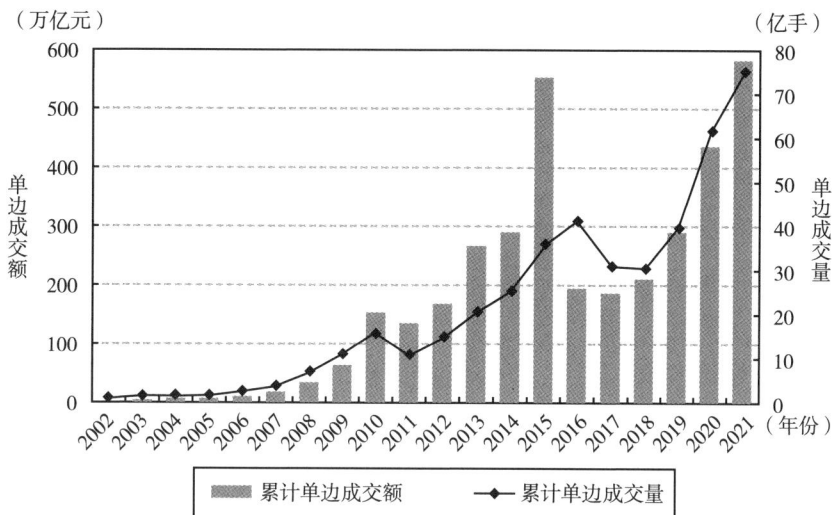

图1　2002～2021年中国期货市场成交量和成交额
资料来源：中国期货业协会。

全球期货市场成交 625.84 亿手，中国期货市场成交量占全球期货市场总成交量的 12%，较 2020 年占比 13.2% 下降了 1.2 个百分点。

分交易所来看，上海期货交易所（以下简称"上期所"）成交 23.7 亿手和 193.1 万亿元，同比分别增长 14.39% 和 37.92%，市场占比分别为 31.55% 和 33.23%。上海国际能源交易中心成交 0.75 亿手和 21.47 万亿元，同比分别增长 33.55% 和 67.93%，分别占全国市场的 1% 和 3.69%。郑州商品交易所（以下简称"郑商所"）成交 25.82 亿手和 108 万亿元，同比分别增长 51.75% 和 79.73%，分别占全国市场的 34.36% 和 18.58%。大连商品交易所（以下简称"大商所"）成交 23.64 亿手和 140.5 万亿元，同比分别增长 7.12% 和 28.62%，分别占全国市场的 31.47% 和 24.17%。中国金融期货交易所（以下简称"中金所"）成交 1.22 亿手和 118.2 万亿元，同比分别增长 5.86% 和 2.37%，分别占全国市场的 1.62% 和 20.33%。

二、全球排名稳中有升，农产品包揽成交前11名

2021 年，根据 Futures Industry Association（FIA）统计的全年成交量数据，郑商所、上期所、大商所和中金所在全球交易所期货与期权成交量排名中分别居于第 7、第 8、第 9 和第 27 位。郑商所、上期所排名较 2020 年分别提升了 5 位和 1 位，中金所排名没有变化，大商所下降了 2 位（见表1）。

表1　　　　　　　　　2021年全球前二十衍生品交易所　　　单位：手（单边）

2021排名	2020排名	交易所	2021年	2020年	变化
1	1	印度国家证券交易所（NSE）	17255329463	8850473823	94.97%
2	2	巴西交易所（B3）	8755773393	6342883080	38.04%
3	3	芝加哥商业交易所集团（CME Group）	4942738176	4820589858	2.53%
4	4	洲际交易所（ICE）	3317893282	2788944012	18.97%
5	5	纳斯达克（NASDAQ）	3292840477	2660595514	23.76%
6	6	芝加哥期权交易所（CBOE）	3095692862	2614108017	18.42%
7	12	郑州商品交易所（ZCE）	2582227206	1701847321	51.73%
8	9	上海期货交易所（SHFE）	2445774713	2128613700	14.90%
9	7	大连商品交易所（DCE）	2364418367	2207327866	7.12%
10	8	韩国交易所（KRX）	2281738234	2184930969	4.43%
11	10	莫斯科交易所（MOEX）	2101589316	2119939033	−0.87%
12	13	伊斯坦布尔交易所（BIST）	2081042040	1517476458	37.14%
13	11	欧洲期货交易所（Eurex）	1703293825	1861416584	−8.49%
14	14	孟买证券交易所（BSE）	1607775410	924427025	73.92%
15	15	迈阿密国际交易所（MIAX）	1338182359	827454642	61.72%
16	19	多伦多证券交易所集团（TMX Group）	613028878	318018983	92.76%
17	17	香港交易所（HKEX）	433092595	437073315	−0.91%
18	18	台湾期货交易所（TAIFEX）	392202371	341393346	14.88%
19	16	日本交易所集团（JPX）	333638732	454261835	−26.55%
20	20	新加坡交易所（SGX）	232104773	247510317	−6.22%

资料来源：FIA.

中国品种包揽前11名，在前20名中占有15席，包括豆粕、菜籽粕、豆油、棕榈油、玉米、天然橡胶、纸浆、白糖、棉花、菜籽油、苹果、鸡蛋、玉米淀粉、黄大豆1号、豆粕期权（见表2）。金属方面，中国品种占据前10强中的9席，前20强中有13席，包括螺纹钢、白银、热轧卷板、铁矿石、镍、铝、硅铁、锰硅、锌、铜、黄金、不锈钢、锡（见表3）；能源方面，中国品种在前20强中占有7席，包括燃料油、石油沥青、动力煤、焦炭、焦煤、原油、液化石油天然气（见表4）。

表2　　　　　　　2021年全球农产品期货和期权成交前20位　　　单位：手（单边）

排名	合约	2021年	2020年	变化
1	豆粕期货，大商所	360388172	359464679	0.3%
2	菜籽粕期货，郑商所	268927210	159893801	68.2%

续表

排名	合约	2021 年	2020 年	变化
3	豆油期货，大商所	229383502	173116523	32.5%
4	棕榈油期货，大商所	226614036	315167096	−28.1%
5	玉米期货，大商所	189287113	177715573	6.5%
6	天然橡胶期货，上期所	121600877	100942773	20.5%
7	纸浆期货，上期所	119222581	34362850	247.0%
8	白糖期货，郑商所	116457963	124551207	−6.5%
9	棉花期货，郑商所	113523632	108338363	4.8%
10	菜籽油期货，郑商所	112755176	105447334	6.9%
11	苹果期货，郑商所	105492739	63009295	67.4%
12	玉米期货，芝加哥期货交易所	86901950	89753068	−3.2%
13	鸡蛋期货，大商所	59397983	132053500	−55.0%
14	玉米淀粉期货，大商所	56625060	28299982	100.1%
15	大豆期货，芝加哥期货交易所	53324458	61122980	−12.8%
16	黄大豆 1 号期货，大商所	49558416	59445167	−16.6%
17	豆粕期权，大商所	37992814	30120942	26.1%
18	豆油期货，芝加哥期货交易所	32675376	32961867	−0.9%
19	玉米期权，芝加哥期货交易所	31648268	24395038	29.7%
20	糖11 号期货，洲际交易所	31002757	39949270	−22.4%

资料来源：FIA.

表 3　　　　　　**2021 年全球金属期货和期权成交前 20 位**　　　单位：手（单边）

排名	合约	2021 年	2020 年	变化
1	螺纹钢期货，上期所	655986710	366043408	79.2%
2	白银期货，上期所	231457606	357232087	−35.2%
3	热轧卷板期货，上期所	220715917	82346338	168.0%
4	铁矿石期货，大商所	174412025	284630172	−38.7%
5	镍期货，上期所	172165580	179764100	−4.2%
6	铝期货，上期所	131457870	52864722	148.7%
7	硅铁 SF 期货，郑商所	95241196	31344180	203.9%
8	黄金期货，伊斯坦布尔交易所	93557193	137639246	−32.0%
9	锰硅期货，郑商所	80496126	45290175	77.7%
10	锌期货，上期所	69341255	60330404	14.9%
11	精炼白银期货，莫斯科交易所	67378342	67041637	0.5%
12	铜期货，上期所	64107155	57164215	12.1%
13	黄金期货（GC），COMEX	58464997	78127531	−25.2%

续表

排名	合约	2021 年	2020 年	变化
14	铝期货，LME	57670339	62019871	−7.0%
15	黄金期货，莫斯科交易所	48466085	32846380	47.6%
16	微银期货，印度多种商品交易所	47357929	47970120	−1.3%
17	黄金期货，上期所	45412161	52405455	−13.3%
18	不锈钢期货，上期所	40468072	10831251	273.6%
19	优等铜期货，LME	29691402	32606077	−8.9%
20	镉期货，上期所	27012409	13314333	102.9%

资料来源：FIA.

表 4 　　　　　**2021 年全球能源期货和期权成交前 20 位** 　　　单位：手（单边）

排名	合约	2021 年	2020 年	变化
1	布伦特原油期货，莫斯科交易所	579590791	742813393	−22.0%
2	燃料油期货，上期所	276993809	477193406	−42.0%
3	WTI 轻质低硫原油期货，纽约商业交易所	248314481	274180352	−9.4%
4	布伦特原油期货，洲际交易所	243666353	231879831	5.1%
5	石油沥青期货，上期所	140463222	204756838	−31.4%
6	亨利港天然气期货，纽约商业交易所	97588795	120799509	−19.2%
7	动力煤期货，郑商所	84236073	61174572	37.7%
8	柴油期货，洲际交易所	82713016	84524207	−2.1%
9	焦炭期货，大商所	59132978	57464017	2.9%
10	焦煤期货，大商所	58305922	26431404	120.6%
11	WTI 轻质低硫原油期货，洲际交易所	51721597	50122648	3.2%
12	RBOB 汽油实物（RB）期货，纽约商业交易所	47837998	46492488	2.9%
13	中质含硫原油期货，上海国际能源中心	42645180	41585786	2.5%
14	荷兰 TTF 天然气期货，洲际交易所	41607968	27315177	52.3%
15	天然气期货，印度多种商品交易所	40032148	46106898	−13.2%
16	纽约港 ULSD 期货，纽约商业交易所	38711497	44003184	−12.0%
17	燃料油期货，洲际交易所	37304745	36021671	3.6%
18	液化石油天然气期货，大商所	35060253	48251668	−27.3%
19	原油期权，纽约商业交易所	30006061	29567191	1.5%
20	布伦特原油期权，洲际交易所	29017774	25863157	12.2%

资料来源：FIA.

三、品种创新持续推进，期货期权产品体系更加完善

2021 年，中国期货市场全年一共上市了 4 个品种（见表 5），包括 2 个期货品种、2 个期权品种。其中，上期所下属上海国际能源交易中心上市了原油期

权，郑商所上市了花生期货，大商所上市了生猪期货和棕榈油期权。

表5　　　　　　　　　　2021年中国期货市场上市品种

序号	交易所	上市品种	上市时间
1	上期所	原油期权	6月21日
2	郑商所	花生期货	2月1日
3	大商所	生猪期货	1月8日
4	大商所	棕榈油期权	6月18日

资料来源：根据各交易所官网信息整理。

截至2021年底，中国期货与衍生品市场上市品种数量达到94个，其中商品类84个（期货64个、期权20个）、金融类10个（期货6个、期权4个）。

四、期货公司资本实力增强，经纪业务收入增长超六成

截至2021年底，中国期货公司总资产1.38万亿元，净资产1614.46亿元，同比分别增长40.8%和19.56%。资本实力有所增强。期货公司的主要业务包括经纪业务、投资咨询业务、资产管理业务和风险管理公司业务。具体来看，截至2021年底，经纪业务收入314.98亿元，同比增长64.06%；投资咨询业务收入1.76亿元，同比增长39.68%；资产管理业务累计收入12.14亿元，同比增长35.34%。截至2021年底，资管产品数量共1726只，产品规模3542.65亿元，产品规模同比增长62.42%。风险管理公司业务本年累计业务收入2628.59亿元，同比增长26%（见表6）。

表6　　　　　　　2019～2021年期货公司主要业务收入情况

业务收入（亿元）	2019年	2020年	2021年
经纪业务	129.00	192.30	314.98
投资咨询业务	1.42	1.26	1.76
资产管理业务	7.73	8.97	12.14
风险管理公司业务	1780.04	2083.50	2628.59

资料来源：中国期货业协会（2020年数据未经审计）。

[1] 本文中的"中国期货市场"是指中国境内期货及期权市场，不包括中国港澳台地区。

[2] 本文中的全球排名主要引用Futures Industry Association（FIA）数据，以场内衍生品成交手数为单位统计和排名。

[3] 本文中的"全球期货市场"指全球期货及期权市场。

[4] 本文所指的上期所均包含其下属子公司上海国际能源交易中心。

[5] 除了在中国金融期货交易所上市的金融类期货期权品种外，另有3个股

指 ETF 期权品种在上海证券交易所、深圳证券交易所上市交易（上证 50ETF 期权合约、上交所沪深 300ETF 期权合约、深交所沪深 300ETF 期权合约）。

[6] 数据来源：中国期货业协会。

第三节　期权市场

一、期权市场概述

（一）期权的含义

期权是一种合约，该合约赋予持有人在某一特定日期或该日之前的任何时间以固定价格购进或售出一种资产的权利。作为主要的金融衍生品之一，期权可以进行双向交易，既可"做多"也可"卖空"，故而它在对冲商品价格与金融产品价格波动上起着十分重要的作用。

与股票、期货等投资工具相比，期权有它独有的优势与特性，使其在现代化的金融衍生品交易中承担着特定目的的交易。（1）期权的与众不同之处在于其非线性的损益结构，正是这种结构特性，使得期权在风险管理、组合投资方面具有较明显的优势。投资者通过对不同期权或是期权与其他投资工具的组合管理，可以构造出差异化的风险收益状况的投资组合，起到对单一的多头或空头头寸进行对冲并锁定风险的作用。（2）期权交易的买方最大的风险仅限于已经支付的权利金，而卖方面临较大风险，必须缴纳保证金作为履约担保。但在期货交易中，合约的买卖双方皆要缴纳一定比例的保证金。因此，与期货相比，期权还具有低成本、高杠杆的特点。

（二）期权市场的起源与发展

有关期权交易的最早记载是《圣经·创世纪》中关于合同制的协议。大约在公元前 1700 年，雅克布为同拉班的女儿瑞切尔结婚，签订了同意为拉班工作 7 年的协议，以获得与瑞切尔结婚的许可。在这里，雅克布 7 年劳作的报酬就是"权利金"，以此换来结婚的"权利"而非义务。

公元前 7 世纪，亚里士多德的著作《政治学》中提到了古希腊哲学家泰勒斯的故事。某一年，泰勒斯预测到第二年将迎来橄榄的丰收年，要想榨取橄榄油，不得不需要橄榄榨油器。于是泰勒斯找到了榨油器的拥有者，支付了一小笔费用即"权利金"用于锁定第二年的榨油器使用费。一年后，橄榄丰收，泰勒斯靠高价卖出榨油器使用权获利丰厚。

17世纪30年代末，荷兰的批发商已经懂得利用期权管理郁金香交易的风险了。在当时，郁金香是身份的象征，受到了荷兰贵族的追捧，批发商们普遍出售远期交割的郁金香。由于从种植者处收购郁金香的成本价格无法事先确定，对于批发商而言，需要承担较大的风险，因此，郁金香期权应运而生。

批发商通过向种植者购买认购期权的方式，在合约签订时就锁定未来郁金香的最高进货价格。收购季到来时，如果郁金香的市场价格比合约规定的价格还低，那么批发商可以放弃期权，选择以更低的市场价购买郁金香而仅损失权利金（为购买期权付出的费用）；如果郁金香的市场价格高于合约规定的价格，那么批发商有权按照约定的价格从种植者处购买郁金香，从而控制了买入的最高价格，这是最早的商品期权。后来，18～19世纪，美国及欧洲相继出现了标的物以农产品为主的场外市场期权交易。

1973年4月26日，首张股票看涨期权合约在芝加哥期权交易所（CBOE）登台亮相，拉开了期权场内标准化交易时代的序幕。随后美国主要交易所（如费城交易所、纽约股票交易所、美国证券交易所）相继推出了股票期权的业务。期权合约的标的品种也逐渐丰富，涵盖股票指数、外汇、商品期货等。

由于标准化的合约为投资者降低了交易成本，解决了场外期权流动性不足等问题，使得CBOE股票期权市场得到了快速发展。随后，包括美国证券交易所、费城交易所、纽约股票交易所在内的大部分美国交易所，在很短的时间里也相继推出了股票期权业务，这为后来股票期权在美国的发展奠定了良好的基础。

1978年，欧洲也陆续推出了股票期权业务。但直到1995年，香港联合证券交易所才推出了亚洲第一只股票期权。股票期权推出后，成交十分火爆，很快就成为香港最为重要的金融衍生品之一。随后，在1997年日本大阪和东京证券交易所也分别推出了股票期权。进入21世纪后，亚太地区股票期权市场的发展步伐不断加快，印度、韩国分别在2001年、2002年推出了股票期权业务。2015年，上海证券交易所推出了中国第一个场内期权交易品种——50ETF期权。

2016年，全球股票期权交易量为33亿张，按照区域划分，交易量主要集中在美洲地区，占全球总成交量的82.1%。其中前5大交易所〔巴西圣保罗证券期货交易所（BM&FBOVESPA）、纳斯达克OMX交易所（NASDAQ OMX）、纽约证券交易所衍生品（NYSE Derivatives）、芝加哥期权交易所（CBOE）以及国际证券交易所（International Securities Exchange）〕占据了全球交易量的 66.3%。此外，欧洲市场占据 7.8%，其交易量主要由欧洲期货交易所（EUREX）贡献。亚太市场近些年发展较快，2016 年交易量占比超过了全球交易量的 10%，达到 10.1%。其中印度证券交易所（National Stock Exchange of India）、澳大利亚证券交易所（Australian Securities Exchange）分列亚洲交易量的第一位和第二位。

二、期权价格的构成要素

期权价格通常是期权交易双方在交易所内通过竞价方式达成的。期权价格由两部分构成："内在价值 + 时间价值"，如图 7 - 1 所示。

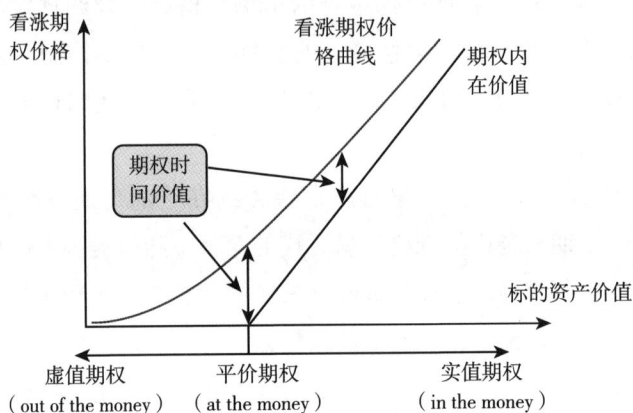

图 7 - 1　期权价格的构成要素

（一）内在价值

期权的内在价值，也称内含价值。具体来说，就是期权立即执行产生的经济价值，可以分为实值期权、虚值期权和两平期权。

（1）实值期权。当看涨期权的执行价格低于当时的实际价格时，或者当看跌期权的执行价格高于当时的实际价格时，该期权为实值期权。

（2）虚值期权。当看涨期权的执行价格高于当时的实际价格时，或者当看跌期权的执行价格低于当时的实际价格时，该期权为虚值期权。

（3）两平期权（平价期权）。当看涨期权的执行价格等于当时的实际价格时，或者当看跌期权的执行价格等于当时的实际价格时，该期权为两平期权。

实值期权：期权执行价格 < 实际价格期权执行价格 > 实际价格

虚值期权：期权执行价格 > 实际价格期权执行价格 < 实际价格

两平期权：期权执行价格＝实际价格期权执行价格＝实际价格

期权距到期日时间越长，大幅度价格变动的可能性越大，期权买方执行期权获利的机会也越大。与较短期的期权相比，期权买方对较长时间的期权应付出更高的权利金。

（二）时间价值

期权具有时间价值的原因是期权持有人在行权以前不必支付行权价款。

随着时间的推移，股票市价可能升高，从而产生额外的内含价值。只要在到期前，所有期权都具有时间价值。在风险系数等其他条件相同时，距到期时间越长，时间价值越大。

时间价值根据其形成原因，有货币时间价值和波动价值两个构成要素。比如在到期前，上面描述的内含价值为200元的期权可能其公允价值为280元，差额80元代表了期权的时间价值。

$$时间价值＝期权价格－内在价值$$

时间价值对于期权买方来说反映了期权内在价值在未来增值的可能性，期权的买方愿意为这部分价值所付出的额外费用是期权权利金中超出内在价值的部分。

期权交易是有时间期限的，因为有时间则意味着标的资产价格波动的可能性越大。通常来说，期权合约的有效期越长，时间价值越大，权利金成本也相对越高，而随着期权合约临近到期日，其时间价值逐渐变小，直至归零。

（三）影响期权价格的因素

（1）标的资产价格。标的资产价格上涨，看涨期权更易获利，看跌期权更不易获利，所以标的资产价格和期权价格走势相反。

（2）波动率。波动率上升，标的资产更易大涨、大跌，看涨、看跌期权都更易获利，期权价格便会上涨，但标的资产大涨时，看涨期权的涨幅明显会大于看跌期权的涨幅。

（3）无风险利率。无风险利率上升，标的资产价格上涨，看涨期权上涨，看跌期权下跌；无风险利率下降的情况则相反。

（4）到期日。到期日越短，看涨和看跌期权都越不易转为实值，期权价格越低，到期后虚值期权会贬值为零；到期日越长的情况则相反。

（5）行权价。行权价越高，看涨期权越不易转为实值，越不易盈利，期权价格越低，看跌期权价格则越高；行权价越低的情况相反。

三、期权的定价理论与期权的交易策略

（一）期权的定价理论

期权定价理论已经成为金融经济理论的基石，类似于期权的结构存在于金融经济学的每一个角落。布莱克和肖尔斯（Black and Soholes）早在 1973 年就提出了应用期权定价理论的一个重要例子：公司股票的支付结构等价于以其资产为标的资产的买入期权的支付结构，该期权的执行价格是公司的账面债务，到期日为公司债务的到期日。因此，期权定价理论可以用于对公司的股东权益和债务进行定价。

许多公司金融工具与期权具有相同或相近的结构，可以利用期权定价理论构建这些金融工具的定价模型，用于对债务进行优先级、赎回、沉淀基金等安排；对债券进行可转换安排；对贷款设定利率上限和下限；用股票和债券进行担保。总而言之，期权定价理论为公司债务的定价提供了理论基础。

期权定价的方法还可用来对非公司财务安排（如政府贷款担保、养老保险和存款保险等）进行定价，对各种雇员补偿计划进行评估。期权定价分析与资产组合理论相结合，已经成为研究保险理论的重要工具。金融机构在设计金融产品组合时，期权定价分析在风险共享产品的确认、产品定价、风险管理和风险控制等方面的作用尤为突出。

期权定价理论可以用于评估资本预算决策问题中的运行期权或实物期权。举例来说，有两套生产设施：一套可以使用多种投入并生产出多种产品；另一套是专用设施，只能使用一种投入，生产出来的产品只有一种。前一套设施为企业提供了运行期权或实物期权，期权定价理论可用来对它进行评估。

期权分析特别适用于评估项目的弹性部分，而这正是传统的资本预算技术难以胜任的工作。因此，期权定价理论为项目预算提供了适当的数量评估方法。

1. B－S期权定价模型（以下简称"B－S模型"）及其假设条件

期权定价是所有金融应用领域数学上最复杂的问题之一。第一个完整的期权定价模型由费希尔·布莱克和迈伦·斯科尔斯（Fisher Black & Myron Scholes）于 1973 年创立。B－S 模型发表的时间和芝加哥期权交易所正式挂牌交易标准化期权合约几乎是同时的。不久，得克萨斯仪器公司就推出了装有根据这一模型计算期权价值程序的计算器。原始的 B－S 模型仅限于这类期权：资产可用于卖出期权；能够评估价值，资产价格行为随时间连续运动。随后建立在原始的 B－S

模型上的研究以及许多其他期权定价模型的变体相继出现，用于处理其他类型的标的资产以及其他类型的价格行为。

（1）成立条件。任何一个模型都是基于一定的市场假设的，B – S 模型的基本假设有以下几点。

① 在期权寿命期内，买方期权标的股票不发放股利，也不做其他分配；

② 股票或期权的买卖没有交易成本；

③ 短期的无风险利率是已知的，并且在寿命期内保持不变；

④ 任何证券购买者都能以短期的无风险利率借得任何数量的资金；

⑤ 允许卖空，卖空者将立即得到所卖空股票当天价格的资金；

⑥ 期权为欧式期权，只能在到期日执行；

⑦ 所有证券交易都是连续发生的，股票价格随机游走；

⑧ 股票价格服从对数正态分布。

（2）计算方法。根据假设和数学推断，欧式认购期权价格的计算公式为：

$$C = S \cdot N(d_1) - X \cdot e^{-rt} \cdot N(d_2)$$

其中，C 为看涨期权的当前价值；X 为期权的执行价格；S 为标的股票的当前价格；t 为期权到期日前的时间（年）；r 为连续复利的年度无风险利率；$N(d)$ 为标准正态分布中离差小于 d 的概率；e 为自然对数的底数，约等于 2.7183。

对于该公式，我们可以从两个角度进行理解。

第一个角度根据定价原理，该模型可以看作两部分：$SN(d_1)$ 和 $Xe^{-rt}N(d_2)$，正好理解为一个投资组合的两个组成部分，即 $N(d_1)$ 份正股和 $Xe^{-rt}N(d_2)$ 元的无息贷款的组合。也就是说，在权证未到期前的任何时刻，一份认购权证的价值与 $N(d_1)$ 份正股和 $Xe^{-rt}N(d_2)$ 元的无息贷款的组合价值相同。

第二个角度是从权证的到期收益来理解模型，权证的价值由其到期日能够给持有者带来的收益决定。但是到期时正股价格不确定，因此权证的收益也难以确定。假设到期时正股价格为 S，则到期时认购权证的价格为 $S – X$。那么在到期前的任一时刻 t，要想知道认购权证的价格，我们就需要推算认购权证到期时正股价为 S 的概率，同时将行权价格按一定的贴现率折算为时刻 t 的现值。因此，认购权证的定价模型可以理解为在任一时刻 t，认购权证到期时正股价格为 S 的概率为 $N(d_1)$，Xe^{-rt} 为行权价格在时刻 t 的现值，$N(d_2)$ 为概率。因此，在任一时刻 t，认购权证给投资者带来的收益即为 $SN(d_1) - Xe^{-rt}N(d_2)$。

在得出了欧式认购权证的价格之后，很容易得出欧式认沽权证价格的计算公式，即 $P = Xe^{-rt}N(-d_2) - SN(-d_1)$。

同样，我们也可以从两个不同的角度来直观理解认沽权证的 B－S 定价公式。

一个角度是把认沽权证看作 $Xe^{-rt}N(-d_2)$ 元无息存款与卖出 $N(-d_1)$ 份正股的组合。也就是说，在任一时刻，一份认沽权证的价值与卖出 $N(-d_1)$ 份正股并同时存入 $Xe^{-rt}N(-d_2)$ 元的无息存款的价值相同。

另一个角度看，假设到期时正股价格为 S 元，则到期时认沽权证的价格为 $X-S$ 元。认沽权证的 B－S 定价模型可以理解为在任一时刻 t，认沽权证到期时正股价格为 S 的概率为 $N(-d_1)$，Xe^{-rt} 为行权价格在时刻 t 的现值，因此，在任一时刻 t，认沽权证能够给投资者带来的收益即为 $Xe^{-rt}N(-d_2)-SN(-d_1)$。

2. 期权定价的二项式模型

1979 年，科克斯（Cox）、罗斯（Ross）和卢宾斯坦（Rubinsetein）的论文《期权定价：一种简化方法》提出了二项式模型（binomial model），该模型建立了期权定价数值法的基础，解决了美式期权定价的问题。

二项式模型的假设如下：

（1）不支付股票红利；

（2）交易成本与税收为零；

（3）投资者可以以无风险利率拆入或拆出资金；

（4）市场无风险利率为常数；

（5）股票的波动率为常数。

假设在任何一个给定时间，金融资产的价格以事先规定的比例上升或下降。如果资产价格在时间 t 的价格为 S，它可能在时间 $t+\Delta t$ 上升至 uS 或下降至 dS。假定对应资产价格上升至 uS，期权价格也上升至 Cu，如果对应资产价格下降至 dS，期权价格也降至 Cd。当金融资产只可能达到这两种价格时，这一顺序称为二项程序。

3. 风险中性定价理论概述

风险中性理论（又称风险中性定价方法）表达了资本市场中的这样一个结论：即在市场不存在任何套利可能性的条件下，如果衍生证券的价格依然依赖于可交易的基础证券，那么这个衍生证券的价格是与投资者的风险态度无关的。这个结论在数学上表现为衍生证券定价的微分方程中并不包含投资者风险态度的变量，尤其是期望收益率。

风险中性价原理是约翰·考克斯（John Carrington Cox）和斯蒂芬·罗斯（Stephen A. Ross）于 1976 年推导期权定价公式时建立的。由于这种定价原理与投资者的风险制度无关，从而推广到对任何衍生证券都适用，所以在以后的衍生证券的定价推导中，都接受了这样的前提条件，就是所有投资者都是风险中性的，或者是在一个风险中性的经济环境中决定价格，并且这个价格的决定又是适用于任何一种风险态度的投资者。

关于这个原理，有着一些不同的解释，从而更清晰了衍生证券定价的分析过程。首先，在风险中性的经济环境中，投资者并不要求任何的风险补偿或风险报酬，所以基础证券与衍生证券的期望收益率都恰好等于无风险利率；其次，正由于不存在任何的风险补偿或风险报酬，市场的贴现率也恰好等于无风险利率，所以基础证券或衍生证券的任何盈亏经无风险利率的贴现就是它们的现值；最后，利用无风险利率贴现的风险中性定价过程是鞅（Martingle），或者现值的风险中性定价方法是鞅定价方法。

4. 鞅定价方法概述

哈里森及克雷普斯（Harrison & Kreos，1979）提出了一种求解金融衍生产品的定价方法——鞅定价方法。在鞅定价方法下，证券的价格可由折现该产品未来现金流量得到，且期望值折现在风险中立下计算。鞅定价方法比随机微分方程简单，也不会涉及复杂的积分。许多随机微分方程不能求解的问题，鞅定价方法可轻易求解。

股票价格的随机过程可以表示为：

$$\frac{\mathrm{d}S}{S} = \mu \mathrm{d}t + \sigma \mathrm{d}W^P$$

其中，W^P 表示在概率测度 P 下的布朗运动。上述公式可以转化为风险中性概率测度 Q 下的随机过程：

$$\frac{\mathrm{d}S}{S} = r\mathrm{d}t + \sigma \mathrm{d}W^Q$$

其中，$\mathrm{d}W^Q = \mathrm{d}W^P + \left(\frac{\mu - r}{\sigma}\right)\mathrm{d}t$。

比较上述两个公式可以发现，原来的 μ 已经被无风险利率 r 取代，波动率 σ 并未受到影响。

在风险中性概率测度 Q 下，股票价格的动态过程变为：

$$\mathrm{d}\ln S_t = \left(r - \frac{\sigma^2}{2}\right)\mathrm{d}t + \sigma W_T^Q$$

因此，相应的其动态过程可表示为：

$$S_T = S\exp\left[\left(r - \frac{\sigma^2}{2}\right)T + \sigma W_T^Q\right]$$

在定价股票期权时，须计算 $E^Q[S_T | S_T > K]$，它表示在到期日 T，股价 S_T 大于执行价格 K 的期望。

利用 Girsanov 定理，经过一系列推导，可以得到：

$$E^Q[S_T | S_T > K] = Se^{rT}N(d_1)$$

其中，$N(d_1) = \int_{\infty}^{d_1} \frac{1}{\sqrt{2\pi}} e^{-X^2/2} dx$ 标准正态分布的累积概率。

计算出 $E^Q[S_T | S_T > K]$ 后，然后再依据买权、卖权以及其他相应的条件比较容易得到股票期权的价格。

（二）期权的交易策略

在金融市场，期权交易有 4 种基本的交易策略，即买进看涨期权、卖出看涨期权、买进看跌期权、卖出看跌期权并进行相应的盈亏分析，然后由投资者进行判断怎么样获利。

1. 买进看涨期权

当预期某种商品和金融证券的价格呈上涨趋势时，人们会愿意购买该看涨期权，如果预期正确，这种期权会为购买者带来盈利；反之该期权购买者的最大损失只有期权权利金。这种关系可用图 7 - 2 来说明。

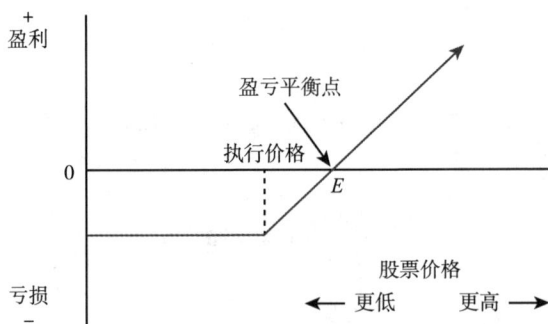

图 7 - 2 买入看涨期权

图 7 - 2 中纵轴代表看涨期权交易的盈利或亏损，0 点以上是交易盈利，用"＋"号表示；0 点以下是交易亏损，用"－"号表示；从 0 点引出的横轴代表期权期满时基础股票的市场价格水平。如果某投资者购买了某种股票的看涨期权 100 股，每股权利金为 5 美元，共支付 500 美元。期限 6 个月，敲定价格为每股 100 美元，在期权有效期内，该种股票价格上涨，当股票价格超过期权敲定价格时，期权盈亏线开始上升；在横轴的 E 点上，股票市场价格超过期权敲定价格部分等于期权的价格，这时期权交易的盈亏都等于零，若股票的市场价格超过 E 点

继续向右移动，购买看涨期权开始盈利。股票的市场价格升得越高，购买看涨期权盈利就越大。如上涨到每股 120 美元，其每股收益为 15 美元（120 – 100 – 5），当股票价格下跌时，低于敲定价格时，投资人就会放弃该项期权，其最大损失就是支付 500 美元权利金。可见，购买看涨期权的交易特点是：亏损额是固定的、有限的，而盈利额则不固定，可能很大。

2. 卖出看涨期权

对于看涨期权的卖方来说，他之所以出售看涨期权，主要原因在于他的预期和期权买方相反，认为未来股票价格不会上涨而会下跌，或者认为上涨幅度不大，所以他才愿意出售该项看涨期权，以获取全部期权权利金。当然，如果预期失误，也会遭受损失。这种情况如图 7 – 3 所示。

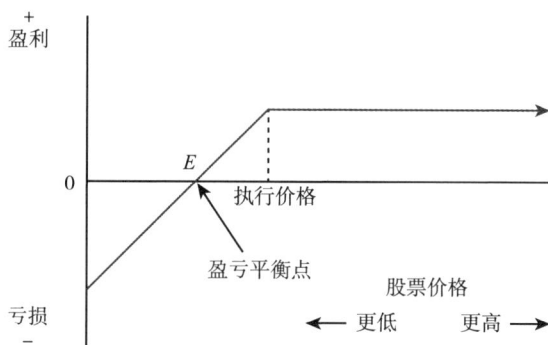

图 7 – 3　卖出现金担保看跌期权

3. 买进看跌期权

当投资者预计某标的资产的价格会下跌时，他就会买进该标的资产的看跌期权，若标的资产的市场价格在期权的最后期限日下跌并且跌至执行价格以下，该投资者就会执行期权。如果投资者是套期保值者，他就会以较高的执行价格出卖其标的资产，从而避免市场价格下跌造成的损失。如果投资者是投机者，他就会以较低的市场价格在现货市场上买进标的资产，然后以较高的执行价格卖出，从而获利。并且标的资产的价格下跌的幅度越大，投资者的获利就越多。相反，若标的资产的价格上涨并超过执行价格，投资者就会遭受损失，且最大损失为期权价格支出。

4. 卖出看跌期权

与卖出看涨期权相似，只是当期货价格不变或者是上涨的时候才会有收益。无论在市场中进行期货交易还是期权交易，交易技巧是不可忽视的。但是有时候只有掌握了最基本的交易策略，才能够逐步地积累更多的交易抉择，在市场中才能不断地增加获利的机会。更多的交易方法推荐阅读三大市场中的集合竞价规则。

四、中国期权市场及产品

由于我国期权市场起步较晚,在期权品种丰富度方面与海外期权市场相比存有一定差距。

(一) 场外期权

2011年,我国在金融市场上推出银行间市场人民币兑外汇期权(欧式);2015年1月,黄金实物期权获得中国人民银行批复上线,标志着中国黄金现货市场将形成完整的产品体系,产品包括黄金现货、即期、延期、远期、掉期和期权。2015年1月9日,中国证监会发布的《股票期权交易试点管理办法》规定:证券公司可以从事股票期权经纪业务、自营业务、做市业务,期货公司可以从事股票期权经纪业务、与股票期权备兑开仓及行权相关的证券现货经纪业务。2021年,场外期权业务名义本金新增9840亿元,同比增长65%。

(二) 场内期权

我国场内期权主要包括指数期权和商品期权。

2015年2月9日于上海证券交易所上市的指数期权上证50ETF是国内首只场内期权品种。2019年12月,沪深300ETF期权上市,开启了上海证券交易所股票期权市场多标的运行的新阶段。2022年9月,上海证券交易所上市交易中证500ETF期权合约品种(中证500ETF,510500)。同日,深圳证券交易所上市交易创业板ETF期权和中证500ETF期权。

2017年3月31日,豆粕期权作为国内首只商品期货期权,在大连商品交易所上市。随后,在2017年4月19日白糖期权也在郑州商品交易所上市交易。

(三) 中国期权市场的特点

虽然我国期权市场经过近几年的发展已经初具规模,业务类型、功能定位和监管体系基本成型,但由于起步较晚,我国期权市场目前还处于发展的初级阶段,存有期权品种缺乏、场内场外发展欠均衡、市场参与者门槛较高的特点。

(1)期权品种不完善。投资者可参与品种少,且多数期货品种无对应期权,两类市场匹配度差,无法满足特定投资组合的对冲需求。正如前面所述,我国期权种类有待完善，作为一种常用的对冲交易工具，品种的匮乏限制了期权市场与期货、股票等市场联系的紧密度，也制约了投资组合的构造和对头寸的风险缓释。

（2）场内期权与场外期权市场发展有失均衡，场外市场规模增速远大于场内。我国目前已推出的场内交易品种仅有三类，场外期权由于品种多样、形式灵活，发展速度远大于场内期权。2017年第三季度末，场外期权期末规模大约是上证50ETF期权的7.3倍。因此，我国标准化的场内期权市场与交易品种有待进一步发展与扩容。

（3）我国期权参与者门槛高，市场活跃度受限。上证50ETF期权投资者要求具备两融及金融期货交易经历，且在资产方面也有一定门槛限制；而外汇期权的参与者则必须有真实贸易背景，仅能通过银行间市场进行操作，且只允许全额交割，原则上不能进行差额交割。此类政策对参与者资质设限，一定程度上限制了市场规模与产品流动性。

第四节　其他衍生品市场

一、外汇掉期

（一）外汇掉期的含义

外汇掉期是金融掉期产品的一种。金融掉期又称金融互换，是指交易双方按照预先约定的汇率、利率等条件，在一定期限内，相互交换一组资金，达到规避风险的目的。掉期业务结合了外汇市场、货币市场和资本市场的避险操作，为规避中长期的汇率和利率风险提供了有力的工具。作为一项高效的风险管理手段，掉期的交易对象可以是资产，也可以是负债；可以是本金，也可以是利息。

外币兑人民币的掉期业务实质上是外币兑人民币即期交易与远期交易的结合，具体而言，银行与客户协商签订掉期协议，分别约定即期外汇买卖汇率和起息日、远期外汇买卖汇率和起息日。客户按约定的即期汇率和交割日与银行进行人民币和外汇的转换，并按约定的远期汇率和交割日与银行进行反方向转换的业务。外汇掉期是国际外汇市场上常用的一种规避汇率风险的手段。

例：广东省一家内贸易公司向美国出口产品，收到货款100万美元。该公司需将货款兑换为人民币用于中国国内支出。同时，公司需从美国进口原材料，将于3个月后支付100万美元的货款。此时，这家贸易公司是持有美元，短缺人民币资金，若当时的美元兑人民币为 1 美元＝8.10 元，公司以 8.10 的汇率将 100 万美元换成了 810 万元人民币，3 个月后需要美元时，公司还要去购汇（用人民币换回美元用于支付）。这样，公司在做两笔结售汇交易的同时，承担着汇率风险。如果 3 个月后人民币贬值为 8.15，公司就必须用 815 万元人民币换回 100 万美元，产生了 5 万元人民币的损失。在中国银行开办掉期业务后，这家公司可以采取以下措施来对冲风险：先做一笔 3 个月美元兑人民币掉期外汇买卖，即期卖出 100 万美元买入相应的人民币，同时约定 3 个月后卖出人民币买入 100 万美元。假设美元 3 个月年利率为 3%，人民币 3 个月年利率为 1.7%，中国银行利用利率平价理论加之风险预期再加之金融产品风险等级得出的掉期点数为 －450，则换回美元的成本就固定为 8.055。如此，公司解决了流动资金短缺的问题，还达到了固定换汇成本和规避汇率风险的目的。

（二）功能特点

客户委托银行买入 A 货币，卖出 B 货币，确定将来另一工作日反向操作，卖出同等金额 A 货币，买入 B 货币。

客户仅做远期外汇买卖后，因故需要提前交割，或者由于资金不到位或其他原因，不能按期交割，需要展期时，都可以通过叙做外汇掉期买卖对原交易的交割时间进行调整。

一笔掉期外汇买卖可以看成由两笔交易金额相同、起息日不同、交易方向相反的外汇买卖组成，因此一笔掉期外汇买卖具有一前一后两个起息日和两项约定的汇率水平。在掉期外汇买卖中，客户和银行按约定的汇率水平将一种货币转换为另一种货币，在第一个起息日进行资金的交割，并按另一项约定的汇率将上述两种货币进行相反方向的转换，在第二个起息日进行资金的交割。

（1）最常见的掉期交易是把一笔即期交易与一笔远期交易合在一起，等同于在即期卖出甲货币、买进乙货币的同时，反方向买进远期甲货币、卖出远期乙货币的外汇买卖交易。

例：一家美国贸易公司在 1 月预计 4 月 1 日将收到一笔欧元货款，为防范汇率风险，公司按远期汇率水平同银行叙做了一笔 3 个月远期外汇买卖，买入美元卖出欧元，起息日为 4 月 1 日。但到了 3 月底，公司得知对方将推迟付款，在 5 月 1 日才能收到这笔货款。于是公司可以通过一笔 1 个月的掉期外汇买卖，将 4 月 1 日的头寸转换至 5 月 1 日。

（2）若客户持有甲货币而需使用乙货币，但在经过一段时间后又收回乙货币并将其换回甲货币，也可通过叙做掉期外汇买卖来固定换汇成本，防范风险。

例：一家日本贸易公司向美国出口产品，收到货款500万美元。该公司需将货款兑换为日元用于国内支出。同时公司需从美国进口原材料，并将于3个月后支付500万美元的货款。此时，公司可以采取以下措施：叙做一笔3个月美元兑日元掉期外汇买卖，即期卖出500万美元，买入相应的日元，3个月远期买入500万美元，卖出相应的日元。通过上述交易，公司可以轧平其中的资金缺口，达到规避风险的目的。

掉期交易只做一笔交易，不必做两笔，交易成本较低。

（三）外汇掉期的发展

外汇掉期是交易双方约定以货币A交换一定数量的货币B，并以约定价格在未来的约定日期用货币A反向交换同样数量的货币B。外汇掉期形式灵活多样，但本质上都是利率产品。20世纪80年代以来，外汇掉期市场迅猛发展，全球外汇掉期日均交易量从1989年的1900亿美元增长到2004年的9440亿美元，从1995年起，全球外汇掉期交易的日交易量已超过外汇即期交易和远期交易，至2004年，分别为外汇即期交易和远期交易日交易量的1.5倍和4.5倍。2005年8月2日，中国人民银行下发《关于扩大外汇指定银行对客户远期结售汇业务和开办人民币与外币掉期业务有关问题的通知》，允许符合条件的商业银行开办人民币与外币掉期业务。

外汇掉期也被中央银行作为货币政策工具，用于从市场上收回流动性或向市场投放流动性。一些国家（如瑞士、德国、英国、新加坡、泰国等）中央银行都曾（或正在）使用外汇掉期作为公开市场操作工具。以瑞士中央银行为例，由于瑞士政府财政赤字很小，央行公开市场操作缺乏短期政府债券工具，因此瑞士央行曾主要运用外汇掉期来调节银行体系的流动性，1993年瑞士央行未平仓外汇掉期合约金额最高曾达到基础货币的50%左右。

（四）外汇掉期的影响

1. 对汇率的影响

随着市场对掉期的逐渐认识，如果央行再次进行掉期操作，对即期市场汇率水平不会发生太大的影响。同时，央行将会继续通过在外汇市场发表声明，来进行口头影响，以稳定汇率水平。如果央行对远期汇率的确定主要根据利率平价理论客观地进行定价，并且即期外汇市场中，央行参与买卖没有发生大的变化，那么掉期操作中的远期汇率将会进一步稳定远期汇率价格。在市场客观条件的定价基础上，通过央行权威者的使用，打击市场投机资金，使远期汇率更加趋向其均衡水平。

2. 对国内利率水平的影响

通过对利率平价中影响中国利率水平的各个因素分析，不难得出，进行外汇掉期套利的短期内（约一周左右的时间），由于即期汇率的明显下降导致中国市场的短期利率上升。市场利率水平主要是由市场资金量和央行对利率水平的态度所决定——债券市场资金量供大于求局面不会迅速转变，经济改革、金融改革要求市场低利率环境。

3. 对外汇市场的影响

外汇掉期交易中包括即期交易与远期交易两部分。外汇掉期中的远期汇率是基于市场中的远期汇率报价，这必然强调了远期交易得以有效运用的要求——价格稳定，相关远期市场的深度发展和远期汇率报价的及时性、连续性。这自然需要中国外汇远期市场应当继续朝着纵深方向发展。因此，开展外汇掉期操作为推动中国远期外汇市场的进一步发展带来了又一个需求动力。同时，开展外汇掉期操作也有助于提高远期外汇交易的流动性，两者是相辅相成的。

随着远期外汇市场的逐渐规范，今后外汇期货、外汇期权等一系列的外汇市场衍生产品具有了良好的客观定价环境，这有利于中国外汇市场的进一步发展，有利于各种外汇避险工具的应用，有利于中国汇率形成机制的早日完全市场化，有利于中国资本的自由流动早日实现。

二、互换产品

互换交易是指交易双方同意在预先约定的时间内，直接或通过一个中间机构来交换一连串付款义务的金融交易，主要有货币互换和利率互换两种类型。

互换交易是继 20 世纪 70 年代初出现金融期货后，又一典型的金融市场创新业务。目前，互换交易已经从量向质的方面发展，甚至还形成了互换市场同业交易市场。在这个市场上，互换交易的一方当事人提出一定的互换条件，另一方就能立即以相应的条件承接下来。利用互换交易，可依据不同时期的不同利率、外汇或资本市场的限制动向筹措到理想的资金。因此，从某个角度来说，互换市场是最佳筹资市场。总之，互换交易的开拓，不但为金融市场增添了新的保值工具，而且也为金融市场的运作开辟了新的境地。

（一）利率互换（interest swap）

利率互换是指两笔货币相同、债务额相同（本金相同）、期限相同的资金，作固定利率与浮动利率的调换。这个调换是双方的，如甲方以固定利率换取乙方的浮动利率，乙方则以浮动利率换取甲方的固定汇率，故称互换。互换的目的在于降低资金成本和利率风险。利率互换与货币互换都是于1982年开拓的，是适用于银行信贷和债券筹资的一种资金融通新技术，也是一种新型的避免风险的金融技巧，目前已在国际上被广泛采用。

利率互换之所以会发生，是因为存在着这样两个前提条件：一是存在品质加码差异；二是存在相反的筹资意向。

例：假设A和B两家公司，A公司的信用级别高于B公司，因此B公司在固定利率和浮动利率市场上借款所需支付的利率要比A公司高。首先介绍一下在许多利率互换协议中都需用到的LIBOR，即伦敦同业银行间放款利率，LIBOR经常作为国际金融市场贷款的参考利率。现在A、B两家公司都希望借入期限为5年的1000万美元，并提供了如表7－4所示的利率。

表7－4　　　　　　　　　　　　利率情况

公司名称	固定利率	浮动利率
公司A	10.00%	6个月期LIBOR+0.30%
公司B	11.20%	6个月期LIBOR+1.00%

由表7－4可知，在固定利率市场B公司比A公司多付1.20%，但在浮动利率市场只比A公司多付0.7%，说明B公司在浮动利率市场有比较优势，而A公司在固定利率市场有比较优势。现在假如B公司想按固定利率借款，而A公司想借入与6个月期LIBOR相关的浮动利率资金。由于比较优势的存在将产生可获利润的互换。A公司可以10%的利率借入固定利率资金，B公司以LIBOR+1%的利率借入浮动利率资金，然后他们签订一项互换协议，以保证最后A公司得到浮动利率资金、B公司得到固定利率资金。

作为理解互换进行的第一步，我们假想A公司与B公司直接接触，他们可能商定的互换类型如下图所示。A公司同意向B公司支付本金为1000万美元的以6个月期LIBOR计算的利息作为回报，B公司同意向A公司支付本金为1000万美元的以9.95%固定利率计算的利息（见图7－4）。

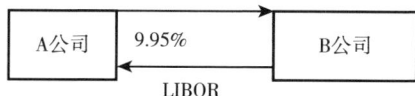

图7－4　利率互换的交易流向

考察A公司的现金流：（1）支付给外部贷款人年利率为10%的利息；（2）从B公司得到年利率为9.95%的利息；（3）向B公司支付LIBOR的利息。

三项现金流的总结果是 A 公司只需支付 LIBOR +0.05% 的利息，比它直接到浮动利率市场借款少支付 0.25% 的利息。

同样 B 公司也有三项现金流：（1）支付给外部借款人年利率为 LIBOR + 1% 的利息；（2）从 A 公司得到 LIBOR 的利息；（3）向 A 公司支付年利率为 9.95% 的利息。

三项现金流的总结果是 B 公司只需支付 10.95% 的利息，比它直接到固定利率市场借款少支付 0.25% 的利率。

这项互换协议中 A 公司和 B 公司每年都少支付 0.25%，因此总收益为每年 0.5%。

利率互换的优点如下：

（1）风险较小。因为利率互换不涉及本金，双方仅是互换利率，风险也只限于应付利息这一部分，所以风险相对较小。

（2）影响甚微。这是因为利率互换对双方财务报表没有什么影响，现行的会计规则也未要求把利率互换列在报表的附注中，故可对外保密。

（3）成本较低。双方通过互换，都实现了自己的愿望，同时也降低了筹资成本。

（4）手续较简，交易迅速达成。

利率互换的缺点就是该互换不像期货交易那样有标准化的合约，有时也可能找不到互换的另一方。

（二）货币互换（currency swap）

货币互换是指两笔金额相同、期限相同、计算利率方法相同，但货币不同的债务资金之间的调换，同时也进行不同利息额的货币调换。简单来说，利率互换是相同货币债务间的调换，而货币互换则是不同货币债务间的调换。货币互换双方互换的是货币，它们之间各自的债权债务关系并没有改变。初次互换的汇率以协定的即期汇率计算。

货币互换的目的在于降低筹资成本及防止汇率变动风险造成的损失。

货币互换的条件与利率互换一样，包括存在品质加码差异与相反的筹资意愿。此外，还包括对汇率风险的防范。

例：某公司有一笔日元贷款，金额为 10 亿日元，期限 7 年，利率为固定利率 3.25%，付息日为每年 6 月 20 日和 12 月 20 日。2014 年 12 月 20 日提款，2021 年 12 月 20 日到期归还。

公司提款后，将日元买成美元，用于采购生产设备。产品出口得到的收入是美元收入，而没有日元收入。

从以上的情况可以看出，公司的日元贷款存在着汇率风险。具体来看，公司借的是日元，用的是美元，2021 年 12 月 20 日时，公司需要将美元收入换成日元还款。那么到时如果日元升值，美元贬值（相对于期初汇率），则公司要用更多的美元来买日元还款。由于公司的日元贷款在借、用、还上存在着货币不统一，这样就存在着汇率风险。

公司为控制汇率风险，决定与中国银行叙做一笔货币互换交易。双方规定，交易于 2014 年 12 月 20 日生效，2021 年 12 月 20 日到期，使用汇率为 USD1 = JPY113。这一货币互换，表示如下：

（1）在提款日（2014 年 12 月 20 日）公司与中国银行互换本金：公司从贷款行提取贷款本金，同时支付给中国银行，中国银行按约定的汇率水平向公司支付相应的美元。

（2）在付息日（每年 6 月 20 日和 12 月 20 日）公司与中国银行互换利息：中国银行按日元利率水平向公司支付日元利息，公司将日元利息支付给贷款行，同时按约定的美元利率水平向中国银行支付美元利息。

（3）在到期日（2021 年 12 月 20 日）公司与中国银行再次互换本金：中国银行向公司支付日元本金，公司将日元本金归还给贷款行，同时按约定的汇率水平向中国银行支付相应的美元。

从以上可以看出，由于在期初与期末，公司与中国银行均按预先规定的同一汇率（USD1 = JPY113）互换本金，且在贷款期间公司只支付美元利息，而收入的日元利息正好用于归还原日元贷款利息，从而使公司完全避免了未来的汇率变动风险。

货币互换的优点是：可降低筹资成本、满足双方意愿避免汇率风险，这是因为互换通过远期合同，使汇率固定下来。这种互换的缺点与利率互换一样，也存在违约或不履行合同的风险，如果是这样，另一方必然因利率、汇率变动而遭受损失。

这里须注意的是，货币互换与利率互换可以分别进行，同时也可结合同时进行，但操作原理与上述单个互换一样。

三、权证市场

权证作为一种基础的衍生产品，设计比较简单，风险也相对较小。因此，许多发展中的市场都选择权证作为发展衍生产品市场的第一步。目前全球金融衍生产品市场的规模已经超过了国际银行间市场及股票市场。庞大的交易规模以及快速的增长速度，显示了衍生产品市场在当前金融市场中的重要地位。发展我国的权证、股指期货、股票期权、商品期货期权等衍生产品市场，已是大势所趋。权证这一基础性的衍生产品的推出，对我国资本市场的进一步发展无疑具有启蒙意义。

在西方成熟资本市场，监管机构对权证（warrant）和期权（option）等金融衍生产品有着严格的规定。而在我国，有关方面还没有对这些产品作出明确的定义。因此，目前市场上普遍存在专业名词滥用的现象。鉴于这种情况的存在，本书着重权证/期权的内涵展开分析。不管权证/期权的名称与境外类似产品的名称有何不同，只要我们了解了它们的本质内容，就可以自如地运用它们为自己的投资服务。

权证的本质是一种合同，其持有者以权证的挂牌交易价格购买了该权证后，就拥有了一个选择权，他可以选择在未来的某个时间，行使权证合同中规定的以某一个价格（即行权价格）买入或卖出该权证规定的标的资产。对于宝钢股份来说，标的资产就是宝钢股份的股票。

2005年，上海证券交易所和深圳证券交易所分别推出了经中国证监会核准通过的《权证管理暂行办法》（以下简称《暂行办法》）。两所《暂行办法》分五章，共49条，对权证的定义、种类、发行、上市、履约担保、交易、行权、结算以及违规处罚等重大问题进行了详细的规定，为我国权证产品的发展奠定了基础。

根据《暂行办法》的相关规定，权证的发行人包括标的证券的发行人或其以外的第三人；从权证买卖方向来看，既可发行认购权证，也可发行认沽权证；从标的证券来看，既可发行股票认购、认沽权证，也可待交易所进一步明确细则后，发行基于其他标的证券的权证；从行权方式来看，既可包括在一段时间内行权的美式权证，也可包括在某一特定到期日行权的欧式权证；从结算方式来看，权证既可用现金结算，也可用证券给付方式结算；从履约担保方式来看，既可用标的证券和现金作为履约担保，也可采用信用担保。总体来看，权证条款设计方式十分灵活，未来发展空间极其广阔。

权证主要具有价格发现和风险管理的功能，它是一种风险管理和资源配置的有效工具。近年来，证券交易所之间在产品开发上的竞争日趋激烈，各国（地区）竞相推出种类繁多的权证产品。目前推出权证产品，对股权分置来说只是提供了一种工具，供上市公司选择。从目前试点公司的方案看，只有极少数公司在其方案中使用了权证工具。

两所推出权证的主要目的是顺应市场对产品创新的需要，发展国际上通行的、具有广泛用途的权证市场。权证作为一种独立的金融产品，具有广泛的用途。

权证的特征决定了其价格波动幅度高于标的证券，从这个意义上说，权证是一种风险和收益都相对较高的金融品种。但是，我国证券的产品结构比较单一，一定程度上影响了市场的效率和活跃程度。完善的证券市场需要各种具有不同风险收益特征的金融产品。我们相信，推出包括权证在内的新产品已是市场迫切需要。首先，政策环境有利于产品创新。过去考虑权证产品，存在较大的制度障碍，但是，"国九条"推出后，证券市场的环境发生了很大变化，对新产品的推出是极大的推动。其次，我国证券市场早已开始使用权证这一金融工具，参与者对于权证的特征和功能并不陌生。我国证券市场的可转换公司债券就是股票和权证的组合。最后，市场对于权证具有强大的需求。

权证的买卖与股票相似，所需账户就是股票账户，已有股票账户的投资者不用开设新的账户。投资者可以通过证券公司提供的诸如电脑终端、网上交易平台、电话委托等申报渠道输入账户、权证代码、价格、数量和买卖方向等信息就可以买卖权证。

权证是一种带有杠杆效应的证券产品，具有一定的投资风险，投资者在买卖权证时应充分树立风险意识。概括起来，投资者需要注意以下几方面的风险：第一，价格剧烈波动的风险。由于权证的高杠杆性，其价格只占标的证券价格的较小比例，可能出现权证价格剧烈波动的情况。例如，T－1日权证的收盘价是2元，标的股票的收盘价是10元，T日标的股票跌至9元，如果权证也跌停，按《暂行办法》规定，T日权证的跌停价格为0.75元[2－(10－9)×125%]。一天之内权证下跌62.5%，跌幅超过股票。当然，标的证券上涨，权证也有相同的效应。第二，时效性风险。权证是有一定期限的，持有者应及时在到期日或此之前对价权证行权，因为期满后权证就没有任何价值了。第三，履约风险。权证实质是发行人和持有人之间的一种契约，存在权证发行人违约的风险。目前设计的权证方案，对发行人的履约安排了充分的担保，违约风险较低。但在发达国家，权证产品复杂且多样，不同发行人的资信等级不同，采用的避险策略也有差异，风险程度也不一样，发行人在持有人行权时不能给付足够的证券或现金的情况就有可能发生。

巴菲特巧用期权降低持股成本

众所周知，期权相较于期货和股票是风险比较高的投资品种，而且金融从业者总是把期权描述得很神秘，很"高大上"。但实际上，利用期权的门槛并不高，一些很简单的策略就可以帮助投资者很大程度上降低成本或对冲风险。很多投资"大鳄"都是利用最简单的期权策略来获得超额收益的，鼎鼎大名的巴菲特就是其中之一。

在1993年，巴菲特就通过卖出可口可乐股票期权多赚了750万美元。首先来交代一下交易背景：1993年4月2日，万宝路牌香烟宣布将降价20%，在这个"万宝路星期五"公告发布之后，包括可口可乐在内的一些著名股票的价格纷纷走低，市场开始沽空可口可乐股票，但是，巴菲特基于其对可口可乐公司的调研和了解，坚信可口可乐是一只好股票。

实际上，巴菲特认为可以每股大约35美元（巴菲特买入股票的心理价位）的价格买入300万股的可口可乐股票，而且他笃定可口可乐股票的价格不会跌破这一市场价位。所以他决定卖出可口可乐的看跌期权以降低自己持有股票的成本。当然如果股票价格跌至执行价格以下，他将不得不以高于公开市场的价格买进可口可乐股票。需要注意的是，卖出看跌期权就是在到期的时候，如果股票价格跌到执行价格（此处为35美元）以下，买期权者可以按照执行价格把手里的股票卖给卖期权者。

于是，巴菲特在1993年4月以每份1.50美元的价钱卖出了300万股可口可乐股票的看跌期权合约。这个期权的到期日是1993年12月17日，购买该期权的投资者可以在此之前按照每股35美元左右的价格把可口可乐股票卖给巴菲特，不论当时的可口可乐的股票价格有多低。

在伯克希尔公司的股东年会上，巴菲特证实了这一做法，并表示还会以相似的做法再增持200万股。他之所以这么做的原因是，如果可口可乐股票的市场价格从当时每股大约40美元下跌至每股大约35美元时，他就必须以每股大约35美元的价格买进500万股可口可乐股票。由于巴菲特已经获得了每股1.50美元的差价，他的实际成本价会是每股大约33.50美元。

巴菲特这次签署的"看跌期权"合约唯一承担的风险便是，如果可口可乐的股价在12月跌破每股35美元，他就必须按照每股35美元的价格购买可口可乐股票，而不管它的市场价格当时有多么低。但是，如果股票价格比每股 35 美元还低的话，他也许还会再买更多的可口可乐股票，因为他本来就想以每股 35 美元的价格买进可口可乐股票。

到了 1993 年底，由于可口可乐股票的价格仍高于 35 美元，所以这些期权都没有被履行（因为可口可乐的股价高于 35 美元，投资者把股票卖给别人比卖给巴菲特更划算），巴菲特由此赚得了 750 万美元。

虽然巴菲特最后赚到了超额利润，但我们也要看到其中的风险也是很高的，即如果可口可乐股票跌到 35 美元以下，哪怕跌到 1 美分，巴菲特也必须以 35 美元/股来收购买期权者可口可乐股票。但这个风险对于巴菲特来说完全是可以承受的，因为巴菲特本来就想以 35 美元买入可口可乐股票，所以即使跌破 35 美元，对巴菲特来说，依然符合他的初始意愿，并没有什么损失。

当然对于初级投资者，我们仍要进行风险提示：裸卖期权风险很高，除非在持有股票的情况下，否则不建议尝试，因为并不是每个人都是巴菲特。

资料来源：中国证券报 - 中证网，http：//finance. sina. com. cn/stock/t/20141031/0059 20690702. shtml。

关键术语

衍生品　期货交易　期权交易　外汇掉期　利率互换　权证市场

分析与思考

1. 如何理解金融衍生市场在当今金融市场发展中的重要意义？
2. 金融衍生品市场主要包括哪些类型？
3. 怎么理解期货价格定价理论？
4. 我国期权市场的发展如何？未来趋势如何？

第八章

商业银行

☞ 学习目标

本章主要了解商业银行的发展、商业银行的特殊性，以及中国银行业的创新、转型与发展趋势；理解商业银行在经济发展中的作用，明确商业银行的基本业务内容，掌握商业银行绩效评价指标、方法与风险控制。

第一节　商业银行概述

一般而言，在整个金融体系中，商业银行居于主导地位，对一个地区乃至一个国家的经济发展起到了重要的推动作用。作为从个人和机构接受存款并发放贷款的金融中介机构，商业银行在微观金融领域，为资金短缺方和资金盈余方搭建了资金传输的桥梁，发挥资金配置功能，提高了资金的使用效率。商业银行在宏观金融领域发挥着信用创造功能，成为宏观经济调控中和微观经济调节中不可或缺的环节。

一、商业银行的产生与发展

（一）早期的银行业

银行是经济中最为重要的金融机构之一。西方银行业的原始状态，可溯及公元前的古巴比伦以及文明古国时期。据大英百科全书记载，早在公元前 6 世纪，在巴比伦已有一家"里吉比"银行。

考古学家在阿拉伯大沙漠发现的石碑证明，在公元前 2000 年以前，巴比伦的寺院已对外放款，而且放款是采用由债务人开具类似本票的文书，交由寺院

收执，且此项文书可以转让。公元前 4 世纪，希腊的寺院、公共团体、私人商号也从事各种金融活动，但这种活动只限于货币兑换业性质，还没有办理放款业务。

罗马在公元前 200 年也有类似希腊银行业的机构出现，但较希腊银行业又有所进步，它不仅经营货币兑换业务，还经营贷放、信托等业务，同时对银行的管理与监督也有明确的法律条文。罗马银行业所经营的业务虽不属于信用贷放，但已具有近代银行业务的雏形。

几个世纪以来，商业银行作为金融体系的主体组成部分，在资本主义市场经济的成长和发展过程中，发挥了重大作用。英文中"银行"（Bank）一词来源于意大利语（banca），意大利语的原义是指商业交易用的长凳，后来就泛指专门从事货币存、贷和办理汇兑、结算业务的金融机构。汉语中的"银行"是指专门从事货币信用业务的机构。鸦片战争以后，外国金融机构随之侵入，由于中国货币业务主要以白银为主，"银行"就成为与英文"bank"对应的中文翻译。

商业银行历史悠久，产生于文艺复兴时期的意大利。14 世纪、15 世纪的欧洲，由于优越的地理环境和社会生产力的较快发展，各国与各地之间的商业往来也渐渐扩大起来，尤其是意大利的威尼斯、热那亚等当时著名的贸易中心城市商业贸易十分繁荣。由于当时的封建割据，不同国家和地区之间所使用的货币在名称、成色、形状等方面存在着很大差异，进行商品贸易十分不便。于是就出现了专门的货币兑换商，从事货币兑换业务，实现了商品的顺利交换。随着货币兑换和收付规模的不断扩大，各地商人为了避免长途携带大量金属货币带来的不便和风险，委托货币兑换商对货币进行保管，后来又发展到委托货币兑换商办理支付和汇兑。货币兑换商借此集中了大量货币资金。当货币兑换商发现这些长期大量积存的货币余额相当稳定，可以用来发放贷款获取高额利息收入时，货币兑换商便开始了授信业务。货币兑换商由原来被动接受客户委托保管货币转而变为积极主动揽取货币保管业务，并且通过降低保管费或不收保管费，后来还给委托保管货币的客户一定好处时，保管货币业务便逐步演变成了存款业务。由此，货币兑换商逐渐开始从事信用活动，商业银行的萌芽开始出现。但是早期银行办理放款的对象主要是政府、封建贵族，放款利率过高，属于高利贷的性质。从历史上看，最早的近代银行产生于意大利，以后普及到欧洲其他国家。1580 年建立的威尼斯银行是最早的近代银行，也是历史上第一个采用"银行"为名称的银行。此后，1593 年在米兰、1609 年在阿姆斯特丹、1621 年在纽伦堡、1629 年在汉堡以及其他城市也相继建立了银行。当时这些银行主要的放款对象是政府，并带有高利贷性质，因而不能适应资本主义工商业发展的要求。早期银行虽已具备了银行的本质特征，但它仅仅是现代银行的原始发展阶段，它们演变成为现代银行则是 17 世纪末到 18 世纪期间的事情了。

（二）现代商业银行的产生

现代商业银行的最初形式是资本主义商业银行，它是资本主义生产方式的产物。随着生产力的发展、生产技术的进步、社会劳动分工的扩大，资本主义生产关系开始萌芽。一些手工场主同城市富商、银行家一起形成新的阶级——资产阶级。由于封建主义银行贷款具有高利贷的性质，年利率平均在 20%～30%，严重阻碍着社会闲置资本向产业资本的转化。另外，早期银行的贷款对象主要是政府等一批特权阶层而非工商业，新兴的资产阶级工商业无法得到足够的信用支持，而资本主义生产方式产生与发展的一个重要前提是要有大量的为组织资本主义生产所必需的货币资本。因此，新兴的资产阶级迫切需要建立和发展资本主义银行。

资本主义商业银行的产生，基本上通过两种途径：一种途径是旧的高利贷性质的银行逐渐适应新的经济条件，演变为资本主义银行。在西欧，由金匠业演化而来的旧式银行，主要是通过这一途径缓慢地转化为资本主义银行。另一种途径就是新兴的资产阶级按照资本主义原则组织的股份制银行，这一途径是主要的。这一建立资本主义银行的历史过程，在最早建立资本主义制度的英国表现得尤其明显。1694 年，在政府的帮助下，英国建立了历史上第一家资本主义股份制商业银行——英格兰银行。它的出现，宣告了高利贷性质的银行业在社会信用领域垄断地位的结束，标志着资本主义现代银行制度开始形成以及商业银行的产生。从这个意义上说，英格兰银行是现代商业银行的鼻祖。继英格兰银行之后，欧洲各资本主义国家都相继成立了商业银行。从此，现代商业银行体系在世界范围内开始普及。商业银行已被赋予更广泛、更深刻的内涵。特别是第二次世界大战以来，随着社会经济的发展、银行业竞争的加剧，商业银行的业务范围不断扩大，逐渐成为多功能、综合性的"金融百货公司"。

（三）我国银行业的产生与发展

与西方的银行相比，中国的银行则产生较晚。中国关于银钱业的记载，较早的是南北朝时的寺庙典当业。到了唐代，出现了类似汇票的"飞钱"，这是中国最早的汇兑业务。北宋真宗时，四川富商发行的交子，成为中国早期的纸币。到了明清以后，当铺是中国主要的信用机构。明末，一些较大的经营银钱兑换业的钱铺发展成为银庄。银庄产生初期，除兑换银钱外，还从事贷放。到了清代，才逐渐开办存款、汇兑业务，但最终在清政府的限制和外国银行的压迫下，走向衰落。中国近代银行业是在 19 世纪中叶外国资本主义银行入侵之后才兴起的。最早到中国来的外国银行是英商东方银行，其后各资本主义国家纷纷来华设立银行。在华外国银行虽给中国国民经济带来巨大破坏，但在客观上也对中国银行业的发展起了一定的刺激作用。为了摆脱外国银行支配，清政府于 1897 年在上海成立了中国通商银行，标志着中国现代银行的产生。此后，浙江兴业、交通银行相继产生。商业银行发展到今天，与其最初因发放基于商业行为的自偿性贷款从而获得"商业银行"的称谓相比，已相去甚远。

二、商业银行的内涵、性质与功能

（一）商业银行的内涵

简单来看，银行是吸收存款，并将存款资金投入借贷活动中的金融机构。不同国家对于银行的定义都给出了不同的解释，在 19 世纪 80 年代美国国会将银行定义修改为：银行是提供可以随时按要求提取存款服务，并提供商业或企业性质的贷款，同时必须由联邦存款保险公司管理并参与存款保险的机构。在英国 2009 年的《银行法案》中定义银行是获准在英国经营吸收存款业务的金融机构。

1995 年在《中华人民共和国商业银行法》中商业银行被定义为：商业银行是指按照本法和《中华人民共和国公司法》设立的吸收公众存款、发放贷款、办理结算等业务的企业法人。

（二）商业银行的性质

商业银行是以追求利润最大化为经营目标，以多种金融资产和金融负债为经营对象，具有综合性服务功能的金融企业。商业银行的经营目标是追求利润最大化，获取最大利润既是商业银行经营与发展的基本前提，也是商业银行发展的内在动力。商业银行经营的对象是金融资产和金融负债，包括存贷款业务和各种票据类业务等。除此之外，商业银行还提供综合性的金融服务，满足客户多样化的金融需求。从商业银行的概念中，我们可以看到，商业银行的性质具体表现在以下三个方面。

1. 商业银行是企业

商业银行具有一般企业的特征，拥有业务经营所需要的自有资本，依法经营，照章纳税，自负盈亏，具有独立的法人资格，拥有独立的财产、名称、组织机构和场所。与一般企业一样，追求利润最大化是其经营与发展的基本前提和内在动力。

2. 商业银行是特殊的企业

商业银行具有一般企业的特征，但又不是一般企业，而是一种特殊的企业。一般企业经营的是具有一定使用价值的商品，而商业银行经营的对象是一种特殊商品——货币和货币资本。

这种特殊性表现在以下三个方面：（1）商业银行经营的对象特殊。一般企业从事的是一般商品的生产和流通，而商业银行是以金融资产和金融负债为经营对象，从事包括货币收付、借贷以及各种与货币有关的或与之相联系的金融服务。（2）商业银行与一般工商企业的关系特殊。一般工商企业通过到商业银行办理存、贷款和日常结算业务，为商业银行增加资金来源，同时又成为商业银行业务经营的主要对象，他们的经营和发展会彼此影响，尤其是企业的经营发展会影响到与其有业务往来的银行的生存发展。（3）商业银行对社会的影响特殊。一般工商企业经营得好坏只影响到一个企业的股东和这一企业相关的当事人，而商业银行的经营好坏可能影响到整个社会的经济稳定，所以很多国家对商业银行的监管要远严于对其他企业的管理。

3. 商业银行是特殊的金融企业

商业银行不同于一般的金融企业。与中央银行比较，商业银行是面向工商企业、公众、政府以及其他金融机构服务的，商业银行所从事的金融业务以营利为主要目的。而中央银行是发行的银行、政府的银行和银行的银行，不从事金融零售业务，所从事的金融业务也不是以营利为目的。与其他金融机构相比，商业银行提供的金融服务更全面、业务更综合、功能更齐全，是"万能银行"或者"金融百货公司"。其他金融机构，如政策性银行、保险公司、证券公司、信托公司等都属于特种金融机构，只能提供一个方面或几个方面的金融服务。

（三）商业银行的基本职能

商业银行的性质决定了其职能作用。作为现代经济的核心，现代商业银行具有信用中介、支付中介、信用创造、金融服务、调节经济等基本职能。

1. 信用中介

信用中介职能是商业银行最基本的职能。信用中介职能是指商业银行通过负债业务，将社会上各种闲散资金集中起来，通过资产业务，将所集中的资金运用到国民经济各部门中去。商业银行充当资金供应者和资金需求者的中介，实现资金的顺利融通。

商业银行的这种中介职能没有改变资本的所有权，但改变了货币资本的使用权。商业银行通过信用中介职能形成对经济过程多层次的调节关系。在不改变社会资本总量的条件下，改变资本的实际使用量，从而扩大生产规模，实现资本增值。具体表现为：商业银行通过信用中介职能，积少成多，将社会闲置的小额货币资金汇集成巨额资本，将大部分用于消费的货币资本转化为生产建设资本，加速社会生产的增长；通过信用中介职能，借短贷长，把短期货币资本转化为长期资本。

2. 支付中介

支付中介职能是商业银行最传统的职能。它是指商业银行利用活期存款账户，为客户办理各种货币结算、货币支付、货币兑换和转移存款等业务活动。借助于这一职能，商业银行成为工商企业、政府、家庭个人的货币保管者、出纳人和支付代理人，成为社会经济活动的出纳中心和支付中心，并成为整个社会信用链的枢纽。通过商业银行的支付中介职能，可以减少现金的使用，节约社会流通费用，增加生产资本的投入。

虽然，商业银行的支付中介职能先于信用中介职能产生，但是当银行的信用中介职能形成后，支付中介职能发挥作用就要以信用中介职能为前提了。商业银行产生的最初，货币经营者主要从事货币的保管和兑付业务，在这一过程中积累了大量的货币。为使货币增值，货币经营者开始对外放款，信用中介职能产生。当银行的信用中介职能形成后，银行客户一般要在有存款的基础上，才能要求银行为其办理支付业务。至此，支付中介职能和信用中介职能相互联系、相互促进，两者共同构成商业银行借贷资金的整体运动。

3. 信用创造

信用创造职能是在信用中介职能和支付中介职能的基础上派生出来的职能。信用创造是指商业银行利用其吸收的各种存款，通过发放贷款，从而衍生出的更多的存款，扩大了整个社会的货币供给数量。具体表现为：商业银行利用其吸收的各种存款来发放贷款，在转账结算的基础上，贷款转化为新的存款，在这种新的存款不提现或部分提现的条件下，又可用于发放贷款，贷款又会形成新的存款……如此循环往复，在整个银行体系中，形成了数倍于原始存款的派生存款。必须指出的是，整个信用创造过程是中央银行和商业银行共同创造完成的。中央银行运用创造货币的权力调控货币供应量，而具体经济过程中的货币派生是在各商业银行体系内形成的。

商业银行的信用创造受到以下因素的制约：原始存款数量、银行客户的贷款需求、法定存款准备金率、超额准备金率、现金漏损率等。

4. 金融服务

伴随现代化的社会经济生活和工商企业经营环境的日益复杂，银行业间的业务竞争日趋激烈，因而从各方面对商业银行提出了较为广泛的金融服务要求。商业银行在国民经济活动中具有特殊的地位。它联系面广，信息灵通、丰富，特别是广泛应用了计算机和网络技术，使其更具备了为客户提供金融服务的物质条件。商业银行为客户提供的服务主要有财务咨询、代理融通、信托、租赁、代收代付等，这些业务扩大了商业银行的业务份额，加强了银行和客户之间的联系。因此，在现代化的经济生活中，金融服务已成为商业银行新的盈利渠道和重要职能。

5. 调节经济

调节经济是前四种职能的归纳和统一。调节经济职能是指商业银行通过其业务活动，调剂社会各部门的资金余缺，调节投资与消费的比例关系，引导资金的流向，从而调节经济结构，实现产业结构的调整。

中央银行可以通过制定货币政策，利用货币政策工具，通过商业银行的信贷业务，调节流通中的货币数量，达到货币政策效果。商业银行的基本业务可以引导资金流向，实现产业结构调整，扶持行业发展，发挥消费对生产的引导作用。商业银行还可以通过在国际市场上的融资活动，来调节本国的国际收支状况。

三、银行业的特殊性

现代商业银行是指以营利为目的，以存款、贷款和汇款为主要业务，以各种形式的金融工具为手段，全方位地经营各类银行和非银行金融机构业务的多功能的、综合性的金融服务企业。在国民经济活动中执行着赋予资金可流动性并将其转变为生产性的投资，进而产生经济活动的重要功能，一个运转良好、高效和稳定的商业银行系统对于一个国家的经济是至关重要的。商业银行作为金融企业，与一般工商企业有较大的差异。银行业的特殊性主要体现在以下几个方面。

（一）商业银行的高风险性

1. 商业银行自有资本比较少，财务杠杆比较高

相对于工商企业而言，商业银行资本资产比率低得多。按照巴塞尔协议要求，商业银行要求达到8%的资本充足率，也即意味着商业银行的负债率高达

90%。过高负债率必然意味着更大的财务风险。在很多国家，为防止商业银行的偿付危机，很多国家进行了存款保险，或者为商业银行提供国家的显性或隐性担保。

2. 银行具有很强的外部性

商业银行具有极强的外部性，直接影响着金融市场和一国经济的发展，兼具经济与社会效应双重影响。商业银行作为金融体系的重要组成部分，不仅自身具有与生俱来的脆弱性，而且很可能引发系统性金融风险。银行内部存在着大到不能倒（too big to fail）和政府隐性担保的预期。银行在破产倒闭后，由于其巨大的外部性，政府一般会对其进行救助。由于救助惯例的存在，银行高级管理人员预期到政府将来可能的救助行为，因此可能产生道德风险问题。比如，对银行从事的业务的风险防范有所疏忽，或者进行高风险的投资活动。而企业破产后，政府一般则不予以救助，但银行破产倒闭时候，可能引发银行危机和经济危机，因此相对于企业倒闭来说，银行倒闭的负外部性要大得多。银行产生风险和危机后，其风险多由政府和社会承担，而企业破产的损失主要由股东承担。

3. 银行与企业相比通常在经营活动中所受管制较多

由于商业银行主要从事货币资金运营，大量岗位和人员都直接或间接地面对金融资产，更多地面临着利益的诱惑。因此，商业银行业务中面临的道德风险和操作风险比较突出，为了更有效管控风险，银行受到比一般企业更多的监管。

4. 银行经营的市场不是均衡市场

银行业的经营主要集中在信贷市场，而一般来说，信贷市场不是均衡的市场。经济生活中的产品市场，一般总能达到供需的均衡状态。而在信贷市场中，却往往存在信贷配给。贷款的市场需求总是比贷款的供给大，银行所确定的贷款价格总是高于完全竞争下的市场价格，而贷款的供给数量总是会小于完全竞争下的贷款数量。银行业间贷款价格的确定不是按照产品或服务市场的价高者得之的拍卖原理，因此，为避免信息不对称下的逆向选择行为，银行确定的贷款价格都低于拍卖下的价格。银行间只能进行有限竞争，但要受到多方面的金融管制，因此信贷市场一般来说常态下就是寡头垄断或者垄断竞争的市场，更多是处于非均衡的状态。

5. 市场化的缺失

在商业银行的经营市场中，很多国家和地区（尤其是发展中国家和地区）并没有实现包括利率在内的市场化。普遍存在的金融抑制和金融约束政策，比如贷款利率的管制，导致信贷市场的价格扭曲，高利贷盛行，或者银行通过产品创新突破管制。

（二）银行提供与经营产品的特殊性

1. 金融产品和实物商品不同

一般来说，企业生产经营的实物商品，在交易后，其所有权和使用权会同时改变转换，而银行业提供的金融产品则不同，比如贷款业务办理完毕之后，只是金融资产的使用权改变，而其所有权并未发生真正转移。同时，一般企业从事的是一般商品的生产和流通，而商业银行是以金融资产和金融负债为经营对象，从事包括货币收付、借贷以及各种与货币有关的或与之相联系的金融服务。

2. 银行提供的产品具有高度的同质性

商业银行的资产和负债主要是货币形态的资金，商业银行经营的金融产品是通过组合形式完成的，银行通过产品的组合，可以进行多元化的投资，从而降低投资风险。因此，银行经营的产品相对于一般企业生产的产品来说更容易模仿，更具有同质性，各个商业银行经营的产品差异有限。

（三）银行产业的特殊性

1. 银行业的规模经济特征更加明显

随着银行资产规模的扩大，它可以在更大的范围内配置其资产和负债，减少资金成本和管理成本，表现出规模报酬递增趋势，银行业与一般企业相比较具有更加显著的规模经济特征。

2. 商业银行是科技密集型、资本密集型、技术密集型行业

信息对商业银行来说具有极端重要的价值，因此信息的完备性和信息到达的时间对于商业银行经营极其重要。商业银行采用现代 IT 技术，购买先进设备，争先创造自己在结算、支付、信息沟通方面的竞争优势。

3. 商业银行不是一个完全以利润为中心的企业

一方面，商业银行经营的目标是安全性、流动性和营利性（三性）的组合，它与一般企业的以利润为目标有所区别；另一方面，商业银行由于其外部性的存在，为避免其倒闭可能造成金融体系甚至宏观经济的安全风险，商业银行在追求三性的同时应该注重社会效益，多承担一些比一般企业更多的社会责任。

4. 在商业银行中存在着更多的信息不对称和更多重的委托—代理关系

商业银行的储户对商业银行的资产组合清单无从得知，商业银行对借款者的信息也不能说是完全了解，同样，商业银行的股东对商业银行的管理人员，管理人员对于其下属（如信贷员等）都存在信息不完全和不对称的问题，由此形成储户—商业银行股东—商业银行管理人员—商业银行操作人员—借款企业之间的

多重委托—代理关系。

5. 银行业的进入和退出都不是无成本的

在很多国家，银行的进入都存在壁垒，同样，银行的退出也会存在很大的成本。在企业产业方面很多是可以自由地进入和退出，不存在进出障碍。企业的竞争理论不适合银行，在任何一个国家银行都有准入限制，银行经营许可证有很高的特许权价值，而企业基本上没有进入和退出壁垒。

四、银行的存在逻辑、发展模式

（一）银行的存在逻辑及其理论解释

1. 银行行为理论

商业银行为什么存在？商业银行具有怎样的功能？一直是货币金融领域研究中不可回避的重要问题。在传统经济学中，金融体系一直被认为是经济发展的附属物，并且认为不应过分强调金融中介对于经济发展的作用。因此，关于金融中介的研究一直处于分散、缺乏条理的状态。20 世纪 60 年代，经济学家约翰·G. 格利和爱德华·S. 肖认为，金融中介的本质是提供资产转型服务，运用"间接证券"去替换"本源证券"。这恰恰是马克思论述的"商业银行是信用中介"理论所包含的精髓。经济学家托宾认为，商业银行存在的真正原因在于：商业银行能够集中并进而更专业地从事资金融通活动，实现规模经济，提高经济效率，并在一定程度上替代金融市场。上述种种理论均基于银行自身的行为展开论述，学术界通常将它们归纳为"银行行为理论"。该理论将银行视为行为主体，进而对主体行为所产生的效应展开分析。但是该理论却将主体行为发生的诱致机理所经营产品——风险的特殊性忽视，而这恰恰是金融中介存在的深层次原因。

2. 银行功能理论——管理风险

直至 1995 年，默顿和博迪提出金融体系的功能观，在这个理论中，分析的基本前提是：（1）金融功能比金融中介更稳定，金融功能在不同时期和不同地域变化很小；（2）竞争将导致金融中介的变化向更有效的金融体系演进。金融体系功能观指出，金融体系的基本功能之一就是管理风险。而金融中介又是金融体系的重要组成部分。在金融中介和金融市场的发展过程中，金融中介的创新与金融体系效率的提高呈螺旋式的动态演进状态。

"金融体系功能观"从"经济发展需要什么样的金融中介"出发，否定金融体系结构的一成不变性，强调金融中介的创新与金融体系的不断完善具有内在的统一性。它使经济发展、金融市场以及金融中介第一次在逻辑上取得了一致性，阐明了金融中介存在的理论根源，并间接指出金融中介的未来在于必须依据经济发展的需求，持续进行金融创新，供给满足市场需求的风险产品，促进金融市场资本配置效率的进一步提高。

（二）商业银行发展的模式

经过几个世纪的发展，商业银行经营业务和服务领域也发生了巨大变化，但商业银行的发展基本遵循如下两种模式。

1. 英国式传统模式的商业银行

这一传统模式深受"真实票据论"的影响，资金融通有明显的短期商业性质。该理论认为，由于商业银行的资金来源主要是流动性很强的活期存款，那么资产业务主要集中于短期的自偿性贷款。银行通过贴现票据发放短期、周期性贷款，一旦票据到期或承销完成，贷款就可以自动收回。这种贷款由于与商业活动、企业产销相结合，所以期限短、流动性高，使得资金运用和高流动性的资金来源相对应，商业银行可以保证一定安全性下的稳定利润。但是这种传统的模式使商业银行的业务发展受到一定的限制，不利于银行的发展和风险分散。

2. 德国式综合式的商业银行

与传统模式的商业银行相比，综合式的商业银行不仅提供短期商业性贷款，还提供长期贷款，甚至可以直接投资股票和债券，帮助公司包销有价证券，参与企业的决策与发展，并为企业提供必要的财务支持和咨询服务。至今，不仅德国、瑞士、奥地利等少数国家采用这种模式，而且美国、日本等国的商业银行也在向综合式商业银行转化。这种综合式的商业银行有"金融百货公司"之称，它有利于银行展开全方位的业务经营活动，更好地满足客户的业务需求，充分发挥商业银行在国民经济中的作用。但是这种模式会加大商业银行经营风险，对银行的经营管理提出了更高的要求。

第二节　商业银行的基本业务

尽管各国商业银行的组织形式、经营内容和重点不同，但其经营的主要业务包括负债业务、资产业务以及表外业务。负债业务和资产业务体现着银行经营的资金来源和资金运用。表外业务则是现代银行重要收入的来源，是当代银行业利润的新增长点。随着银行业国际化的发展，上述业务超越一国范围，还可以延伸为国际业务。资产负债表是一个平衡表，表 8 - 1 是招商银行 2009 年第一季度公布的其资产负债情况。

表 8 - 1	招商银行资产负债表（2009 年 3 月 31 日）		单位：百万元
资产		负债	
现金资产：	473813	存款：	1579628
现金及存放央行款项	188436	交易存款	132945
存放同业和其他金融机构款项	83456	非交易存款	1446683
其他现金资产	201921	借款：	56701
贷款：	1204354	其他负债：	82339
投资：	87039	股东权益：	82171
其他资产：	35633		
合计	1800839	合计	1800839

资料来源：根据招商银行网站（http：//www.cmbchina.com/cmbir/）2009 年第一季度报告整理获得。

一、负 债 业 务

负债业务是形成商业银行资金来源的业务，是商业银行资产业务的前提和条件，是其最基本、最主要的业务。在商业银行的全部资金来源中，90% 以上来自负债。广义上，商业银行的负债业务主要包括自有资本、存款和借款三大部分。

（一）商业银行自有资本

商业银行的自有资本是其开展各项业务活动的初始资金，是商业银行经营发展的根本，主要包括发行股票所筹集的股份资本、经营过程中逐步形成的公积金以及未分配利润。自有资本一般只占其全部负债业务的很小一部分。银行自有资本的大小，体现银行的实力和信誉，也是银行吸收资金的基础。一般来讲，银行资本越多，其所能推动的业务量越大，其所能带动的资产规模和负债规模也就越大。但是，这并不意味着银行资本越多越好，当资本与总资产之比超过一定限度时，追加资本而产生的边际收益会下降，这也是银行股东难以接受的。此外，各国的银行监管当局也将商业银行资本对资产的比率，即资本充足率作为衡量其经营稳健性的一个重要指标。目前各国普遍采用《巴塞尔协议》所规定的银行资本充足率标准，即银行资本与其风险资产总额之比率不低于 8%。具体来说，银行资本主要包括股本、银行盈余、债务资本和其他来源。

1. 股本

股本是银行资本中最基本、最稳定的部分，包括普通股和优先股，是银行股东持有的股权证书，代表一种所有权。银行普通股是银行的一种股权证书，它构成银行资本的核心部分，具有永久性质。银行普通股股东享有三个方面的主要权利：一是享有对银行经营的决策管理权，即股东通过股东大会对各项决策有投票权，并选出董事会；二是对银行资产和利润有分享权，股东有权分配或处置银行的税后利润，在银行破产时，还可以分享银行的剩余财产；三是对银行发行新股有优先认购权。优先股兼有普通股与债券的特点。一般而言，银行优先股的持有人按固定利率取得股息，股东收入与银行经营状况没有关系，对银行清算的剩余资产的分配权优于普通股股东，对银行的业务经营没有决策管理权。

2. 银行盈余

银行盈余包括资本盈余和留存盈余。资本盈余主要由投资者超缴资本和资本增值所组成。留存盈余是银行尚未动用的税后利润部分，是银行所有者权益的一个项目。留存盈余的大小要取决于银行的盈利情况，同时股息政策和税率的高低也是影响留存盈余的重要因素。

3. 债务资本

债务资本是 20 世纪 70 年代起被西方发达国家的银行广泛使用的一种外源资本。按《巴塞尔协议》的要求，债务资本只能作为补充资本。债务资本的求偿权仅次于存款者，而且期限较长。债务资本主要有两类，即资本债券和资本票据。

4. 其他来源

其他来源主要是指准备金。准备金是为了防止意外损失而从收益中提留的资金，包括资本准备金和损失准备金，损失准备金是银行资本的重要组成部分。准备金作为资本的比重不会太大，银行收益、股息政策以及金融管理部门的管制，对银行储备金作为资本都有约束，因此银行不能大量筹集该类资本。

（二）各类存款

各类存款包括传统存款和创新存款。传统存款主要有三种，即活期存款、定期存款和储蓄存款。创新存款包括可转让支付命令账户、货币市场存款账户、自动转账账户、大额定期存单等，主要是由美国的商业银行创新出来的存款品种。

1. 传统存款

（1）活期存款。活期存款主要是指没有确切的期限规定，可由存款户随时存取和转让的存款，银行也无权要求客户取款时作事先的书面通知。持有活期存款账户的存款者可以用各种方式提取存款，如开出支票、本票、汇票、电话转账、使用自动柜员机或其他各种方式等。在各种取款方式中，最传统的是支票取款，即见票即付，因此活期存款也叫支票存款。由于活期存款流动性大、存取频繁、手续复杂，因此很多国家的商业银行对活期存款较少支付或不支付利息。我国商业银行是为活期存款支付利息的少数国家之一。活期存款是银行成本最低的资金来源，它曾经是银行最重要的资金来源，但是随着创新金融工具的出现，它占银行负债的比重不断缩小。

（2）定期存款。定期存款是指客户与银行预先约定存款期限的存款。存款期限通常为 3 个月、6 个月和 1 年不等，期限最长的可达 3 年、5 年甚至更长。利率根据期限的长短不同而存在差异，期限越长利率越高，且都高于活期存款。定期存款利率高、风险小，存单可以作为抵押品取得银行贷款。定期存款要凭银行所签发的定期存单来提取，一般要到期才能提取存款，银行根据到期存单计算应付本息。如果持有到期存单的存户要求续存，银行则另外签发新的存单。对于到期未提取的存单，按惯例不对过期的期限部分支付利息，但我国银行按照活期存款的利率支付该部分利息。未到期而提前提取时，银行按制度不予提取或应提前一定时间通知银行。我国则规定未到期提前支取定期存款的，支取部分按活期存款利率计息。

（3）储蓄存款。储蓄存款主要是指居民个人为了积蓄货币和取得一定的利息收入而开立的存款。储蓄存款也可分为活期存款和定期存款。活期储蓄存款无一定期限，只凭存折或卡便可提取。存折一般不能转让流通，存户不能透支款项。定期储蓄存款类似于定期存款，有约定期限、利率较高。如果要提前支取，储户必须预先通知银行。

2. 创新存款

（1）转让支付命令账户（NOWs）和超级可转让支付命令（Supper-NOWs）。可转让支付命令账户是一种对个人和非营利机构开立的计算利息的支票账户，也称付息的活期存款。它以支付命令书取代了支票，直接提现或直接向第三者支付，经背书也可以转让，对其存款余额可取得利息收入。它产生于 1970 年，是美国马萨诸塞州的一家互助储蓄银行为了绕开"Q 条例"[①] 的限制而进行的金融工具创新。

[①] Q 条例是指美国联邦储备委员会按字母顺序排列的一系列金融条例中的第 Q 项规定。1929 年之后，美国经历了一场经济大萧条，金融市场随之也开始了一个管制时期，与此同时，美国联邦储备委员会颁布了一系列金融管理条例，并且按照字母顺序为这一系列条例进行排序，如第一项为 A 项条例，其中对存款利率进行管制的规则正好是 Q 项，因此该项规定被称为 Q 条例。后来，Q 条例成为对存款利率进行管制的代名词。Q 条例是指美联储禁止会员银行向活期储户支付利息，同时规定定期存款支付利息的最高限额的条例。Q 条例的内容是：银行对于活期存款不得公开支付利息，并对储蓄存款和定期存款的利率设定最高限度，即禁止联邦储备委员会的会员银行对它所吸收的活期存款（30 天以下）支付利息，并对上述银行所吸收的储蓄存款和定期存款规定了利率上限。当时，这一上限规定为 2.5%，此利率一直维持至 1957 年都不曾调整，而此后却频繁进行调整，它对银行资金的来源去向都产生了显著影响。

　　超级可转让支付命令账户是可转让支付命令账户的进一步创新。它规定法定最低开户余额和平均余额为2500美元，签发支票可以不加限制；对保持2500美元或更大余额的账户，利率不受管制；但如账户余额降到最低限额以下，则只能支付5.5%的最高利率。由于该账户作为转账账户要交纳存款准备金，银行为吸引客户通常还提供一定的补贴和奖励，因此该账户成本较高。

　　（2）货币市场存款账户（MMDA）。该账户的出现是商业银行抗衡非银行金融机构推出的货币市场基金的结果。该账户的主要特点是：要有2500美元的最低限额；存款利率没有上限限制，并可以浮动，一般按市场规定的每日利率为基础计算利息，10万美元的存款额可得到联邦存款保险公司的保险；对存款不规定最短期限，但银行规定客户提取存款应在7天前通知银行；存户使用该账户进行收付，每月不得超过6次，其中用支票付款不得超过3次；储户对象不限，个人、非营利性机构、工商企业都可开户。

　　（3）自动转账账户（ATS）。这类账户在1978年以后开始出现，是由早期的电话转账服务发展而来的。在自动转账服务账户下，储户同时在开户银行开立储蓄账户和活期存款账户，活期存款账户的余额始终保持1美元，其余存款存入储蓄账户可取得利息收入。当需要签发支票付款时，银行可随时将支付款项从储蓄账户转到活期账户上自动转账，及时支付支票上的款项。开立自动转账服务账户银行需交纳存款准备金。对于银行提供的转账服务，存户要支付一定的服务费。

　　（4）大额定期存单（CD）。美国的花旗银行为了逃避"Q条例"和"D条例"，在1961年创新出大额定期存单。它是指资金按某一固定期限和一定利率存入银行，并可在市场上买卖的票证，是商业银行执行负债管理政策的主要金融工具。美国国内的可转让存单由美国的银行机构发行；美国境外银行发行的美元存单叫作欧洲美元定期存单；外国银行在美国发行的叫作扬基定期存单。可转让定期存单可以自由地流通转让，可以在二级市场上买卖，不用记名，流通性仅次于国库券；面额大，最低10万美元，利率高于同期的储蓄存款；存款期限为3个月、6个月、9个月和1年。它具有定期存款和有价证券的特点，平均收益高于同期国库券。

（三）商业银行的长期、短期借款

　　虽然存款构成银行的主要资金来源，但当吸收的存款无法满足贷款和投资增长的需求时，银行还需要寻求存款以外的其他资金来源，这主要就是指对外借款。商业银行对外借款根据时间不同，可分为短期借款和长期借款。

　　1. 短期借款

　　短期借款是指期限在1年以内的债务，包括同业拆借、向中央银行借款和其他渠道的短期借款。短期借款主要用于短期头寸不足的需要。

（1）同业拆借。同业拆借是指金融机构之间的短期资金融通，主要用于支持日常性的资金周转，它是商业银行为解决短期余缺，调剂法定准备金头寸而融通资金的重要渠道。由于同业拆借一般是通过中央银行的存款账户进行的，实际上是超额准备金的调剂，因此又称为中央银行基金，在美国则称为联邦基金。同业拆借一般是短期的，如日拆或隔夜拆借，利息按日计算，利率根据市场资金供求状况而决定。同业拆借一般不需要抵押品，全凭银行信誉。

（2）中央银行借款。中央银行借款是中央银行向商业银行提供的信用，主要有再贴现和再贷款两种形式。再贴现是经营票据贴现业务的商业银行将其买入的未到期的票据向中央银行再次申请贴现，也叫间接借款；再贷款是中央银行向商业银行提供的信用放款，一般采取有价证券抵押借款的方式，也叫直接借款。再贷款和再贴现不仅是商业银行筹措短期资金的重要渠道，同时也是中央银行重要的货币政策工具。我国由于票据市场不发达，则主要采取再贷款的方式；西方发达国家由于商业票据和贴现业务广泛流行，则主要采用再贴现的借款渠道。

（3）其他渠道的短期借款。商业银行还可以采用转贴现、回购协议、大额定期存单和欧洲货币市场借款等方式筹集短期借款。

转贴现是指商业银行将其贴现收进的未到期票据再向其他商业银行或金融机构进行贴现的资金融通行为。回购协议是指商业银行在出售证券等金融资产时签订协议，约定在一定期限后按约定价格购回所卖证券，以获得即时可用资金的交易方式。

回购协议常见的交易方式有正回购和逆回购两种，融资人是正回购方，出资人是逆回购方。回购协议大多以政府债券做担保，在相互高度信任的机构间进行，并且期限一般很短。目前回购协议不仅成为商业银行负债管理的主要工具之一，而且也成为中央银行公开市场操作的重要工具。

除了在本国货币市场上取得借款外，商业银行还可以从国际金融市场筹资来补充银行资金的不足，最典型的就是欧洲货币市场借款。欧洲货币市场是一个不受任何国家管制与纳税限制，完全自由开放的市场，借款银行凭借其在国际金融市场中的资信取得借款。短期借款一般不签协议，无须提供担保品，借款利率有固定的也有浮动的，浮动利率主要由交易双方根据伦敦同业拆借利率具体商定。因此，欧洲货币市场借款对各国的商业银行有很强的吸引力，成为银行在国际市场融资的重要渠道。商业银行在欧洲货币市场借款，主要通过发行固定利率的定期存单、欧洲美元存单，以及浮动利率的欧洲美元存单、本票等筹资工具进行。

2. 长期借款

商业银行的长期借款是指偿还期限在 1 年以上的借款，主要采取发行金融债券的形式筹集。

金融债券可分为资本性债券、一般性金融债券和国际金融债券。资本性金融债券是为了弥补银行资本不足而发行的、介于存款负债和股票资本之间的一种债务，《巴塞尔协议》称之为附属资本或长期次级债务。很多资本金不足的商业银行常常采用这一手段筹集资金。一般性金融债券指主要是为商业银行筹集用于长期贷款与投资的中长期资金而发行的债券。国际金融债券是指在国际金融市场上发行的面额以外币表示的金融债券，包括外国金融债券、欧洲金融债券和平行金融债券。外国金融债券是指债券发行银行通过外国金融市场所在国的银行或金融机构发行的，以该国货币为面值的金融债券。欧洲金融债券是指债券发行银行通过其他银行和金融机构，在债券面值货币以外的国家发行并推销的债券。平行金融债券是指发行银行为筹措一笔资金，在几个国家同时发行债券，债券分别以各投资国的货币标价，各债券的筹资条件和利息基本相同。金融债券，可分为资本性金融债券、一般性金融债券和国际金融债券。通过发行金融债券融资可以拓宽商业银行负债渠道，促进负债来源多样化，增强负债的稳定性，但是发行金融债券融资筹资成本较高，债券的流动性受市场发达程度的制约，管理当局的限制也较严格。

二、资产业务

商业银行的资产业务是其资金运用业务，主要分为现金资产业务、贷款业务和投资业务三大类。资产业务是商业银行筹集资金的目的，是商业银行盈利的主要来源。商业银行吸收的存款除了留存部分准备金以外，全部可以用来贷款和投资。

（一）现金资产业务

商业银行现金资产是指库存现金及等同于现金、随时可用于支付的存放在中央银行的准备金、同业存款和托收未达款等货币性资产。库存现金是指商业银行保存在金库中的现钞和硬币。库存现金的主要作用是银行用来应付客户提现和银行本身的日常零星开支。商业银行存放在中央银行存款由两部分构成：一是法定存款准备金；二是超额准备金。法定存款准备金是按照法定比率向中央银行缴存的存款准备金，是中央银行调节信用的一种政策手段，在正常情况下一般不得动用，缴存法定比率的准备金具有强制性。超额准备金则是指在存款准备金账户中，超过了法定存款准备金的那部分存款，这些存款可以直接提取使用。存放同业存款是指商业银行存放在代理行和相关银行的存款。在其他银行保持存款的目的，是为了便于银行在同业之间开展代理业务和结算收付，它属于活期存款性质，可以随时支用。托收中的现金是指在银行间确认转账过程中的支票金额，它是一家银行对另一家银行的资金要求权。在日常经营活动中，商业银行为了保持清偿力，必须持有一定比例的现金等高流动性资产保证自身的安全性。但是这部分资产不仅不能给商业银行带来盈利，还会增加商业银行的业务经营成本。

（二）商业银行的贷款业务

贷款是商业银行作为贷款人按照一定的贷款原则和政策，以还本付息为条件，将一定数量的货币资金提供给借款人使用的一种借贷行为。贷款是商业银行最主要的资产业务，也是银行取得利润的主要途径。

1. 贷款分类

贷款业务按照不同的分类标准，有以下几种分类方法。

（1）按贷款期限划分，可分为活期贷款、定期贷款和透支贷款三类。活期贷款也称通知贷款，银行在发放这一类贷款时不确定偿还期限，银行可以根据自己资金调配的情况随时通知收回贷款。定期贷款是指具有固定偿还期限的贷款。透支贷款是指活期存款户依照合同向银行透支的款项，它实质上是银行的一种贷款。

（2）按照贷款的保障条件分类，可分为信用放款、担保放款和票据贴现。信用贷款是指银行完全凭借客户的信誉、无须提供抵押物或第三者保证而发放的贷款。担保贷款是指具有一定的财物或信用作为还款保证的贷款。根据还款保证的方式不同，具体分为抵押贷款、质押贷款和保证贷款。票据贴现是贷款的一种特殊方式，它是指银行应客户的要求，以现款或活期存款买进客户持有的未到期的商业票据的方式发放的贷款。

（3）按贷款用途划分，非常复杂。若按行业划分有工业贷款、商业贷款、农业贷款、科技贷款和消费贷款；按具体用途划分又有流动资金贷款和固定资金贷款。

（4）按贷款的偿还方式划分，可分为一次性偿还和分期偿还。

（5）按贷款质量划分，可分为正常贷款、关注贷款、次级贷款、可疑贷款和损失贷款。正常贷款是指借款人能够履行借款合同，有充分把握按时足额偿还本息的贷款。关注贷款是指贷款的本息偿还仍正常，但是存在一些可能对偿还贷款产生不利的因素。次级贷款是指借款人的还款能力出现明显问题，依靠正常的经营收入已无法保持足额偿还本息的贷款。可疑贷款是指借款人无法足额偿还本息，即使执行抵押或担保，也肯定要造成一部分损失。损失贷款是指采取了所有可能的措施和一切必要的法律程序之后，本息仍无法收回，或只能收回极少部分。

2. 贷款的办理程序和贷款定价方法

（1）贷款办理程序。对于任何一笔贷款，都必须遵循以下基本程序，即贷款的申请、贷款的调查、对借款人的信用评估、贷款的审批、借款合同的签订和担保、贷款发放、贷款检查、贷款收回。对于借款人的信用评估采用打分法，并利用资信公司等机构提供的信用资料加以分析。当贷款发放后出现了违约现象时，商业银行由专门的催收部门采取相应的措施，防止贷款损失的进一步扩大。

（2）贷款定价方法。在商业银行贷款过程中，对于借贷双方来说最关心的就是贷款的定价。商业银行在贷款定价时，一般要考虑六大因素，即资金成本、贷款风险程度、贷款费用、借款人的信用及其与银行的关系、贷款的目标收益和贷款的供求状况。贷款的价格构成包括贷款利率、贷款承诺费、补偿余额和隐含价格。贷款承诺费是指银行对借款人申请的贷款额度内可使用而未使用的部分收取的一定比例的费用。补偿余额是指银行要求借款人必须在本银行开设账户并存入一定资金后，才可以获得贷款。隐含价格是指商业银行对借款人使用贷款作出的非货币性的限制，增加借款人的借款成本。

可以采用的贷款定价方法包括成本加成贷款定价法、价格领导模型定价法、成本—收益定价法、目标收益定价法、账户利润定价法等。

① 成本加成贷款定价法（the cost-plus loan-pricing method）。这是根据银行贷款的成本来确定贷款价格的方法。成本加成贷款定价认为，任何商业性贷款均应包括四个部分：银行筹集可贷资金的成本；银行工作人员的非资金性经营成本（包括贷款人员的工资以及发放和管理贷款时使用的设备、工具等成本）；对银行由于贷款可能发生的违约风险作出必要的补偿；为银行股东提供一定的资本收益率所必需的每一贷款项目的预期利润水平。我国商业银行主要采用该定价法。成本加成贷款定价法的公式如下：

贷款利率 = 筹集放贷资金的边际成本 + 非资金性银行经营成本 + 预计补偿违约风险的边际成本 + 银行预计利润水平

② 价格领导模型定价法（the price leadership model）。价格领导模型定价法是以若干大银行统一的优惠利率为基础，考虑到违约风险补偿和期限风险补偿后的贷款所制定的利率。对于某个特定的顾客来说，其贷款的利率公式为：

贷款利率 = 优惠利率（包括各种成本和银行预期利润）+ 加成部分
= 优惠利率 + 违约风险溢价 + 期限风险溢价

③ 成本—收益定价法（cost-benefit loan pricing）。在成本—收益定价法下，需考虑的因素有三个：贷款产生的总收入；借款人实际使用的资金额；贷款总收入与借款人实际使用的资金额之间的比率为银行贷款税前收益（税前收益率）。利用下面的公式，保证一定收益水平的基础上确定贷款价格：

$$税前收益率 = \frac{贷款总收入}{实际使用贷款额}$$

④ 目标收益率定价法。在为一笔贷款定价时，贷款主管人员必须考虑发放贷款的预期收益，以及给借款人提供资金的成本、管理和收贷费用及借款风险等。目标收益率定价法公式为：

$$税前股本收益率 = \frac{贷款收益 - 贷款费用}{本笔贷款应摊的股本} \times 100\%$$

⑤ 账户利润定价法。这种方法强调了银行与客户的整体关系。在贷款定价前，银行需要分析该客户的所有账户成本、收入和银行的目标利润，在此基础上，根据不等式："账户总收益≥账户总成本+目标利润"，账户总成本包括资金成本、服务营业费用、管理费用及违约成本；账户总收入包括客户存款的投资收入、手续费收入、贷款利息收入。

（三）商业银行的证券投资业务

商业银行的证券投资业务是商业银行将资金用于购买有价证券的活动。主要是通过证券市场买卖股票、债券进行投资的一种方式。商业银行的证券投资业务有分散风险、保持流动性、合理避税和提高收益等意义。商业银行投资业务的主要对象是各种证券，并且以债券为主，包括国库券、中长期国债、政府机构债券、市政债券或地方政府债券以及公司债券。在这些证券中，由于国库券风险小、流动性强、变现成本低而成为商业银行重要的投资工具。由于公司债券的差别较大、风险较高，很多西方国家都从法律上禁止商业银行投资公司债券，只有德国、奥地利、瑞士等少数国家允许。为了防止股市风险扩散到银行领域中，我国商业银行不能从事股票投资业务。

三、其他业务

（一）表外业务

表外业务是指商业银行从事的按会计准则不列入资产负债表内，不影响其资产负债总额，但能影响银行当期损益，改变银行资产报酬率的经营活动。表外业务有狭义和广义之分。狭义的表外业务指那些没有列入资产负债表，但同资产业务和负债业务关系密切，并在一定条件下会转为资产业务和负债业务的经营活动，也称为有风险的表外业务。广义的表外业务则除了狭义的表外业务外，还包括结算、代理、咨询等无风险的经营活动，这些无风险的表外业务称为中间业务。在金融自由化的推动下，为了规避资本管制、适应金融环境变化，商业银行在生存压力与发展需求的推动下，纷纷利用自己的优势大量经营表外业务，以获取更多的非利息收入。随着表外业务的大量增加，商业银行的非利息收入迅速增加，现已成为西方商业银行最主要的盈利来源。

（二）中间业务（无风险的表外业务）的分类

1. 结算业务

结算业务指通过银行账户的资金转移来实现经济主体之间货币收付的行为，即银行接受客户委托代收代付，从付款人存款账户中划出款项，转入收款人的存款账户，以此完成经济主体之间债权债务的清算或资金的调拨。它是在商业银行的存款负债业务基础上产生的一种业务。结算业务涉及各种结算工具和结算方式，主要有本票、汇票、支票、背书转让、贴现、汇兑等。

2. 信托业务

信托业务是指商业银行作为受托人接受客户委托，代为经营、管理或处理有关受托的资财或其他事项，为信托人谋取利益的业务。它是一种将合同、所有权与收益权分离、信托财产独立性等融为一体的特殊财产管理制度。它包括委托人、受托人和受益人三方的关系，委托人和受益人可以是同一人，也可以是不同的人。银行信托按其服务对象分为个人信托和公司信托两种；按信托财产的形态，可分为实物财产信托、货币资金信托和无形财产信托。

3. 代理业务

代理业务是指银行接受单位和个人的委托，以代理人的身份，代表委托人办理一些经双方议定的有关业务的行为。银行可以收到相应的手续费用，包括代理收付款业务、代理融通业务、代理行业务、保付代理业务、基金托管业务和其他代理业务。一般需要事先由银行和需要办理代理业务的客户签订委托收付款协议。

4. 金融租赁业务

金融租赁业务是指商业银行作为出租人向承租人提供某种设备（或其他物件）的使用权并收取租金的一种业务，这是以融通资金为目的的租赁。其特点是设备的所有权与使用权分离，承租人定期缴纳租金，而在整个租赁期内拥有设备的使用权，设备的所有权仍归出租人所有。租赁期满，由出租人收回，也可作价由承租人留购。金融租赁业务的主要形式包括单一投资租赁、转租赁、售后回租和杠杆租赁。金融租赁的租金由取得贷款的本金、利息和出租人赚取的利差构成。金融租赁租金的计算方法有等额年金法和等额本金法两种。

5. 咨询顾问业务

咨询顾问业务是指银行应客户的要求，利用自己的知识、技术、信息和经验，运用科学方法和先进手段进行调查、分析和预测，客观公正地为客户提供经济和金融信息及情况，或对某个方面的决策提供一种或多种可供选择的优化方案的服务业务。具体包括评估类信息咨询业务、委托中介类信息咨询服务、综合信息类咨询服务和投资银行业务。

6. 信用卡业务

信用卡业务是由经授权的金融机构向社会发行的具有消费信用、转账结算、存取现金等全部或部分功能的信用支付工具。信用卡和借记卡都属于银行卡。早在第二次世界大战以前，信用卡就已经存在了，许多百货公司向消费者提供信用卡用于赊购商品。第二次世界大战之后，信用卡业务开始推广到餐饮等多种服务领域，银行家看到了信用卡未来广阔的利润空间，开始推出银行信用卡业务并取得了极大的成功。现在国际上的信用卡组织主要有 VISA 国际组织、万事达卡国际组织（Master Card International）两大组织和美国运通国际股份有限公司、大来信用卡有限公司、日本国际信用卡公司 3 家专业信用卡公司。在各地区还有一些地区性的信用卡组织，如欧洲的 Europay、我国的银联等。信用卡业务的开展会面临信用风险、操作风险、技术风险。

（三）狭义表外业务的分类

1. 承诺类业务

承诺类业务指商业银行在未来某一日期按照事前约定的条件向客户提供约定信用的业务，主要有贷款承诺、票据发行便利等。贷款承诺指银行承诺客户在未来的一定时期内，按照双方事先确定的贷款利率、贷款方式、贷款期限及贷款的使用方向等，应客户的要求，随时提供不超过一定限额的贷款。票据发行便利是一种中期的具有法律约束力的循环融资承诺。根据这种承诺，客户可以在协议期限内用自己的名义以不高于预定利率的水平发行短期票据筹集资金，银行承诺购买客户未能在市场上出售的票据或向客户提供等额银行信贷。

2. 担保业务

担保业务指商业银行为客户债务清偿能力提供担保，承担客户违约风险的业务。主要有商业信用证、备用信用证、保函、票据承兑等。商业信用证是一种重要的国际结算方式，是指进出口双方签订合同以后，进口商请求当地银行开出的一种证书，授权出口商所在地的另一家银行通知出口商，在符合信用证规定的条件下，愿意承兑或付款承购出口商交来的汇票单据。备用信用证是一种特殊形式的信用证，是开证行对受益人承担一项义务的凭证。银行保函是银行应委托人的要求作为担保人向收益人作出的一种书面保证文件。票据承兑是一种传统的银行担保业务，是指银行在汇票上签章，承诺在汇票到期日支付汇票金额的一种票据行为。

3. 其他表外业务

其他表外业务是指与利率或汇率有关的创新金融工具，主要有金融期货、期权、互换和远期利率协议等工具。互换业务是指交易双方商定在一段时间内，就各自所持金融商品相关内容进行互换的交易活动。远期利率协议是一种远期合约，买卖双方商定将来一定时间段的协议利率，并指定一种参考利率，在将来清算日按规定的期限和本金数额，由一方向另一方支付协议利率和届时参照利率之间差额利息的贴现金额。金融期货交易是指以各种金融工具作为标的物的期货交易方式，包括外汇期货、利率期货和股票指数期货。金融期权是期权的一种，是指以金融商品或金融期货合约为标的物的期权交易形式。

第三节　商业银行的绩效评估与风险管理

一、银行经营绩效评估

银行绩效评价是运用定量和定性相结合的方法，借助系统科学的评价指标，参照客观合理的评价标准，对银行的经营业绩、管理效果及管理水平进行科学、客观、公正的考核与评价，从而促进银行提升经营业绩和管理水平的一系列管理活动的总称。这一评价体系是银行股东、监管当局和内部经营管理者了解银行状况，判断银行未来发展方向，并据以作出决策、采取相应措施的重要工具。

绩效评价是商业银行运用一组财务指标和一定的评估方法，对其经营目标实现程度进行考核、评价的过程。设计绩效评价指标体系是进行评估的关键，必须服从银行经营总目标。一般而言，处于不同的发展阶段和经营环境的商业银行在经营中所追求的具体目标有所不同，但根本的出发点是一致的，即实现股东财富最大化。股东财富指企业所有者在市场上转让出其在该企业的权益所能得到的收益，反映了市场对企业的综合评价。股东财富或说企业价值受多种因素制约，用下列公式说明：

$$V = \sum E(D_t)/(1+k)^t$$

这是企业价值的贴现模型，其中，V 代表目前企业价值；$E(D_t)$ 代表第 t 年现金流入预期值或预期利润；k 是同风险程度正相关的投资报酬率；t 代表时间，理论分析中一般假定企业会无限期持续经营，$t \rightarrow x$。

上述模型显示，考查银行经营目标实现程度可从两个方面入手，一是银行获利情况，二是风险程度。这是设计绩效评估指标的基本出发点。商业银行的经营环境比一般企业更为复杂，加之其独特的资产负债结构，银行流动性和清偿力状况成为其能否生存的关键，因而在设计风险类指标时，将清偿力指标和流动性指标单独列出，便于重点考查。商业银行绩效评价指标大多采用比率形式，这样可以剔除银行规模差异对绩效分析的干扰，还可将银行财务报表中的原始信息有机地结合起来，更准确地反映银行绩效。

二、商业银行绩效评价体系

商业银行绩效评价指标体系包括单一指标体系和多重指标体系。

单一指标体系主要是通过计算银行某一具体的财务比率，如资产规模（重点是存款规模、贷款规模）、资本充足率、净资产收益率等，并将其与历史情况纵向对比或与其他类似机构进行横向对比，据此对银行的整体经营情况作出评价和判断。多重绩效评估指标体系是通过对商业银行在安全性、流动性和营利性等方面设定多个分项指标，并运用多元统计或者其他方法，将这些指标所包含的信息进行合理的加工挖掘最终得出一个综合评价值，然后通过综合得分来比较和判断不同银行在综合经营绩效以及某方面能力上的差异。

一般对于商业银行绩效评价使用多重绩效评估指标体系。一组财务比率指标按实现银行经营总目标过程中所受的制约因素分为四类，即营利性指标、流动性指标、风险指标和清偿力及安全性指标。

（一）营利性指标

营利性指标衡量商业银行运用资金赚取收益同时控制成本费用支出的能力。营利性指标的核心是资产收益率和股本回报率，利用这两个财务指标及其他派生财务比率指标可较准确地认识银行的获利能力。

1. 资产收益率（ROA）

资产收益率是银行纯利润与全部资产净值之比，其计算公式为：

$$资产收益率 = 纯利润 \div 资产总额 \times 100\%$$

资产收益率指标将资产负债表和损益表中相关信息有机结合起来，是银行运用其全部资金获取利润能力的集中体现。有两点须补充说明，计算资产收益率指标时可以选择总资产的期末余额值做分母，这一数据可以方便地在资产负债表上直接取得，但银行利润是一个流量指标，为准确反映银行在整个报表期间的经营获利能力，采用总资产的期初与期末余额的平均值做分母效果更好。另外，银行纯利润包括一些特殊的营业外项目的税后收入，因而资产收益率指标的变动有时不能简单理解为银行正常营业获利能力的改变，还应结合具体情况分析。

2. 营业利润率

营业利润率排除了特殊项目的影响，更准确地体现了银行经营效率，计算表达式为：

$$营业利润率 = 税后营业利润 \div 资产总额 \times 100\%$$

由损益表可以看出，银行营业利润来自经营活动中各项利息收入和非利息收入，不受证券交易、调整会计政策、设备盘盈盘亏等不常发生的营业外活动影响，是银行经营能力和成果的真实情况。因而营业利润率指标反映了银行真实、稳定的获利能力。

3. 银行净利差率

银行利息收入是其主要收入来源，利息支出是其主要成本支出项目，因此利差收入是影响商业银行经营业绩的关键因素。银行净利差率的主要计算公式为：

$$银行净利差率 = (利息收入 - 利息支出) \div 盈利资产 \times 100\%$$

盈利资产指那些能带来利息收入的资产。银行总资产中，除去现金资产、固定资产外，均可看作盈利资产，在计算中分母也应采用平均值。一般情况下，银行经营规模的扩大、盈利资产的增多会引起相应利息收入的增加，但银行净利差率的提高表明银行利差收入的增长幅度大于盈利资产增长幅度，即银行在扩大资金运用、增加收入的同时，较好地控制相应的融资成本（利息支出）。因而该指标可有效反映银行在筹资放款这一主要业务中的获利能力。

4. 非利息净收入率

非利息净收入率不只是银行获利能力的标志，同时也反映出银行的经营管理效率，计算表达式为：

$$非利息净收入率 = (非利息收入 - 非利息支出) \div 资产总额 \times 100\%$$

由损益表中可知，银行非利息收入来自手续费和佣金收入，获得这类收入不需要相应增加资产规模，较高的非利息净收入会明显提高银行资产收益率。非利息支出包括提取贷款损失准备、员工薪金、折旧等间接费用，同银行管理效率直接相关，因而较高的非利息净收入率意味着相对较低的各类间接费用开支，表明银行管理效率良好。

总的说来，非利息净收入率的提高是银行营利能力和管理效率良好的表现。但有时也意味着经营中潜在风险的提高，主要因为非利息收入中的较大部分通过表外业务取得，常伴随着一定或有负债及其他风险，且不在财务报表中明确表示，因而应用指标时应多注意其他相关信息，了解相应风险状况。

5. 银行利润率

银行利润率计算表达式为：

$$银行利润率 = 纯利润 \div 总收入 \times 100\%$$

由计算式可以看出，该指标反映了银行收入中有多大比例被用于各项开支，又有多大比例被作为可以发放股利或再投资的利润保留下来。该比例越高，说明银行获利能力越强。

6. 权益报酬率（ROE）

权益报酬率又称净值收益率、股东投资收益报酬率等，计算表达式为：

$$权益报酬率 = 纯利润 \div 资本总额 \times 100\%$$

该指标反映了银行资本的获利程度，是银行资金运用效率和财务管理能力的综合体现，同股东财富直接相关，受到银行股东的格外重视。权益报酬率具有极强的综合性。

（二）流动性指标

流动性在任何企业经营中都是营利性和安全性之间的平衡杠杆。商业银行由于自身不寻常的资产负债结构，更易受到流动性危机的威胁，这也是银行将流动性指标从一般风险指标中分离出来的原因。流动性指标反映了银行的流动性供给和各种实际的或潜在的流动性需求之间的关系。银行流动性供给在资产方和负债方均可存在，如银行拆入资金或出售资产都可以获得一定的流动性。流动性需求则可通过申请贷款和提存等形式作用于资产、负债两个方面，因而流动性指标在设计时应综合考虑银行资产和负债两方面情况。

1. 现金资产比例（现金资产 ÷ 资产总值）

现金资产比例是银行所持现金资产与全部资产之比，现金资产具有完全的流动性，可随时应付各种流动性需求。该比例高反映出银行流动性状况较好，抗流动性风险能力较强。然而，现金资产一般是无利息收入的，如果现金资产比例太高，则银行盈利资产下降，影响收益。

2. 国库券持有比例（国库券÷资产总值）

国库券是银行二级准备资产的重要组成部分，对银行流动性供给有较大作用。一方面，国库券自身有较强的变现能力，银行出售国库券可直接获得流动性供给；另一方面，国库券是一种被普遍接受的抵押品，银行可以用其进行质押贷款，即持有国库券也可产生间接的流动性供给。该比值越高，银行的流动性越好。

3. 证券资产比例（证券资产÷资产总值）

商业银行资产组合中很大部分是所投资的各类证券，这些证券一般均可在二级市场上变现，为银行带来一定流动性供给。

单纯应用该指标判断银行流动性具有很大局限。这主要是因为证券的变现能力同其市场价值密切相关。在市场利率上升时，证券市价下跌，特别是一些长期证券难以按购入成本和记账价值流转出去，因此分析持有证券给银行提供的流动性时，须结合"市值/面值"指标评判。一般情况下"市值/面值"比例越低，说明银行所持有证券的变现力越低，从中可获得的流动性供给越小。

4. 贷款资产比例（贷款÷资产总值）

该指标是银行贷款资产与全部资产的比值。贷款是银行主要盈利资产，其流动性较差，该比值较高，反映银行资产结构中流动性较差部分所占比例较大，流动性相对不足。另外，贷款内部各组成部分又具有不同的流动性。其中一年内到期的贷款在一个营业周期内自动清偿，可以带来相应的现金流入，提供一定的流动性，因而可以用"一年内到期贷款/总贷款"作为贷款资产比例的补充指标。该补充指标值越高，说明银行贷款中流动性较强部分所占比例较大，银行的流动性状况越好。

指标1～指标4主要从资产项目来反映银行的流动性。小银行受其规模、市场地位的影响，一般依靠提高资产的流动性来应付各种流动性风险，因而在对小银行进行绩效分析时，这四个指标具有较大意义。

5. 易变负债比例（易变负债÷负债总值）

易变负债比例是易变负债与全部负债之比。易变负债包括银行吸收的经纪人存款、可转让定期存单及各类借入的短期资金。这类负债受资金供求关系、市场利率、银行信誉等多种因素影响，其融资成本、规模均难以为银行所控制，是银行最不稳定的资金来源。该指标反映了银行负债方面的流动性风险情况，比值越高，说明银行面临的潜在流动性需求规模越大且越不稳定。

6. 短期资产负债比率（短期资产÷易变负债）

银行短期资产包括同业拆出、存放同业的定期存款、回购协议下的证券持有、交易账户证券资产、一年内到期的贷款等。这部分资产是银行最可靠的流动性供给，可以较好地应付各类流动性需求，"短期资产/易变负债"指标衡量了银行最可靠的流动性供给和最不稳定的流动性需求之间的对比关系，该比值越高，说明银行的流动性状况越好。

指标5～指标6主要从负债方面考虑商业银行流动性情况。在运用这两个指标进行银行业绩分析时必须注意银行的规模，一些大银行特别是地处金融中心的大银行在经营中更多地利用增加短期负债来获取流动性，小银行依靠资产变现取得流动性，因而对于规模不同的银行，同一指标数值所反映的流动性状况可以有较大差异。

7. 预期现金流量比率（现金流入÷现金流出）

预期现金流量比率是预计现金流入与流出之比值，设计时考虑了一些表外项目的影响，可以弥补指标1～指标6的不足。银行现金流出包括正常贷款发放、证券投资、支付提存等项目，还包括预计贷款承诺需实际满足的部分及预计的其他或有负债一旦发生需要支付的部分。现金流入包括贷款收回、证券到期所得或偿付、预期中的证券出售及各类借款和存款的增加等。指标值大于1的不同值，显示银行未来流动性可能有所提高的程度。

（三）风险分析指标

在财务管理和财务分析中，风险被定义为预期收入的不确定性，这种收入的不确定性会降低企业价值。商业银行面临复杂多变的经营环境，收益水平受多种因素的干扰，风险指标将这些因素做了分类，并定量反映了商业银行面临的风险程度和抗风险能力。

1. 利率风险

当前的商业银行业务日益多样化，成为"金融百货公司"，以多种金融服务获取收益。但从根本上来看，银行主要收入来源仍然是各种生息资产，成本项目主要是为融资而发生的利息支出。市场利率的被动往往会引发银行利差收入以至于全部营业收入的波动，这就是利率风险。资金配置不同的银行面对相同的利率波动所受影响是不同的，即利率风险暴露不同，这种差别可通过以下两个利率风险指标度量。

指标（1）：利率风险缺口 ＝利率敏感性资产 －利率敏感性负债；

指标（2）：利率敏感比例＝利率敏感性资产÷利率敏感性负债。

利率敏感资产是指收益率可随市场利率变动重新调整的资产，如浮动利率贷款。以相同的方式可以定义利率敏感性负债。在应用上述两个指标分析时，应注意保持算式中资产负债期限上的一致。

指标（1）和指标（2）在含义上是一致的。当缺口为 0 或比值为 1 时，银行不存在利率风险暴露，利差收益不受利率运动影响，其他指标值均意味着存在利率风险暴露。样本银行指标值与均衡值（0 或 1）偏差越大，银行面临的利率风险越大。

2. 信用风险

银行的信用风险指银行贷款或投资的本金、利息不能按约得到偿付的风险。银行的主要资产和收入来源是各类金融债权，信用风险对其经营业绩影响很大，以下几个指标反映了银行面临多种实际和潜在的信用风险程度及银行为此所做的准备情况。

（1）贷款净损失/贷款余额。贷款净损失是已被银行确认并冲销的贷款损失与其后经一定的收账工作重新收回部分的差额，反映了信用风险造成的贷款资产真实损失情况。该指标衡量了银行贷款资产的质量状况，比值越大，说明银行贷款资产质量越差，信用风险程度越高。

（2）低质量贷款/贷款总额。低质量贷款由三部分组成：首先是逾期贷款，指超过偿还期 90 天尚未收回的贷款；其次是可疑贷款，确认标志是债务人未能按约支付利息，这往往是债务人财务状况恶化、最终无力偿还本息的先兆；最后是重组贷款资产，当债务人财务状况恶化，银行为避免贷款债权的最终落空，有时会以延长期限、降低利率等方式同借款人进行债务重组协商。低质量贷款的信用风险程度很高，是产生未来贷款损失的主要根源。该指标是对指标（1）的补充，估计了潜在的贷款损失，比值越高，银行贷款中信用风险越大，未来可能发生的贷款损失越大。

（3）贷款损失准备/贷款损失净值。贷款损失准备来自银行历年税前利润，是对未来可能出现的贷款损失的估计，并可以弥补贷款资产损失。该项指标比值越高，表明银行抗信用风险的能力越强。

（4）贷款损失保障倍数。该指标是当期利润加上贷款损失准备金后与贷款净损失之比。比值越大，说明银行有充分的实力应付贷款资产损失，可以减少贷款损失对银行造成的不利影响。

上述指标集中考查了银行贷款资产的风险状况，并未对证券投资进行信用风险评估。这是因为银行所持有的证券以政府债券为主，信用风险程度相对较低。

3. 其他风险

商业银行经营过程中遭遇的其他风险，包括欺诈风险、通货膨胀风险、汇率风险、国家风险、犯罪风险等。例如，银行经营中会遭受内外部人员的欺诈或舞弊行为所产生的风险，这类风险称为欺诈风险。欺诈风险一般没有直接的度量指标，往往用其他指标间接反映，如内部贷款比例。该指标是银行对其股东或经营管理人员的贷款与总贷款之比，粗略衡量了由内部交易所带来的可能的欺诈风险程度。一般而言欺诈风险与该指标数量呈正相关的关系。

（四）清偿力和安全性指标

银行清偿力是指银行运用其全部资产偿付债务的能力，反映了银行债权人所受保障的程度。清偿力充足与否也极大地影响银行的信誉。从恒等式"净值＝资产－负债"来看，银行清偿力不足或者资不抵债的直接原因是资产损失过大，致使净值小于零，负债不能得到完全保障。但清偿力不足的根本原因是资本金不足，未能与资产规模相匹配，因而传统的清偿力指标主要着眼于资本充足情况。

1. 资本—资产比例

$$资本—资产比例 = 净值 \div 资产总额$$

净值是银行全部资金中属于银行所有者的部分，即所有者权益，具有保护性功能，即吸收银行资产损失、保护债权人权益的功能。该比例将资本量与资产总量结合起来，简单地反映出银行动用自有资金，在不损害债权人利益的前提下应付资产损失的能力。该项比值越高，表明银行清偿能力越强。但其基本假设前提是银行资产规模和可能发生的损失之间存在简单的比例关系。该指标是一项传统指标，优点是计算方便。随着银行业务的不断发展，其资产和负债结构有了很大改变，不同资产所面临的风险有较大差异，资产规模和资产可能遭受的损失之间不再保持简单的比例关系，该指标的有效性有所下降。

2. 资本—风险资产比率

$$资本—风险资产比率 = 净值 \div 风险资产$$

第二次世界大战以后，西方商业银行的资金运用由单纯贷款资产转向贷款和政府债券的资产组合。这两类资产所含的风险程度迥然不同，简单地应用净值/资产指标已无法确切反映银行的清偿力和安全情况，计算清偿力的考核重点转向净值对风险资产的比率。风险资产是总资产扣除现金资产、政府债券和对其他银行的债权后剩余的部分。将这些无风险资产排除后，"净值风险资产"指标更多地体现了资本吸收资产损失的保护性功能，能较准确反映银行清偿力。

上述两个指标着眼于以净值与资产的关系来衡量银行的清偿能力和安全程度，随银行业的不断发展，这种分析思想已显示出较大局限性：首先，银行资本的构成日益复杂，在提供清偿力方面是有差异的，应区别对待；其次，表外业务在银行经营中地位有了较大提高，有必要纳入清偿力考核指标内。

3. 资产—核心资本增长比率

$$资产—核心资本增长比率 = 资产增长率 ÷ 核心资本增长率$$

资产—核心资本增长比率反映出银行清偿力的变化情况。一般情况下，银行资产扩张速度较低，银行相对稳定。银行资产规模扩张较快，往往意味着较大的潜在风险，资产增长基础也不牢固，是银行清偿力下降的标志。结合核心资本增长率可更好地分析银行清偿力的变动。例如，当银行资产增长率保持原有水平而核心资本增长加快时，银行清偿力得以提高。这组指标也可用于同业比较中，即以银行同业的资产增长率与核心资产增长率为标准，将被考查银行的这两项指标值与标准指标值比较，分析其清偿力的变化。

4. 现金股利—利润比率

$$现金股利—利润比率 = 现金股利 ÷ 利润$$

银行净值中比重最大的是未分配利润项目，该项目也是影响银行资本充足与否以及清偿力高低的重要因素。未分配利润项目来自历年累积的利润留存，现金股利是银行利润的净流出。较高的现金股利分配率，降低了银行内部积累资本的能力。另外，分配现金股利导致银行现金资产的减少，风险资产比重相对加大。因而，"现金股利/利润"指标值太高，意味着银行清偿力未实现其应达到的标准。

三、绩效评价方法

银行绩效评价方法主要指比率分析法和综合分析法。比率分析法以上述指标体系为核心，从盈利能力、流动性、风险性和清偿力及安全性四个方面对银行经营业绩分别作出评价，最后形成完整结论；而综合分析法是将银行的经营业绩看作一个系统，从系统内盈利能力和多风险因素的相互制约关系入手进行分析。

（一）比率分析法

比率分析法的核心是绩效评价指标，但孤立的指标数据是毫无意义的，并不能说明银行业绩的好坏，必须在比较中才能发挥作用。比较的形式主要有同业比较和趋势比较。将一家商业银行的绩效评价指标值与同业平均水平进行横向比较，可以反映出该银行经营中的优势与不足。利用连续期间对指标值进行比较，可以看出该银行的经营发展趋势，并对未来情况作出预测。在实际分析中，同业比较和趋势比较应结合起来使用。在应用财务比率进行绩效评价时，也应注意银行规模上的差异。很多情况下，绩效评价指标的差异来自规模差异以及相应经营方法上的不同，不能等同于经营业绩之间的差距。在利用财务比率分析时，还应注意表外业务的情况，如经济环境的变化、利率走势等外部因素。

下面给出一个应用比率分析的具体案例（见表 8 - 2）。对报表外因素加以简单说明。评价对象 FSB（farmers state bank）地处非金融中心地区，资产规模在 1 亿~2 亿美元，是典型的中小银行，进行对比的同业水平是规模相近的小银行的平均水平。数据采样期间为 2015~2019 年，假设这段时间市场利率呈下降趋势。

表 8 - 2　　　　　　　　FSB 主要指标数据及同业水平

项目	2019 年		2018 年		2017 年		2016 年		2015 年	
	FSB	同业	FSB	同业	FSB	同业	FSB	同业	FSB	同业
一、盈利指标										
1. 资产收益率	1.31	0.84	1.41	0.68	1.00	1.03	0.77	1.04	1.60	1.12
2. 营业利润率	0.67	0.81	0.53	0.56	0.57	1.99	0.65	1.04	1.17	1.12
3. 非利息收入/平均资产	0.31	0.58	0.33	0.64	0.34	0.64	0.28	0.60	0.28	0.55
4. 利息收入/平均资产	9.3	18.85	10.18	9.71	10.85	10.80	11.16	11.054	11.21	11.19
5. 银行净利差率	4.10	3.90	4.41	4.15	4.28	4.43	3.31	4.34	4.05	4.54
二、流动性指标										
6. 易变负债/负债总额	40.24	5.41	34.15	7.93	43.75	1.05	37.32	0.22	26.07	1.20
7. 短期资产/易变负债	15.25	143.50	4.51	149.44	2.47	126.12	31.96	120.96	32.72	114.86
8. 贷款/平均资产	43.74	48.74	44.54	48.95	48.78	52.16	49.68	52.83	49.67	50.86
三、风险指标										
9. 利率敏感性缺口	-18.25	-6.25								
10. 贷款净损失率	0.29	1.17	2.33	1.73	1.73	1.39	1.17	0.85	0.34	0.87
11. 低质量贷款比率	2.44	3.02	2.56	3.11	1.83	2.86	3.08	2.47	2.06	1.99
12. 贷款损失保障倍数	6.54	6.20	4.24	3.87	1.005	4.93	9.38	9.08	9.51	9.59
13. 贷款损失准备/贷款净损失	3.65	2.99	1.32	1.50	0.88	1.71	0.71	3.03	1.55	2.87
14. 贷款损失准备/贷款	3.23	1.85	1.41	0.68	1.00	1.03	0.77	1.26	0.49	1.10
15. 内部人员贷款	0.13	0.18	0.1	0.22	0.22	0.20				
四、清偿力指标										
16. 核心资本充足率	8.42	8.85	8.73	8.82	8.07	8.74	7.76	8.60	7.52	8.54
17. 资产增长率	12.08	3.51	2.77	4.01	1.88	5.43	-3.16	6.68	6.26	8.67
18. 核心资本增长率	7.46	5.98	14.18	5.28	3.37	7.27	0.96	7.71	7.25	9.21
19. 先进股利比例	71.43	45.73	72.23	47.30	106.70	45.03	108.35	46.83	65.50	40.19

1. 盈利能力分析

表 8 - 2 中指标 1~指标 5 是主要盈利指标。从指标 1 的资产收益率来看，除 2016 年外，FSB 的该项数据均高于或近似于同业平均水平。但由指标 2 看出，

FSB 的营业外净收益率明显高于同业水平，这表明其真实营业盈利能力并未达到同业水平。仅以 2019 年为例，该年度 FSB 的资产收益高于同业水平 0.47 个百分点，而营业外净收益高出同业水平 0.61 个百分点，相应的营业利润率与同业水平有 0.14% 的差距。因而 FSB 可靠的盈利能力略低于同业水平。

指标 3 和指标 4 显示，FSB 的非利息收入低于同业水平，且远低于其利息收入，因而分析重点应放在净利差收入上。指标 5 显示 FSB 的净利差收入率高于同业水平。这种优势可以存在于两个方面，要么 FSB 的贷款资产比重较高，要么 FSB 在利率敏感性资产、负债方面配置较为成功。以 2019 年情况为例作出分析。指标 8 中反映 FSB 的贷款资产比重低于同业水平，那么，利差收入上的优势只能归结于资金配置方面。指标 9 证实了这一点，FSB 存在负的利率敏感缺口，缺口规模远远大于同业水平。结合市场利率运动，可以得出结论：FSB 的利差收入优势来自不断下行的市场利率。但这同时也隐含着较大的利率风险，其未来盈利能力很大程度上取决于利率走势，一旦利率向上波动，FSB 的盈利水平将受很大负面影响。

2. 流动性分析

指标 6 ~ 指标 8 反映了 FSB 的流动性存在严重问题。指标 7 显示，FSB 严重依靠易变负债作为资金来源。一般情况下，小银行无法及时主动地调整其负债规模和结构。FSB 过高的易变负债比例表明其负债结构不当，存在较大的不稳定流动性需求。指标 7 说明，FSB 短期资产与易变负债的对应情况也远远未达到同业水平。银行短期资产是最可靠的流动性供给，FSB 的指标 7 数据非常低，表明 FSB 依靠出售资产应付负债方流动性需求的能力很差。

3. 风险分析

指标 9 是利率风险指标，数据表明 FSB 存在负的敏感性缺口，且缺口是同业水平的 3 倍，风险程度大大超过同业水平，这与 FSB 过度依赖利率敏感性的易变负债有关。

指标 10 ~ 指标 14 是有关信用风险指标。指标 10 可衡量银行贷款资产的整体质量，数据显示 FSB 的贷款质量在 2019 年有了很大提高，且 4 年来第一次优于同业水平。指标 11 也反映出同情况。由此可得出结论：近期 FSB 在控制贷款信用风险方面较为成功，贷款资产质量良好。

指标 12 ~ 指标 14 反映了银行为可能发生的贷款损失所做的准备情况。连续比较可以看出，FSB 的这三项指标数据在 2002 年度均有所提高，且高于同业水平，表明 FSB 抗风险能力在改善，强于同业水平。

指标 15 以内部人员贷款比例反映银行现在的由内部交易引起的欺诈风险，FSB 的该项数据很低，表明这类风险程度较低，略低于同业水平。

4. 清偿力和安全性分析

安全性问题主要来自过高的现金股利分配。指标 19 显示连续 5 年内 FSB 的股利分配超过了当年行业内平均数，这使得 FSB 的内部资本积累远未达到应有水平，降低了其清偿能力。

（二）杜邦分析法

银行的经营业绩是一个包括多个因素的完整系统，其内部因素相互依存、相互影响，比率分析方法人为地将银行业绩分为四个方面，割裂了相互间联系。综合分析法弥补了这种不足，将银行盈利能力和风险状况结合起来对银行业绩作出评价。杜邦分析法是一种典型的综合分析法，其核心是净值收益率（ROE），该指标有极强的综合性。

1. 两因素的杜邦财务分析

两因素的杜邦财务分析是杜邦分析的基本出发点，集中体现了其分析思想，其模型为：

$$净值收益率 = 纯利润 \div 净值 \times 100\% = （资产 \div 纯利润）\times（资产 \div 净值）\times 100\%$$

即 ROE = ROA × EM，EM 称为股本乘数，ROE 是股东所关心的与股东财富直接相关的重要指标。上面的两因素模型显示，ROE 受资产收益率、股本乘数的共同影响，资产收益率是银行盈利能力的集中体现，它的提高会带来 ROE 的提高，也就是说，在 ROE 指标中间接反映了银行的盈利能力。

ROE 指标也可体现银行的风险状况。提高股本乘数，可以改善 ROE 水平，但也带来更大风险。一方面，股本乘数加大，银行净值比重降低，清偿力风险加大，资产损失较易导致银行破产清算；另一方面，股本乘数会放大资产收益率的波动幅度，较大的股本乘数，导致 ROE 不稳定性增加。

因而两因素模型以 ROE 为核心，揭示了银行营利性和风险之间的制约关系，从这两个角度可以对银行绩效进行全面分析评价。

2. 三因素及四因素的杜邦分析方法

银行资产收益率取决于多个因素，将其分解可以扩展为三因素分析模型，能更好地从 ROE 指标出发分析评价银行业绩。

$$ROE = （纯利润 \div 资产）\times（资产 \div 净值）$$
$$= （纯利润 \div 总收入）\times（总收入 \div 资产）\times（资产 \div 净值）$$
$$= 银行利润率（PM）\times 资产利用率（AU）\times 股本乘数（EM）$$

模型显示，ROE 取决于上面这三个因素，其中银行利润率和资产利用率也包含着丰富的内容。

首先，银行利润率的提高，要通过合理的资产和服务定价来扩大资产规模，增加收入，同时控制费用开支使其增长速度小于收入增长速度才能得以实现，因而该指标是银行资金运用能力和费用管理效率的体现。其次，资产利用率体现了银行的资产管理效率。银行的资产组合包括周转快、收益低的短期贷款和投资，又包括期限长、收益高的长期资产，还包括一些非营利资产。各种资产在经营中都起一定作用，不可或缺。良好的资产管理可以在保证银行正常经营的情况下提高其资产利用率，导致 ROA 的上升，最终给股东带来更高的回报率。

通过上面的分析，可以将三因素模型理解为：

$$ROE = 资金运用和费用管理效率 \times 资产管理效率 \times 风险因素$$

用这种分析方法，可以从这三个方面理解 ROE 指标的决定及其变化原因，准确评价银行业绩、银行利润率，不只是同其资金运用以及费用管理效率相关，也同银行的税负支出有关。

$$PM = \frac{纯利润}{总收入} = \frac{纯利润}{税前利润} \times \frac{税前利润}{总收入}$$

在银行利润表部分已说明，银行税前利润是其营业中的应税所得，不包括免税收入和特殊的营业外净收入。纯利润/税前利润越高，反映银行的税负支出越小，税负管理较为成功。税前利润/总收入也反映了银行的经营效率是银行资金运用和费用管理能力的体现。将 PM 分解后，可得到四因素的杜邦分析模型：

$$ROE = 纯利润/税前收入 \times 税前利润/总收入 \times 资产利用率 \times 股本乘数$$

由此可以将 ROE 指标理解为：

$$ROE = 税负支出管理效率 \times 资金运用和费用控制管理效率 \times 资产管理效率 \times 风险因素$$

从杜邦分析模型中可以看出，ROE 指标涉及银行经营中的方方面面。杜邦分析法透过综合性强的净值收益率指标，间接体现了银行经营中各方面情况及其间的制约关系，可以此对银行业绩进行全面的分析评估。

知识拓展

商业银行绩效评价办法

第一章　总则

第一条　为进一步发挥市场机制作用，完善商业银行绩效评价体系，推动商业银行更加有效响应国家宏观政策、服务实体经济、服务微观经济，引导商业银行高质量发展，增强活力，提高运营效率，做优做强国有金融资本，根据《中共中央　国务院关于完善国有金融资本管理的指导意见》《金融企业财务规则》等有关规定，制定本办法。

第二条　本办法适用于国有独资及国有控股商业银行（含国有实际控制商业银行）、国有独资及国有控股金融企业实质性管理的商业银行。其他商业银行可参照执行。本办法所称商业银行，是指执业需取得银行业务许可证的国有大型商业银行、全国性股份制商业银行、城市商业银行、农村商业银行、农村合作银行、农村信用合作社等。

第三条　本办法所称绩效评价，是指财政部门根据商业银行功能特点建立评价指标体系，运用适当评价方法和评价标准，对商业银行一个会计年度响应国家宏观政策、服务实体经济、防控金融风险情况，以及发展质量、经营效益情况进行的综合评价。

第四条　商业银行绩效评价遵循以下原则。

（一）坚持服务国家宏观政策和服务实体经济导向。商业银行绩效评价要为国家宏观政策实施提供强有力的保障支撑，体现更好服务实体经济、服务微观经济的导向，促进商业银行与实体经济的良性互动、共生共荣。

（二）坚持高质量发展和创新驱动导向。商业银行绩效评价以新发展理念为指导，以供给侧结构性改革为主线，以可持续发展为目标，引导商业银行加快转变发展理念和发展方式，加大自主创新力度，优化资源配置，提升投入产出效率，增强核心竞争力，强化金融服务功能，有效防范金融风险。

（三）坚持市场机制和政府引导相统一。商业银行绩效评价遵循市场经济和企业发展规律，坚持市场配置资源的决定性作用。政府通过制定规则，发挥宏观指导作用，维护经济金融安全。财政部门依法履行金融企业出资人职责，以管资本为主加强引导，促进国有金融资本保值增值。

（四）坚持统一规制和分级管理相结合。财政部负责分类制定全国金融企业绩效评价管理办法，负责采集数据，计算并发布行业标准值，并负责组织实施中央管理的商业银行绩效评价。省级人民政府财政部门（以下简称"省级财政部门"）依据本办法组织实施本地区商业银行的绩效评价工作。

第五条　为确保绩效评价工作客观、公正、及时、有效与公平，商业银行要提供全面、真实的绩效评价数据。绩效评价工作以独立审计机构按中国审计准则审计后的财务会计报告为基础，其中，财务报表应当是按中国会计准则编制的合并财务报表。绩效评价数据应由负责商业银行年度财务报告审计的独立审计机构进行复核并单独出具审计报告。商业银行相关业务数据应与按照监管要求报送的最终结果保持一致，相互印证。

第六条 商业银行绩效评价结果是商业银行整体运行综合评价的客观反映，应当作为商业银行改善经营管理和负责人综合考核评价的重要依据，是确定商业银行负责人薪酬和商业银行工资总额的主要依据。

第二章 评价导向和指标体系

第七条 商业银行绩效评价维度包括服务国家发展目标和实体经济、发展质量、风险防控、经营效益等四个方面，评价重点是服务实体经济、服务经济重点领域和薄弱环节情况，以及经济效益、股东回报、资产质量等。

第八条 商业银行绩效评价指标体系。

（一）服务国家发展目标和实体经济：包括服务生态文明战略情况、服务战略性新兴产业情况、普惠型小微企业贷款"两增"完成情况、普惠型小微企业贷款"两控"完成情况4个指标，主要反映商业银行服务国家宏观战略、服务实体经济、服务微观经济情况。

（二）发展质量：包括经济增加值、人工成本利润率、人均净利润、人均上缴利税4个指标，主要反映商业银行高质量发展状况和人均贡献水平。

（三）风险防控：包括不良贷款率、不良贷款增速、拨备覆盖水平、流动性比例、资本充足率5个指标，主要反映商业银行资产管理和风险防控水平。

（四）经营效益：包括（国有）资本保值增值率、净资产收益率、分红上缴比例3个指标，主要反映商业银行资本增值状况和经营效益水平。

第九条 商业银行绩效评价指标体系保持相对稳定，并根据国家宏观政策、实体经济需求、金融发展趋势等客观情况适时进行动态调整。

各单项指标的权重，依据指标的重要性和引导功能确定，具体见《商业银行绩效评价指标体系》（附件2）。各单项指标计分加总形成商业银行绩效评价综合指标得分。

第三章 评价方法

第十条 财政部门根据商业银行绩效评价指标特性，可以采用适当的单一或综合评价方式。其中，单一评价方式包括行业对标、历史对标、监管标准对标、定性打分等。行业标准值由财政部统一测算并公布；其他标准值，按照分级管理原则，由财政部和省级财政部门分别组织测算和确定。

第十一条 对采用综合方式的绩效评价指标，由财政部和省级财政部门根据指标特性，选择至少两种评价方法，分别设置评价方法权重，从不同维度综合评价同一指标。

第十二条　对采用行业对标方法的绩效评价指标，由财政部根据中央管理的商业银行和省级财政部门报送的快报资料，对商业银行数据进行筛选，剔除不适合参与测算的商业银行数据，保留符合测算要求的数据，建立样本库，测算行业标准值。

第十三条　对采用历史对标方法的指标标准值，按照分级管理原则，由财政部和省级财政部门根据商业银行基础数据进行测算，其中样本平均值作为"中等值"。其他五档标准值按照合理方法确定。

第十四条　对采用定性打分方法的绩效评价指标，由财政部门、监管部门或受托履行出资人职责的机构，依据商业银行提供的证据，结合监管情况各自打分，以平均值作为该项指标得分。

第十五条　评价计分是将商业银行调整后的评价指标实际值对照商业银行所处标准值，按照以下计算公式，计算各项基本指标得分。

绩效评价指标总得分＝∑单项指标得分

单项指标得分＝本档基础分＋调整分

本档基础分＝指标权数×本档标准系数

调整分＝功效系数×（上档基础分－本档基础分）

上档基础分＝指标权数×上档标准系数

功效系数＝（实际值－本档标准值）/（上档标准值－本档标准值）

本档标准值是指上下两档标准值中居于较低的一档标准值。

第十六条　对被评价商业银行评价期间（年度）发生的属于加、减分事项，经核实后，予以加分或降级、扣分。

第四章　评价数据

第十七条　为了确保绩效评价工作的真实、完整、合理，商业银行可以按照重要性和可比性原则对评价期间的账面数据申请适当调整或还原，申请调整事项经审计师出具鉴定意见后，有关财务指标相应加上客观减少因素、减去客观增加因素。可以进行调整的事项主要包括：

（一）商业银行因重大自然灾害、突发公共卫生事件等不可抗力因素导致行业性营业收入、盈利下降的，可在计算行业标准值时统筹考虑影响因素；

（二）商业银行在评价期间损益中消化处理以前年度资产或业务损失，可把损失金额作为当年利润的客观减少因素；

（三）商业银行承担经国务院批准的政策性业务或落实国务院批准的调控要求对经营成果或资产质量产生重大影响的，可把影响部分作为当年利润或资产的客观减少因素；

（四）商业银行会计政策与会计估计变更对经营成果产生重大影响的，可把影响金额作为当年利润或资产的客观影响因素；

（五）商业银行并表范围、并表比例发生变动，应将变动影响绩效评价结果的部分作为客观影响因素；

（六）商业银行被出具非标准无保留意见审计报告的，应当根据审计报告披露影响经营成果的重大事项，调整评价账面数据；

（七）财政部门认可的其他客观因素。

第十八条　商业银行要确保各项绩效评价数据资料及时、真实、可获得。数据来源为监管报表的，应将监管报表作为证明材料一并报送；数据来源为内部业务统计的，应对业务统计口径进行详细说明。具体包括：

（一）商业银行绩效评价基础数据表；

（二）商业银行的年度财务会计报告；

（三）会计师事务所出具的年度财务会计报告审计报告和绩效评价数据专项审计报告；

（四）对各项绩效评价基础数据和调整情况的说明材料以及数据来源；

（五）财政部门认为需要的其他材料。

第十九条　财政部门对被评价商业银行提供的绩效评价数据资料进行审查、复核和确认。

第五章　评价结果及应用

第二十条　绩效评价结果以评价得分、评价类型和评价级别表示。评价得分用百分制表示，最高100分。评价类型是根据评价分数对企业综合绩效所划分的水平档次，用文字和字母表示，分为优（A）、良（B）、中（C）、低（D）、差（E）五种类型。

评价级别是对每种类型再划分级次，以体现同一评价类型的不同差异，采用在字母后重复标注该字母的方式表示。

第二十一条　商业银行当年未实现国有资本保值增值的，在已计算的绩效评价结果上，下调一档确认。

第二十二条　财政部门审核确定绩效评价结果后，及时反馈商业银行，抄报负责商业银行领导班子和领导人员综合考核评价的组织人事部门和行业监管部门，并以适当方式对社会公开。

第二十三条 对于年度绩效评价结果为中档及以下（不含）的，商业银行要对照绩效评价结果计分表，及时总结原因，分析差距，加强管理，改进考核。

第二十四条 当期评价后发现财务数据不实或有误，财政部门可追溯调整评价结果，并追溯调整与评价结果联动挂钩的其他事项结果。

第二十五条 对于绩效评价加分事项，按照审慎从严的原则，如确有符合加分条件的事项，需依据充足，论证充分。对于绩效评价减分事项，一经核实，从严确认。

第六章 工作要求

第二十六条 中央管理的商业银行应当于每年 4 月 15 日前，一式两份向财政部报送全套绩效评价数据资料。地方商业银行向本级财政部门报送绩效评价材料的具体内容和时间要求，由省级财政部门确定。

第二十七条 商业银行应当提供真实、全面的绩效评价数据资料，商业银行主要负责人、主管财务会计工作的负责人或总会计师应当对提供的数据资料的真实性、完整性负责。商业银行在报送绩效评价材料中，存在故意漏报、瞒报以及提供虚假材料等情况的，由本级财政部门依据《金融企业财务规则》等规定要求商业银行进行整改和给予处罚。

第二十八条 财政部门应当根据商业银行国有资本保值增值结果确认要求和年度财务决算工作安排，做好国有资本保值增值结果确认工作。

第二十九条 财政部根据中央管理的商业银行和省级财政部门报送的资料，于每年 4 月底前印发行业标准值。

第三十条 省级财政部门按本办法规定做好本地区商业银行的绩效评价工作。对属于地方监管职责范围内的商业银行，确有需要的，省级财政部门可根据本地区特点，按从严掌握的原则对评价方法进行适当调整。省级财政部门于每年 11 月 30 日前，将本地区商业银行的绩效评价结果汇总报送财政部。

第三十一条 财政部门的相关工作人员组织开展商业银行绩效评价工作应当恪尽职守、规范程序、加强指导。各级财政部门及其工作人员在商业银行绩效评价工作中，存在滥用职权、玩忽职守、徇私舞弊等违法违纪行为的，依法追究相应责任。

第三十二条 受托开展商业银行审计业务的机构及其相关工作人员应严格执行商业银行绩效评价工作的规定，规范技术操作，确保评价过程独立、客观、公正，评价结论适当，并严守商业银行的商业秘密。对参与造假、违反程序和工作规定，导致评价结论失实以及泄露商业银行商业秘密的，财政部门将责令不再委托其承担商业银行审计业务，并将有关情况通报其行业主管部门，建议给予相应处罚。

第三十三条　财政部门适时组织对商业银行绩效评价工作进行监督检查，对于违规行为，依据《金融企业财务规则》等规定要求商业银行进行整改和给予处罚。

第七章　附则

第三十四条　因股权发生变更等原因，导致原由中央管理的商业银行转为地方商业银行，或者原地方商业银行转为由中央管理的商业银行的，财政部门应按照分级管理的原则及时调整绩效评价结果确认部门。

第三十五条　本办法自 2021 年 1 月 1 日起施行，商业银行绩效评价按照本办法执行。除商业银行外，其他金融企业绩效评价暂继续执行《财政部关于印发〈金融企业绩效评价办法〉的通知》（财金〔2016〕35 号）。

附件 2　商业银行绩效评价指标体系

考核方面	具体指标	权重（%）	导向	类型	指标定义/计算公式	数据来源	评价方法
服务国家发展目标和实体经济（25%）	服务生态文明战略情况	6	正向	定量	绿色信贷占比：年末绿色信贷贷款余额/年末各项贷款余额×100%	监管部门报表	综合对标（行业对标＋历史对标）
	服务战略性新兴产业情况	6	正向	定量	战略性新兴产业贷款占比：年末战略性新兴产业贷款余额/年末各项贷款余额×100%	监管部门报表	综合对标（行业对标＋历史对标）
	普惠型小微企业贷款"两增"完成情况	7	正向	定量	普惠型小微企业贷款增速情况：全年完成普惠型小微企业贷款较年初增速不低于各项贷款较年初增速；普惠型小微企业贷款有余额户数：有贷款余额户数不低于年初水平	监管部门报表	贷款增速：不低于各项贷款较年初增速的为3.5分，未实现但完成当年普惠型小微企业信贷计划（以银行每年初正式发文报监管部门数据为准）的，视实际增速与各项贷款增速之比，酌情得分；增速及信贷计划均未实现的为0分。贷款户数：有贷款余额户数不低于年初水平的得3.5分，未实现的为0分

续表

考核方面	具体指标	权重（%）	导向	类型	指标定义/计算公式	数据来源	评价方法
服务国家发展目标和实体经济（25%）	普惠型小微企业贷款"两控"完成情况	6	逆向	定量	合理控制小微企业贷款资产质量水平情况：普惠型小微企业贷款不良率控制在不高于自身各项贷款不良率3个百分点；普惠型小微企业贷款综合成本（包括利率和贷款相关的银行服务收费）水平：小微企业贷款综合成本符合年度监管要求	监管部门报表	全口径小微企业贷款不良率控制在不超过自身各项贷款不良率3个百分点的得3分，高于3个百分点的，得分在3分内按区间比例计算。小微企业贷款综合成本达到年度监管要求的得3分，未达到年度监管要求的，得分在3分内按区间比例计算
发展质量（25%）	经济增加值	7	正向	定量	经济增加值＝利润总额－平均权益回报率×归属于母公司所有者权益	财务报表	综合对标（行业对标＋历史对标），且根据商业银行平均净资产规模大小，即"超过1000亿元、1000亿元以下"进行行业分档对标
	人工成本利润率	6	正向	定量	利润总额/人员费用×100%	财务报表	综合对标（行业对标＋历史对标）
	人均净利润	6	正向	定量	净利润/平均在岗职工人数	财务报表	综合对标（行业对标＋历史对标），商业银行利润总额规模超过1000亿元的，按实际值的1.1倍计算评价；低于1000亿元的，按实际值计算评价
	人均上缴利税	6	正向	定量	年度分红及缴税/平均在岗职工人数	财务报表	综合对标（行业对标＋历史对标）
风险防控（25%）	不良贷款率	5	逆向	定量	（次级类贷款＋可疑类贷款＋损失类贷款）/年末各项贷款余额×100%	财务报表	行业对标
	不良贷款增速（还原核销耗用拨备）	5	逆向	定量	（当年新增不良贷款额＋当年冲销或卖出资产耗用的减值准备）/上年末不良贷款余额×100%	财务报表	行业对标

续表

考核方面	具体指标	权重（%）	导向	类型	指标定义/计算公式	数据来源	评价方法
风险防控（25%）	拨备覆盖水平	5	适当	定量	实际计提损失准备/应计提损失准备×100%	财务报表	拨备覆盖水平在100%~200%之间为满分，在0~100%或200%~300%内的，得分在5分内按区间比例计算
	流动性比例	5	适当	定量	流动性资产余额/流动性负债余额×100%	财务报表	监管对标，达到监管要求（25%）及以上为满分，在0~25%内的，得分在5分内按区间比例计算
	资本充足率	5	适当	定量	总资本净额/应用资本底线之后的风险加权资产合计×100%	财务报表	监管对标，达到监管要求及以上为满分，低于监管要求的，得分在5分内按区间比例计算
经营效益（25%）	（国有）资本保值增值率	10	正向	定量	[（年末国有资本±客观增减因素影响额）÷年初国有资本]×100%	保值增值表	行业对标
	净资产收益率	8	正向	定量	净利润/净资产平均余额×100%	财务报表	综合对标（行业对标+历史对标）
	分红上缴比例	7	适当	定量	分红金额/归属于母公司所有者净利润×100%	财务报表	分红率达到30%为7分；低于30%的，按实际分红率占30%的比例计算分数

四、商业银行全面风险管理框架

商业银行风险管理架构因各自经营的内外部环境不同而难以形成严格规范或统一的模式。从《巴塞尔新资本协议》和国际银行业的实践来看，良好的风险管理架构必须能够与银行整体的经营管理架构相适应，不是仅仅追求形式上的建立，更重要的是能够保障风险管理职责明确、功能健全、信息顺畅、运行高效，真正实现风险管理的有效性和独立性。

（一）商业银行公司治理

公司治理是指控制、管理机构的一种机制或制度安排，其核心是在所有权、经营权分离的情况下，为妥善解决委托—代理关系而提出的董事会、高级管理层的组织体系安排和监督制衡机制。

良好的公司治理是商业银行有效管控风险，实现持续健康发展的基础，能够激励董事会与高级管理层一致地追求符合商业银行和股东利益的目标，以便于实施有效的监督。由于公司治理涉及董事会和高级管理层管理商业银行业务及各项事务的方式，因此，董事会和高级管理层切实承担起政策制定、政策实施以及监督合规操作的职能是商业银行实施有效风险管理的关键。如果存在明显疏漏，则可能显著提高商业银行的风险水平，严重情况下甚至造成商业银行破产，不仅损害存款人的利益，而且破坏社会稳定，增加公共开支。

通过合理的制度设计、建立分工明确的组织体系、实现公司权力的分配和制衡、强化对董事会和管理层行为的约束等来不断改善商业银行公司治理，将有利于商业银行自上而下地实施全面风险管理、加强内部控制、防范操作风险、增强核心竞争力，并实现安全运营。国际上许多组织和机构对公司治理进行了广泛研究，我国商业银行监管当局借鉴经济合作与发展组织（OECD）的公司治理准则和巴塞尔委员会的商业银行公司治理原则，提出了我国商业银行公司治理的要求，主要内容包括：（1）完善股东大会、董事会、监事会、高级管理层的议事制度和决策程序；（2）明确股东、董事、监事和高级管理人员的权利、义务；（3）建立、健全以监事会为核心的监督机制；（4）建立完善的信息报告和信息披露制度；（5）建立合理的薪酬制度，强化激励约束机制。

背景知识

国际组织关于公司治理的要求

经济合作与发展组织的公司治理准则

经济合作与发展组织认为，公司治理是公司管理层、董事会、股东和其他利益相关者之间的一整套关系，公司治理应当维护股东的权利，确保包括小股东和外国股东在内的全体股东受到平等的待遇；如果股东的权利受到损害，他们应有机会得到有效补偿；治理结构应当确认利益相关者的合法权利，并且鼓励公司和利益相关者为创造财富和工作机会以及为保持企业财务健全而积极地进行合作，治理结构应当保证及时、准确地披露与公司有关的任何重大问题的信息（包括财务状况、经营状况、所有权状况和公司治理状况的信息）；治理结构框架应确保董事会对公司的战略性指导和对管理人员的有效监督，并确保董事会对公司和股东负责。

巴塞尔委员会的商业银行公司治理原则

1999 年 9 月，巴塞尔委员会颁布《加强银行机构公司治理》，并于 2006 年 2 月重新修订。其中围绕公司治理核心问题，针对不同国家体制和公司治理模式，归纳提炼了稳健银行公司治理所共同遵循的八项基本原则。

（1）董事会成员应称职，清楚理解其在公司治理中的角色，有能力对商业银行的各项事务作出正确的判断。

（2）董事会应核准商业银行的战略目标和价值准则，并监督其在全行的传达贯彻。特别值得注意的是，价值准则应当禁止外部交易和内部往来活动的所有腐败与贿赂行为。

（3）有效的董事会应清楚地界定自身和高级管理层的权力及主要责任，并在全行实行条线清晰的责任制和问责制。

（4）董事会应确保对高级管理层是否执行董事会政策实施适当的监督。高级管理层是商业银行公司治理的关键部门，为防止内部人控制，董事会必须对其实行有效监督。

（5）董事会和高级管理层应有效发挥内部审计部门、外部审计单位及内部控制部门的作用。在公司治理过程中，审计是至关重要的，审计的有效性会保证董事会及高级管理层职能的实现。

（6）董事会应确保薪酬政策及其做法与商业银行的公司文化、长期目标和战略、控制环境相一致。

（7）商业银行应保持公司治理的透明度。这是商业银行正常运转的积极表现，否则，商业银行将很难把握董事会和高级管理层是否对其行为与表现负责。

（8）董事会和高级管理层应了解商业银行的运营架构，包括在低透明度国家或在透明度不高的架构下开展业务。

在董事会和高级管理层的监督制衡关系之外，银行公司治理在商业银行经营管理实践中逐步被赋予了更广泛的内容，其内涵延伸到银行内部制衡关系和职责分工、内部控制体系、监督考核机制、激励约束机制以及管理信息系统等更为广泛的领域。良好的银行公司治理应具备以下 5 个方面的特征：（1）银行内部有效

的制衡关系和清晰的职责边界；（2）完善的内部控制和风险管理体系；（3）与股东价值相挂钩的有效监督考核机制；（4）科学的激励约束机制；（5）先进的管理信息系统，能够为产品定价、成本核算、风险管理和内部控制提供有力支撑。

在上述对银行自身公司治理的要求之外，良好的外部环境也被普遍作为促进稳健银行公司治理的必要条件。

（二）商业银行内部控制

内部控制是商业银行为实现经营目标，通过制定和实施一系列制度、程序和方法，对风险进行事前防范、事中控制、事后监督和纠正的动态过程与机制。

完善商业银行的内部控制机制，不仅可以保障风险管理体系的健全，改善公司治理结构，而且可以促进风险管理策略的有效实施，同时风险管理水平的提升也会极大地提高内部控制的质量和效率（见表8－3）。

表8－3　　　　　　　　　　商业银行内部控制的内容和目标

具体内容	控制目标
明确划分股东、董事会和高级管理层、经理人员各自的权利、责任、利益形成的相互制衡关系	确保国家法律规定和商业银行内部规章制度的贯彻执行
为遵守既定政策和预定目标所采取的方法与手段	确保商业银行发展战略和经营目标的全面实施与充分实现
为保证各项业务和管理活动有效进行、保护资产的安全和完整、保证资料的真实、合法、完整而制定和实施的政策与程序	确保业务记录、财务信息和其他管理信息的及时、真实与完整
及时防范、发现和动态调整管理发现的机制	确保发现管理体系的有效性

为有效实现内部控制目标，商业银行应不断自我完善内部控制体系的各项要素，同时接受外部监管机构的监管评价（见表8－4）。

表8－4　　　　　　　　　　商业银行内控体系及监管评价

内控要素	自我完善	监管评价
内部控制环境	董事会负责建立并实施一个充分有效的内部控制体系； 高级管理层有责任制定适当的内部控制政策，对内部控制体系的充分性与有效性进行监测和评估； 监事会负责监督董事会、高级管理层完善内部控制体系； 董事会和高级管理层负责在商业银行内部建立科学、有效的激励约束机制，培育良好的价值理念和风险文化，履行相关的内部控制职责	商业银行公司治理，董事会、监事会和高级管理层的责任； 内部控制政策和目标； 组织结构； 企业文化； 人力资源情况

内控要素	自我完善	监管评价
风险识别与评估	设立履行风险管理职能的专门部门； 指定并实施风险识别、计量、监测和控制的制度、程序及方法； 确保风险管理和经营目标的实现，特别是确保对商业银行经营管理目标有不利影响的重要风险都能被确认和评估； 内部控制体系需要适时修改，以应对任何新的或之前未能有效控制的风险	银行的经营管理活动风险识别与评估情况； 法律法规、监管要求和其他要求的识别情况； 内部控制方案等
内部控制措施	内部控制室日常经营管理的重要部分，每个业务/岗位要建立控制措施，分清责任范围，并接受仔细、独立的监控	运营控制、应急准备与处置情况； 信息系统环境下的控制
监督与纠正	确保内部控制的状况能够被连续监控和掌握； 内部审计部门应直接向董事会、审计委员或高级管理人员报告对内部控制状况/效果的评价结果； 内部控制的不足之处应及时向适当的管理人员汇报并及时处理和纠正	内部控制绩效监测、意外事件处置和纠正及预防措施、内部控制体系评价、管理评审，以及持续改进情况
信息交流与反馈	具有可靠、及时、充分的内部财务数据信息以及与决策相关的事件/情况的外部市场信息； 具有能够覆盖所有经营活动的、可靠的信息系统； 具有有效的沟通渠道，保证所有人员能完全理解并正确执行各项政策和程序； 同时保证组织机构内部各级管理层之间和各部门之间信息的充分流动； 建立程序，规定对内部控制相关活动中所涉及记录的控制	信息交流与沟通； 内部控制体系对文件要求； 是否建立并保持了必要的内部控制体系文件，同时对文件进行有效控制

商业银行的内部控制必须贯彻全面、审慎、有效、独立的原则。

（1）内部控制应当渗透到商业银行的各项业务过程和各个操作环节，覆盖所有的部门和岗位，并由全体人员参与，任何决策或操作均应当有案可查；

（2）内部控制应当以防范风险、审慎经营为出发点，尤其是设立新的机构或开办新的业务，均应当体现"内控优先"的要求；

（3）内部控制应当具有高度的权威性，任何人不得拥有不受内部控制约束的权力，内部控制存在的问题应当能够得到及时反馈和纠正；

（4）内部控制的监督、评价部门应当独立于内部控制的建设、执行部门，并有直接向董事会、监事会和高级管理层报告的渠道。

与国际先进金融机构的内部控制体系相比，我国大部分商业银行在内部控制建设方面还处于起步阶段，存在许多薄弱环节。例如，商业银行的所有权和经营权的分离和制衡机制还有待完善；内部控制的组织架构尚未形成；内部控制的管理水平、对内部控制监督及评价的及时性和有效性亟待提高。因此，对我国商业银行来说，结合自身经营特点，借鉴国际规范的内部控制体系，加快、加强内部控制建设是当前的重要任务，不仅有利于全面风险管理体系的建设，而且有利于自身的稳健发展，从而提升在国内和国际市场上的竞争力。

五、银行主要风险及其管理

（一）银行主要风险

根据商业银行在经营过程中面临的风险将其分为信用风险、市场风险、流动性风险、操作风险、法律风险、国别风险、声誉风险与战略风险等。

1. 信用风险

信用风险是指由于信用活动中存在的不确定性而导致银行遭受损失的可能性，确切地说，是所有因客户违约而引起的风险。比如资产业务中借款人无法偿还债务引起的资产质量恶化；负债业务中的存款人大量提取现款形成挤兑等。

信用风险度量：（1）传统的信用风险度量模型包括专家制度模型、Z评分模型等；（2）现代信用风险量化度量和管理模型，主要包括KMV公司的KMV模型、J.P摩根的信用计量模型（credit metrics model）、信用风险附加型（credit risk+）和宏观模拟模型（CPV模型）。

2. 市场风险

市场风险是金融体系中最常见的风险之一，通常是由金融资产的价格变化而产生的，市场风险一般又可分为利率风险、汇率风险等。

（1）商业银行利率风险是指市场利率水平变化对银行的市场价值产生影响的风险。我国商业银行的利率曾经长期处于利率管制的环境下，但是随着我国利率市场化的不断加强，利率风险对商业银行的影响也将日益突出。

（2）商业银行汇率风险是指银行在进行国际业务中，其持有的外汇资产或负债因汇率波动而造成价值增减的不确定性。随着银行业务的国际化，商业银行的海外资产和负债比重增加，商业银行面临的汇率风险将不断加大。

早在20世纪七八十年代，西方各金融机构普遍感到传统的金融风险管理工具已不能适应金融市场发展的需要，纷纷开始研究如何用单个模型来度量整个金融机构所面对的市场风险。其中JP.摩根推出的风险模型Risk Metrics最为成功，在此风险模型中使用的风险度量指标就是VaR，即在险价值。

3. 流动性风险

狭义的流动性风险是指商业银行没有足够的现金来弥补客户存款的提取而产

生的支付风险；广义的流动性风险除了包含狭义的内容外，还包括商业银行的资金来源不足而未能满足客户合理的信贷需求或其他即时的现金需求而引起的风险。以最近发生的美国次贷危机为例，表面上看此次危机是由银行流动性缺乏所造成的，但其根本原因是商业银行资产配置失误，肆意发放信用等级低、质量差的贷款导致的。

流动性风险的最大危害在于其具有传导性。由于不同的金融机构的资产之间具有复杂的债权债务联系，这使得一旦某个金融机构资产流动性出现问题，不能保持正常的头寸，则单个的金融机构的金融问题将会演变成全局性的金融动荡。发生在美国的这次金融危机就是由美国商业银行的流动性危机传导到美国金融各个领域，进而传导到世界各国金融领域的危机。

度量流动性风险的方法主要包括以下两种。

（1）静态分析方法。

① 存贷比率：存贷比率是反映商业银行的流动性风险的传统指标，它等于贷款对存款的比例。该指标在很大程度上反映了存款资金占用的程度，这一比例越高，表示流动性越低，风险越大。

② 流动资产比率：它分为流动性资产与总资产比率以及流动性资产与流动性负债比率两个层面，该比率越高，表明该商业银行流动性风险越小。

（2）动态分析方法。

① 流动性缺口法：流动性缺口是资产与负债之间的差额，资产负债产生的流动性缺口是静态缺口，资产和负债不断变化而产生的缺口就是动态缺口。这一方法可以用来比较特定的时间序列中银行未来的现金收入和现金支出。

② 现金资本模型：一般适用于比较大型的银行金融机构。这种模型假定银行不能获得任何的外来融资。通过评估银行所有资产的流动性，来分析资产的可销售性，再运用适当的折扣率来计算通过资产出售能够维持多久的流动性。

4. 操作风险

巴塞尔委员会的定义为：操作风险就是指由于内部程序、人员、系统不充足或者运行失当，以及因为外部事件的冲击等导致直接或间接损失的可能性的风险。

与其他几种风险相比，商业银行的操作风险有着较为显著的特点。由于每个银行经营的操作环境不同，因此银行应考虑自己的具体情况来对操作风险进行分析，这是操作风险的最显著特征。

5. 法律风险

按照《巴塞尔新资本协议》的规定，法律风险是一种特殊类型的操作风险，它包括但不限于因监管措施和解决民商事争议而支付的罚款、罚金或者惩罚性赔偿所导致的风险敞口。

从狭义上讲，法律风险主要关注商业银行所签署的各类合同、承诺等法律文件的有效性和可执行能力。从广义上讲，与法律风险相类似或密切相关的风险有外部合规风险和监管风险。外部合规风险是指商业银行由于违反监管规定和原则，而招致法律诉讼或遭到监管机构处罚，进而产生不利于商业银行实现商业目的的风险。监管风险是指由于法律或监管规定的变化，可能影响商业银行正常运营，或削弱其竞争能力、生存能力的风险。

6. 国别风险

国别风险是指由于某一国家或地区的经济、政治、社会文化及事件，导致该国家或地区借款人或债务人没有能力或者拒绝偿付商业银行债务，或使商业银行在该国家或地区的商业存在遭受损失，或使商业银行遭受其他损失的风险。

国别风险评级 =（政治风险评级 + 财务风险评级 + 经济风险评级)/2

7. 声誉风险

2009 年 8 月 25 日，银监会发布的《商业银行声誉风险管理指引》所作的定义是：声誉风险是指由商业银行经营、管理及其他行为或外部事件导致利益相关方对商业银行负面评价的风险。

2009 年 1 月，巴塞尔委员会新资本协议征求意见稿中明确将声誉风险列为第二支柱，成为商业银行的八大风险之一，并指出银行应将声誉风险纳入风险管理的流程，并在内部资本充足和流动性预案中适当覆盖声誉风险。

8. 战略风险

对战略风险概念的定义学术界尚存在着分歧，但基本上都没有脱离战略风险字面的基本含义。风险的基本定义是损失的不确定性，战略风险就可理解为企业整体损失的不确定性。战略风险是影响整个企业的发展方向、企业文化、信息和生存能力或企业效益的因素。战略风险因素也就是对企业发展战略目标、资源、竞争力或核心竞争力、企业效益产生重要影响的因素，主要包括：风险辨识与评估（严重性、可能性、时间性，不同时间的战略风险管理可能性）；风险测绘（制作战略风险图）；风险定量（采取通用的量度标准，如经济资本风险、市场价值风险）；风险机会辨识（公司是否能够将风险转变为机会）；风险降低行动方案规划（由风险管理团队负责）；资本调整决策（从资本配置与资本结构两个方面着手）。

（二）商业银行风险文化

风险文化是商业银行在经营管理活动中逐步形成的风险管理理念、哲学和价值观，通过商业银行的风险管理战略、风险管理制度以及广大员工的风险管理行为表现出来的一种企业文化。

健康的风险文化以商业银行整体文化为背景，以经营价值最大化为目标，贯穿以人为本的经营理念，有机地融合先进的风险管理技术和科学的风险管理手段；始终面向不断变化的市场、客户，在与市场的不断博弈中完善政策制度，与时俱进地指导商业银行风险管理实践，是科学、高效、完整和可控的全面风险管理体系的灵魂。

1. 风险文化内容

健康的风险文化至少应包括以下几个方面的内容。

（1）树立正确的风险管理理念。在商业银行经营管理中，风险无所不在。经营管理的每一个环节和过程都伴随着对风险的管理与控制。因此，必须树立正确的风险文化，把合规管理与风险控制理念贯穿到全体员工和所有的业务条线。

（2）加强高级管理层的驱动作用。先进的风险文化必须与商业银行风险管理战略相融合，才能进一步筑牢风险管理的基础，提高风险管理的成效，从而促进商业银行各项业务的健康发展。而实现这一点，高级管理层的重视和支持就至关重要。

（3）创建学习型组织，充分发挥人的主导作用。在经济转型、机构变革的环境中，人员因素已经成为我国金融机构各类风险的主要来源。因此，创建学习型组织、努力提高员工的职业操守和专业技能、建立以人为本的风险文化，已经成为我国金融机构提高风险管理水平的当务之急。

风险文化由风险管理理念、知识和制度三个层次组成，其中风险管理理念是风险文化的精神核心，也是风险文化中最为重要和最高层次的因素，比起知识和制度来说，它对员工的行为具有更直接和长效的影响力。

2. 风险管理理念

比较国际先进银行的风险管理理念可以发现，虽然这些银行的总体战略、风险偏好、业务优势和历史沿革等各不相同，但关于风险管理的核心理念都基本一致。我国商业银行应根据各自的发展战略和管理目标，学习、借鉴先进的风险管理理念，并融会贯通到自身风险文化建设之中。先进的风险管理理念主要包括如下几个方面。

（1）风险管理水平体现商业银行的核心竞争力，是创造资本增值和股东回报的重要手段。商业银行不再是传统意义上经营货币的金融机构，而是经营风险的特殊企业。在这一理念的指导下，商业银行的管理目标、发展战略以及经营模式都将发生变化，主要体现在从粗放式、冒进式、盲目追求市场份额的初级阶段，走向精细化、审慎性、注重风险收益管理的高级阶段，切实保障商业银行的稳健和可持续发展。

（2）风险管理的目标不是消除风险，而是通过主动的风险管理过程实现风险与收益的平衡。高收益必然伴随着高风险，风险管理水平越高，其控制风险、实现收益的能力就越强。因此，遵循该理念的商业银行应当致力于提高自身风险管理能力，在明确的风险偏好前提下，保持风险与收益的平衡。

（3）风险管理战略应纳入商业银行的整体战略之中，并服务于业务发展。风险管理必须与业务计划和发展策略有机结合，所有业务单位和职能部门都承受风险并获得风险带来的收益，因此必须承担相应的风险管理责任。前台业务部门、风险管理部门以及其他支持保障部门均属于商业银行全面风险管理的范畴。

（4）商业银行应充分了解所有风险，建立和完善风险控制机制，对不了解或无把握控制风险的业务，应采取审慎态度。虽然风险管理的目的是提高承担风险所带来的收益，但商业银行应当严格控制风险水平，避免过度承担可能危及正常运营的风险。

由于商业银行的内外部经营管理环境不断发生变化，风险文化也会被不断修正，因此商业银行无法通过突击式的培训和教育达到培育风险文化的目的，而只能将其贯穿到商业银行的整个生命周期。商业银行应当持之以恒地培训和教育全体员工形成正确的风险管理理念、知识、规范和标准，大力倡导和强化风险意识，根除惯性思维和陈旧观念的影响，使平衡风险与收益等理念成为商业银行内部一致的价值观，真正使风险文化成为促进商业银行发展的原动力。

培植风险文化不是阶段性任务，而是商业银行的一项"终身事业"。商业银行应当建立管理制度并实施绩效考核，将风险文化融入每一位员工的日常行为。只有将风险管理理念固化到每一条规章制度中，要求员工严格遵守，并辅之以合规和绩效考核，久而久之，才会形成良好的风险文化环境和氛围。

（三）商业银行风险管理组织

商业银行建立高效的风险管理组织结构应遵循的基本原则是：岗位设置及职责分工明确，具有可执行性，并且能够最大限度地降低内部的交易成本。

1. 董事会及最高风险管理委员会

董事会是商业银行的最高风险管理/决策机构，确保商业银行有效识别、计量、监测和控制各项业务所承担的各种风险，并承担商业银行风险管理的最终责任。董事会负责审批风险管理的整体战略和政策，确定商业银行的风险偏好和可承受的总体风险水平，督促高级管理层采取必要的措施识别、计量、监测和控制各种风险，并定期获得关于风险性质和水平的报告，监控和评价风险管理的全面性、有效性以及高级管理层在风险管理方面的履职情况。

董事会通常设置最高风险管理委员会，负责拟定全行的风险管理政策和指导原则。除此以外，有些银行还在不同层级设置风险管理委员会。无论何种组织架构，风险管理委员会都应当与风险管理部门、业务部门和信息/技术部门保持密切联系，随时获取相关的风险信息，并定期对所有业务单位及商业银行整体风险状况进行仔细评估。

2. 监事会

监事会对股东大会负责，从事商业银行内部尽职监督、财务监督、内部控制监督等监察工作。监事会通过列席会议、调阅文件、检查与调研、监督测评、访谈座谈等方式，以及综合利用非现场监测与现场抽查手段，对商业银行的决策过程、决策执行、经营活动，以及董事和高级管理人员的工作表现进行监督和测评。

在风险管理领域，监事会应当加强与董事会及内部审计、风险管理等相关委员会和有关职能部门的工作联系，全面了解商业银行的风险管理状况，跟踪监督董事会和高级管理层为完善内部控制所做的相关工作，检查和调研日常经营活动中是否存在违反既定风险管理政策和原则的行为。

监事会需要处理好与股东大会、董事会、高级管理层之间的关系，加强相互的理解、沟通与协调，充分听取对内部监督工作的要求、意见和建议，避免重复检查，不干预正常的经营管理活动，扩展对风险管理监督工作的深度和广度，更加客观、全面地对商业银行的风险管理能力和状况进行监督评价。

3. 高级管理层

高级管理层的主要职责是负责执行风险管理政策，制定风险管理的程序和操作规程，及时了解风险水平及其管理状况，并确保商业银行具备足够的人力、物力和恰当的组织结构、管理信息系统以及技术水平，来有效地识别、计量、监测和控制各项业务所承担的各种风险。在实践操作中，高级管理层必须明确与组织结构相适应的风险管理部门结构，建立具有适当代表性的业务部门风险管理委员会，控制商业银行所承受的风险规模，建立有关风险管理政策和指导原则的档案与手册。

很多商业银行都遇到过诸如此类的问题：耗费大量资源开发完成一套风险计量模型，却没有设置相应的风险计量政策和指导原则，也没有得到高级管理层的大力支持，因此无法在业务领域得到有效应用。可见，高级管理层的支持和承诺是商业银行有效风险管理的基石，只有当高级管理层充分意识并积极利用风险管理的潜在盈利能力时，风险管理才能够对商业银行整体产生最大的收益。高级管理层应当通过发布一致的日常风险管理信息，来证明其对风险管理知识、技术和效果的关注和决心，并且在商业银行内部明示管理部门的地位和权限。

4. 风险管理部门

商业银行具备目标明确、结构清晰、职能完备、功能强大的风险管理部门或单位，已经成为金融管理现代化的重要标志（本节所述的风险管理部门并非是一个有形部门的概念，其内涵除独立负责的风险管理部门外，还延伸至其他部门涉及风险管理的岗位）。

风险管理部门应当是一个相对独立的部门，需要最高管理层提供全方位支持，同时配备具有高度职业精神和专业技能的人员。商业银行在建立和完善风险管理部门组织结构、管理职能的过程中，应当根据自身的业务特色、组织结构、运营规模、软硬件系统状况以及风险管理人员的专业素质等，设置最适合的风险管理部门结构。风险管理部门应当与业务部门保持相对独立，并具有独立的报告路线。

概括来说，风险管理部门主要负责组织、协调、推进风险管理政策在全行内的有效实施。实践中，风险管理部门履行的具体职责包括但不限于以下几点。

（1）监控各类限额。一旦限额被设定，风险管理部门就会密切监督限额的使用状况是否遵从了商业银行风险管理的限制标准。例如，商业银行每日交易的金融产品和发放的信贷产品种类繁多，需要风险管理部门生成每日市场风险和信用风险报告，自动比较风险限额使用量和限额标准，进而识别主要的风险点。在限额违规的情况下，风险管理部门需要及时向业务单位风险管理委员会报告，最终决定采取处罚措施还是适当提高风险限额。

（2）核准金融产品的风险定价，并协助财务控制人员进行价格评估。例如，资金交易部门交易复杂的金融衍生产品时，需要风险管理部门对该产品进行精确定价；信贷部门发放贷款时，需要风险管理部门对该笔贷款进行利率风险定价。风险管理部门应定期审核定价模型的精确性和适用性，同时完整记录和监督定价/分析模型的修正工作，有助于降低模型风险，提高定价/分析质量。此外，随着市场的不断变化和发展，风险管理部门应当能够有效识别新的风险要素，一旦发现新的风险要素，应当及时将其整合到风险管理部门的标准程序和模型中。

此外，风险管理部门独特的地位使其可以全面掌握商业银行整体的市场风险、信用风险和操作风险状况，为经营管理决策提供辅助作用。

5. 其他风险控制部门

除了高级管理层、各级风险管理委员会和风险管理部门直接参与风险识别、计量、监测和控制过程之外，财务控制部门、内部审计部门、法律/合规部门在风险管理过程中同样起到至关重要的作用。

（1）财务控制部门。现代商业银行的财务控制部门通常采取每日参照市场定价的方法，及时捕捉市场价格/价值的变化，因此所提供的数量最为真实、准确，这无疑使财务控制部门处在有效风险管理的最前端。风险管理部门接受来自财务控制部门的收益/损失数据，并且与来自前台业务部门的信息调整一致，双方合作确保风险系统中相应的收益/损失信息是准确的，并且可以应用于事后检验的目的。

风险管理部门与财务控制部门之间的密切合作是实现商业银行平衡风险与收益战略的重要基石：一方面，现代商业银行的绩效评估不再简单地依赖于总收益或净利润，而日益注重经风险调整后的收益率；另一方面，财务部门利用传统会计方法来核算监管资本的做法越来越难以满足监管要求，因为复杂多变的市场可能导致商业银行所持有资产价值出现大幅度的波动，造成风险准备不足，风险管理部门协助财务部门深入了解以风险模型为基础的资本核算方法，有助于更加科学、合理地进行风险资本储备和经济资本分配。此外，财务部门与风险管理部门的密切合作，有助于方便、快捷地提取所需要的重要信息来完成监管报告，保障商业银行合规经营。风险管理和财务控制部门之间的密切交流与合作，在未来风险管理的发展和完善过程中，将会变得更加重要。

（2）内部审计部门。内部审计作为一项独立、客观、公正的约束与评价机制，在促进风险管理的过程中发挥重要作用。内部审计可以从风险识别、计量、监测和控制四个主要阶段审核商业银行风险管理的能力和效果，发现并报告潜在的风险因素，提出对应方案，监督风险控制措施的落实情况。内部审计的主要内容包括：第一，经营管理的合规性及合规部门工作情况；第二，内部控制的健全性和有效性；第三，风险状况及风险识别、计量、监测和控制程序的适用性与有效性；第四，信息系统规划设计、开发运行和管理维护的情况；第五，会计记录和财务报告的准确性与可靠性；第六，与风险相关的资本评估系统情况；第七，机构运营绩效和管理人员履职情况等。

内部审计部门应当定期（至少每年一次）对风险管理体系的组成部分和环节进行准确性、可靠性、充分性和有效性的独立审查与评价。风险管理部门可以为内部审计部门提供最直接的第一手资料和记录。

（3）法律/合规部门。与内部审计部门相似，法律/合规部门同样应当独立于商业银行的经营管理活动，具有独立的报告路线、独立的调查权力以及独立的绩效考核。

　　法律/合规部门应当有效识别、评估和监测商业银行潜在的法律风险及违规操作，并向董事会和高级管理层提出建议和报告。法律/合规部门主要承担以下职责：第一，协助制定法律/合规政策；第二，适时修订规章制度和操作规程，使其符合法律和监管要求；第三，开展法律/合规培训和教育项目；第四，随时关注并准确理解法律/合规以及监管要求及最新发展，为高级管理层提供建议；第五，参与商业银行的组织架构和业务流程再造；第六，参与商业银行新产品/服务开发，提供必要的法律/合规测试、审核和支持。

　　法律/合规部门的工作也需要接受内部审计部门的检查，以确保其履行职责的公正性和合规性。

　　（4）外部监督机构。随着全球经济、金融形势的不确定性日益增强，商业银行良好的风险管理理念和实践被银行监管机构认为有助于促进经济、金融体系的稳定，成为降低系统性风险的实质性工具。监管机构不断强化从定性和定量方面综合评估商业银行的风险管理能力，同时要求商业银行定期提供整体风险报告。监管部门对商业银行风险管理能力的评估主要包括四个方面：第一，董事会和高级管理层对银行所承担的风险是否实施有效监督；第二，银行是否制定了有效的政策、措施和规定来管理业务活动；第三，银行的风险识别、计量、监测和控制系统是否有效，是否全面涵盖各项业务和各类风险；第四，内部控制机制和审计工作能否及时识别银行内控存在的缺陷与不足。

　　作为商业银行市场约束的重要组成部分，外部审计机构也开始在年度审计报告中提供风险管理评估报告，有助于促进商业银行良好运营，满足外部监管要求。商业银行是否具有恰当的风险管理体系，也成为评级机构用来评估商业银行稳定性和长期生存能力的一个重要指标。此外，随着公众风险意识显著提高，越来越多的机构/个人投资者、客户开始重新审视商业银行的风险管理能力，要求商业银行发布风险信息，特别是发布投资风险报告已经成为基本要求。

背景知识

风险管理的"三道防线"

　　商业银行在不断提高风险管理专业知识和技术的同时，如果能够回归到风险管理的一些基本环节，特别是加强风险文化的培育与"三道防线"的建设，则一定能够更加有效地降低各类风险。

　　第一道防线——前台业务人员。前台业务人员处在业务操作和风险管理的最前沿，应当具备可持续的风险—收益理念，掌握最新的风险信息，并切实遵守限额管理等风险管理政策。其中，可持续的风险—收益理念是商业银行持之以恒地培育健康风险文化的必然结果。

第二道防线——风险管理职能部门。除了审慎且负责任的前台业务人员，商业银行还需具备高效且受到尊重的风险管理职能部门。有效的风险管理基于良好的风险文化，这种文化毫无疑问与高素质的风险管理专业人员密不可分，他们不仅要对业务及其所承担的风险有清晰的理解，还要能跟得上业务发展的步伐。当然，商业银行的风险管理仅靠风险管理专业人员是远远不够的，还需要所有业务部门强有力的自我约束以及财务、法律/合规等部门的通力协作。

第三道防线——内部审计。内部审计不仅要对前台如何盈利等业务问题有深入的理解，而且要对风险管理政策和流程有正确的认识，确保业务部门和风险管理部门切实履行董事会所批准的风险管理政策及程序。内部审计应避免仅以逐项核查的方式进行合规性检查，而缺少对潜在风险进行必要的评估和建议。如果内部审计事项长期悬而未决，则很容易导致风险管理失效并侵蚀良好的风险文化。

（四）商业银行风险管理流程

1. 风险识别/分析

适时、准确地识别风险是风险管理的最基本要求，但却对商业银行的风险管理水平提出了严峻的挑战。商业银行业务的日益多样化以及相关风险的复杂性，极大地增加了风险识别与分析的难度。延误或错判都将导致风险管理信息的传递和决策失效，甚至造成更为严重的风险损失。

风险识别包括感知风险和分析风险两个环节：感知风险是通过系统化的方法发现商业银行所面临的风险种类和性质；分析风险是深入理解各种风险的成因及变化规律。

很多风险因素，如利率和汇率的波动，比较容易通过信息系统自动捕捉和分析；而有些风险因素，如GDP、CPI、失业率等指标同样会对某些金融产品的价格以及多数信贷业务产生直接或间接的影响，但这种相关性很难被捕捉或准确量化。因此，风险识别必须采用科学的方法，避免简单化与主观臆断。

制作风险清单是商业银行识别与分析风险最基本、最常用的方法。它是指采用类似于备忘录的形式，根据八大风险分类，将商业银行所面临的风险逐一列举，并联系经营活动对这些风险进行深入理解和分析。此外，常用的风险识别与分析方法还有如下几种。

（1）资产财务状况分析法。风险管理人员通过实际调查研究以及对商业银行的资产负债表、损益表、财产目录等财务资料进行分析，从而发现潜在的风险。

（2）失误树分析方法。通过图解法来识别和分析风险事件发生前存在的各种风险因素，由此判断和总结哪些风险因素最可能引发风险事件。

（3）分解分析法。风险管理人员将复杂的风险分解为多个相对简单的风险因素，从中识别可能造成严重风险损失的因素。

风险因素考虑得越充分，风险识别与分析也会越全面和深入。但随着风险因素的增加，风险管理的复杂程度和难度呈几何倍数增长，所产生的边际收益呈递减趋势。因此，商业银行必须针对实际需求，平衡风险管理的成本和收益。

2. 风险计量/评估

风险计量/评估是全面风险管理、资本监管和经济资本配置得以有效实施的重要基础。商业银行能够有效运用计量模型来正确评价自身的风险—收益水平，被认为是商业银行长期发展的一项核心竞争优势。国际先进银行为加强内部风险管理和提高市场竞争力，不断开发出针对不同风险种类的量化技术和方法。《巴塞尔新资本协议》也通过降低监管资本要求，鼓励商业银行采用高级风险量化技术。

准确的风险计量结果建立在卓越的风险模型基础上，而开发一系列准确的并且能够在未来一定时期内满足商业银行风险管理需要的数量模型，任务相当艰巨。开发风险管理模型的难度不在于所应用的数理知识多么深奥，关键是模型开发所采用的数据源是否具有高度的真实性、准确性和充足性，以确保最终开发的模型可以真实反映商业银行的风险状况。例如，信贷人员可以通过模拟运算，了解即将发放的贷款可能遭受的预期损失以及该笔业务对商业银行整体信用风险的影响；而后台信用风险管理人员经过计算，可以全面掌握从单一产品到产品线、到地区，乃至商业银行整体的信用风险规模，并做好必要的信用风险资本储备。

商业银行应当根据不同的业务性质、规模和复杂程度，对不同类别的风险选择适当的计量方法，基于合理的假设前提和参数，尽可能准确计算可以量化的风险、评估难以量化的风险。商业银行应当充分认识到不同风险计量方法的优势和局限性，适时采用敏感性分析（sensitivity analysis）、压力测试（stress testing）、情景分析（scenario analysis）等方法作为补充。

商业银行在追求和采用高级风险量化方法时，应当意识到，高级量化技术随着复杂程度增加，通常会产生新的风险，如模型风险。因此，使用高级风险量化技术进行辅助决策以及核算监管资本的数量时，商业银行应当具备相应的知识和技术条件，并且事先通过监管机构的审核与批准。监管机构对风险计量模型的监督检查主要包括以下几个方面：

（1）建立的各类风险计量模型的原理、逻辑和模拟函数是否正确合理；

（2）是否积累足够的历史数据，用于计量、监测风险的各种主要假设、参数是否恰当；

（3）是否建立对管理体系、业务、产品发生重大变化，以及其他突发事件的例外安排；

（4）是否建立对风险计量模型的修正、检验和内部审查程序；

（5）风险计量目标、方法、结果的制定、报告体系是否健全；

（6）风险管理人员是否充分理解模型设计原理，并充分应用其结果。

3. 风险监测/报告

风险监测/报告包含风险管理如下两项重要内容。

（1）监测各种可量化的关键风险指标（key risk indicators，KRIs）以及不可量化的风险因素的变化和发展趋势，确保风险在进一步恶化之前提交相关部门，以便其密切关注并采取恰当的控制措施。

风险监测是一个动态、连续的过程，不但需要跟踪已识别风险的发展变化情况、风险产生的条件和导致的结果变化，而且还应当根据风险的变化情况及时调整风险应对计划，并对已发生的风险及其产生的遗留风险和新增风险进行及时识别、分析。

（2）报告商业银行所有风险的定性/定量评估结果，并随时关注所采取的风险管理/控制措施的实施质量/效果。风险报告是将风险信息传递到内外部部门和机构，使其了解商业银行客体风险和商业银行风险管理状况的工具。风险报告是商业银行实施全面风险管理的媒介，贯穿整个流程和各个层面。可信度高的风险报告能够为管理层提供全面、及时和精确的信息，辅助管理决策，并为监控日常经营活动和合理的绩效考评提供有效支持。

风险监测和报告过程看似简单，但实际上，满足不同风险层级和不同职能部门对于风险状况的多样化需求是一项极为艰巨的任务。例如，高级管理层所需要的是高度概括的整体风险报告；前台交易人员期待的是非常具体的头寸报告；风险管理委员会则通常要求风险管理部门提供最佳避险报告，以协助制定风险管理策略。因此，建立功能强大、动态/交互式的风险监测和报告系统，对于提高商业银行风险管理效率和质量具有非常重要的作用，也直接体现了商业银行的风险管理水平和研究/开发能力。

4. 风险控制/缓释

风险控制/缓释是商业银行风险管理委员会对已经识别和计量的风险，采取分散、对冲、转移、规避和补偿等策略以及合格的风险缓释工具进行有效管理和控制风险的过程。风险控制与缓释流程应当符合以下要求：

（1）风险控制/缓释策略应与商业银行的整体战略目标保持一致；

（2）所采取的具体控制措施与缓释工具符合成本/收益要求；

（3）能够发现风险管理中存在的问题，并重新完善风险管理程序。

从内部控制的角度看，商业银行的风险控制体系可以采取从基层业务单位到业务领域风险管理委员会，最终到达董事会和高级管理层的三级管理方式。

（1）基层业务部门应当配备一定数量的风险管理专业人员（如风险经理），负责基层风险信息的收集、整理，有效识别和分析基层业务部门潜在的风险因素。

（2）每个业务领域设置风险管理委员会，负责所属业务部门的日常风险管理，并对常规风险状况作出判断，决定采取何种风险控制措施。

（3）作为定期汇报或在遭遇特殊风险状况时，业务领域风险管理委员会向董事会和高级管理层（通常为风险管理总监或首席风险官）汇报。董事会下设的最高风险管理委员会作为风险管理的最高决策单位，决定采取何种有效措施控制商业银行的整体或重大风险。

（五）商业银行风险管理信息系统

高效的风险管理流程应当能够确保正确的风险信息，在正确的时间传递给正确的人。毫无疑问，风险管理信息系统在整个风险管理流程中发挥着至关重要的作用。商业银行只有通过先进的风险管理信息系统，才能随时更新风险信息并及时作出分析和判断，以满足瞬息万变的市场和多样化的用户需求。

企业级风险管理信息系统极为复杂，具有多向交互式、智能化的特点，能够及时、广泛地采集所需要的各种风险信息和数据，并对这些信息进行集中海量处理，以辅助业务部门和风险管理人员作出正确决策。

风险管理信息系统高度重视数据的来源、流程和时效，需要良好的 IT 构架和技术支持，并且需要明确的、基于具体业务的规范标准和操作规程，与业务人员的日常工作紧密联系。

风险管理信息系统需要从很多渠道收集海量的数据和信息，除非采用大规模的自动化处理技术，否则对海量数据信息进行有效管理和控制是无法想象的。需要收集的风险信息/数据通常分为：（1）内部数据，即从各个业务系统中抽取的、与风险管理相关的数据信息；（2）外部数据，即通过专业数据供应商所获得的数据。限于当前国内数据供应商的专业实力，很多数据需要商业银行自行采集、评估或用其他数据来替代。

多种有价值的风险数据/信息经过收集、整理/分类、汇总之后成为数据仓库。数据仓库是风险管理信息系统的核心要件之一，如果商业银行已经拥有了相当完善的数据仓库，就已经在风险管理的竞赛中领先了一步。

风险管理信息系统中，有些数据是静态的、有些则是动态的，系统不能制约数据的特性，经过分析和处理的数据主要分为：（1）中间计量数据，即通过风险模型计量后的数据，可以为不同的风险管理业务目标所共享。中间数据在不同风险管理领域的一致应用，是商业银行最终实现准确经济资本计量的关键所在。（2）组合结果数据，即基于不同的风险管理目标所产生的组合计量结果，也称为具有风险管理目标的综合数据，不仅为风险管理人员提供便于解读的信息，而且为财务部门提供辅助决策信息。

在风险信息处理的过程中，除非风险管理人员具有数据/信息修正的能力和权力，否则所有涉及数据/信息准确性的问题都应当被认真地返回到源头去处理，以便相同的问题在将来不会重复出现。这种做法强化了信息源头对风险管理的重视，有利于从根本上提高风险管理信息系统的质量。

企业级风险管理信息系统一般采用 B/S 结构，相关人员通过浏览器实现远程登录，便能够在最短的时间内获得所有相关的风险信息。这种信息传递方式的主要优点是：（1）真正实现风险数据的全行集中管理、一致调用；（2）不需要每个终端都安装风险管理软件，有助于最大限度地降低系统建设成本、保护知识产权和系统安全。

风险管理信息系统作为商业银行的重要"无形资产"，必须设置严格的安全保障，确保系统能够长期、不间断地运行。风险管理信息系统应当：（1）针对风险管理组织体系、部门职能、岗位职责等，设置不同的登录级别；（2）为每个系统用户设置独特的识别标志，并定期更换登录密码或磁卡；（3）对每次系统登录或使用提供详细记录，以便为意外事件提供证据；（4）设置严格的网络安全/加密系统，防止外部非法入侵；（5）随时进行数据信息备份和存档，定期进行检测并形成文件记录；（6）设置灾难恢复以及应急操作程序；（7）建立错误承受程序，以便发生技术困难时，仍然可以在一定时间内保持系统的完整性。

随着信息技术的高速发展，企业级风险管理信息系统的硬件要求越来越容易得到满足，但风险数据信息标准化、风险整合的工作无论在任何状况下，都是建立风险管理信息系统过程中非常艰巨的挑战，需要巨大的资源投入。可以想象，最热衷于建立功能强大的风险管理信息系统并且处在风险管理发展最前沿的商业银行，一定是那些有着多样化的业务单位、运作遍布全球、经济和技术实力雄厚的国际性商业银行。随着金融市场的日新月异，越来越多的中小型商业银行也通过不断加强风险管理信息系统建设，提高精细化管理水平。

六、商业银行风险监管指标

商业银行风险监管指标是对商业银行实施风险监管的基准，是评价、监测和预警商业银行风险的参照体系。商业银行应按照规定口径同时计算并表的和未并表的风险监管指标。

商业银行风险监管核心指标分为三个层次，即风险水平、风险迁徙和风险抵补。

（一）风险水平类指标

风险水平类指标包括流动性风险指标、信用风险指标、市场风险指标和操作风险指标，以时点数据为基础，属于静态指标。

1. 流动性风险指标

流动性风险指标用于衡量商业银行流动性状况及其波动性，包括流动性比例、核心负债比例和流动性缺口率，按照本币和外币分别计算。

（1）流动性比例为流动性资产余额与流动性负债余额之比，衡量商业银行流动性的总体水平，不应低于25%。

（2）核心负债比例为核心负债与负债总额之比，不应低于60%。

（3）流动性缺口率为90天内表内外流动性缺口与90天内到期表内外流动性资产之比，不应低于 -10%。

2. 信用风险指标

信用风险指标包括不良资产率、单一集团客户授信集中度、全部关联度三类指标。

（1）不良资产率为不良资产与资产总额之比，不应高于4%。该项指标为一级指标，包括不良贷款率一个二级指标；不良贷款率为不良贷款与贷款总额之比，不应高于5%。

（2）单一集团客户授信集中度为最大一家集团客户授信总额与资本净额之比，不应高于15%。该项指标为一级指标，包括单一客户贷款集中度一个二级指标；单一客户贷款集中度为最大一家客户贷款总额与资本净额之比，不应高于10%。

（3）全部关联度为全部关联授信与资本净额之比，不应高于50%。

3. 市场风险指标

市场风险指标用于衡量商业银行因汇率和利率变化而面临的风险，包括累计外汇敞口头寸比例和利率风险敏感度。

（1）累计外汇敞口头寸比例为累计外汇敞口头寸与资本净额之比，不应高于20%。具备条件的商业银行可同时采用其他方法（如在险价值法和基本点现值法）计量外汇风险。

（2）利率风险敏感度为利率上升200个基点对银行净值的影响与资本净额之比，指标值将在相关政策出台后根据风险监管实际需要另行制定。

4. 操作风险指标

操作风险指标用于衡量由于内部程序不完善、操作人员差错或舞弊以及外部事件造成的风险，表示为操作风险损失率，即操作造成的损失与前三期净利息收入加上非利息收入平均值之比。

（二）风险迁徙类指标

风险迁徙类指标衡量商业银行风险变化的程度，表示为资产质量从前期到本期变化的比率，属于动态指标。风险迁徙类指标包括正常贷款迁徙率和不良贷款迁徙率。

（1）正常贷款迁徙率为正常贷款中变为不良贷款的金额与正常贷款之比，正常贷款包括正常类和关注类贷款。该项指标为一级指标，包括正常类贷款迁徙率和关注类贷款迁徙率两个二级指标。正常类贷款迁徙率为正常类贷款中变为后四类贷款的金额与正常类贷款之比，关注类贷款迁徙率为关注类贷款中变为不良贷款的金额与关注类贷款之比。

（2）不良贷款迁徙率包括次级类贷款迁徙率和可疑类贷款迁徙率。次级类贷款迁徙率为次级类贷款中变为可疑类贷款和损失类贷款的金额与次级类贷款之比，可疑类贷款迁徙率为可疑类贷款中变为损失类贷款的金额与可疑类贷款之比。

（三）风险抵补类指标

风险抵补类指标衡量商业银行抵补风险损失的能力，包括盈利能力、准备金充足程度和资本充足程度三个方面。

1. 盈利能力指标

盈利能力指标包括成本收入比、资产利润率和资本利润率。成本收入比为营业费用加折旧与营业收入之比，不应高于45%；资产利润率为税后净利润与平均资产总额之比，不应低于0.6%；资本利润率为税后净利润与平均净资产之比，不应低于11%。

2. 准备金充足程度指标

准备金充足程度指标包括资产损失准备充足率和贷款损失准备充足率。资产损失准备充足率为一级指标，为信用风险资产实际计提准备与应提准备之比，不应低于100%；贷款损失准备充足率为贷款实际计提准备与应提准备之比，不应低于100%，属二级指标。

3. 资本充足程度指标

资本充足程度指标包括核心资本充足率和资本充足率。核心资本充足率为核心资本与风险加权资产之比，不应低于4%；资本充足率为核心资本加附属资本与风险加权资产之比，不应低于8%。

商业银行应建立与风险抵补类指标相适应的统计与信息系统，准确反映风险水平、风险迁徙和风险抵补能力。

商业银行应参照《贷款风险分类指导原则》将非信贷资产分为正常类资产和不良资产，计量非信贷资产风险，评估非信贷资产质量。

商业银行应将各项指标体现在日常风险管理中，完善风险管理方法。

商业银行董事会应定期审查各项指标的实际值，并督促管理层采取纠正措施。

银监会将通过非现场监管系统定期采集有关数据，分析商业银行各项监管指标，及时评价和预警。银监会将组织现场检查核实数据的真实性，根据核心指标实际值有针对性地检查商业银行主要风险点，并进行诫勉谈话和风险提示。

第四节　中国银行业的创新、转型与发展趋势

一、金融科技与互联网金融发展对银行业的影响

以大数据、云计算、人工智能、区块链以及移动互联网为引领的新的工业革命与科技革命，会导致金融学科的边界、研究范式不断被打破和被重构。本轮科学技术的爆发导致金融行业传统发展模式受到颠覆性冲击的主要原因有以下两个

方面：一方面是全球数据积累存量已达到引爆新一轮行业变革的规模和水平，全球数据正以每年 40% 左右的速度快速增长，2017 年全球的数据总量为 21.6ZB（1 个 ZB 等于十亿 GB），金融数据在其中占比很高，此外金融市场天然拥有海量标准化大数据，适合前沿科技落地生根；另一方面是人工智能等前沿科技在算法、算力方面的使用，以及诸如 GPU、TPU 以及 NPU 等硬件技术的革命性突破，逐渐使已稳定 50 年之久的"摩尔定律"迎来终结。科技深刻地改变了金融业态，并开始成为未来金融发展的制高点。金融科技正在传统金融行业的各个领域积极布局，已然成为新的风口。

自"金融科技"在中国出现以来，围绕金融科技与互联网金融的概念争论始终未停止。一种观点认为，金融科技是互联网金融的"高阶版本"；另一种观点认为，金融科技独立于互联网金融而存在。这一争论还体现为金融科技的本质辨析。金融监管机构与金融机构认为金融科技的本质是金融，科技巨头则认为金融科技的本质是科技。由于两种观点都有现实案例印证，近两年关于"金融科技"的认知一直处于"求同存异"状态。事实上，两者并非完全独立的矛盾存在。未来，金融科技公司应同时具备金融展业能力与科技创新能力。

（一）金融科技

金融科技指通过利用各类科技手段创新传统金融行业所提供的产品和服务，提升效率并有效降低运营成本。

根据金融稳定理事会（FSB）的定义，金融科技是基于大数据、云计算、人工智能、区块链等一系列技术创新，全面应用于支付清算、借贷融资、财富管理、零售银行、保险、交易结算六大金融领域，是金融业未来的主流趋势。如果按照其定义——金融和信息技术的融合型产业，其真正的起源应该始于 20 世纪 40 年代出现的信息技术革命。按照这个逻辑，我们可以尝试将金融与科技融合的历史分为四个阶段。

第一阶段：前金融科技阶段。信息技术革命以前，金融与科技相伴相生的历史都可以归入这个阶段。我们不否认早期工业技术、通信技术带给传统金融发展的巨大影响，但从金融行业发展的革新程度，以及金融底层的产品改造看，这一阶段的众多技术手段对金融的影响更多是工具层面的应用，金融与科技结合的紧密程度，明显弱于此后信息技术革命所带来的巨大变化。

第二阶段：金融科技 1.0 阶段。20 世纪 40 年代后，随着计算机的出现和普及，金融行业的数据处理和传输能力得到实质飞跃。金融业进入了电算化时期，尤其是信息通信技术（ICT）的发展和广泛应用，改变了金融业的底层物质技术结构，银行卡被广泛用于存取款和转账支付，自动取款机（ATM）的出现显著减少了人们携带现金的需求，借记卡和信用卡的普及使电子支付开始流行。商业银行的资金清算能力不断提升，全国、全球范围的资金清算网络开始建立起来。1971 年纳斯达克创立时，采用了划时代的计算机自动报价撮合和清算系统，大大提升了其在证券市场上的竞争力。这些都代表了那个时代，整个金融行业的电子化革新。

第三阶段：金融科技 2.0 阶段。20 世纪 90 年代，互联网的兴起把人类带入了网络信息时代，一个全新的互联网与金融交汇阶段到来。这一阶段，金融企业高度互联网化，金融跨时间、跨空间的资源配置能力得到质的提升。网络成为连接金融产品与消费者最重要的渠道之一，部分基础性的金融服务，如支付结算、投资理财、小额借贷基本实现了全流程"无纸化"运作。而移动互联网技术、大数据、云计算等技术的不断进步，更是催生了全新的互联网金融业态。此时，"互联网＋"成为所有金融机构无法回避和无法抗拒的道路选择。

第四阶段：金融科技 3.0 阶段。以物联网为代表的第三次信息技术浪潮，让金融与科技的融合进入到全新的阶段。尽管在金融科技 2.0 阶段，互联网给金融带来了渠道和营销革命，金融市场的边界史无前例地覆盖到了长尾和普惠群体，降低了信息不对称等问题。但是，笔者认为互联网金融只是金融科技的过渡阶段，科技对金融的纵向深化，尤其是产业链金融的深度介入，以及对信用中介、风险定价、投资决策等金融核心职能的改造，还需要更前沿的技术进行革新，以重构金融业态。

对于金融科技四个阶段的划分，有两点需要特别说明：一是四个阶段在时间上并不是绝对区隔，而是互相有交叉，比如 2.0 阶段的某些技术和金融业态在3.0 阶段仍然在延续和发展，类似大数据、云计算等；二是用金融科技的统一范式来系统梳理金融与科技两者的关系，有助于避免"金融互联网""互联网金融""科技金融"等概念之争，回归到金融与科技融合的本质。

金融科技绝不只是当下一个热门的词汇，而是 20 世纪信息技术革命以来，金融服务与科技行业的深度结合，是包含产品、风险、定价、营销、渠道、管理等多个层面的系统重构。因此，金融科技的核心在于科技为金融赋能，聚焦金融提质增效，助推金融业态往更高阶进步。

（二）互联网金融

再看互联网金融，互联网金融不是单纯的互联网和金融的结合体，它是在实现安全、移动的网络安全水平上，为适应新的需求而产生的新模式及新业务，是模式改变的新兴领域。至于金融科技，则是糅合了金融和科技的力量，通过利用各类科技手段创新传统金融行业所提供的产品和服务，提升效率并有效降低运营成本。

互联网金融概念的产生，往往是伴随互联网的不断发展，才能够进一步被人们所发现。研究者把互联网金融定义为：在这个市场信息不对称、信用程度低的情况下，如果采用资金直接进行交易的方式安全性不高，在互联网发展的模式下，更方便、更快捷的互联网技术为金融提供了智能支持，可以有效地实现融资的优化，升级资源配置的效率，在促进经济增长的同时，大幅度地减少交易成本。

金融科技 2.0 阶段后期，互联网金融开始在全球范围内引爆，金融科技创业公司、创新的业务模式与解决方案不断涌现。在中国，其火爆程度更是令人瞠目。根据麦肯锡统计，截至 2015 年底，中国互联网金融的市场规模达到 12 万亿~15 万亿元人民币，占 GDP 的近 20%，互联网金融用户人数超过 5 亿，为世界第一。第三方支付交易额亦为全球领先，远超 PayPal 等欧美领先者；理财领域以余额宝为代表，在短短 2 年内资产管理规模达到 7000 亿元人民币。同时，中国互联网金融产业也深受资本市场青睐，相关企业的估值远超其他行业。在全球上市的互联网企业前 10 名中，中国占据 4 席（腾讯、阿里、百度、京东）。此外，中国的 35 家"独角兽公司"（估值超过 10 亿美元）占据了全球 20% 以上份额。

背景资料

互联网金融在中国的发展创新与监管[*]
李 全 陈 扬 孙 葳[**]

党的十九大报告指出，当前我国"正处在转变发展方式、优化经济结构、转变增长动力的攻关期"，互联网在人类生活中的广泛普及，为我国经济创新发展、实现动力变革提供了条件。近年来，互联网金融在我国呈现出多种表现形式，为

[*] 李全，陈扬，孙葳. 互联网金融在中国的发展创新与监管［EB/OL］.（2018－12－10）［2023－12－10］. http://theory. people. com. cn/n1/2018/1210/c40531－30453061. html.

[**] 作者简介：李全，南开大学金融学院教授、中国财政科学研究院特聘教授、博士生导师；陈扬，南开大学金融学院研究生；孙葳，中国财政科学研究院研究生。

中小微创业企业提供了较大的融资便利，促进中小微企业的商业模式创新，提高了金融资产配置和服务实体经济效率。

2014年，中国人民银行从业务的角度将广义的互联网金融定义为既包括作为非金融机构的互联网企业从事的金融业务，也包括金融机构通过互联网开展的业务。狭义的互联网金融仅指互联网企业开展的、基于互联网技术的金融业务。当前，我国监管当局对互联网金融的监管仍显不足，相关法律仍有较大完善空间。同时，在市场上对互联网金融发展的理论基础、创新发展等各方面的认识尚存在较大差别。互联网金融的健康发展事关我国金融体系的稳定，因而有必要对其发展模式进行清晰的认知并合理有效监管。

互联网金融的交易模式发展

互联网金融在我国的交易模式发展中，主要有第三方支付、众筹等新的表现形式，这些表现形式的一个内在共同特征就是由交易而生并为交易服务。

第三方支付往往指的是一些有信誉保障和业务实力的机构通过计算机、通信技术等手段，并辅以严格的网络信息安全防范，经与银行签约后实现的用户和商业银行支付清算系统直接对接的交易模式。在实践中第三方支付已不再局限于最初的互联网支付，日益发展成为线上线下一体的、提供综合服务的、应用场景更为丰富的综合支付工具。根据第三方支付的运营特征及其所承担的责任，可以分为两种模式，一种是不承担担保功能的独立的第三方支付模式，这种第三方支付平台仅仅提供支付产品和支付系统及相关服务，其运营独立于电子商务平台或其他金融平台，比较典型的代表有拉卡拉、易宝支付等，这些机构的特色是专业做支付平台，根据对所服务行业的理解，提供专门口径或是全方位的支付解决方案，这些平台的收入主要来源于为企业提供服务。另一种模式是依托于一些电子商务网站或金融交易平台来运营的第三方支付模式，比如依赖于淘宝网的支付宝，或依赖于微信的财付通。在这种支付模式中，买方在电子商务平台选购商品的同时要使用第三方支付的账户进行付款，但款项并不直接支付给卖家，这两次支付的时间间隔是买方确认所购商品无异议，或由电子商务平台代为确认无异议，第三方支付平台才向卖方转账，因此这类第三方支付平台业务运营中的资金占用实际上已经形成了一定的资金池。值得注意的是，池中是无息的沉淀资金。这一类平台的收入主要来源于交易过程中的手续费、服务费，以及将资金池的资金通过一定渠道出借而产生的利息收入。

第三方支付机构的兴起给商业银行的中间业务发展带来了很大的压力，尤其是我国现在的第三方支付平台已经在技术上走向了支付流程的最前端，其使用的介质从台式电脑向平板电脑和手机过渡的过程中，已经形成了越来越独立的支付体系，并逐步涉足基金、保险、证券交易等方方面面的金融业务，呈现出在支付业务上和传统商业银行分庭之势。一些第三方支付机构还通过互联网整合所积累的各种客户资源，将交易中碎片化的采购、交易、结算等各类信息综合起来，并设计出综合的金融服务方案，形成了供应链金融的雏形。部分支付机构已经开始渗透到流通和金融领域，开始涉足信用卡业务，甚至开始变相从事消费信贷服务。这些都对传统金融机构的业务构成了极大的挑战。

我国对第三方支付机构的监管也日趋严格，从 2011 年 5 月央行首次发放第三方支付牌照至今，共发放了 8 批共 270 张牌照，在严格监管和支付机构自身的优胜劣汰中，第三方支付生态体系会日益健全。

众筹，就是大家一起筹集的意思。在我国，众筹需要满足的条件有，缺乏资金但有创造能力的发起人、对发起人的筹资标的感兴趣且有能力提供资金的支持者以及在互联网上为支持者和发起人提供交易的众筹平台。众筹的门槛较低，只要有新的想法和创造力，众筹者的年龄、性别、职业、地位等均不受限。众筹早期多为艺术家或作家为创作作品而进行资金筹措的手段，现在则囊括了科技、影视、设计、漫画、音乐、摄影、游戏、出版、食品等多个门类，成为初创期的企业为项目筹集早期资金的互联网交易渠道。众筹的参与者甚广，既包括专业的投资者，也包括行业参与者乃至普通消费者和投资者，众筹的标的需要已经达到可展示的状态并通过平台的审核方可实施。在实施过程中，众筹的标的必须在预设的时间内筹足或超额募集目标金额，如果筹资失败，已获得的资金需要全额退还出资者；如果众筹成功，则发起人必须根据预先的承诺给支持者提供投资回报或提供相应的产品或服务。

目前，我国关于众筹的相关法律尚待完善，虽然 2014 年 12 月 18 日已经出台了《股权众筹融资管理办法（试行）》（征求意见稿），但仍然没有解决有关众筹的一些基本争论。在现实情况下，众筹的金额一般都较小，且受到筹资范围的限制，发展较为缓慢。

互联网金融的交互模式发展

互联网金融在我国的交互模式发展中，主要有搜索引擎、社交网络、虚拟现实等表现形式，其共同特点就是参与者各方都或多或少通过各种途径发生着互动。

搜索引擎是根据一定的指令，在互联网上通过特定的程序搜集信息，并将这些信息归类、整理后供用户检索。搜索引擎包括目录索引、全文索引、门户搜索引擎、集合式搜索引擎、元搜索引擎、垂直搜索引擎、免费链接列表等多个类别。搜索引擎最初的作用是为用户提供搜索信息，而后竞价排名等搜索引擎日益成为主流商业模式。一方面搜索引擎能给各行各业进行竞价排名并收取费用；另一方面做广告收取费用，这种广告是根据点击率来确定广告费的。搜索引擎可以统计出对某关键词的搜索数量、区域分布等数据，并根据这些数据进行相应的商业推送，进而在商业交易中以自带的第三方支付工具进行支付，并提供多种金融服务，由此形成了一个集各类客户为一体的综合金融服务的交互式平台。

社交网络即通过互联网形成的社交渠道，这包括软件、服务、硬件等各方面的应用。与以往任何一种互联网应用不同的是，社交网络迅速扩张并进入金融服务领域。以微信为例，2018 年 3 月 5 日，全国人大代表、腾讯公司董事会主席兼首席执行官马化腾在采访中表示，微信和 WeChat 的合并月活跃账户数超过 10 亿，微信已成为中国第一个月活用户超 10 亿的产品。悄然发生变化的是，这些社交网络上进行的互联网金融交易规模日趋扩大，并呈现出对金融产业链全覆盖的趋势。

虚拟现实技术是以互联网集合计算机仿真系统来生成模拟环境并体验虚拟世界的多元信息融合的交互模式，这种模式中人们易于沉浸于实体行为和三维动态视景中。目前虚拟现实是互联网交互模式的高端形态，将把环境、传感、技能等各个方面纳入互联网，生成视觉、听觉、力觉、味觉、触觉等各种交互式感知，这种技术有可能广泛应用于制造业、服务业，在给用户提供产品和服务的过程中实现轻松自然的付费，并可以给客户提供更深度的服务，不仅仅是理财和交易，甚至包括财富的创造乃至于盈利模式的设计。

互联网金融的综合数据服务模式发展

综合数据服务模式在我国的发展中包含了大数据和云计算、互联网金融门户等多种表现形式，其核心体现是给用户提供更加深入、全面的金融服务。

大数据管理和云计算往往是同时存在的，大数据金融是通过互联网信息搜集和云计算的基础统计分析，挖掘客户的消费习惯、交易信息和潜在需求，进而给客户提供全方位服务的集电子商务与互联网金融为一体的系统性工程。大数据金融和传统金融的最大区别，在于大数据金融能提供精准的市场营销和全面而又高效的风控措施，其能够从非结构化的数据中迅速抓取、统计、分析信息并得出结论，做出决策，相当于在提供产品和服务的同时已经为用户提供了全面的预算、交易、理财服务。大数据金融对于传统行业的变革和推动作用尤为明显，通过大数据和云计算对用户数据的深入挖掘和高效运作，可以显著降低这些行业的经营成本，并有助于其全面地规避风险和精准地提供服务。

互联网金融门户指的是以互联网为媒介进行金融产品提供和管理的综合服务平台。与其他门户一致的是，互联网金融门户可以给用户提供综合的搜索＋比价服务，有利于客户进行更有效率的选择，为客户提供更质优价廉的服务；另一方面，互联网金融门户有助于在客户挑选服务的同时进行反向管理，帮助金融机构快速、稳妥地进行战略调整，改变产品、改善服务、实施有效多元化的综合服务。互联网金融门户既是个入口，能够为用户提供全方位的服务；又是个出口，可以为用户进行信息反馈和咨询，帮助用户量身定做，有助于将用户的需求和金融创新深度融合。

<h2 style="text-align:center">对互联网金融实施服务性监管</h2>

互联网金融在我国的创新发展起源于民营企业，并反哺于民营企业。习近平总书记于今年9月在东北三省考察期间，重申"两个毫不动摇"的大政方针，进一步阐明了公有制经济和非公有制经济在我国经济社会发展中的地位和作用，表明了我们党的一贯立场，为推动我国经济社会持续健康发展指明了方向。

互联网金融不仅推动了我国民营企业的商业模式创新，给社会进步注入了新鲜的活力，也有助于实现习近平总书记在党的十九大报告中提到的"互联网、大数据、人工智能和实体经济深度融合"。但由于发展初期的制度空白，一些风险也在酝酿与积累。针对互联网金融的监管措施和制度建设亟待完善，如何以改革的积极态度和无缝对接的监管体系相衔接，促进互联网金融的稳健发展是下一步互联网金融发展的要点。在监管中，应当牢牢守住不发生系统性金融风险的底线，从以下三个方面入手，实施互联网金融的综合监管。

实施金融综合监管，降低金融行业门槛。由于我国金融行业的门槛仍然较高，传统金融机构主动推行改革的积极性较低，特别是对小微、"三农"等领域的金融支持方面，由于风险相对较高，利润相对较低，金融机构没有动力满足这些领域的有效融资需求。而互联网金融开放、无边界的特点又易于资金的流动，一旦监管不严，就有可能引致金融违法行为的发生。因此，监管的首要环节应该是积极实施综合监管的方案，打破金融机构固化现状，充分发挥市场的力量来优化交易和服务方式。

以大数据和云计算等方式完善征信体系建设。我国征信体系建设不健全，导致了金融违法违规行为易于逃避监管，而社会责任和信任度的缺乏，又不利于市场化改革的推进。如果能充分运用大数据统计，将各行业、单位、个人的数据进行综合、全面的统计，再以云计算的方法把这些碎片化的信息整理、归集，并得出高精度的征信数据，这些数据一方面可供金融机构进行有效客户选择和风险甄别，另一方面也有利于监管部门进行全面、高效的监管。

加快互联网金融领域产业链的创新。如果说金融机构的互联网服务创新给客户带来了更多的交易体验和方便，那么电子商务中广泛地引入互联网金融则造成了产业更迭，以及人们生活模式的重大变革。而随着大数据时代的到来，企业的供应链系统与物流监管、银行等系统的实时数据交互、流程衔接更为紧密，互联网金融不断进行着产业交易模式的创新，并且深刻地改变着人们的生活。良好的产业链服务自然就是有效的监管系统，让非法交易和非法服务没有生存空间。

创新和监管对于互联网金融的稳健发展是一个问题的两个方面，既不能因为创新而触碰法律法规，也不应由于监管而限制了行业的良性生长，在这两方面中寻找平衡，是行业健康发展和高效监管的核心。

[参考文献]

[1] 辜胜阻，曹冬梅，李睿. 让"互联网＋"行动计划引领新一轮创业浪潮 [J]. 科学学研究，2016（2）.

[2] 李全. 中国小微金融 [M]. 北京：经济科学出版社，2013.

互联网金融是金融科技的过渡阶段。互联网金融的发展有其特定的时代因素，比如金融抑制下的普惠金融需求上升、利率市场化下居民理财意识觉醒、传统金融服务缺位等。这些因素共同构成了互联网金融蓬勃发展的"外部红利"。与此同时，互联网金融基于反"二八定律"的长尾效应，在互联网技术尤其是移动互联的助推下，携流量和体验思维，掀起了一场渠道革命，并在C端（个人客户）消费金融领域创造出一定的增量市场。但其革新的意义目前看主要停留在体验，渠道和营销端对B端客户（产业客户）、风险、制度等金融业态的痛点需求还没有过多涉及。

从商业的角度看，互联网金融是一种横向的基于模式创新的发展道路，"互联网＋银行""互联网＋基金""互联网＋保险"等单纯业务嫁接技术的模式经过多年的开发，已经开始显出疲态，业务融合所创造的新鲜感和红利濒临饱和，新的直面金融功能"深水区"——风险定价、产业金融领域的纵向创新模式还有待突破。

金融科技比互联网范围更大、更广，它不仅用于互联网和移动互联网这些技术，还用于大数据、智能数据分析、人工智能、区块链等前沿的技术。它正变革金融的方方面面，是互联网金融业发展的必然趋势，也是金融包容性需要进一步提升的原因。它不仅需要金融的包容性的提高，自身也有助于实现普惠金融。通过技术面的突破，达到两个目的：一是提升金融的包容性；二是加强风险管控。

（三）对银行业的影响

中国金融业随着科技进步发生了巨大的变革。金融与科技结合不仅颠覆了银行原有的商业模式与逻辑，更重构了传统金融机构的战略、运营、产品服务、渠道和风控等各个环节。与此同时，金融科技企业虽然利用数字化科技创新金融服务方式、丰富金融服务场景、优化金融服务体验，也经历了从与传统金融机构抢夺市场，到为传统金融机构赋能的转变。

1. 科技赋能银行获得第二增长曲线

过去几年，互联网金融对银行固有业务的冲击导致"金融脱媒"愈演愈烈。大部分银行都已将金融科技和数字化转型提升到战略高度，普遍进行积极尝试和较大投入，以期获得增长的第二曲线。

（1）业务洞察。银行业单纯以规模驱动利润的业务模式遇到了极大挑战，需要通过更有效的战略视角，提升对实体经济和行业客户的敏感度，透析旺盛金融需求背后的商业逻辑和风险。

（2）客户经营。在获客、活客、留客方面，金融科技的重要性同样得到高度认可。银行依托大数据平台及技术，在客户的营销、预警、账户管理及成长路径规划等方面实现智能化，充分利用大数据实现动态分群获客及智能分层经营，匹配适宜的产品、权益及活动，实现贯穿全触点、全周期、全旅程的客户经营。

（3）运营。银行业务的运营模式和运营效率也凸显在成本端的竞争力。金融科技深度应用，同时可助力银行推进分支机构能力提升，支持跨部门、跨板块、跨层级快速协调联动，不断增强合力，形成先进的数字化运营体系。具体举措包括：为客户经理提供丰富的数字化运营工具，包括客户服务需求识别、资产配置、智能投顾等；通过自动化和人工智能，实现运营产业化；通过大数据分析，减少审批环节提升效率；通过扁平化敏捷组织的建立，提高员工的参与度和积极性，从而提升作业效率；等等。

（4）产品服务创新。数字化产品创新能力的构建，一方面快速响应客户洞察分析结果及满足产品的个性化（定制）匹配；另一方面通过产品数字化的管理闭环，对产品进行运营规划，通过客户洞察去匹配响应的客户。

在产品服务创新方面，银行亟须自我颠覆和革新。产品服务的创新，既有可能是跨界的组合产品服务，也可能是场景化的金融服务，甚至可能是对现有产品某个特定环节通过技术手段加以优化而实现。

（5）渠道。渠道建设方面，大部分银行都在"线下业务线上化迁移"和

"自助终端"方面进行了实践。与此同时，也不可忽视跨渠道的一致性最佳客户体验。因此，在渠道再造过程中，银行要深层次考虑客户渠道偏好，通过大数据分析识别客户行为、通过业务中台建设整合和优化跨渠道服务流程，实现客户最佳服务体验；不仅要成立相应的部门，还要统筹各渠道的产品开发、中台风控、全渠道体验和作业流程设计，达成"全渠道"而非"多渠道"的目的。

（6）风控。银行业积极运用大数据分析建模及机器学习等金融科技应用，识别业务中的各类风险，实现覆盖事前、事中、事后的全流程风险控制，支持智能辅助功能。数字化风控离不开大量的数据积累，目前业界较为先进的方式为采用数据湖、数据集市、模型实验室三层，分别提供内外部数据收集、风险数据集市汇总及模型要素管理支持等功能；基于风险数据基础，利用大数据、人工智能、区块链等手段构建黑名单、反洗钱、智能合同、欺诈识别、舞弊识别等风险预警或拦截模型，并将训练的模型内嵌至各个业务环节应用。

（7）生态。银行业多年以来一直在狭小的产品和服务领域进行着同质化竞争。在金融科技蓬勃发展的今天，企业和个人对金融服务的形态有更广泛的需求，使得银行有更多机会和可能打破传统边界，实现生态化的立体业态。银行业数字化生态的趋势及实践可从数字化渠道构建、生态圈获客及银行能力开放三方面进行发力。

通过大数据、5G、物联网和区块链等技术，银行可嵌入行业生态、提供更复杂的组合产品服务，甚至可以突破边界，提供非金融服务。头部机构通过构建开放银行体系和平台，借助 SDK、H5 和 Open API 等方式，实现了"轻渠道"线上金融场景渗透、"大中台"客户运营服务支撑、"闭环式"资金融通平台、"产品化"金融产品中心，也实现了跟客户更高频的交易、获得更大的中间业务收入空间。

2. 银行加大对金融科技的投入

传统金融机构的科技建设，以及金融科技公司的发展壮大，都离不开资金支持。回望 2020 年，复杂的内外部环境，使得中国资本市场趋于避险，信心不足，另外，我国对于金融创新的监管也在摸索中不断完善。在此背景下，国内金融科技公司的投融资规模呈现出下降趋势。在 2018 年的峰值过后，2019 年全年为 656 亿元，2020 年全年则为 125 亿元，同比下跌 81%。

除此之外，传统金融机构也相继增加金融科技的投入，尤其是头部金融机构，由于资金和资源等综合实力雄厚，率先加快了投入步伐。根据已公开披露的信息，头部金融机构的金融科技投入普遍占上一年营收的2%以上，最高者超过了8%（见表8-5）。

表8-5　　　　　　头部金融机构2019年金融科技投入情况

细分领域	金融机构	金融科技投入（亿元）	占总营收比例（%）
银行	工商银行	163.74	2.20
	建设银行	176.33	2.50
	农业银行	127.9	2.16
	交通银行	50.45	2.57
	中国银行	116.54	2.12
	邮储银行	81.8	2.96
	招商银行	93.61	3.72
	浦发银行	41.2	2.16
	中信银行	48.94	2.60
	华夏银行	26.56	3.13
	光大银行	34.04	2.56
	兴业银行	35.65	2.00
	广发银行	2.41	1.05
	平安银行	10.91	0.80
	恒丰银行	6.36	4.62

资料来源：上述金融机构的年报。

虽然金融机构多将区块链技术纳入未来战略发展的重点，但对该领域的投资和应用仍处于探索阶段。目前，市场上尚未出现一款具有影响力、覆盖力的现象级区块链产品，其技术的成熟完善仍需要一定的过程。何时将区块链实际应用于业务、如何取舍领跑的收益与风险，以及如何将区块链应用于业务、如何最大化投入产出，是金融机构需要思考的问题。

3. 金融科技赋能银行业的创新

金融科技在银行对公业务的创新性赋能集中体现在推出特色的小微企业服务，如构建开放式全场景的企业及政府服务平台，提高对公业务办理的数字化、移动化程度等。

某大型国有银行依托人工智能、区块链等技术，构建移动智慧银行、电脑端、网点智慧柜员机（STM）、"某行裕农通"、智慧政务服务平台"五位一体"的创新服务模式，实现多渠道一体化协同服务。另一家国有大型银行发力区块链技术，实现资产证券化、产业链金融等业务办理流程可追溯，其智慧风控预警模型准确率高达 85%。某头部股份制银行针对小微企业客户，闪电贷线上融资平台引进百项征信、工商等行内外数据，利用新兴科技建立标准化、系统化的风控体系，创新打造小微企业融资产品体系。

银行零售业务方面，金融科技助力构建开放银行、智慧网点，推进场景生态互联，帮助零售业务实现基于大数据的精准客户画像与洞察、智能化风险管控等创新实践。许多股份制银行稳步推进开放银行项目，应用大数据及人工智能建模加强风控力度，同时建立精准客户画像与客户分层分类差异化定价体系，提高对个人客户的经营能力和营销管理水平。以 AI Bank 为内核构建开放银行生态，推出"社区化、智能化、多元化"的零售新门店，并与旗下的移动端 App 互联实现多种服务场景的线上线下融合，为客户提供无缝化、便捷化、一体化的极致体验。利用数字孪生技术，打造全周期的客户互动，动态持续地发掘并响应客户需求，推进客户体验的颠覆性升级。

4. 传统金融机构科技建设呈现的三大转变

（1）由单点应用建设向平台化、中台化建设转变。所谓中台化是指用中台化思维构建企业级业务和技术架构，对流程共性、风控共性、数据共性、功能共性的功能进行抽象，并进行集约化、全局化，实现业务的高效作业、精准营销、面向体验的全客户经营、风险横向统一管控，赋能组合产品创新。诸多头部金融机构已在数据中台、客户经营中台、信贷中台等细分领域进行了积极的尝试，并获得了显著的业务收益。

（2）由科技赋能的"业务改良"向科技引领的"模式变革"转变。互联网金融从试水到野蛮生长再到规范的发展历程表明，金融是可以以"科技"的形态独立存在的。金融科技在头部机构的定位，逐渐从"支撑、改良"变成了"引领、创造第二曲线"。"金融科技"（fintech）某程度上成了"科技金融"（techfin）。通过强大的科技力量打造金融服务开放平台，将产品、功能与服务进行集中管理与共享，与金融体系外的伙伴合作，结合各方资源优势，进行产品和服务的快速创新，形成各种形式的跨界合作，打造以金融服务为核心的生态圈，满足企业和个人的"金融 +"需求。

（3）由科技应用的"硬实力"向企业组织文化"软实力"转变。金融科技不是孤立的由技术部门承载，传统金融机构转向数字化业务模式转型也需要整个企业组织文化变革。数字化企业的特征是敏捷和创新，这意味着更快的执行速度、完全市场驱动需求及客户体验导向的快速迭代。通过构建金融科技软实力，能改变业务与技术相互割裂的局面，建立产品制与部落制模式，实现业务与技术的超融合、实现科技投入的价值最大化。

二、中国银行业的转型与发展趋势

20世纪90年代以来，由于国际经济环境的不断变化、经济全球化浪潮席卷全球，以及以信息技术为核心的现代网络技术和电子计算机技术的普及推广，现代商业银行从业务种类、管理方式、体制等方面发生了根本的变革，表现出以下几个趋势。

（一）银行业务全能化

以美国为首的西方国家在20世纪30年代的世界性经济危机中吸取了经验教训，普遍推广了较为严格的分业经营管制，将银行业务、证券业务、保险业务和信托租赁业务分别由不同的金融机构经营。这种模式被许多国家效仿，一直到20世纪70年代以后，分业经营管制才有所放松。为了增强商业银行的竞争力，各国的法律相继放松了对分业经营的监管，不仅允许商业银行经营投资银行业务，还允许其开办信托、保险、租赁、保管、代理咨询等多种业务，混业经营模式又流行起来。1999年，美国国会通过了《金融服务现代化法》，标志着美国进入全面混业经营。一些原本实行分业经营国家的银行业现在已出现明显的综合化特征，尤其表现在传统商业银行业务与证券业务的结合上。

商业银行业务全能化的主要原因：一是由于近年来商业银行存款结构的变化。近年来商业银行存款中，定期存款和储蓄存款的比重有所上升，这一变化为商业银行发放中长期贷款和证券投资业务提供了稳定的资金来源。二是商业银行经营观念的改变和经营管理理论的发展。随着商业银行的竞争日益加剧，开拓新业务已经十分必要，而且金融管制的放松已经为之提供了便利的条件。商业银行的经营管理理论经历了从资产管理理论到负债管理理论再到资产负债综合管理理论的演变过程，为商业银行全能化、综合化的发展提供了理论依据，而且对商业银行全能化、综合化的发展产生了极大的推动作用。

2008年由美国爆发的次贷危机引发了全球金融危机，这又一次挑战了商业银行的混业经营模式。在此次金融危机中，大量的商业银行破产倒闭，信贷规模缩减，企业面临资金紧张的局面，整个社会的经济发展呈现停滞状态，甚至出现衰退趋势。这次危机能由美国的银行信贷危机波及整个金融业，很大程度上与美国的混业经营模式有关。因此美联储采取措施加强对证券业和银行业的监管。很多受危机影响较大的国家陆续采取相应措施，加强了对本国商业银行业务的管制，防止金融风险进一步扩散，力图阻止经济的进一步衰退。

（二）银行业务经营证券化

20世纪80年代以来，商业银行业务经营出现了证券化发展趋势。商业银行业务经营证券化的趋势主要表现在：（1）国际金融市场融资方式的证券化，各种传统的银行信贷越来越多地被各种各样的证券融资所取代。在国际金融市场上，国际债券的发行总额已经超过信贷总额。（2）商业银行更多地把贷款资产转换为证券出售给投资者，以此来扩大资产业务的规模。商业银行将某笔贷款或一组贷款汇集起来，以此作为抵押发行证券，使其在市场上流通转让，由此可以大大提高商业银行资产的流动性。这种方式已经成为商业银行转移风险、创新业务、提高流动性的主要业务工具之一。

通过商业银行资产证券化业务，银行不仅可以很快收回抵押贷款的资金、加速资金的周转、降低资产风险、调整资产结构，而且改变了商业银行的资产负债管理方式和银行与贷款客户固定的债权债务关系，使银行更多地涉足于直接融资领域，转变被动的经营方式，有利于开辟新的业务领域和盈利渠道。另外，银行资产证券化创造了大量金融市场工具，活跃了国内金融市场，加快了国际金融市场一体化进程。但是也有一些缺点，它可能会把银行信贷风险传导到投资者手中，甚至扩大到整个金融领域，美国的次贷危机就是一个典型的例子。

（三）银行资本越来越集中，国际银行业出现新竞争格局

由于银行业竞争的加剧、金融业风险的提高，以及产业资本不断集中的要求，商业银行出现了合并的浪潮。近几年来，商业银行集团化有进一步加强的趋势。不仅中小银行纷纷合并组成银行集团与大银行抗衡，即便是大银行也主动合并，组成超级大行，称霸国内、国际金融市场。例如，日本东京银行与三菱银行的合并、美国化学银行与大通银行的合并等。特别是在发生金融危机的情况下，国际银行业合并的个案层出不穷。在亚洲金融危机时，美国、瑞士、日本以及亚洲金融危机的受灾国，都出现了大量的银行合并案。例如，韩国商业银行和韩一银行合并成为韩国友利银行。2008年全球金融危机爆发后，为抵御信贷危机的冲击，很多银行机构也纷纷进行合并洽谈、签署合并协议。例如，美国的第二大投资银行摩根士丹利与美国第四大投资银行美林银行曾进行了合并洽谈，澳大利亚的圣佐治银行和西太平洋银行签署了合并协议等。

并购本身能为新机构带来直接或间接的效益：一是节约经营成本，提高服务

质量；二是扩大业务范围和市场份额；三是增强抗风险能力；四是提高新机构在金融体系中的地位，并借助这种特殊地位受到中央银行或政府的特殊照顾。但是，超大银行同时存在一些弊端：第一，由于银行规模巨大，其本身管理难度增大，政府对其监管的力量被削弱，可能会由某些问题引发较大的金融风险；第二，大银行的信用创造能力强，有可能干扰中央银行货币政策实施。

（四）金融工具不断创新

金融创新对商业银行来讲既是机遇，也是一种挑战。在各种各样的金融创新中，金融工具创新是最主要、最突出的金融创新。金融工具创新主要是指金融机构为了避免汇率、利率风险，降低业务经营成本，拓展业务经营领域以及追求新的盈利机会而推出的各种新的业务品种与金融衍生产品。金融工具的大量创新又产生了基金管理公司、证券清算与保管公司等大量新的金融机构，并相应推动了金融市场的各种创新，促进金融创新的全方位发展。

商业银行可以利用多种金融工具调整资产负债结构，规避经营风险，并利用衍生工具交易扩大业务领域，降低银行成本，增加盈利。并且，商业银行为了逃避各国严格的金融管制，在竞争中占有优势，也加速了金融工具的创新。与此同时，金融工具的创新也对商业银行加强风险管理、保持经营的安全性提出了更高的要求。

（五）商业银行业务经营科技化

随着国际贸易的发展、银行业竞争的加剧以及高科技的快速发展，国际银行业的业务经营出现科技革命。商业银行不得不采用更为有效的电子化设备来代替以前成本较高的手工经营系统，从而在经营管理手段、方式方面发生了巨大的变化。业务处理已经采用了电脑自动化，各种自助终端实现了方便快捷的 24 小时服务，银行的综合信息管理方式体现了较强的科学性，网上银行的出现满足了从事网上商品买卖的企业和个人对资金收付的结算需要。

关键术语

商业银行　营利性指标　风险指标　流动性指标　杜邦分析法　绩效　ROA
ROE

分析与思考

1. 商业银行的功能有哪些?

2. 商业银行风险的分类有哪些? 试比较其不同点。

3. 商业银行绩效评价指标体系有哪些构成? 各自侧重分析哪些内容?

4. 简述商业银行信用风险表现。如何控制这种风险?

5. 金融科技与互联网金融对银行业的影响有哪些?

第九章

证券公司

学习目标

本章主要了解证券公司的主要职能和基本业务类型；理解证券公司主要业务的含义和流程，明确证券公司风险管理的重点。

第一节　证券公司概述

一、证券公司的含义

（一）定义

证券公司是指依照《公司法》和《证券法》的规定设立的并经国务院证券监督管理机构审查批准而成立的、专门经营证券业务、具有独立法人地位的有限责任公司或者股份有限公司。

（二）我国设立证券公司的条件

设立证券公司应当具备下列条件，并经国务院证券监督管理机构批准。

（1）有符合法律、行政法规规定的公司章程。

（2）主要股东及公司的实际控制人具有良好的财务状况和诚信记录，最近3年无重大违法违规记录。

（3）有符合本法规定的公司注册资本；证券公司经营证券经纪、证券投资咨询，以及与证券交易、证券投资活动有关的财务顾问业务的，注册资本最低限额为人民币5000万元；经营证券承销与保荐、证券融资融券、证券做市交易、证券自营业务之一的，注册资本最低限额为人民币1亿元；经营证券承销与保荐、证券融资融券、证券做市交易、证券自营业务中两项以上的，注册资本最低限额为人民币 5 亿元。

（4）董事、监事、高级管理人员、从业人员符合本法规定的条件。

（5）有完善的风险管理与内部控制制度。

（6）有合格的经营场所、业务设施和信息技术系统。

（7）法律、行政法规和经国务院批准的国务院证券监督管理机构规定的其他条件。

二、证券公司的职能

（一）融资中介

证券公司的融资中介职能是指证券公司通过发行证券和证券交易，将证券发售给资金供给者，使资金供求双方联系起来，实现资金融通的职能。

证券公司通过帮助资金需求者发行有价证券等所有权凭证和债权凭证，将其出售给资金供应者，把资金供需双方联系起来。在这个过程中，证券公司充当了直接融资市场上重要的中介人。通过证券公司而进行的融资属于直接融资，在直接融资市场上就需要证券公司起穿针引线的作用：一是帮助资金需求者寻找资金来源，同时帮助资金盈余者寻找投资机会；二是设计合理的交易方式，通过对期限、利率、偿本付息方式等的选择，使交易双方在互惠互利的基础上达成协议。在这一过程中，证券公司的信誉对交易的达成起着至关重要的作用。实力雄厚、历史悠久、信誉卓著的投资银行会成为资本市场上的一面旗帜，吸引着众多投资者和筹资者，在这杆旗帜的指挥下，零星的、分散的资金化为巨额资金，短期资金化为长期资金，用于消费的资金化为创造价值的生产资金。

另外，限于客户交易上的便捷性和管理上的可行性，在交易所的集中交易都必须通过证券公司的经纪人或交易席位才能进行，即投资者买卖证券的交易都是通过证券机构进行的。证券机构通过提供交易行情、经纪人交易和席位帮助有证券的客户和有资金的客户买卖证券，实现交易。这一行为增强了证券的流动性，降低了证券交易的成本，流动性的增强极大地提高了证券的价值和人们参与证券交易的积极性。

（二）优化资源配置

证券公司在发行证券之前，一般要对所计划发行证券的公司进行仔细的调研和分析，只有当其认为这个公司符合经营产业方向，具有良好的预期收益、可靠的信誉等条件时，才会帮助其发行股票。这会使资金流向社会平均利润率高的行业，提高了资金的使用效率。同时，发行公司所发行的证券也是由证券公司来设计的，一种利率、期限设计合理的证券是否为广大投资者所接受，既取决于筹资者的资信和盈利能力，又取决于证券公司的资信水平。

在现代社会中，生产的社会化和专业化要求产业结构不断调整，既要有符合大规模社会生产的垄断性企业，又要有高度民主专业化、多样化的小型企业参与竞争。激烈的市场竞争使企业兼并、收购成为时常发生的现象，制造业、金融业、通信业、运输业等产业纷纷掀起并购热潮，而且有愈演愈烈的趋势。

（三）构建资本市场

证券公司是促成证券市场主体交易的核心。证券市场的主体由证券发行者、证券投资者、管理组织者和证券公司组成。证券公司是促成证券发行者和证券投资者进行交易的核心。在发行市场上，证券公司协助筹资人进行融资筹划，通过所有权（股权）或债权凭证，将筹资者的筹资愿望转化成表达这种意愿，并允诺回报条件的工具，然后接过筹资过程的第一道接力棒，开始承销工作。在交易市场上，证券公司以经纪人和自营商的身份出现。作为经纪人，满足了错综复杂的证券买卖对于代理人的需求，使交易按特定程序、特定规则进行，维护了交易场内的秩序，降低了交易成本，提高了交易效率。作为自营商，一方面将零星资金和零散证券集合起来，方便了客户交易；另一方面其吞吐的大量证券活跃了交易市场，对市场人气有带动作用。

1. 加速了信息的传递

证券公司在证券市场中进行信息的收集、加工、传播，降低了买卖双方的信息成本，同时使交易公开化、公平化、公正化。首先，证券公司将各级证券管理者、交易机构的信息，及时、准确地传递给投资者；其次，它按照证券申报制度将企业财务报告及时向投资者公布，保证了信息效率和信息公平；再次，证券公司还对企业和证券进行调查、研究、分析，为投资者提供投资咨询。

2. 证券的价格机制发挥作用

在一级市场上，证券公司通过本身强大的信息网，研究市场需求，帮助发行人捕捉、制定合理的发行价格。在二级市场，一方面通过促进供求双方的信息交流形成合理的价格；另一方面通过自营业务进行价格的调整。总之，证券公司使市场供求关系充分建立，使价格成为反映市场供求关系的信号，从而使价格机制的作用得以充分发挥。证券公司利用自身优势，可以促进证券市场的平衡发展。

3. 金融创新

本着分散风险、保持最佳流动性和追求最大利益的原则，证券公司面对客户的需求，不断推出新的金融工具，如期权、期货、互换、票据发行等。作为投资品和保值工具，使包括证券市场在内的各种金融市场大大拓宽了交易领域，不断激发出新的活力，证券公司也因此有效地控制了风险，保障了自身收益的稳定。

第二节　证券公司业务

经国务院证券监督管理机构核准，取得经营证券业务许可证，证券公司可以经营下列部分或者全部证券业务：（1）证券经纪；（2）证券投资咨询；（3）与证券交易、证券投资活动有关的财务顾问；（4）证券承销与保荐；（5）证券融资融券；（6）证券做市交易；（7）证券自营；（8）其他证券业务。

一、证券经纪业务

（一）证券经纪的含义

证券经纪业务是指证券公司通过其设立的证券营业部，接受客户委托，按照客户要求，代理客户买卖证券的业务。由于在证券交易所内交易的证券种类繁多、数额巨大，而交易厅内席位有限，一般投资者不能直接进入证券交易所进行交易，故此只能通过特许的证券经纪商作中介来促成交易的完成。

（二）证券经纪商

在证券经纪业务中，包含的要素有委托人、证券经纪商、证券交易所和证券交易对象。

所谓证券经纪商是指接受客户委托、代客买卖证券并以此收取佣金的中间人。证券经纪商以代理人的身份从事证券交易，与客户是委托—代理关系。证券经纪商必须遵照客户发出的委托指令进行证券买卖，并尽可能以最有利的价格使委托指令得以执行；但证券经纪商并不承担交易中的价格风险。证券经纪商向客户提供服务以收取佣金作为报酬。在中国，具有法人资格的证券经纪商是指在证券交易中代理买卖证券，从事经纪业务的证券公司。

在证券代理买卖业务中，证券公司作为证券经纪商发挥着重要作用。证券交易方式的特殊性、交易规则的严密性和操作程序的复杂性，决定了广大投资者不能直接进入证券交易所买卖证券，而只能由经过批准并具备一定条件的证券经纪商进入交易所进行交易，投资者则需委托证券经纪商代理买卖来完成交易过程。因此，证券经纪商是证券市场的中坚力量。

（三）证券经纪业务流程

证券经纪业务的一般流程为：（1）在证券公司处开设资金账户；（2）向证券公司下达委托指令；（3）证券公司代表客户在证券交易所内竞价成交；（4）交易完成后进行证券的清算和过户。在证券经纪业务中，证券公司与证券买方和卖方是委托—代理关系，证券公司不需动用自有资金，也不承担任何投资风险。通过开展证券经纪业务，证券公司不仅可以从中赚取佣金，还可以与众多投资者建立广泛的联系，从而为开展证券承销等其他业务提供条件（见图9-1）。

开设账户 → 委托买卖 → 竞价成交 → 清算过户

图9-1　证券经纪业务流程

二、证券承销与保荐

（一）证券承销

证券承销是投资银行最本源、最基础的业务活动。证券承销是指证券公司在规定的期限内将发行人发行的证券销售出去并按照约定收取一定佣金或报酬的行为。投资银行承销的职权范围很广，包括该国或地区中央政府、地方政府、政府机构与企业发行的债券和股票、外国政府和公司在该国和世界发行的证券、国际金融机构发行的证券等。投资银行在承销过程中一般要按照承销金额及风险大小来权衡是否要组成承销和选择承销方式，通常的承销方式有以下三种。

1. 包销

包销是指证券主承销商及其辛迪加成员同意按照商定的价格购买发行的全部证券，然后再将证券推销给其潜在客户的证券承销方式。包销方式证券承销商承担证券发行风险。根据包销份额的不同，包销又可分为全额包销和余额包销。

全额包销是指承销商与发行人签订协议并按约定价格购买全部发行证券，然后以稍高的价格向社会公众出售，即承销商低价买进、高价售出，赚取的中间差额作为承销商的利润。全额包销如果证券销售不出去，风险由承销商自负，故风险较大，但是其收益要比代销的佣金高。

余额包销是指承销商与发行人签订协议，在约定的期限内发行证券，并收取佣金，到约定的销售期满，售后剩余的证券，由承销商按协议价格全部认购。余额包销实际上是先代理后包销。

2. 投标承购

投标承购是投资银行通过参加投标承购证券再将其销售给投资者的证券承销方式。采用投标承购方式发行的证券通常都是信用较高、受投资者欢迎的债券，如国债。

3. 代销

代销是证券公司与证券发行人签订代销协议，依约销售所发行证券的证券承销方式。在代销方式下，证券承销商与发行人是一种委托—代理关系。证券发行到约定的期限后，部分未售的证券将退还发行人，证券公司收取一定的佣金，不承担证券发行责任。代销一般被认为发行证券的信用等级较低、承销风险较大而被承销商采用的方式。

（二）证券保荐

证券保荐业务是指证券公司或其他金融机构作为企业上市的保荐人，为企业提供上市前的咨询、评估、审核、发行等全方位的服务。

根据《证券发行上市保荐业务管理办法》规定，发行人首次公开发行股票，上市公司发行新股、可转换公司债券，以及公开发行存托凭证等情形，依法采取承销方式的，应当聘请具有保荐业务资格的证券公司履行保荐职责。

1. 保荐职责

保荐机构应当尽职推荐发行人证券发行上市。发行人证券上市后，保荐机构应当持续督导发行人履行规范运作、信守承诺、信息披露等义务。

保荐机构推荐发行人证券发行上市，应当遵循诚实守信、勤勉尽责的原则，按照中国证监会对保荐机构尽职调查工作的要求，对发行人进行全面调查，充分了解发行人的经营状况及其面临的风险和问题。

保荐机构在推荐发行人首次公开发行股票并上市前，应当对发行人进行辅导。辅导内容包括，对发行人的董事、监事和高级管理人员、持有5%以上股份的股东和实际控制人（或者其法定代表人）进行系统的法规知识、证券市场知识培训，使其全面掌握发行上市、规范运作等方面的有关法律法规，知悉信息披露和履行承诺等方面的责任和义务，树立进入证券市场的诚信意识、自律意识和法治意识，以及中国证监会规定的其他事项。

保荐机构推荐发行人发行证券，应当向中国证监会提交发行保荐书、保荐代表人专项授权书等。保荐机构推荐发行人证券上市，应当向证券交易所提交上市保荐书以及证券交易所要求的其他与保荐业务有关的文件。在发行保荐书和上市保荐书中，保荐机构应当就下列事项作出承诺：（1）有充分理由确信发行人符合法律法规及中国证监会有关证券发行上市的相关规定；（2）有充分理由确信发行人申请文件和信息披露资料不存在虚假记载、误导性陈述或者重大遗漏；（3）有充分理由确信发行人及其董事在申请文件和信息披露资料中表达意见的依据充分合理；（4）有充分理由确信申请文件和信息披露资料与证券服务机构发表的意见不存在实质性差异；（5）保证所指定的保荐代表人及本保荐机构的相关人员已勤勉尽责，对发行人申请文件和信息披露资料进行了尽职调查、审慎核查；（6）保证保荐书、与履行保荐职责有关的其他文件不存在虚假记载、误导性陈述或者重大遗漏；（7）保证对发行人提供的专业服务和出具的专业意见符合法律、行政法规、中国证监会的规定和行业规范；（8）自愿接受中国证监会依照《证券发行上市保荐业务管理办法》采取的监管措施；（9）中国证监会规定的其他事项。

2. 保荐业务规程

保荐机构应当建立分工合理、权责明确、相互制衡、有效监督的内部控制组织体系，发挥项目承做、质量控制、内核合规风控等全流程内部控制作用，形成科学、合理、有效的保荐业务决策、执行和监督等机制，确保保荐业务纳入公司整体合规管理和风险控制范围。

保荐机构应当建立健全并执行覆盖全部保荐业务流程和全体保荐业务人员的内部控制制度，包括但不限于立项制度、质量控制制度、问核制度、内核制度、反馈意见报告制度、风险事件报告制度、合规检查制度、应急处理制度等，定期对保荐业务内部控制的有效性进行全面评估，保证保荐业务负责人、内核负责人、保荐业务部门负责人、保荐代表人、项目协办人及其他保荐业务相关人员勤勉尽责，严格控制风险，提高保荐业务整体质量。

三、证券自营

（一）证券自营含义

证券自营业务是证券公司使用自有资金或者合法筹集的资金以自己的名义买卖证券获取利润的证券业务。

从国际上看，证券公司的自营业务按交易场所分为场外（如柜台）自营买卖和场内（交易所）自营买卖。场外自营买卖是指证券公司通过柜台交易等方式，与客户直接洽谈成交的证券交易。场内自营买卖是证券公司自己通过集中交易场所（证券交易所）买卖证券的行为。国际上对场内自营买卖业务的规定较为复杂。例如，在美国纽约证券交易所，经营证券自营业务的机构或者个人，分为交易厅自营商和自营经纪人。交易厅自营商只进行证券的自营买卖业务，不办理委托业务。自营经纪人在自营证券买卖业务的同时，兼营代理买卖证券业务，其代理的客户仅限于交易厅里的经纪人与自营商。自营经纪人自营证券的目的不像自营商那样追逐利润，而是对其专业经营的证券维持连续市场交易，防止证券价格的暴跌与暴涨。

在我国，证券自营业务专指证券公司为自己买卖证券产品的行为，证券公司以自己的名义，以自有资金或者依法筹集的资金，为本公司买卖在境内证券交易所上市交易的证券，在境内银行间市场交易的政府债券、国际开发机构人民币债券、央行票据、金融债券、短期融资券、公司债券、中期票据和企业债券，以及经证监会批准或者备案发行并在境内金融机构柜台交易的证券，以获取营利。买卖的证券产品包括在证券交易所挂牌交易的 A 股、基金、认股权证、国债、企业债券等。

（二）基本特点

自营业务与经纪业务相比较，根本区别在于自营业务是证券公司为盈利自己买卖证券，而经纪业务是证券公司代理客户买卖的证券，具体表现在以下几点。

1. 决策的自主性

证券公司自营买卖业务的首要特点即为决策的自主性，这表现在：（1）交易行为的自主性。证券公司自主决定是否买入或卖出某种证券。（2）选择交易方式的自主性。证券公司在买卖证券时，是通过交易所买卖还是通过其他场所买卖，由证券公司在法规范围内依一定的时间、条件自主决定。（3）选择交易品种、价格的自主性。证券公司在进行自营买卖时，可根据市场情况，自主决定买卖品种、价格。

2. 交易的风险性

风险性是证券公司自营买卖业务区别于经纪业务的另一重要特征。由于自营业务是证券公司以自己的名义和合法资金直接进行的证券买卖活动，证券交易的风险性决定了自营买卖业务的风险性。在证券的自营买卖业务中，证券公司自己作为投资者，买卖的收益与损失完全由证券公司自身承担。而在代理买卖业务中，证券公司仅充当代理人的角色，证券买卖的时机、价格、数量都由证券委托人决定，由此而产生的收益和损失也由委托人承担。

3. 收益的不稳定性

证券公司进行证券自营买卖，其收益主要来源于低买高卖的价差，但这种收益不像收取代理手续费那样稳定。

（三）应遵守的规定

1. 真实、合法的资金和账户

证券公司从事自营业务必须以自己的名义进行，不得假借他人名义或者以个人名义进行。证券公司的自营业务必须使用自有资金和依法筹集的资金，不得通过"保本保底"的委托理财、发行柜台债券等非法方式融资，不得以他人名义开立多个账户。证券公司不得将其自营账户转借给他人使用。

2. 业务隔离

证券公司必须将证券自营业务与证券经纪业务、资产管理业务、承销保荐业务及其他业务分开操作，建立防火墙制度，确保自营业务与其他业务在人员、信息、账户、资金、会计核算方面严格分离。

3. 明确授权

建立健全相对集中、权责统一的投资决策与授权机制。自营业务决策机构应当按照董事会、投资决策机构、自营业务部门三级体制设立。证券公司要建立健全自营业务授权制度，明确授权权限、时效和责任，建立层次分明、职责明确的业务管理体系，制定标准的业务操作流程，明确自营业务相关部门、相关岗位的职责，保证授权制度的有效执行。自营业务的管理和操作由证券公司自营业务部门专职负责，非自营业务部门和分支机构不得以任何形式开展自营业务。自营业务的投资决策、投资操作、风险监控的机构和职能应当相互独立。自营业务的账户管理、资金清算、会计核算等后台职能应当由独立的部门或岗位负责，形成有效的前、中、后台相互制衡的监督机制。

4. 风险监控

证券公司要根据公司经营管理特点和业务运作状况，建立完备的自营业务管理制度、投资决策机制、操作流程和风险监控体系，在风险可测、可控、可承受的前提下从事自营业务。证券公司应当建立自营业务的逐日盯市制度，健全自营业务风险敞口和公司整体损益情况的联动分析与监控机制，完善风险监控量化指标体系，定期对自营业务投资组合的市值变化，以及对公司以净资本为核心的风险监控指标的潜在影响因素进行敏感性分析和压力测试。根据监管机构的规定，证券公司证券自营账户上持有的权益类证券按成本价计算的总金额不得超过其净资产的80%。

5. 报告制度

证券公司应当按照监管部门和证券交易所的要求，报送自营业务信息。报告的内容包括自营业务账户、席位情况，涉及自营业务规模、风险限额、资产配置、业务授权等方面的重大决策，自营风险监控报告等事项。

四、融资融券

（一）含义

"融资融券"（securities margin trading）又称"证券信用交易"或保证金交易，是指投资者向具有融资融券业务资格的证券公司提供担保物，借入资金买入证券（融资交易）或借入证券并卖出（融券交易）的行为，包括券商对投资者的融资、融券和金融机构对券商的融资、融券。从世界范围来看，融资融券制度是一项基本的信用交易制度。

融资是借钱买证券，证券公司借款给客户购买证券，客户到期偿还本息，客户向证券公司融资买进证券称为"买多"；融券是借证券来卖，然后以证券归还，证券公司出借证券给客户出售，客户到期返还相同种类和数量的证券并支付利息，客户向证券公司融券卖出称为"卖空"。

（二）融资融券业务

投资者融资买入证券后，可以通过直接还款或卖券还款的方式偿还融入资金。投资者以直接还款方式偿还融入资金的，按照其与证券公司之间的约定办理；以卖券还款偿还融入资金的，投资者通过其信用证券账户委托证券公司卖出证券，结算时投资者卖出证券所得资金直接划转至证券公司融资专用账户。需要指出的是，投资者卖出信用证券账户内证券所得资金，须优先偿还其融资欠款。

1. 业务概述

融资买入、融券卖出的申报数量应当为100股（份）或其整数倍。投资者在交易所从事融资融券交易，融资融券期限不得超过6个月。投资者卖出信用证券账户内证券所得价款，须先偿还其融资欠款。融资融券暂不采用大宗交易方式。

（1）融资买入。例如，假设某投资者信用账户中有100元保证金可用余额，拟融资买入融资保证金比例为50%的证券B，则该投资者理论上可融资买入200元市值（100元保证金÷50%）的证券B。

（2）融券卖出。例如，某投资者信用账户中有100元保证金可用余额，拟融券卖出融券保证金比例为50%的证券C，则该投资者理论上可融券卖出200元市值（100元保证金÷50%）的证券C。

（3）融资。客户以其信用账户的资金或证券作为担保品，向证券公司申请融资买入；证券公司在与结算公司结算时，用其"证券公司融资专用账户"中的自有资金为客户垫付资金；客户融资买入的证券作为向证券公司融资的担保品，登记到"客户信用证券汇总账户"，同时记增相应的客户二级明细账户。客户偿还融资款，可采用直接还款或卖券还款两种方式。直接还款的，客户将资金划入"证券公司融资专用账户"用以偿还该客户的部分或全部融资款，卖券还款的，所得款项先偿还证券公司融资款和融资费用，剩余资金进入"客户信用资金汇总账户"，同时记增相应的客户二级明细账户。

（4）融券。客户以其信用账户中的资金或证券作为担保品，向证券公司申请融券卖出；证券公司在与结算公司交收时，用其"证券公司融券专用账户"中自有证券为客户垫付证券；客户融券卖出所得资金作为向证券公司融券的担保品记入"客户信用资金汇总账户"，同时记增相应的客户二级明细账户。

客户可采用买券还券方式偿还融入证券。客户通过"客户信用证券账户"申报买券，买入证券从"客户信用证券汇总账户"划入"证券公司融券专用账户"。

2. 申报价格的限制

为了防范市场操纵风险，投资者融券卖出的申报价格不得低于该证券的最近成交价；如该证券当天还没有产生成交的，融券卖出申报价格不得低于前收盘价。融券卖出申报价格低于上述价格的，交易主机视其为无效申报，自动撤销。

投资者在融券期间卖出通过其所有或控制的证券账户所持有与其融入证券相同证券的，其卖出该证券的价格也应当满足不低于最近成交价的要求，但超出融券数量的部分除外。

3. 融资融券期限与限制

为了控制信用风险，证券公司与投资者约定的融资融券期限最长不得超过6个月。投资者信用证券账户不得用于买入或转入除担保物及交易所公布的标的证券范围以外的证券；同时，为了避免法律关系混乱，投资者信用证券账户也不得用于从事债券回购交易。

（三）融资融券业务的作用

1. 融资融券为投资者提供了新的盈利模式

融资融券作为中国资本市场的一种创新交易方式，它的推出为投资者提供了新的盈利模式（见图9-2）。对于资金不足或长线持有蓝筹股的投资者而言，在股票上升趋势明朗的情况下，可以将手头上的证券作为抵押，通过融资交易来借钱购买证券，只要证券上涨的幅度足以抵销投资者需要支付的融资利息，投资者就可以获得收益。

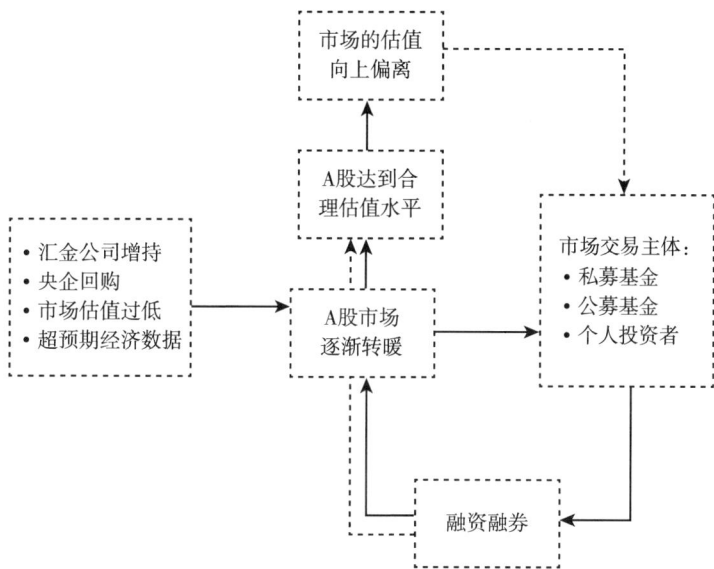

图 9 - 2 融资融券

同样，在股票处于单边下跌的时候，现行市场由于没有融券交易，等待投资者的只能是资产的缩水或暂时退出，无法产生收益。融券交易的推出，将为投资者带来选择高估股票做空的机会，在股票下跌中获得赚钱的机会。例如，某投资者预判某只股票在近期将下跌，他就可以通过先向券商借入该股票卖出，再在该股票下跌后以更低的价格买入还给券商来获取差价。

2. 融资融券的杠杆效应带来了放大的收益与亏损

投资者在进行普通证券交易时必须支付全额资金或证券，但参与融资融券交易只需交纳一定的保证金，也就是说投资者通过向证券公司融资融券，可以扩大交易筹码，即利用较少资本来获取较大的利润，这就是融资融券交易的杠杆效应。但是，广大投资者也必须清醒地认识到融资融券的这种杠杆效应也是一把"双刃剑"，在放大了收益的同时，必然也放大了风险。投资者在将股票作为担保品进行融资时，既需要承担原有的股票价格变化带来的风险，又得承担新投资股票带来的风险，还得支付相应的利息或费用，如交易方向判断失误或操作不当，则投资者的亏损可能相当严重。

以融资交易为例，某证券公司为担保物价值为 100 万元的投资者提供了 100 万元的融资额度，这样，投资者就可以运用 200 万元的资产进行投资，在不考虑融资利息的情况下，股价上涨一成时，他的投资收益就变成了两成；同样，股价下跌一成时，投资损失也将变成二成。俗话说"水能载舟亦能覆舟"，融资融券业务可以让投资者赚更多的钱，却也可能让投资者赔更多的钱，因此，投资者必须以谨慎的态度参与其中，时刻防范可能发生的风险。

3. 融资融券有助于证券内在价格的发现，维护证券市场的稳定

融资融券交易有助于投资者表达自己对某种股票实际投资价值的预期，引导股价趋于体现其内在价值，并在一定程度上减缓了证券价格的波动，维护了证券市场的稳定。以融券交易为例，当市场上某些股票价格因为投资者过度追捧或是恶意炒作而变得虚高时，敏感的投机者会及时察觉这种现象，于是他们会通过借入股票来卖空，从而增加股票的供给量，缓解市场对这些股票供不应求的紧张局面，抑制股票价格泡沫的继续生成和膨胀。而当这些价格被高估股票因泡沫破灭而使价格下跌时，先前卖空这些股票的投资者为了锁定已有的利润，适机重新买入这些股票以归还融券债务，这样就又增加了市场对这些股票的需求，在某种程度上起到"托市"的作用，从而达到稳定证券市场的效果。

（四）融资融券交易相关风险

融资融券交易作为证券市场一项具有重要意义的创新交易机制，一方面为投资者提供新的盈利方式，提升投资者交易理念，改变"单边市"的发展模式；另一方面也蕴含着相比以往普通交易更复杂的风险。除具有普通交易具有的市场风险外，融资融券交易还蕴含其特有的杠杆交易风险、强制平仓风险、监管风险，以及信用、法律等其他风险。投资者在进行融资融券交易前，必须对相关风险有清醒的认知，才能最大限度避免损失、实现收益。融资融券交易中可能面临的主要风险如下。

1. 杠杆交易风险

融资融券交易具有杠杆交易特点，投资者在从事融资融券交易时，如同普通交易一样，要面临判断失误、遭受亏损的风险。由于融资融券交易在投资者自有投资规模上提供了一定比例的交易杠杆，亏损将进一步放大。例如，投资者以100万元普通买入一只股票，该股票从10元/股下跌到8元/股，投资者的损失是20万元，亏损20%；如果投资者以100万元作为保证金、以50%的保证金比例融资200万元买入同一只股票，再将100万元现金普通买入该股票，该股票从10元/股下跌到8元/股，投资者的损失是60万元，亏损60%。投资者要清醒认识到杠杆交易的高收益高风险特征。

此外，融资融券交易需要支付利息费用。投资者融资买入某只证券后，如果

证券价格下跌，则投资者不仅要承担投资损失，还要支付融资利息；投资者融券卖出某只证券后，如果证券的价格上涨，则投资者既要承担证券价格上涨而产生的投资损失，还要支付融券费用。

2. 强制平仓风险

融资融券交易中，投资者与证券公司间除了普通交易的委托买卖关系外，还存在着较为复杂的债权债务关系，以及由于债权债务产生的担保关系。证券公司为保护自身债权，对投资者信用账户的资产负债情况实时监控，在一定条件下可以对投资者担保资产执行强制平仓。投资者应特别注意可能引发强制平仓的几种情况。

（1）投资者在从事融资融券交易期间，如果不能按照合同约定的期限清偿债务，证券公司有权按照合同约定执行强制平仓，由此可能给投资者带来损失。

（2）投资者在从事融资融券交易期间，如果证券价格波动导致维持担保比例低于最低维持担保比例，证券公司将以合同约定的通知与送达方式，向投资者发送追加担保物通知。投资者如果不能在约定的时间内足额追加担保物，证券公司有权对投资者信用账户内资产执行强制平仓，投资者可能面临损失。

（3）投资者在从事融资融券交易期间，如果因自身原因导致其资产被司法机关采取财产保全或强制执行措施，投资者信用账户内资产可能被证券公司执行强制平仓，提前了结融资融券债务。

3. 监管风险

监管部门和证券公司在融资融券交易出现异常或市场出现系统性风险时，都将对融资融券交易采取监管措施，以维护市场平稳运行，甚至可能暂停融资融券交易。这些监管措施将对从事融资融券交易的投资者产生影响，投资者应留意监管措施可能造成的潜在损失，密切关注市场状况，提前预防。

（1）投资者在从事融资融券交易期间，如果发生标的证券暂停交易或终止上市等情况，投资者将可能面临被证券公司提前了结融资融券交易的风险，由此可能会给投资者造成损失。

（2）投资者在从事融资融券交易期间，如果证券公司提高追加担保物和强制平仓的条件，造成投资者提前进入追加担保物或强制平仓状态，由此可能会给投资者造成损失。

（3）投资者在从事融资融券交易期间，证券公司制定了一系列交易限制的措施，如单一客户融资规模、融券规模占净资本的比例、单一担保证券占该证券总市值的比例等指标，当这些指标到达阈值时，投资者的交易将受到限制，由此可能会给投资者造成损失。

（4）投资者从事融资融券交易的证券公司有可能因融资融券资质出现问题，

而造成投资者无法进行融资融券交易，由此可能给投资者带来损失。

4. 其他风险

（1）投资者在从事融资融券交易期间，如果中国人民银行规定的同期金融机构贷款基准利率调高，证券公司将相应调高融资利率或融券费率，投资者将面临融资融券成本增加的风险。

（2）投资者在从事融资融券交易期间，相关信息的通知送达至关重要。《融资融券合同》中通常会约定通知送达的具体方式、内容和要求。当证券公司按照《融资融券合同》要求履行了通知义务后即视为送达，如果投资者未能关注到通知内容并采取相应措施，就可能因此承担不利后果。

（3）投资者在从事融资融券交易期间，如果因信用证券账户卡、身份证件和交易密码等保管不善或者将信用账户出借给他人使用，可能遭受意外损失，因为任何通过密码验证后提交的交易申请都将被视为投资者自身的行为或投资者合法授权的行为，所引起的法律后果均由该投资者承担。

（4）投资者在从事融资融券交易期间，如果其信用资质状况降低，证券公司会相应降低对投资者的信用额度，从而造成投资者交易受到限制，投资者可能遭受损失。

投资者在参与融资融券交易前，应认真学习融资融券相关法律法规，掌握融资融券业务规则，阅读并理解证券公司融资融券合同和风险揭示条款，充分评估自身的风险承受能力，做好财务安排，合理规避各类风险。

（五）券商收益

1. 经纪业务收入增加

融资融券的引入，会大幅提高交易的活跃性，从而为证券公司带来更多的经纪业务收入。根据国际经验，融资融券一般能给证券公司经纪业务带来30%～40%的收入增长。

2. 利息收入增加

融资融券业务本身也可以成为证券公司的一项重要业务。在美国1980年的所有券商的收入中，有13%来自对投资者融资的利息收入；而在我国香港地区和台湾地区则更高，可以达到经纪业务总收入的1/3以上。当然，相较美国1980年和2003年的证券公司收入结构可以发现，融资利息收入从13%下降到3%，因此，融资利息收益不一定能持久地成为证券公司的主要收入来源。而且如果成立具有一定垄断性的专门的证券金融公司，这部分利息收入可能更多地被证券金融公司获得，而证券公司进行转融通时所能获取的利差会相对较小。

虽然在中国的融资融券制度安排下，融资带来的利息收入会相对有限，但无论如何，在目前中国融资融券刚刚引入的相当一段时期内，都会给证券公司提供一个新的盈利渠道。由于很可能借鉴我国台湾地区的融资融券双轨制模式，只有部分获得许可的证券公司可以直接为投资者提供融资融券，对于获得资格的证券公司而言，可以享受这个新业务带来的盈利，但没有资格的证券公司则可能面临客户的流失，因此，融资融券的试点和逐步推出势必造成券商经纪业务的进一步集中。

（六）融资融券额度管理

由于信用交易的风险较大，各国和地区都制定了十分严密的法律法规，建立起十分细致的业务操作规程和严格的监管体系。其中最重要的应当是对信用额度的控制，这包括对市场整体信用额度的管理、对证券机构信用额度的管理、对个别股票的信用额度管理等。

1. 信用额度管理

信用额度管理是指在商业活动中对客户进行信用评估，并为客户设定和管理信用额度的过程。融资融券交易涉及借入证券并卖出，因此风险管理非常重要。交易所和券商通常会通过设定最低保证金比例来控制风险。融资保证金比例是指投资者融资买入时交付的保证金与融资交易金额的比例，融券保证金比例是指投资者融券卖出时交付的保证金与融券交易金额的比例。券商的保证金可以是现金，也可以是符合条件的证券。当用证券作保证金时，还应设定另外两个指标：一是现金比率，即券商的保证金不能全部是证券，而必须包含一定比例以上的现金，现金比率可设定为20%；二是担保证券的折扣率，即用作保证金的证券不能按其市值来计算，而应扣除一定的折扣率，以降低证券价格过度波动带来的信用风险。担保证券的折扣率与证券的类型有关，按照上海证券交易所融资融券交易实施细则（2023年修订）第三十六条规定，上证180指数成份股股票的折算率最高不超过70%，其他A股股票折算率最高不超过65%；交易型开放式指数基金折算率最高不超过90%；证券公司现金管理产品、货币市场基金、国债折算率最高不超过95%；被实施风险警示、进入退市整理期的证券，静态市盈率在300倍以上或者为负数的A股股票以及权证的折算率为0%；其他上市证券投资基金和债券折算率最高不超过80%。

$$融资保证金比例=保证金/（融资买入证券数量×买入价格）×100\%$$
$$融券保证金比例=保证金/（融券卖出证券数量×卖出价格）×100\%$$

融券保证金比率也包括最低初始保证金比率和常规维持率，初始保证金率是投资者在开仓时需要缴纳的保证金与交易金额的比例。融资融券保证金比率包括最低初始保证金比率和常规维持率。初始保证金率是投资者在开仓时需要缴纳的保证金与交易金额的比例。维持保证金率是投资者在持仓过程中需要保持的最低保证金比例。当投资者的保证金低于这一比例时，交易平台会要求投资者追加保证金，以避免因市场价格波动导致的强制平仓风险。维持保证金率通常低于初始保证金率，但同初始保证金比例一样，也受市场情况、交易品种及交易平台规定的影响。

上海证券交易所融资融券交易实施细则（2023 年修订）第三十九条和第四十条规定，投资者融资买入证券时，融资保证金比例不得低于 100%，投资者融券卖出时，融券保证金比例不得低于 50%。

2. 证券信用额度管理

证券信用额度管理包括对证券金融公司的管理和对证券公司的管理。借鉴我国台湾地区的经验，对证券金融公司的信用额度管理可通过资本净值的比例管理来实现：一是规定证券金融公司的最低资本充足率为 8%；二是规定证券金融公司从银行的融资不得超过其资本净值的 6 倍；三是证券金融公司对任何一家证券公司的融资额度不能超过其净值的 15%。

对证券公司的管理同样可通过资本净值的比例管理实施：一是规定证券公司对投资者融资融券的总额与其资本净值的最高倍率，我国台湾地区规定为 250%，因此可考虑将这一倍率定为 200%；二是每家证券公司在单个证券上的融资和融券额分别不得超过其资本净值的 10% 和 5%。

3. 股票信用额度管理

对个股的信用额度管理是为了防止股票过度融资融券导致风险增加。可规定：当一只股票的融资融券额达到上市公司流通股本的 25% 时，交易所将停止融资买进或融券卖出，当比率下降到 18% 以下时再恢复交易。当融券额已超过融资额时，也应停止融券交易，直到恢复平衡后再重新开始交易。

另外，证券存管也是融资融券的一个关键环节，而美国的存管制度是最完善的。因此，在设计中国的融资融券制度中有关抵押品存管的机制时应更多地参鉴美国的运作机制。

五、证券做市交易

（一）做市交易含义

做市交易是指采用做市商市场的交易方式，又称为报价驱动，是一种连续交易商市场。在这一市场中，做市商给出证券交易的买价和卖价，并根据市场的买卖力量和自身情况进行证券的双向报价。

在做市商市场中，投资者之间并不直接成交，而是从做市商手中买进证券或向做市商卖出证券。做市商在其所报的价位上接受投资者的买卖要求，以其自有资金或证券与投资者交易。做市商的收入来源是买卖证券的差价。

做市商通过做市制度来维持市场的流动性，满足公众投资者的投资需求；做市商通过买卖报价的适当差额来补偿所提供服务的成本费用，并实现一定的利润。做市商通过这种不断买卖来维持市场的流动性，满足公众投资者的投资需求。

（二）我国的做市商交易

在创业板市场上市的公司一般规模比较小，风险也比较高，投资者和证券公司参与的积极性会受到较大影响。特别是在市场低迷的情况下，广大投资者更容易失去信心。也许在创业板设立初期会出现一股投资热潮，但这并不能保证将来的市场不会出现低迷。

经中国证监会批准，2022年10月31日，首批科创板做市商正式开展科创板股票做市交易业务。科创板引入做市商机制是持续完善资本市场基础制度、进一步发挥科创板改革"试验田"作用的重要举措。

1. 做市交易业务证券公司应具备的条件

（1）具有证券自营业务资格；（2）最近12个月净资本持续不低于100亿元；（3）最近3年分类评级在A类A级（含）以上；（4）最近18个月净资本等风险控制指标持续符合规定标准；（5）内部管理制度和风险控制制度健全并有效执行；（6）具备与开展业务相匹配的、充足的专业人员，公司分管做市交易业务的高级管理人员、首席风险官等具备相应的专业能力；（7）科创板股票做市交易业务实施方案准备充分，技术系统具备开展业务条件并通过上海证券交易所组织的评估测试；（8）公司最近1年未因重大违法违规行为受到行政处罚或被追究刑事责任；（9）公司最近1年未发生重大及以上级别信息安全事件；（10）中国证监会规定的其他条件。

截至2023年9月，我国做市业务备案数量近350个，对科创板上市公司覆盖度近三成，并实现科创50成份股全面覆盖。

2. 做市交易业务证券公司的交易约束

证券公司开展科创板股票做市交易业务，可使用自有股票、从中国证券金融股份有限公司借入的股票或其他有权处分的股票。

证券公司应当将科创板股票做市交易业务纳入全面风险管理体系，建立健全科创板股票做市交易业务内部控制制度、报价决策与授权机制、操作流程，完善风险监测指标，做好业务风险防控，确保做市交易业务规范有序开展。

证券公司应当建立健全业务隔离制度，确保科创板股票做市交易业务与经纪、自营、资产管理等业务进行有效隔离，防止信息的不当流动和滥用，严格防范利益冲突。

证券公司应当建立健全异常交易监控机制，制定完善成交金额占比控制、反向交易金额占比和撤单占比监控、委托价格限制、股价异常波动处理等措施，防止对市场稳定造成影响。

证券公司开展科创板股票做市交易业务应当使用在上海证券交易所报备的专用账户，并遵守各项交易规则。证券公司应当按照《证券公司风险控制指标管理办法》及有关规定，参照自营持有股票的标准，计算、填报科创板股票做市交易业务相关风险控制指标。

证券公司应当建立健全科创板股票做市交易业务突发事件处理预案制度，妥善处理可能严重影响投资者利益和市场交易秩序的突发事件。证券公司建立健全科创板股票做市交易业务廉洁从业管理机制，完善科创板股票做市交易业务反洗钱制度，提升防范不当利益输送和反洗钱能力。

第三节　证券公司运营与风险管理

一、证券公司运营

证券公司价值链的核心包括营销和销售管理、产品开发和交易管理及运营管理三部分，三者成为证券公司运营的核心价值支柱，良好的运营管理是支撑公司稳定发展的重要保障。

（一）营销和销售管理

对证券公司来说，营销主要包括策略和产品/服务设计部分。根据战略层面指引、明确市场需求，确定潜在客户，观察和预测客户的行为与需要形成产品/服务策略。建立整体营销策略之后，需要建立地区市场策略和销售计划，辅助以广告和推销，在定位市场中建立品牌价值，而在产品/服务设计环节需要抛弃过时的产品/服务、追求新产品/服务改进。明确产品负责人，改变提供的产品和服务/启动变化的产品/服务，并时刻监测产品/服务的业绩。

在销售前段，销售人员确定预期客户，分析客户的盈利能力，发展与现有客户和目标客户的关系，将客户的需要和产品/服务进行配比，为客户制定融资计划，在销售过程中或者后段则需要和客户一起检查应用产品/服务的结果，追踪记录客户对产品/服务的满意度，和客户一起分析新的投资机会。

（二）产品开发和交易管理

产品开发和交易管理构成证券公司的核心业务，在上一节中剖析的证券保荐与承销业务、证券经纪业务、证券自营业务、资产咨询业务等都在这个板块。

产品开发应选择那些能够顺应并且满足客户需求的金融产品，同时设计并开发出的金融产品能够为证券公司带来收益和利润，使公司能够在市场中保持竞争优势。产品开发是金融机构赖以生存的基础，证券公司在产品设计过程中需要做好研究工作，收集宏观经济信息、行业特定信息、产品/市场特定信息、特定公司的信息，关注法治环境，建立预测机制、确定投资机会、形成研究机会，并在内部和外部传播信息。

承销是证券公司提供的主要服务之一。证券公司的交易管理分为交易事中管理、交易事后管理、交易风险管理三大模块。交易事中管理包括交易决定流程和订单/交易处理流程，主要关注交易的有效性和收益性。交易事后管理包括融资/库存资金管理和损益管理，主要是对交易结束后资金的运营效率进行深化分析。交易风险管理包括合规和风险管理，主要关注交易过程中的风险控制。

交易决定流程包括观察机会、提交要求，得到产品部件，管理存货，评价短期研究和市场数据，和负责人交流，作出交易决定六个步骤。订单/交易处理流程包括输入订单、进行交易、记录交易、进行产品控制、向清算代理人提交交易信息、增加或更正交易数据、从清算公司得到比较数据七个步骤。

融资/库存资金管理包括管理结算、管理出纳和清算资金、管理资金来源、得到/退回经营资金和管理损益。管理损益包括头寸实时记录、监测证券价格、编制/报告损益。

合规控制包括保持合规管理系统、进行法规符合性的自我评价、监督法规性检查、处理法规方面的查询/责备。风险管理包括管理融资风险、管理公司风险、税务合规性的计划、管理财务会计程序和政策、进行内部和外部的审计等。值得注意的是，产品开发和交易管理环节中的风险管理与支持服务中的风险管理的区别在于支持服务中的风险管理的范围更加广泛，主要针对证券公司整体，而产品开发和交易管理中的风险管理仅针对交易过程，更具有某项业务针对性。

（三）运营管理

运营管理是业务运营层面比较琐碎却必不可少的环节。从某种程度上说，运营管理保障了所有交易的效率，贯穿每个交易流程，它不仅是运营层面的支柱模块，也是整个运营面的矩阵点，每个点的管理都至关重要。从整体上看，运营管理包括交易清算和结算、保管股利利息、转移、重组、客户服务、客户结算、产品/安全主文件维护、信用/保证金、法规遵守和报告、暴露管理等内容，其复杂之处在于对证券公司的每项业务来说，都可能涉及上述管理过程，并需要根据不同的业务性质调整每项具体的管理参数，提交不同的文档资料。虽然业务参数不同，但每项业务所涉及的经营管理框架是相似的。

二、证券公司风险管理

（一）证券公司风险类型

1. 市场风险

市场风险是由于持仓金融头寸的市场价格变动而导致损失的风险。持仓金融头寸来自自营投资、做市业务以及其他投资活动。持仓金融头寸的变动主要来自客户的要求或自营投资的相关策略。市场风险的类别主要包括权益价格风险、利率风险、商品价格风险和汇率风险。其中，权益价格风险是由于股票、股票组合、股指期货等权益品种价格或波动率的变化而导致的；利率风险主要由固定收益投资收益率曲线结构、利率波动性和信用利差等变动引起；商品价格风险由各类商品价格发生不利变动引起；汇率风险由非本国货币汇率波动引起。

2. 信用风险

信用风险是指因借款人、交易对手或持仓金融头寸的发行人无法履约或信用资质恶化而带来损失的风险。证券公司的信用风险主要来自四个方面：一是经纪业务代理客户买卖证券及进行期货交易，若没有提前要求客户依法缴足交易保证金，在结算当日客户的资金不足以支付交易所需的情况下，或客户资金由于其他原因出现缺口，证券公司有责任代客户进行结算而造成损失的风险。二是融资融券、约定购回式证券交易、股票质押式回购等证券融资类业务的信用风险，即由于客户未能履行合同约定而带来损失的风险。三是信用类产品投资的违约风险，即所投资信用类产品的融资人或发行人出现违约、拒绝支付到期本息，导致资产损失和收益变化的风险。四是利率互换、股票收益互换、场外期权、远期交易等场外衍生品交易的对手违约风险，即交易对手方到期未能按照合同约定履行相应支付义务的风险。

3. 流动性风险

流动性风险是指公司无法以合理成本及时获得充足资金，以偿付到期债务、履行其他支付义务和满足正常业务开展的资金需求的风险。

4. 操作风险

操作风险是指由内部流程缺陷、信息系统故障、人员失误或不当行为，以及外部因素等原因给公司造成损失的风险。

（二）风险管理

1. 市场风险管理

公司所建立的风险限额管理体系通过将公司整体的风险限额分配至各业务部门、内部控制部门监督执行、重大风险事项及时评估与报告等方式，将公司整体市场风险水平管理在恰当的范围内。

对公司整体的市场风险进行全面的评估、监测和管理，并将评估、监测结果向各业务部门/业务线、公司经营管理层和风险管理委员会进行汇报。在具体实施市场风险管理的过程中，前台业务部门作为市场风险的直接承担者和一线管理人员，动态管理其持仓部分所暴露出的市场风险，并在风险暴露较高时主动采取降低风险敞口或风险对冲等操作；风险管理部的相关监控人员则会持续地直接与业务部门/业务线的团队沟通风险信息，讨论风险状态和极端损失情景等。

风险管理部主要通过 VaR 和敏感性分析的方式对正常波动情况下的短期可能损失进行衡量，同时，对于极端情况下的可能损失，采用压力测试的方法进行评估。风险报告包括各业务部门的市场风险状况以及变化情况，发送给业务部门/业务线的主要负责人和公司经营管理层。

VaR 是在一定的时间段内、一定置信度下持仓投资组合由于市场价格变动导致的可能损失。公司使用 VaR 作为衡量市场风险状况的主要指标。在具体参数设置上采用 1 天持有期、95% 置信度。VaR 的计算模型覆盖了利率风险、权益价格风险、汇率风险等风险类型，能够衡量由于利率曲线变动、证券价格变动、汇率变动等因素导致的市场风险变动。

通过压力测试的方式对持仓面临极端情况的冲击下的可能损失状况进行评估。可以设置一系列宏观及微观市场场景，来计算公司全部持仓和具体业务在多种压力情景同时发生的不同状况下的可能损失。这些场景包括宏观经济状况的大幅下滑、主要市场大幅不利变动、特殊风险事件的发生等。通过压力测试，可以更为突出地显示可能损失，进行风险收益分析，并对比风险承受能力，衡量公司整体的市场风险状态是否在预期范围内。

公司对风险限额体系进行持续的完善，明确统一的限额管理办法和分级授权机制，并根据授权机制调整公司整体、各业务部门、投资账户等不同层面的风险限额指标体系管理办法。以逐日盯市方式对账户资产价格进行跟踪，并从资产限额、VaR、敏感性分析、压力测试等多个角度进行管理，针对外币资产，公司对汇率风险进行整体监控和管理，并通过调整外汇头寸、用外汇远期/期权对冲、进行货币互换等多种手段管理汇率风险敞口。

2. 信用风险管理

通过内部信用评级体系对交易对手或发行人的信用级别进行评估，采用压力测试、敏感性分析等手段进行计量，并基于这些结果通过授信制度来管理信用风险。同时，通过信息管理系统对信用风险进行监控，跟踪业务品种及交易对手的信用风险状况，出具分析及预警报告并及时调整授信额度。通过对客户风险教育、征信、授信、逐日盯市、客户风险提示、强制平仓、司法追索等方式，控制此类业务的信用风险。

3. 流动性风险管理

一是维持比较稳定的拆借、回购等短期融资通道。通过公募或私募的方式发行公司债、次级债、收益凭证等补充公司长期运营资金，从而使公司的整体流动性状态保持在较为安全的水平。

二是对未来一段时间内的资金负债情况进行每日监测与评估。通过对特定时间点和时间段的资产负债匹配情况的分析以及对资金缺口等指标的计算，来评估公司的资金支付能力。

建立流动性储备池制度，持有充足的高流动性资产以满足应急流动性需求，并每日对储备池规模及流动性情况进行监控。同时，对流动性风险指标设置预警阈值，当超过阈值时，风险管理部将依照相关制度向公司风险管理委员会和公司管理层以及相关部门进行风险警示，并由相关的管理部门进行适当操作以将公司的流动性风险调整到公司允许的范围内。

4. 操作风险的管理

通过对新产品新业务评估与回顾、业务流程梳理与规章制度审核等手段不断完善内控流程，防范风险；通过关键风险指标（KRI）监控及时对日常运营中的风险趋势进行预警与分析；通过风险事件调查与报告、建立并追踪整改措施的落实，及时控制和缓释风险；结合风险与内控自评，对风险进行全面识别、对内控流程执行有效性进行定期评估；通过开展形式多样的培训，培育员工操作风险理念，提升操作风险防范意识。

关键术语

证券公司　证券经纪　证券承销　证券保荐　证券融资融券　证券做市交易
证券自营

分析与思考

1. 如何理解证券金融机构在金融市场中的作用？
2. 证券金融机构主要包括哪些类型？
3. 如何理解证券公司的融资融券业务？
4. 简述证券公司的风险类型。

第十章

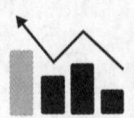

保险公司

🖙 学习目标

　　本章主要了解保险公司经营的特殊性；理解保险公司的功能与作用；明确保险公司经营管理的主要内容；掌握保险公司主营业务的种类与具体内容；了解保险公司资金运用的相关内容；掌握我国保险公司的偿付能力监管现状。

第一节　保险公司概述

一、保险公司及其经营管理的特殊性

（一）保险公司的含义

　　保险公司是采用公司组织形式经营保险业务的法人组织，保险公司是金融体系的重要组成部分。我国的保险公司是依照《中华人民共和国保险法》和《中华人民共和国公司法》设立的经营商业保险业务的金融机构。保险公司是保险交易关系中的保险人，在享有收取保险费、建立保险费基金的权利的同时，当保险事故发生时，有义务赔偿被保险人的经济损失。

（二）保险公司的分类

　　保险公司作为企业法人，有以下两种不同的分类。

　　1. 根据保险公司风险转移的层次进行分类

　　根据保险公司风险转移的层次，可以将保险公司分为原保险公司和再保险公司。原保险公司强调为普通公众提供保险服务，接受投保人转移的风险，属于风

险的初次转移；再保险公司则承保原保险公司出于法律或经营需要而转移的那些直接业务。换言之，再保险公司的客户通常是原保险公司，再保险公司接受原保险公司转移的风险，属于风险的再次转移。而通过再保险业务，不仅可以降低保险公司自身的风险承担，还可以有效地分散行业风险。

2. 根据保险公司提供保险的类型进行分类

根据保险公司的业务类型，可以将保险公司分为人身保险公司（也称寿险公司）和财产保险公司（以下简称"财险公司"）。人身保险公司通常经营人寿保险、健康保险以及意外伤害保险，这些保险所保障的是人的寿命和身体，一旦被保险人遭受伤害或死亡，或者生存到保险期满之后，由保险人根据合约约定支付保险金。相比之下，财产保险公司通常经营财产保险和意外伤害保险。其中，财产保险保障的对象是被保险人的财产，以及自然灾害及意外事件造成的财产损失。财产保险承保的内容包括与事故相关的人身伤害和债务、盗窃、火灾以及其他灾难。在本章后面将从人身保险公司和财产保险公司两个角度分别讨论保险公司的主营业务与运营方式。

（三）保险公司经营管理的特殊性

保险公司的经营管理和其他公司的经营管理一样，具有很多共性，也有一定的个性，即特殊性。在保险公司的经营管理中既要重视这些共性，也要重视个性。保险公司经营管理的特殊性主要体现在以下几个方面。

1. 经营主体的特殊性

保险公司属于非银行金融机构，是由保险监管机构批准成立的金融服务性机构，保险公司是经营风险的特殊机构，因此保险公司的运行要服从国家与地区的法律法规以及金融和保险监管当局的监管规定，维护金融行业的稳定，防范系统性风险。

2. 经营对象的特殊性

保险公司经营的对象是风险，管理和防范风险是保险公司经营管理的核心主题。保险公司的业务已经渗透到社会各部门、各行业，是风险的集散地。因此，保险公司的经营与管理具有明显的风险性。这种风险性既体现在负债业务（承保）方面，也体现在资产业务（投资）方面，而保险公司的资产业务和负债业务同等重要。

3. 交易过程的特殊性

保险公司和投保人之间的交易是风险转移的过程，投保人缴纳保险费，保险公司签发保险合同、收取保险费，在保险标的遭受约定事故或约定的事件发生时，承担经济补偿或履行保险金给付义务。买卖双方通过一纸保险合同形成交易关系，需要彼此之间的最大诚信。

4. 政府监管的特殊性

保险公司是经营风险的特殊结构，是社会经济补偿制度的一个重要组成部分，对社会经济的稳定和人民生活的安定负有很大的责任。保险经营与风险密不可分，保险事故的随机性、损失程度的不可知性、理赔的差异性使得保险经营本身存在着不确定性，因此需要政府监管的介入，且介入的深度和广度较一般行业更为严格。保险监管当局会实施严格的偿付能力监管、市场行为监管和公司治理结构监管。其中，偿付能力监管是保险监管最重要的内容之一。

二、保险公司的功能

我们知道，保险公司是金融市场的四大金融支柱之一（金融市场的四大支柱产业分别为银行、信托投资、证券业和保险业）。与金融市场上其他金融机构一样，保险公司在经济发展中有着非常重要的作用，其主要功能介绍如下。

（一）经济补偿和风险保障的功能

随着科技进步与社会发展，人类的经济社会活动不断丰富，新型风险不断出现，如核泄漏、计算机系统故障、遗传和基因技术的滥用、新型材料的污染等；经济集中度和关联度的提高，增加了经济发达地区和整个国民经济遭受巨大财产损失和金融危机的风险。

保险是经营风险的特殊行业，保险公司的业务已经渗透到社会各部门、各行业，是风险的集散地。保险公司加强风险管理，就是要通过风险分析、风险预测、风险控制等方法，预防、规避、排除或者转移风险，以尽量减少或避免经济损失。保险公司通过为社会各方面提供的风险管理服务，建立了较为完备的风险数据库，这就为全社会风险管理提供了有力的数据支持。保险公司可以通过对数据库中大量的损失统计资料的归类，并加以识别、分析和评估，提炼和总结出各种各样风险发生的诱因、概率和时空分布等基本情况与特征，为全社会识别和预防风险提供数据支持，以有效防范和化解风险。

（二）储蓄投资（资金融通）的功能

保险市场是金融市场的有机组成部分和重要内容。在经济补偿基础上发展起来的资金融通功能是保险金融属性的具体体现。投保人通过购买保险单可以进行个人的储蓄和资产投资。而保险公司可以组织社会闲散资金，积聚起巨额的损失保障基金，保险机构可以将保险资金中的闲置部分投入到社会中发挥作用，从而实现资金融通。现在各类保险公司已成为资本市场上最重要的机构投资者和交易主体。而保险投资对于增强保险公司资金实力，提高保险公司在市场上的竞争能力有非常重要的作用。在保险经济发达的国家或地区如美国、瑞士，保险基金的运用早已成为重要内容。在我国，保险资金运用一直处于从属地位，被列为兼营业务。2015年，修订后的《保险法》要求"保险公司的资金运用必须稳健，遵循安全性原则"，并规定，保险公司的资金运用仅限于在银行存款、买卖政府债券、金融债券，投资不动产和国务院规定的其他资金运用方式等。近年来，我国开始拓宽保险资金投资渠道，允许保险公司进入全国银行同业拆借市场，从事债券买卖业务；可申请购买信用评级在 AA + 以上的中央企业债券；可参加沪、深两家证券交易所债券交易；可以通过购买证券投资基金间接进入证券市场。在提高保险资产管理效率的同时，更好地服务于实体经济发展。

（三）防灾防损的功能

保险公司不仅分担风险，在日常经营中，保险公司充分地发挥其防灾防损的职能，积极地参与到各项防灾防损的工作中。因为保险公司在承保、理赔等日常业务当中和各种灾害事故打交道，掌握了各种灾害事故的统计资料，对灾害事故的原因也有一定的分析和研究，积累了丰富的防灾防损经验，保险企业对其所承保保险标的可能发生的各种风险进行识别、分析和处理，以防止灾害事故发生和减少灾害事故的损失，具有维护人民生命和财产安全，减少社会财富损失，减轻投保人保险费负担，促进保险企业改善经营管理的作用。

（四）社会管理的功能

保险公司的社会管理功能是指对整个社会及其各个环节进行调节和控制的过程，是反映一国保险业融入该国社会经济生活程度的重要标志。不同于国家对经济社会的直接干预，它是通过保险内在特性的发挥，与市场、行政等多种资源的整合创新，推动社会经济体系的协调运转，保障社会的平稳和交易的顺利完成。保险的社会管理功能是在保险业逐步发展成熟并在社会发展中的地位不断提高之后衍生出来的一项新功能，具体体现在社会保障管理、社会风险管理、社会关系管理以及社会信用管理等。

三、保险公司经营管理的主要内容

保险公司的经营管理要根据保险行业的特殊性，遵循保险公司经营管理的科学规律，开发并销售市场上需要的保险产品，为保险消费者做好服务，也要服从于政府的监管规则，保险公司的经营管理要紧随监管规则的变化。基于此，按照保险公司经营中的业务流程，保险公司经营管理的主要内容包括战略管理、产品管理、营销管理、保全及理赔管理、财务精算及再保险管理、投资管理等方面的内容。

（一）战略管理

战略管理是一组管理决策和行动，它决定了组织的长期绩效。保险公司需要强化战略规划职能，规范战略规划中的信息收集、战略决策制定、论证和审批、决策执行评估和跟踪反馈等控制事项，为研发机构提供必备的人力、财力保障，提高战略研究的指导性和实用性，确保公司经营目标的合理性和决策的科学性。战略管理要素包括战略分析、战略选择、战略实施三大要素。战略分析的主要目标是评价某个影响保险公司目前和日后发展的关键因素，并确定其在战略选择的步骤中具体作用的影响因素。战略的选择一般包括战略发展方向的选择、发展速度和发展质量的选择、战略性发展点的选择以及发展能力四个因素。战略的实施则是将企业的战略转化成为一种行动。保险公司需要加强对国内外宏观经济金融形势、自身经营活动及业务发展情况的及时分析和深入研究，合理制定、及时调整公司整体经营管理流程与组织架构设置，制定科学的业务发展规划，并为公司的承保和投资等业务活动提供及时、有效的决策支持。

（二）产品管理

保险产品开发是指保险公司基于自身的发展和保险市场的需要而创造新产品或对现有产品进行改良、组合，以适应市场需要，提高自身竞争能力的过程或行为。产品管理是保险公司经营管理的关键环节。保险公司需要建立产品开发职能部门及领导决策机构，规范产品开发的程序、条件、审批权限和职责，明确总精算师或精算责任人和法律责任人的职责与权限，确保产品开发过程规范、严谨。

尽管各国保险公司甚至一个国家不同保险公司的保险产品开发均有自己的特色，但就通常程序而言，主要包括下列 6 个步骤：（1）保险市场调查；（2）可行性分析；（3）保险产品设计；（4）保险产品鉴定；（5）保险产品报批；（6）正式进入市场。总之，上述程序是保险产品开发的通常程序，保险公司需要通过上述过程的规范与管理确保产品的适用性。

（三）营销管理

为了保证公司的长远发展，保险公司应当以市场和需求为导向，以业务品质和效益为中心，为追求利润最大化、稳健发展和顾客满意而开发综合性的市场活动。营销管理则是通过规范化营销行为，将保险产品的价值传递给销售者。营销管理主要包括销售人员和机构管理、销售过程管理、销售品质管理、佣金手续费管理。其主要步骤如下：首先是了解客户需求以及市场情况。在进行保险营销管理之前，保险公司需要了解客户的需求以及市场情况。例如，保险公司可以通过市场调研来了解客户对保险产品的需求、购买习惯等，基于这些数据进行定制化的保险产品开发及价格策略的制定。同时，保险公司也需要关注市场变化，及时调整自身的营销策略以适应市场的需求。其次是建立客户关系管理系统。建立客户关系管理系统是保险公司进行保险营销管理的关键步骤之一。客户关系管理系统可以帮助保险公司更好地管理客户信息，包括客户的基本信息、购买历史、服务记录等。借助这些信息，保险公司可以更有针对性地开展营销活动，比如针对客户的生命周期进行分析，为客户提供更具有吸引力的产品和服务，增加客户黏性，提高客户满意度。最后是打造多样化的营销渠道。在建立客户关系管理系统的基础之后，保险公司需要运用各种营销手段积极开展营销活动，丰富营销渠道。例如，利用社交媒体、微信、短信等渠道向客户推送保险产品信息及优惠活动；以派发传单、举办线下活动、提供在线咨询等方式，为客户提供更加全面的保险服务；此外，保险公司也可以通过与各大电商平台合作，利用电商平台的流量吸引潜在客户，提高保险产品的曝光率。

（四）保全及理赔管理

保险公司需要建立规范统一的保全管理制度，规范保险合同续期收费、合同内容及客户资料变更、合同复效、生存给付和退保等控制事项。

保险公司需要明确各项保全管理措施的操作流程、审查内容及标准、处理权限和作业要求等，防范侵占客户保费、冒领保险金、虚假业务和违规批单退费等侵害公司和客户权益的行为。

保险理赔管理是建立在保险公司内部的一套操作规范，旨在提高理赔工作的效率和质量。该管理制度主要包括理赔申请受理、理赔审核与核定、理赔赔付与理赔反欺诈管理等。保险行业的保险理赔管理制度对提高理赔工作的效率和质量具有重要意义。通过建立保险理赔流程管理、保险理赔标准管理和保险理赔信息管理等方面的制度，可以提高保险公司的理赔服务水平，增强客户的满意度，进一步促进保险行业的健康发展。

（五）财务精算及再保险管理

作为金融机构，保险公司的财务管理是保险公司经营管理的关键环节。保险公司需要建立严密的财务管理制度，规范公司预算、核算、费用控制、资金管理、资产管理、财务报告等控制事项，降低公司运营成本，提高资产创利能力。

保险公司需要建立预算制度，实行全面预算管理，明确预算的编制、执行、分析、调整、考核等操作流程和作业要求，严格预算执行与调整的审批权限，控制费用支出和预算偏差，确保预算执行。保险公司应当建立规范统一的收付费管理制度，明确规定收付费的管理流程、作业要求和岗位职责，防止侵占、挪用及违规支付等行为，确保资金安全。

保险公司需要建立完善的准备金精算制度，按照国家有关法律法规要求以及审慎性经营的原则，及时、足额计提准备金。保险公司应当加强公司偿付能力状况的分析，提高偿付能力管理的有效性。

无论是分出业务，还是分入业务，再保险是保险公司经营管理的一个重要领域，保险公司应当建立再保险管理制度，规范再保险计划、合同订立、合同执行、再保险人资信跟踪管理等控制事项，完善业务风险分散和保障机制。

再保险是保险公司风险管控的重要手段，是公司经营战略中的重要组成部分，在转移风险、稳定经营、提升技术和扩大承保能力等方面发挥着不可替代的作用。财产保险公司应从公司发展战略层面确定再保险在公司经营中的地位，正确发挥再保险在风险管理、资本融通和技术传导方面的作用，本着"最大诚信原则"开展再保险业务，合理分散风险，优化业务结构，实现公司的稳健经营和可持续发展。保险公司应根据自身业务发展规划和风险管控的需要，科学合理地设定再保险管理的总体目标，包括确定再保险安排的总体架构和制定公司再保险计划。

（六）投资管理

保险投资管理是指保险投资管理机构或责任人依据保险公司财务结构优化对协议存款、债券投资、基金投资、股权投资、不动产投资等有关保险投资所提出的要求，积极主动地运用计划、组织、协调、控制等管理职能及其有关的技术方法与措施，尽可能地保持和促使保险资金的保值或增值。投资管理是保险公司资产负债管理的重要内容，直接关系到投资结果，也关系到能否实现资产负债良性互动、走上持续增长道路。投资收益是保险公司盈利的重要支撑，甚至是唯一支撑。

第二节　保险公司的业务

一、寿险业务的主要类型

（一）传统人寿保险

1. 定期寿险

定期寿险是指以死亡为给付保险金条件，且保险期限为一定年限的人寿保险。该年限可以约定为固定年限，如保险期限为 10 年、20 年等，也可以约定为从投保时至某一特定年龄（如至 60 岁）。简单地讲，定期寿险在合同中约定一定期间为保险期限，如被保险人在保险期限内死亡，保险公司即给付受益人约定的保险金；如果被保险人在保险期限届满时仍然生存，保险合同即行终止，保险公司无给付义务，也不退还已收的保险费。定期寿险是人寿保险业务中产生最早也最简单易行的一种。

2. 终身寿险

终身寿险是以被保险人终身为保险期间，通常视作定期寿险的特殊形式。它提供被保险人终身的死亡保障，一般到生命表的终极年龄 100 岁或 105 岁为止。只要保险合同效力维持，不论被保险人在 100 岁或 105 岁以前的何时死亡，保险人都向其受益人给付保险金。

3. 两全保险

两全保险是指在保险期间内以死亡或生存为给付保险金条件的人寿保险。两全保险也称为"生死合险"，是指将定期死亡保险和生存保险（即以被保险人在保险期满或合同约定时刻仍生存为给付保险金条件的人寿保险）联合起来的保险形式。由于同时考虑到生存与死亡这两种生命状态，既提供强大的储蓄功能，又能防止储蓄期间的死亡风险，因此该险种既可以保障被保险人退休后生活的需要，又可以解除由于被保险人死亡而给家庭生活带来的后顾之忧。但其保险费率比较高，除长期的两全保险与终身寿险的费率相差不大外，短期的两全保险比其他寿险的费率高很多。

4. 年金保险

年金保险是生存保险中的一类特殊险别，由于其特殊性及其在市场中的重要地位，这里专门加以介绍。生存保险的保险金可以一次性给付，也可以分期给付。如果保险金按事先约定的周期分期给付，便是年金保险。给付周期可以是1年、半年、季或月，但多按月给付。年金保险的保险责任与生存保险相同。当被保险人在约定的保险期内生存时，保险人给付保险金，如果被保险人在约定的保险期内死亡，保险人不给付保险金。投保人投保年金保险的目的一般是为了保障年金领取者晚年的经济生活。在年金保险中，保费可以采用一次缴清及趸缴方式，也可以采取按月或按年的分期缴费方式。但不论采取何种方式，在开始领取年金以前，投保人必须缴清所有的保费，年金领取日往往就是缴费截止日。

（二）新型人寿保险

创新型人寿保险主要包括分红保险、万能保险和投资连结保险三种类型。

1. 分红保险

相对于非分红寿险，分红保险是一种按照相对保守的精算假设假定较高的费率，保险人除了按照保单所载明的保险责任对被保险人进行给付之外，还将公司在经营中取得的一部分盈利以保单红利的方式返还给保单所有人的保险。

分红保险的主要特点是：第一，保单持有人享受经营成果；第二，保单持有人承担一定的风险；第三，定价的精算假设比较保守；第四，保险给付、退保金中含有红利。

2. 万能保险

万能保险是一种缴费灵活、保额可调整、非约束性的寿险。它针对消费者在生命周期中保险需求和支付能力的变化来设计，投保人在购买了万能寿险以后，既可以通过调整保额来满足不同生命周期阶段的保险需求，又可以根据实际保费缴付能力增减保费甚至停缴保费，还可以通过对现金价值的抵押贷款和提现来满足对现金的需求。这种设计满足了客户对人寿保险的个性化需求，并能与投资公司、银行和其他金融机构提供的货币市场基金、存款单等业务竞争。万能寿险是一种综合性和应变性强的新型寿险产品，适合需要长期保障和投资相对安全的人购买。

3. 投资连结保险

我国保险监管规定中定义的投资连结保险是指包含保险保障功能并至少在一个投资账户拥有一定资产价值的人身保险产品。投资连结保险产品的主要特征如下。

（1）投资账户设置。投资连结保险均设置单独的投资账户。

（2）保险责任和保险金额。投资连结保险的保险责任与传统产品类似，不仅有死亡给付、残疾给付、生存领取等基本保险责任，一些产品还加入了豁免保险费、失能保险金、重大疾病等保险责任。死亡保险金额的设计存在两种方法：一种是给付保险金额和投资账户价值两者较大者，另一种是给付保险金额和投资账户价值之和。

（3）保险费。投资连结保险大多引入了一定的灵活缴费机制，并且有不同的设计方式。

（4）费用收取。根据原中国保监会的规定，投资连结保险产品仅可收取初始费用买入卖出差价、风险保险费、保单管理费、资产管理费、手续费和退保费用。

二、非寿险业务的主要类型

（一）财产保险

1. 财产损失保险

（1）企业财产保险。企业财产保险是财产保险的主要险种，它以各类工商企业及其他经济组织、机关事业单位等存放在相对地点、相对状态的固定资产、流动资产以及与企业经济利益相关的财产为主要保险对象。

（2）家庭财产保险。家庭财产保险是指以城乡居民家庭财产为主要保险标的的一种保险，可保财产主要有房屋及其附属设备、衣服、卧具、家具、用具、器具、家用电器、文化娱乐用品、交通工具等生活资料。

（3）货物运输保险。货物运输保险是指以运输过程中的各种货物作为保险标的，因遭受保险责任范围内的事故而造成的货物损失由保险公司给予经济补偿。货物运输保险的业务种类有国内水路和陆路货物运输保险、航空货物运输保险、海洋（陆上、航空）运输货物保险和邮包保险。

（4）机动车辆保险。机动车辆保险是以机动车辆本身及其相关利益为保险标的的一种不定值财产保险。机动车辆保险一般包括基本险和附加险两部分。基本险又分为车辆损失险和第三者责任险。

（5）工程保险。工程保险是指以各种工程为主要承保对象的保险，主要包括建筑工程一切险和安装工程一切险。

2. 农业保险

农业保险是指在农业生产、经营过程中，当种植业和养殖业因自然灾害或意外事故蒙受损失时，由保险人给予经济补偿的一种保险。由于农业生产具有周期长、季节性强、不稳定性高以及露天作业等特点，农业生产抵御自然灾害和意外事故的能力较差，经办农业保险业务的风险也较大，故各国普遍将农业保险视为政策性保险业务，在财政资金上予以扶持和支持。

3. 责任保险

责任保险是指以被保险人的民事损害赔偿责任或经过特别约定的合同责任作为保险对象的保险，其承保标的是责任风险。责任保险主要包括公众责任保险、产品责任保险、雇主责任保险和职业责任保险四种。

（1）公众责任保险。主要承保被保险人在各个固定场所或地点、运输途中，进行生产、经营或其他活动时因发生意外事故造成他人人身伤亡或财产损失，依法应由被保险人承担的经济赔偿责任。

（2）产品责任保险。产品责任保险承保被保险人因其所制造、销售和修理的产品质量有缺陷，致使产品使用者或他人遭受人身伤害和财产损失，依法承担的经济赔偿责任。

（3）雇主责任保险。雇主责任保险（又称劳工保险），指承保被保险人（雇主）的雇员，在受雇期间因工作意外导致伤、残、死亡或患有与职业有关的职业疾病依法或根据雇佣合同应由被保险人承担的经济赔偿责任。

（4）职业责任保险。职业责任保险是指承保各种专业技术人员在从事职业技术工作时，因工作疏忽或过失造成合同对方或他人的人身伤亡和财产损失依法承担的经济赔偿责任。

以被保险人从事的职业为依据，职业责任保险可以细分为医疗责任保险、律师责任保险、会计师责任保险、建筑师责任保险、设计师责任保险、美容师责任保险、兽医责任保险、教师责任保险、保险经纪人和保险代理人责任保险等许多具体险种。

4. 信用保险

信用保险是指权利人直接向保险公司投保，要保险公司担保被保证人的信用，是权利人要求保险公司为他人（被保证人）的信用提供担保。当权利人因发生保险事故遭到经济损失时，作为担保方的保险公司，只在被保证人不能补偿损失时，才行使代为补偿的职责，并且被保证人对保险公司（保证人）为其向权利人支付的任何补偿均有返还给保险公司的义务。

信用保险分为出口信用保险和投资保险两类。其中出口信用保险是指承担出口商因买方不履行贸易合同而遭受的损失，其责任范围可概括为商业信用风险、政治风险和外汇风险三类。投资保险（又称政治风险保险）是指为保障投资者利益而开办的一种保险。

5. 保证保险

保证保险是指被保证人（义务人）根据权利人的要求，向保险公司投保，要保险公司担保自己的行为。保险公司承保的是投保人自己的信用。换言之，保证保险是被保证人借保险公司的信用，向权利人提供担保。

保证保险通常分为忠诚保证保险和确实保证保险两类。其中忠诚保证保险是指承保雇主因雇员不诚实行为而遭受的损失。国际上较常见的忠诚保证保险有指名保证、职位保证和总括保证3种。确实保证保险是国际保险市场上常见的保证保险的一种，是对业主或其他权利人的保证，其保险标的是被保证人的违约责任。当权利关系人因无力或不愿履行应尽义务使权利人遭受损失时，由保险人代为赔偿。国际上较常见的确实保证保险有履约保证、司法保证、特许保证、公务员保证和存款保证5种。

（二）健康保险

健康保险是指以被保险人的身体为保险标的，对被保险人因疾病或意外事故所致伤害时发生的医疗费用或由此导致工作能力丧失而引起的收入损失，以及由于年老、疾病、意外事故导致需长期护理的费用提供经济补偿的商业行为。健康保险主要包括医疗费用保险、补充医疗保险、残疾收入保险和长期护理保险4种类型。在我国，健康保险包括医疗保险（医疗费用保险）、疾病保险（重大疾病保险）、失能保险和护理保险。

1. 医疗费用保险

医疗费用保险是指由保险公司提供的，对被保险人因疾病或意外事故导致的医疗费用提供经济补偿的保险。医疗费用保险可细分为基本医疗费用保险和大额医疗费用保险两种。

（1）基本医疗费用保险。基本医疗费用保险类型大致可分为住院费用保险、外科手术费用保险和内科医生医疗费用保险。通常基本医疗费用保险是全额补偿保险（或称无免赔额要求的保险），即保险公司对被保险人合格的医疗费用进行全部补偿，而不要求被保险人进行分摊的医疗费用保险。但基本医疗费用保险的保险金额较低，且保障范围有限，许多医疗费用被排除在保障范围之外。

（2）大额医疗费用保险。大额医疗费用保险是指对重大的、未预料的或意外的，因而未做事先预算的医疗费用支出进行更宽泛的并提供实质性保障的保险。它是在基本医疗费用保险基础上，为被保险人提供范围更广、保额更高的保险。它承保大多数医疗费用，并订有免赔额和共保额条款，同时设立最高给付限额，以防止保险公司责任过高。

2. 补充医疗保险

由于存在免赔额、共保额、最高给付金额限制、除外及限制责任，医疗费用保险很少能为被保险人提供全面保障，总是有很大的缺口，因而需要某些险种对其进行补充，以扩展或增强其功能，这就使补充医疗保险呈现出优势，颇受大众青睐。补充医疗保险的主要种类有牙科保险、处方药保险、眼科保险、住院补偿保险、重大疾病保险和意外医疗费用保险。

3. 残疾收入保险

残疾收入保险是为被保险人因疾病或意外伤残而丧失工作能力，导致收入损失提供阶段性保险金保障的保险。在残疾收入保险中，保险人对先天性残疾收入损失不负赔偿责任，只对由于后天疾病或意外伤害导致丧失工作能力收入损失给付阶段性的保险金。它可以以团体或个人保险的方式销售。当被保险人因丧失工作能力导致收入中断时，基本的保险金给付是对其丧失工作能力前所得收入的部分替代。

4. 长期护理保险

长期护理保险是指对被保险人因为年老、严重或慢性疾病、意外伤残等因素导致身体上的某些功能全部或部分丧失，生活无法自理，需要入住安养院接受长期的康复和支持护理或在家中接受他人护理时支付的各种费用给予补偿的一种健康保险。

（三）意外伤害保险

意外伤害保险承保被保险人的意外伤害风险，对被保险人因意外伤害导致死亡或伤残给付保险金。该类保险因其保障金额高、保费低而备受欢迎，通常作为寿险或健康保险的补充。

第三节　保险公司的资金运用

一、保险公司资金运用概述

（一）保险公司资金运用的含义

保险资金运用也称保险投资，是保险公司的一项重要经济活动，指保险公司在经营过程中，将积累的保险资金用于投资，形成保险资产，使保险资金得到增值的业务活动。保险投资的主体是保险公司，客体是保险资金，目的是要使保险资金增值。

保险资金运用不仅是可能的，而且是必要的。可能性主要是因保险资金的巨额性、暂闲性和计划性等特点决定的。保险是通过收取一定的保险费用，将被保险人面临的风险转移给保险人的一种风险转移机制。当被保险人发生保险合同规定的风险并造成一定的经济损失时，保险人根据保险合同对被保险人的经济损失进行相应的赔付，用以弥补被保险人的经济损失。因此，保险是对未来履行义务的一种承诺，保险经营具有一定的负债性。而保险人收取保费与履行义务之间存在着一定的时间差，而且风险的发生具有一定的不确定性，所以这为保险资金运用提供了可能。

保险资金运用既是资金（资本）本身属性的内在要求，也是保险业务性质和市场竞争的结果。资本只有在运用中才能增值。保险企业将暂时闲置的资金加以运用，以增加利润，这是资本自身的内在要求。如果保险资金不能正常运用，不仅无法取得收益，连保值都难保证，势必影响保险功能的发挥。保险市场竞争激烈，往往出现承保能力过剩，承保利润下降。保险资金运用关系到保险公司未来的偿付能力，也关系到被保险人的权益。保险公司从保险资金运用中取得收益，取得投资利润，也有利于提升其竞争力。

（二）保险资金运用的原则

保险公司进行保险投资时，应坚持安全性、收益性和流动性等原则。

1. 安全性原则

所谓安全性是指避免在投资上出现损失或危险，保证保险资金的返还。任何投资无不包含风险，即使是在银行的定期储蓄也会因通货膨胀而遭受损失，所以投资人投资时都要首先考虑资金的安全性。这一点对保险公司尤为重要。因为保险资金具有负债性，在其运用上，为了确保保险公司的偿付能力及保户的利益，必须坚持安全第一的原则。对此，我国《保险法》第一百零六条规定："保险公司的资金运用必须稳健，遵循安全性原则。"保险公司进行保险资金运用时，必须树立稳健投资理念，建立健全各项资金管理制度，形成科学的资金运用机制，严格执行业务操作流程，防范各类风险，确保资金安全。

2. 收益性原则

收益性原则是指资金的运用应以能获得较多的利益为条件。投资的目的是获取收益，但保险资金的特性决定了保险资金运用并不追求绝对的短期高收益，而是着眼于获取长期稳定的适度收益。尤其是在人寿保险方面，保险公司给付的保险金不仅包括保险费，而且包括由预定利率所产生的利息，故资金运用收益必须超过预定利率才有自身的收益。但高收益伴随高风险，保险金既不能因过于保守以致收益率长期过低，也不宜盲目追逐高收益，承担过高风险，而应当在风险总体可控的前提下取得适当收益。

3. 流动性原则

流动性是指资金运用的变现能力。具体来说，如果运用的资金能及时收回，而且收回程序简便、速度快，那就表示这项投资具有较强的流动性。之所以确定流动性原则，是由于意外损失的发生及损失额的大小有其偶然性、不定性。坚持流动性原则主要能使保险投资结构趋于合理，即根据保险资金的来源将其合理地投入到变现能力强但收益较低和变现能力弱但收益较高的项目上。

通常而言，安全性与收益性呈反方向影响，提高安全性要求，则收益能力下降；反之，收益能力上升。流动性与安全性相一致，但与收益性成反比。一般来说，变现能力较强的投资，其收益性相对较低。此外，由于寿险业务和财险业务的区别，两者投资的要求也是不同的。

（三）保险公司资金的构成

保险资金是指保险公司以本外币计价的资本金、公积金、未分配利润、各项准备金及其他资金。保险公司可运用资金主要由保险公司的所有者权益、各项准备金和其他资金来源三部分构成。

1. 所有者权益

保险公司的资本金、公积金和未分配利润可合称为所有者权益资金或自有资金，主要来源于股东投入和经营所得。资本金一般由《保险法》规定，在开业时可视作初始准备金，在经营期间又是保险公司偿付能力或承保能力的标志。公积金是保险公司按《保险法》的规定从历年的利润中提存的，它和保险公司的注册资本（或实收资本）共同构成保险公司的偿付能力或承保能力。未分配利润是指保险公司实现的净利润经过弥补亏损、提取盈余公积和向投资者分配利润后留存在公司的、历年结存的利润。未分配利润是公司未做分配的利润，在以后年度可继续进行分配，在未进行分配之前，属于所有者权益的组成部分。从数量上来看，未分配利润是期初未分配利润加上本期实现的净利润，减去提取的各种盈余公积和分出的利润后的余额。

2. 各项准备金

准备金是保险公司根据有关保险法律的规定或本身特点的需要，从保费收入中按照有关要求提存的准备基金，主要包括未到期责任准备金、寿险准备金、未决赔款准备金、长期健康保险责任准备金和总准备金等，属于公司负债。从结构上看，保费收入积累形成的各项准备金是保险资金的主要来源。

3. 其他资金来源

在保险经营过程中，还存在其他可用于投资的资金来源，主要包括其他金融负债以及业务结算过程中形成的短期负债。

二、保险公司资金运用形式

目前，根据《保险资金运用管理办法》（2018 年 4 月施行）我国保险资金运用范围的规定，保险资金投资的范围有以下几大类。

（一）允许投资品种

（1）银行存款；

（2）买卖债券、股票、证券投资基金份额等有价证券；

（3）投资不动产；

（4）投资股权；

（5）国务院规定的其他资金运用形式。

（二）禁止性投资

根据《保险资金运用管理办法》，保险集团（控股）公司、保险公司从事保险资金运用不得有下列行为：

（1）存款于非银行金融机构；

（2）买入被交易所实行"特别处理""警示存在终止上市风险的特别处理"的股票；

（3）投资不符合国家产业政策的企业股权和不动产；

（4）直接从事房地产开发建设；

（5）将保险资金运用形成的投资资产用于向他人提供担保或者发放贷款，个人保单质押贷款除外；

（6）中国银保监会禁止的其他投资行为。

此外，原银保监会 2022 年发布了《中国银保监会关于保险资金投资有关金融产品的通知》，就保险资金投资金融产品进行了详细的规定。

三、保险资金运用效益评价

保险资金运用效益评价是对保险资金运用的经济性、效率性与效果性的实现程度和实现途径进行的评估。经济性是指保险资金运用过程中以最少的资金成本获得最佳的经济成效；效率性是指公司经营活动的过程中投入资金与收益之间的对比关系；效果性是指公司从事投资活动时实际取得的收益与预期目标之间的比较。

衡量资金运用效益的指标较多，但通常用于保险资金运用效益分析的指标有资金运用率、投资费用率、投资收益率等。

（一）资金运用率

（1）资金运用率。资金运用率是指在一定时期内，保险公司用于投资的资金总额占公司资产总额的比率。其公式为：

$$资金运用率 = 投资总额 \div 资产总额 \times 100\%$$

资金运用率指标体现了保险企业的投资规模。从经济效益角度看，保险资金运用率不能直接反映保险投资收益。但是在一定条件下，保险资金运用的规模越大，则保险投资收益就越大；反之，保险投资收益就越小。

（2）资金闲置率。资金闲置率是指在一定时期内，保险公司未用于投资的资金总额占公司资产总额的比率。其公式为：

$$资金闲置率 = 报告期内每日未使用的资金额的总和 \div 360$$

（3）保险资金运用结构。为了进一步分析保险资金收益状况，还应分析资金运用结构。保险资金运用是一种多元化的投资，各种不同的资产投资额的比重形成了不同的投资结构。保险资金运用结构是指各种保险投资形式的投资额占投资总额的比例。其公式为：

$$保险资金运用结构 = 各形式的投资额 \div 投资总额 \times 100\%$$

实现最佳的保险资金运用结构，不但能控制资金运用的总体风险，而且能保证资金运用的收益。

（二）投资费用率

投资费用率是指一期内，保险公司因从事投资活动而发生的各项费用总额占投资总额的比率。其公式为：

投资费用率 = 投资费用 ÷ 投资总额 × 100%

投资费用包括经纪人佣金、手续费、投资部门人工费用和管理费用等。

（三）投资收益率

保险资金运用收益率是各种不同保险资金运用收益率的加权平均，即保险资金运用收益等于各种投资形式的投资额与投资收益率乘积之总和，计算公式为：

投资收益 = ∑各种保险资产 × 该种资产的收益率

（1）投资收益率。投资收益率是指一定时期内，保险公司投资所获得的收益占投资总额的比率，计算公式为：

投资收益率 =（投资收益 + 公允价值变动损益 + 汇兑损益 − 计提投资资产减值准备）÷ 投资总额 × 100%

（2）净投资收益率。净投资收益率指标主要衡量保险资金运用的财务净收益情况，计算公式为：

净投资收益率 =（利息收入 + 权益投资股息、分红收入 + 投资性房地产租金收入）/ 报告期平均受托资产规模 × 100%

（3）净值增长率。各种净投资收益率指标主要衡量固定收益类产品和有持续分红的权益类产品的收益情况，计算公式为：

净值增长率 =（投资收益 + 公允价值变动损益 + 汇兑损益 − 计提投资资产减值准备 + 计入资本公积的可供出售金融资产公允价值变动）÷ 报告期平均受托资产规模 × 100%

从经济效益角度看，上述各种资金收益指标还不能完全反映投资效益。因为资金运用盈利率指标中的资金运用总额虽然是取得投资收益的代价，但并没有包括资金运用过程中所发生的全部成本。保险资金运用过程中不仅发生历史成本，而且存在机会成本。运用机会成本概念来进行保险资金运用效益分析同样是很重要的。

第四节　我国保险公司的偿付能力监管

一、偿付能力监管制度

偿付能力是指当保险事故发生时，保险公司履行赔付责任的能力。一般而言，保险公司厘定"公平、合理、充分"的费率、自留与自身净资产相适应的保险责任、基于对未来损失的合理估计而计提的准备金充足时，保险公司很大概率不会发生资不抵债的现象。但实际上，保险公司所承保的风险具有较大的不确定性，预定利率、预定发生率、预定费用率往往偏离既定的精算假设。当保险公司计提的责任准备金不足以履行赔付责任时，保险公司必须持有超过负债一定数额的资本以应对不利情景的发生，起到缓冲的效果，这里资产超过负债的部分即是偿付能力额度。无论是第一代偿付能力监管体系（以下简称"偿一代"）的最低偿付能力额度还是第二代偿付能力监管制度体系（以下简称"偿二代"）的最低资本要求都是衡量保险公司经营业务所需的最低的资本要求，而保险公司基于财务报表并经过适当调整之后的认可资产和认可负债衡量寿险公司的实际资本，最低资本要求与实际资本之比为公司的偿付能力充足率，衡量寿险公司的偿付能力状况。保险监管机构会将每家保险公司的偿付能力充足率与保险监管机构事先确定的偿付能力充足率标准进行比较，进而采取相应的监管措施。

偿付能力监管是指保险监管机构按照规定依据一定的规则对保险公司的偿付能力进行监管。对偿付能力的监管，是管控保险行业风险的核心。世界上大多数国家的偿付能力监管模式主要分为前端监管和后端监管。如"欧盟型"，采取该种监管模式的国家主要是对偿付能力额度进行监管，而对于条款、费率制定、资金运用等具体运作不做监管，这种监管模式属于"后端"监管。"原日本德国"模式的偿付能力监管模式的国家只对各家保险公司的条款、费率和各项责任准备金的计提进行严格的监管，而没有对保险公司的偿付能力额度进行监管，这种监管模式属于典型的"前端"监管，采用这种模式的国家主要为1996年前的日本和欧共体保险公司以及一体化前的德国。随着我国保险业和保险市场的发展、监管环境和监管理念的改变，我国的偿付能力监管模式开始由既管"前端"又管"后端"向放开"前端"管住"后端"转变。

二、我国偿付能力监管制度体系

（一）以规模为导向的"偿一代"框架

2008年，推出第一代偿付能力监管体系，即"偿一代"。"偿一代"根据准备金、保费规模和赔款的特定比例确定资本要求，在"偿一代"中设定了偿付能力监管的两种保障：第一种保障是通过偿付能力监管指标体系，对保险公司偿付能力状态和变化趋势进行监测；第二种是偿付能力额度监管。下面主要介绍这两块内容。

1. 偿付能力监管指标体系

在"偿一代"中一共设置了11个监管指标体系，包括保费增长率、自留保费增长率、毛保费规模率、实际偿付能力额度变化率、两年综合成本率、资金运用收益率、速动比率、融资风险率、应收保费率、认可资产负债率以及资产认可率等。

2. 偿付能力额度监管

偿付能力额度监管主要是最低资本的计量，下面是"偿一代"下最低资本的计量规则。

（1）短期寿险业务的最低资本计量。短期寿险业务最低资本计量参照非寿险业务最低资本计量规则。计算基础分别以短期寿险业务的自留保费和近三年的平均综合赔款，最终短期寿险业务最低资本以两种基础得到的额度取大。

（2）长期寿险业务的最低资本计量。一般来说，寿险公司的人身保险业务除短期意外险、医疗险等保险期限为一年或一年以内的短期人身保险业务外，更多是长期健康险、长期寿险等保险期限超过一年的长期保险业务。寿险业务最低偿付能力额度等于短期人身保险业务最低资本与长期人身保险业务最低资本之和，长期人身保险业务最低偿付能力额度的计算基础为法定最低责任准备金和风险保额。法定责任准备金是指保险公司按照原保监会的规定计量出来的最低责任准备金，风险保额则指保额与法定责任准备金之差。

（二）以风险为导向的"偿二代"框架

原保监会于2012年开始启动"偿二代"工程建设，并且历经3年的建设期，最终于2015年发布了"偿二代"17项监管规则以及过渡期内运行的方案。经过一年过渡期后，各家保险公司从2016年第一季度开始停止报送"偿一代"报告，只需要报送"偿二代"报告即可，这标志着"偿一代"在我国保险业正式落下帷幕，也表明我国偿付能力监管进入新的发展时期。

相较于"偿一代"，"偿二代"的最大特征就是以风险为导向，因此能够满足风险日益复杂和多元化背景下的保险公司偿付能力监管，更加科学预防和监控保险公司风险，更好地守住保险公司不发生系统性风险底线。"偿二代"的内容主要由三个支柱构成，具体内容如下。

1. 第一支柱：定量资本要求

"偿二代"17项规则中，1～9号规则是关于定量资本要求的相关内容，主要涉及的是保险公司实际资本和最低资本的计量原则与计量方法，构建保险公司偿付能力监管指标，并进行偿付能力压力测试。首先，1 号规则规定了保险公司认可资产和认可负债的种类与计量方法，并且规定实际资本是认可资产和认可负债之差；另外，规定保险公司资本根据吸收损失的性质与能力划分为核心资本和附属资本，并且根据资本的存在性、永续性、次级性和非强制性等特征又把核心资本分成核心一级资本和核心二级资本，把附属资本分成附属一级资本和附属二级资本。其次，是关于最低资本的构成、计量原则和计量方法。"偿二代"最低资本的计量与"偿一代"的计量有着本质的区别，"偿二代"中不仅考虑了"偿一代"中的保险风险，还考虑了市场风险、信用风险、控制风险等可量化的风险，并且考虑风险间的相关性，更能满足保险公司进行全面风险管理的要求。具体来说，在"偿二代"框架中，把保险公司的风险分为固有风险和控制风险，固有风险又进一步分成量化风险和难以量化风险，而第一支柱主要是关于量化风险的最低资本要求。在计算保险公司量化风险最低资本要求时，"偿二代"根据产寿险公司的不同，对保险风险、市场风险和信用风险最低资本计量方法又有所不同，充分考虑了不同类型和不同规模保险公司风险的差异性，有益于保险公司根据行业发展的需要提升自身的风险管理水平。

此外，为预防偿付能力充足率不达标的情况发生，"偿二代"规定保险公司应在每年内对全部业务开展偿付能力压力测试，测试期限以年度为单位。根据压力测试情况及时采取相应的举措，避免偿付能力充足率不达标的风险。

2. 第二支柱：定性监管要求

"偿二代"17 项规则中，10～12 号规则规定了定性监管要求。"偿二代"中第二支柱的定性监管工具主要包括风险综合评级、偿付能力风险管理要求与评估以及流动性风险管理。

（1）在风险综合评级中，"偿二代"根据一定的评估标准对保险公司面临的操作风险、信誉风险、战略风险和流动性风险等难以量化的风险进行风险评估，并结合保险公司偿付能力充足率来对保险公司进行风险评级，根据风险大小和偿付能力充足率高低把保险公司分成 A、B、C、D 四类，差异化监管。

（2）偿付能力风险管理要求与评估（SARMARA）作为第二支柱的重要组成部分，其根据保险公司风险管理能力给出的评估分数得到风险因子，进而得到固有风险的最低资本，加上保险公司量化风险最低资本，最终计算出保险公司的偿付能力充足率。一方面，保险监管机构详细规定诸如保险风险、市场风险、信用风险、操作风险、战略风险和流动性风险的相关评估细则，定期对保险公司面临的风险进行评估，最终汇总得到保险公司偿付能力风险管理能力评估分数 Q，Q会通过公式影响保险公司控制风险最低资本并最终影响保险公司的偿付能力充足率。另一方面，"偿二代"通过 SARMRA 机制设计鼓励保险公司提高风险管理水平，提高保险公司风险管理水平反过来又会通过提高原保监会对保险公司偿付能力风险管理能力给出的评估分数来降低风险因子 Q，从而降低最低资本，提高偿付能力充足率，形成良好的正向循环。

（3）定性监管第三部分是关于流动性风险，"偿二代"建立了一套针对保险企业的统一的流动性风险监管要求、监管指标以及现金流压力测试制度，并且构建了一套完整的、科学的风险防范体系。通过对保险企业流动性约束，有利于推动保险企业对风险管理的重视，避免因流动性问题导致保险公司财务危机和经营不稳定。

3. 第三支柱：市场约束机制

市场约束机制作为"偿二代"第三大支柱，是"偿二代"制度的重要组成部分。监管规则 13～15 号规定了市场约束机制，其中第 13 号监管规则规定保险公司应遵循充分性、及时性、真实性、公平性原则，定期披露偿付能力有关指标信息。第 14 号监管规则规定了各相关方偿付能力信息交流机制建立原则。第 15 号监管规则对保险公司信用评级机构的资历和信用评级行为作出规定。通过对保险公司信息公开披露机制的监督管理，更好地提高保险公司经营透明度，及时管控偿付能力风险。

拓展阅读

"偿二代"二期落地引领保险业未来发展

偿付能力监管一直是保险监管的重中之重。自从 2003 年建立第一代偿付能力监管制度体系以来，我国一直致力于提升偿付能力监管水平。2016 年，我国正式实施中国风险导向的偿付能力监管体系（简称"偿二代"一期），对保险公司的投资决策提出更高要求。2021 年 12 月 30 日，中国银保监会发布《保险公司偿付能力监管规则（Ⅱ）》（即"偿二代"二期，以下简称"新规"），并于 2022 年第一季度起正式实施，同样以风险为监管导向，更侧重精细化监管。

从整体上来看，与"偿一代"相比，新规最大的变化在于让保险最低资本与资产负债匹配、流动性、投资风险等挂钩，对资金运用提出了更高要求，使得保险公司在投资组合规划时需要进行更细致的考量。长期来看，新规将倒逼保险公司全面回归保险保障，坚持长期高价值业务和价值投资，并加强公司治理和风险管理，推进行业转型升级。那么，新规到底变化在哪里？

从整体架构来看，新规在中国风险导向偿付能力监管体系的基础上，新增了市场风险和信用风险的金融工具确认和计量（7号规则）、资本规划（14号规则）、劳合社（中国）（20号规则）三个规则，由原来的17项监管规则增至20项。此外，原有文件内容和标准也根据各自情况进行不同程度修订。

1. 全面到底的穿透式监管，对保险机构运营管理提出新要求

新规推动全方位的穿透式监管，要求对保险公司所有的非标资产进行穿透计量，力求精准识别各类计量投资风险，对当前我国杠杆率水平较低的保险业来说，这一规则更侧重运营管理能力的提升。

具体来看，全面穿透式监管势必会增加很多日常工作量，传统工作方法势必会导致工作效率低下等问题，这就要求保险公司必须进行数字化转型，推动数字化、智能化建设，加强科技赋能方面的投入，全方位提升企业的智能化运营管理水平。

此外，新规更新了有关压力测试的监管规定，要求保险公司将压力测试拆分为压力情景测试和反向压力测试，新增敏感性测试要求，并提高了保险公司的报送频率。这些规定无不对保险机构的数字化运营能力提出了更高的要求。

2. 对实际资本的认可持严格审慎态度

新规对实际资本的认可非常严格，主要体现在四个方面。

一是提高财务再保险的监管标准。长期以来，很多中小寿险公司善于使用财务再保险虚增偿付能力，以转嫁偿付能力不足的风险。新规对这一"漏洞"打了"补丁"，敦促保险公司更加合理地使用财务再保险。

二是对长期股权投资的计量更加严格。此前，很多保险公司可以通过长期股权投资进行合理操作，达到增加实际资本的目的，新规新增了对长期股权投资强制减值的要求，并对合营联营企业进行分层计量，大大压缩了长期股权投资里面的"水分"。

三是打击通过"炒房"虚增实际资本的行为。新规规定，对投资型房地产，只能通过成本法进行计量，高标准降低这一资产的估值操作空间。

四是对未来盈余实行分级制度。新规明确，保险公司应当根据保单剩余期限、保单未来盈余对资本工具进行分级认定，这对寿险公司长期稳定经营提出精准要求。

上面这些规定，从各个方面限制了保险公司实际资本的认可水平，会直接影响核心偿付能力充足率这一指标，对寿险公司的影响尤为明显。

3. 多维度完善最低资本计量体系框架

新规对最低资本的计量规则进行了全方位升级，更重视保险业服务社会民生的能力，引导保险企业回归保障的"初心"。具体而言，体现在以下几个方面。一是更新各类保险风险因子评估标准。这部分的要求有很多，比如要求对传统寿险及重疾险因子计量能反映长寿和重疾恶化的趋势，提高分红、万能等创新型寿险产品最低资本要求的标准，退保风险的计量规则更注重产品期限而不是保单规模，对政策性农业保险、专属养老保险、科技保险等险种的风险计量给予一定折扣的优惠等，这些要求将倒逼保险公司关注保险的"保障"属性，引导其回归本源。二是加强对市场风险的监管力度。新规拓宽了通过利率风险进行套期保值的资产范围，同时统一了净现金流折现率，通过上述两方面的共同作用，能够有效降低保险公司利率风险，尤其对寿险公司的影响较为明显。三是有效管控信用风险。通过鼓励保险公司投资政府债券和绿色债券，以及完善再保险交易对手的违约风险计量框架等，可以有效管控保险公司的信用风险。这些对保险公司最低资本的要求，一方面限制了保险公司传统的"投机"型操作，另一方面为保险公司提供提升经营水平的渠道，引导保险行业更好地服务国计民生。

资料来源：高文杰，完颜瑞云．"偿二代"二期落地引领保险业未来发展［J］．金融博览（财富），2022（3）：68-71.

关键术语

保险公司　寿险业务　非寿险业务　资金运用　偿付能力　"偿一代""偿二代"

分析与思考

1. 保险公司经营管理的特殊性体现在哪些方面？
2. 保险公司的功能主要有哪些？
3. 保险公司经营管理的主要内容是什么？
4. 保险公司主营业务主要有哪些？
5. 保险公司资金运用形式主要有哪些？
6. 保险公司"偿一代"监管体系与"偿二代"监管体系的主要区别是什么？

第十一章

其他金融机构

学习目标

通过对本章的学习，了解期货经纪机构、信托公司和证券基金管理公司的基本概况，明确这三类机构的业务与职能，理解这三类机构创新和发展的方向。

第一节　期货经纪机构

期货经纪机构一般包括期货经纪公司、期货交易中介公司、期货经纪居间人、介绍经纪商、期货经纪人、期货交易投资顾问公司等。中国期货经纪机构主要包括期货经纪公司、介绍经纪商、期货交易中介公司、期货经纪居间人等。

一、期货经纪公司与介绍经纪商

（一）期货经纪公司

期货经纪公司是依法设立的、以其名义代理客户进行期货交易，收取一定手续费，而交易结果由客户自身承担的中介经纪组织。其作为期货交易者与期货交易所之间的桥梁，可以根据客户指令代理买卖期货合约，办理结算和交割手续，对客户账户进行风险管理，控制客户交易风险，为客户提供期货市场报价和市场信息，充当客户的期货交易顾问，进行期货交易咨询等。

期货交易者是期货市场的主体。正是因为大量的期货投机者、现货交易商、期货套利商等期货交易者的参与，才促进了期货市场的逐步产生和蓬勃发展。由于期货市场的高杠杆风险性，层层的信用担保是期货交易的重要保障，这就决定了并不是每一个交易者都可以直接进入期货交易所进行交易，必须制定严格的交易会员制度。因此，期货经纪公司必须成为期货交易所的交易会员，只有期货交易会员才能进场交易，非会员不得入场交易。由此，制定严格的交易会员准入制度成为期货市场的重要基础性制度。

期货经纪公司是期货交易所的主体，作为期货交易所的会员，由期货交易所进行统一管理。期货交易所对期货经纪公司的交易风险进行严格控制，期货经纪公司对交易者的账户风险进行严格控制。期货交易所的期货经纪公司会员数量将决定所上市期货品种的市场参与广泛度，而期货经纪公司的客户数量将决定整个期货市场的规模。

（二）介绍经纪商（introducing broker，IB）

当前，中国的介绍经纪商主要是指由证券公司担任期货经纪公司的介绍经纪商，为期货经纪公司提供中间介绍业务，也有一些管理咨询公司作为期货经纪公司的介绍经纪商。

介绍经纪商在国际上既可以是机构，也可以是个人，但一般都以机构的形式存在。其主要业务是为期货经纪公司开发客户，但不能直接接受客户的资金，且必须通过期货经纪公司进行结算。中国引入的 IB 制度是由证券公司担任期货经纪公司的介绍经纪人并提供中间介绍服务，这有利于开展证券公司和期货公司间的合作，利用证券公司的客户资源，方便证券投资者从事期货交易。2007 年 4 月 20 日，中国证监会颁布《证券公司为期货公司提供中间介绍业务的试行办法》，对证券公司从事中间介绍业务的资格、业务范围、业务规则、监管制度等进行了较为详细的规定，这标志着中国正式确立 IB 业务制度。

从 2008 年开始，中国证监会开始陆续核准证券公司为期货公司提供 IB 业务的资格，目前，国内大部分证券公司都取得了 IB 业务资格。证券公司从事中间介绍业务应当提供下列服务：（1）协助办理开户手续；（2）提供期货行情信息和交易设施；（3）中国证监会规定的其他服务。证券公司不得代理客户进行期货交易、结算或交割，不得代期货公司、客户收付期货保证金，不得利用证券资金账户为客户存取、划转期货保证金。证券公司从事介绍业务，应当与期货公司签订书面委托协议。委托协议应当载明下列事项：（1）介绍业务的范围；（2）执行期货保证金安全存管制度的措施；（3）介绍业务对接规则；（4）客户投诉的接待处理方式；（5）报酬支付及相关费用的分担方式；（6）违约责任；（7）中国证监会规定的其他事项。

二、期货经纪公司的职能和组织结构

（一）期货经纪公司的职能

期货经纪公司作为期货交易者与期货交易所之间的桥梁和纽带，既作为营利性的法人主体，又作为期货市场的业务范围拓展者、期货交易信息和风险管理理念的传播者。具有的职能一般有：（1）接受客户委托，代理买卖期货合约、办理结算和交割手续，拓展市场参与者范围，扩大了市场的规模，有利于节约交易成本，提高交易效率，增强期货市场竞争的充分性，从而有助于形成权威有效的期货价格；（2）充当客户的交易顾问，拥有专门从事信息收集及行情分析的人员，为客户提供咨询服务，有助于提高客户交易的决策效率和决策的准确性；（3）拥有必备的一套严格的风险控制制度，可以较为有效地控制客户的交易风险，实现期货交易风险在各个交易环节的风险分散承担。

（二）期货经纪公司的组织结构

现代公司制的期货经纪公司因为规模大小不同，经营理念和管理方式不同，其内部结构大致上相同但也有所差别。一般设有：（1）股东会。股东会是期货公司的最高权力机构。（2）董事会。董事会是股东会的常设机构。（3）监事会。监事会是期货公司的监督机构。（4）总经理。总经理负责期货公司的日常经营管理工作。(5）首席风险官。首席风险官负责期货公司经营管理行为的合法合规性和风险管理状况，期货公司高级管理人员对期货公司董事会负责。（6）期货公司部门设置。期货公司一般设置综合人事部、财务部、技术部、稽核部、合规管理部、交易部、结算与风控部、交割部、客户服务部、信息技术部、个人业务机构部、机构客户部、资产管理部、期权业务部等业务部门。

期货经纪公司可以根据业务开展需要，报中国证监会批准，设立营业部等分支机构。营业部不具备独立法人资格，在总公司授权范围内开展经纪业务，其民事责任由总公司承担。期货经纪公司总部对下属营业部实行统一规范管理，即统一交易制度管理、统一结算、统一风险合规管理、统一财务管理和账务核算等。

三、期货经纪公司的设立条件

在中国境内，期货经纪公司是依照《中华人民共和国公司法》和2017年3月1日第四次修订的《期货交易管理条例》规定设立的经营期货业务的金融机构。设立期货公司应当在公司登记机关登记注册，并经国务院期货监督管理机构批准。未经国务院期货监督管理机构批准，任何单位或者个人不得设立或者变相设立期货公司，经营期货业务。

《期货交易管理条例》第十六条明确规定了如下设立条件：（1）注册资本最低限额为人民币3000万元；（2）董事、监事、高级管理人员具备任职条件，从业人员具有期货从业资格；（3）有符合法律、行政法规规定的公司章程；（4）主要股东以及实际控制人具有持续盈利能力，信誉良好，最近3年无重大违法违规记录；（5）有合格的经营场所和业务设施；（6）有健全的风险管理和内部控制制度；（7）国务院期货监督管理机构规定的其他条件。

除了第十六条规定的条件外，2007年颁布的《期货公司管理办法》还规定了应当具备如下条件：（1）具有期货从业人员资格的人员不少于15人；（2）具备任职资格的高级管理人员不少于3人；（3）对持有5%以上股权的股东进行了特别的规定。《期货交易管理条例》第十七条还规定了期货公司业务实行许可制度，由国务院期货监督管理机构按照其商品期货、金融期货业务种类颁发许可证。期货公司除申请经营境内期货经纪业务外，还可以申请经营境外期货经纪、期货投资咨询以及国务院期货监督管理机构规定的其他期货业务。

四、中国国内期货经纪公司的发展

（一）国内期货经纪公司的发展

期货行业发展30余年，经历4个不同阶段的发展，在初期历经混乱发展，随后国家开始整顿、行业开始收缩，法律法规逐渐健全，行业开始在合规化经营的基础上稳步创新（见图11-1）。

探索期
（1988~1992年）
：1988年，《政府工作报告》提出探索期货交易；1990年，郑州粮食批发市场成立；1991年，深圳有色金属交易所成立；1992年，上海金属交易所开业、广东万通期货经纪公司成立

整顿治理期
（1993~2000年）
：1993年，国务院《关于坚决制止期货行业盲目发展通知》要求，建设期货市场架构、整顿期货市场发展；1997年，《关于进一步整顿规范期货市场通知》要求，裁撤交易所、压缩交易品种、清理整顿期货公司；2000年，中国期货行业协会成立

规范发展期
（2001~2012年）
：2003年，《中共中央关于完善社会主义市场经济体制若干问题的决定》提出稳步发展期货市场；2006年，中国保证金监控中心、中金所相继成立；2010年，沪深300股指期货上市

创新发展期
（2013年至今）
：2013年，中央"一号文件"提出加强农产品期货市场建设；2014年，"国九条"提出"发展商品期货市场、建设金融期货市场"，铁矿石期货、原油期货相继上市并允许国际投资者参与交易，股指期货品种增加了上证50、中证500，国债期货市场推出了5年期、10年期国债期货；2015年，上证50ETF期权；2020年，液化石油气、动力煤等多种商品期货上市；2021年，广期所正式成立；2021年，《期货和衍生品法》迎来二审；2022年，《期货及衍生品法》开始实施、中证1000股指期货产品上市

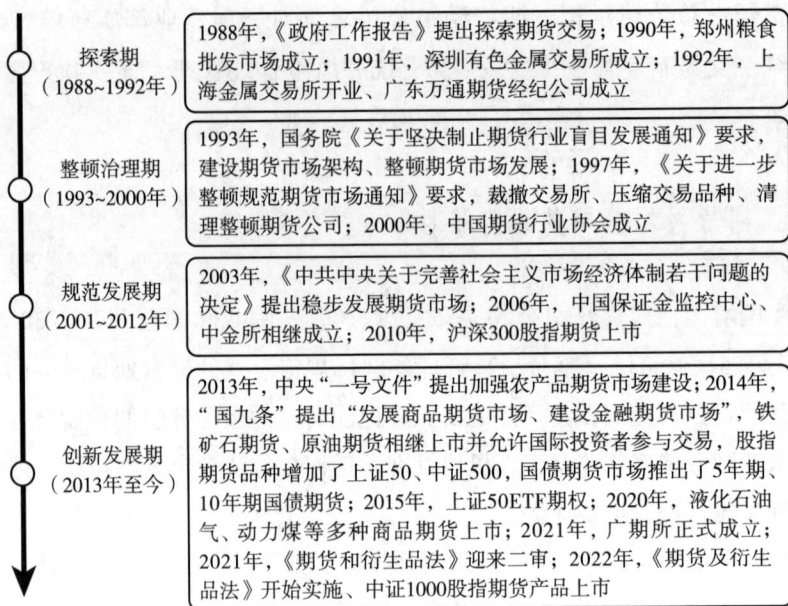

图 11 - 1　中国期货行业发展历程

20 世纪 90 年代初，全国注册登记的期货经纪公司有上千家。这些期货经纪公司在开始的最初 10 余年业务发展主要有以下特征：（1）后发优势，电子化交易完全普及，硬件水平较之国际同行普遍较高；（2）服务同质化，在专业化程度较低、特点和定位不明确的条件下，行业竞争陷入比拼代理交易手续费（价格战）的"怪圈"；（3）经济功能未能完全体现，导致全行业基础动摇后的行业边缘化；（4）业务人员素质单一，全方位复合型人才奇缺；（5）行业性渗透力不强，业务拓展力面狭窄，还没有融入经济发展主流。进入 21 世纪以后，借助商品期货市场的繁荣发展和金融期货的逐步推出，经过充分同质化竞争的 180 家期货公司业务开始集中，并进入收购重组和分化阶段，20% 的公司基本囊括了市场 80% 的交易资源。2007 年 4 月 20 日，中国证监会颁布《证券公司为期货公司提供中间介绍业务的试行办法》，证券公司积极参与期货市场，大量期货公司或重组或并购，期货公司的竞争进入了白热化阶段。

2012 年，证监会进一步放宽期货公司风险管理公司经营业务范围，基差交易、场外期权、合作套保、仓单服务等创新业务正式登上行业舞台。期货公司及其风险管理公司也正式开启了衍生品服务商服务实体经济 "2.0" 时代，期货公司风险管理公司成为期货服务实体经济的重要抓手。2013 年之后，随着期货资产管理产品成为国民财富配置的一个重要的、特殊的资产类别被越来越多的投资

者所接受，期货公司除了开展传统的期货经营业务、风险管理业务外，不少期货公司还拓展了基金销售业务、财富管理业务等新的业务种类。

（二）国内期货公司发展现状

截至 2023 年 5 月末，全国共有 150 家期货公司，分布在 29 个辖区。全国期货公司注册资本 1129.8 亿元，资产总额 17748.28 亿元。2023 年 5 月交易额 50.21 万亿元，交易量 8.49 亿手，营业收入 31.11 亿元，净利润 7.74 亿元。

🔵 小资料

我国期货公司名录（2021 年 11 月）

序号	辖区	期货公司名称
1	北京	北京首创期货有限责任公司
2		第一创业期货有限责任公司
3		方正中期期货有限公司
4		格林大华期货有限公司
5		冠通期货股份有限公司
6		国都期货有限公司
7		国元期货有限公司
8		宏源期货有限公司
9		金鹏期货经纪有限公司
10		九州期货有限公司
11		民生期货有限公司
12		首创京都期货有限公司
13		银河期货有限公司
14		英大期货有限公司
15		中钢期货有限公司
16		中国国际期货股份有限公司
17		中粮期货有限公司
18		中天期货有限责任公司
19		中衍期货有限公司

续表

序号	辖区	期货公司名称
20	天津	财达期货有限公司
21		和融期货有限责任公司
22		华金期货有限公司
23		津投期货经纪有限公司
24		山金期货有限公司
25		一德期货有限公司
26	河北	恒银期货有限公司
27	山西	和合期货有限公司
28		山西三立期货经纪有限公司
29		晟鑫期货经纪有限公司
30	辽宁	江海汇鑫期货有限公司
31	吉林	东方汇金期货有限公司
32		天富期货有限公司
33	黑龙江	大通期货经纪有限公司
34		永商期货有限公司
35	上海	渤海期货股份有限公司
36		东航期货有限责任公司
37		东吴期货有限公司
38		东兴期货有限责任公司
39		光大期货有限公司
40		国富期货有限公司
41		国泰君安期货有限公司
42		国投安信期货有限公司
43		国信期货有限责任公司
44		海通期货股份有限公司
45		海证期货有限公司
46		恒泰期货股份有限公司
47		华闻期货有限公司
48		华鑫期货有限公司
49		建信期货有限责任公司
50		瑞银期货有限责任公司
51		上海大陆期货有限公司
52		上海东方期货经纪有限责任公司
53		上海东亚期货有限公司

续表

序号	辖区	期货公司名称
54	上海	上海东证期货有限公司
55		上海浙石期货经纪有限公司
56		中财期货有限公司
57		上海中期期货股份有限公司
58		申银万国期货有限公司
59		天风期货股份有限公司
60		天鸿期货经纪有限公司
61		通惠期货有限公司
62		上海东方财富期货有限公司
63		铜冠金源期货有限公司
64		新湖期货股份有限公司
65		中辉期货有限公司
66		中融汇信期货有限公司
67		国盛期货有限责任公司
68		中银国际期货有限责任公司
69		金信期货有限公司
70	江苏	创元期货股份有限公司
71		道通期货经纪有限公司
72		东海期货有限责任公司
73		国联期货股份有限公司
74		弘业期货股份有限公司
75		江苏东华期货有限公司
76		锦泰期货有限公司
77		宁证期货有限责任公司
78		新纪元期货股份有限公司
79	浙江	宝城期货有限责任公司
80		大地期货有限公司
81		大越期货股份有限公司
82		国海良时期货有限公司
83		南华期货股份有限公司
84		盛达期货有限公司
85		信达期货有限公司
86		永安期货股份有限公司
87		浙江新世纪期货有限公司
88		浙商期货有限公司
89		物产中大期货有限公司

序号	辖区	期货公司名称
90	安徽	安粮期货股份有限公司
91		华安期货有限责任公司
92		徽商期货有限责任公司
93	福建	福能期货股份有限公司
94		鑫鼎盛期货有限公司
95		兴证期货有限公司
96	江西	江西瑞奇期货有限公司
97	山东	鲁证期货股份有限公司
98		招金期货有限公司
99		中州期货有限公司
100	河南	华融融达期货股份有限公司
101		中原期货股份有限公司
102	湖北	长江期货股份有限公司
103		美尔雅期货有限公司
104	湖南	大有期货有限公司
105		财信期货有限公司
106	广东	广发期货有限公司
107		广州金控期货有限公司
108		广州期货股份有限公司
109		华联期货有限公司
110		华泰期货有限公司
111		长城期货股份有限公司
112		摩根大通期货有限公司
113		新晟期货有限公司
114	海南	华融期货有限责任公司
115		金元期货股份有限公司
116	重庆	华创期货有限责任公司
117		西南期货有限公司
118		中电投先融期货股份有限公司
119		中信建投期货有限公司
120	四川	倍特期货有限公司
121		国金期货有限责任公司
122		华西期货有限责任公司
123	云南	红塔期货有限责任公司
124		云晨期货有限责任公司

续表

序号	辖区	期货公司名称
125	陕西	长安期货有限公司
126		迈科期货股份有限公司
127		西部期货有限公司
128	甘肃	华龙期货股份有限公司
129	青海	中金期货有限公司
130	新疆	金石期货有限公司
131		云财富期货有限公司
132	深圳	海航期货股份有限公司
133		混沌天成期货股份有限公司
134		金瑞期货股份有限公司
135		平安期货有限公司
136		乾坤期货有限公司
137		深圳市中金岭南期货有限公司
138		先锋期货有限公司
139		神华期货有限公司
140		五矿期货有限公司
141		招商期货有限公司
142		中航期货有限公司
143		中投天琪期货有限公司
144		前海期货有限公司
145		中信期货有限公司
146	大连	恒力期货有限公司
147	宁波	兴业期货有限公司
148	厦门	国贸期货有限公司
149		瑞达期货股份有限公司
150	青岛	山东港信期货有限公司

（三）中国期货公司的分类监管

为有效实施对期货公司的监督管理，引导期货公司进一步深化中介职能定位，促进期货公司持续、规范、健康发展和做优做强，全面提升期货行业服务国民经济能力，2011 年 4 月 12 日中国证监会发布了《期货公司分类监管规定》。2019 年 2 月，中国证监会发布修订后的《期货公司分类监管规定》，进一步引导期货公司在新形势下专注主业、合规经营、稳健发展、做优做强，提升服务能力和竞争力。

根据期货公司评价计分的高低，期货公司分为 A（AAA、AA、A）、B（BBB、BB、B）、C（CCC、CC、C）、D、E 等 5 类 11 个级别。分类级别是以期货公司风险管理能力为基础，结合公司服务实体经济能力、市场竞争力、持续合规状况，对期货公司进行的综合评价。其标准如下：

（1）A 类公司风险管理能力、市场竞争力、培育和发展机构投资者状况、持续合规状况的综合评价在行业内最高，能够较好控制业务风险；

（2）B 类公司风险管理能力、市场竞争力、培育和发展机构投资者状况、持续合规状况的综合评价在行业内较高，能够控制业务风险；

（3）C 类公司风险管理能力、市场竞争力、培育和发展机构投资者状况、持续合规状况的综合评价在行业内一般，风险管理能力与业务规模基本匹配；

（4）D 类公司风险管理能力、市场竞争力、培育和发展机构投资者状况、持续合规状况的综合评价在行业内较低，潜在风险可能超过公司可承受范围；

（5）E 类公司潜在风险已经变为现实风险，已被采取风险处置措施。

期货公司分类评价采取期货公司自评、中国证监会派出机构初审、评审委员会复核和评审、中国证监会确认评价结果的方法。期货公司分类评价每年进行 1 次，风险管理能力及持续合规状况评价指标以上一年度 4 月 1 日至本年度 3 月 31 日为评价期；涉及的财务数据、经营数据原则上以上一年度经审计报表为准。2023 年各期货公司分类评价结果见表 11 – 1。

表 11 – 1　　　　　　　　　2023 年各期货公司分类评价结果

期货公司	评级	期货公司	评级
国泰君安	AA	国投安信期货	AA
银河期货	AA	招商期货	AA
中信期货	AA	广发期货	AA
永安期货	AA	新湖期货	AA
华泰期货	AA	方正中期期货	AA
东证期货	AA	申银万国	AA
中信建投	AA	宏源期货	AA
中泰期货	AA	海通期货	AA
浙商期货	AA	瑞达期货	AA
光大期货	AA	五矿期货	AA
南华期货	AA	华安期货	A
中粮期货	AA	海证期货	A

续表

期货公司	评级	期货公司	评级
紫金天风	A	东兴期货	BBB
一德期货	A	渤海期货	BBB
中金期货	A	财信期货	BBB
华西期货	A	中融汇信	BBB
物产中大期货	A	瑞奇期货	BBB
华融融达期货	A	金元期货	BBB
中国国际期货	A	乾坤期货	BBB
华闻期货	A	福能期货	BBB
国富期货	A	先锋期货	BBB
平安期货	A	中财期货	BBB
东吴期货	A	神华期货	BBB
国信期货	A	华龙期货	BBB
国元期货	A	上海中期	BBB
建信期货	A	财达期货	BBB
兴证期货	A	长安期货	BBB
弘业期货	A	铜冠金源	BBB
广州期货	A	西部期货	BBB
创元期货	A	红塔期货	BBB
长江期货	A	摩根大通	BBB
金瑞期货	A	上海浙石	BBB
徽商期货	A	港信期货	BBB
兴业期货	A	中钢期货	BBB
中金财富期货	A	安粮期货	BBB
国贸期货	A	华联期货	BBB
东海期货	A	华金期货	BBB
国联期货	A	首创京都期货	BBB
宝城期货	A	中衍期货	BBB
信达期货	A	国金期货	BBB
国海良时	A	大地期货	BBB
格林大华	A	锦泰期货	BBB
东方财富期货	A	倍特期货	BBB
大有期货	BBB	恒力期货	BBB
东航期货	BBB	九州期货	BBB
中银期货	BBB	宁证期货	BBB
中辉期货	BBB	云期货	BBB

期货公司	评级	期货公司	评级
西南期货	BBB	海航期货	BB
山金期货	BBB	一创期货	BB
瑞银期货	BBB	中航期货	BB
汇鑫期货	BB	国盛期货	BB
混沌天成	BB	中金岭南期货	BB
金石期货	BB	国都期货	BB
中天期货	BB	晟鑫期货	BB
冠通期货	BB	上海东亚	BB
民生期货	BB	佛山金控期货	BB
国新国证期货	BB	江苏东华	B
英大期货	BB	盛达期货	B
金鹏期货	BB	津投期货	B
中原期货	BB	迈科期货	B
上海大陆	BB	山西三立	B
云晨期货	BB	通惠期货	B
大越期货	BB	金信期货	B
华创期货	BB	美尔雅期货	B
和合期货	BB	东方汇金期货	CCC
中电投先融	BB	华鑫期货	CCC
首创期货	BB	前海期货	CCC
广金期货	BB	天富期货	CCC
新世纪期货	BB	永商期货	CCC
道通期货	BB	恒银期货	CC
中州期货	BB	鑫鼎盛期货	CC
齐盛期货	BB	天鸿期货	CC
恒泰期货	BB	新纪元期货	CC
和融期货	BB	大通期货	C
长城期货	BB	上海东方	D

资料来源：中国证监会在 2023 年期货公司分类结果［EB/OL］. (2023 − 09 − 15)［2024 − 03 − 03］. http：//www. csrc. gov. cn/csrc/c100028/c7432343/content. shtml.

第二节　信托公司

一、信托的内涵

信托是一种以理财为核心、以信用为基础、以委托为方式的财产管理制度。

按照《中华人民共和国信托法》的定义，信托"是指委托人基于对受托人的信任，将其财产权委托给受托人，由受托人按委托人的意愿，以自己的名义为受益人的利益或者特定目的，进行管理或者处分的行为"。

（一）信托的前提是财产权

信托财产是信托业务的中心，财产权是信托行为成立的前提。信托财产的委托人必须是该项财产的所有者，不仅对信托财产拥有绝对的支配权，还要具有能够转让财产的所有权，只有这样，受托人才能接受这项财产的信托，取得法律上的地位，信托行为才能真正成立，受托人也才能代委托人进行管理或处分，为受益人谋取利益。

（二）信托的基础是信任

作为一种社会信用活动，信托业务中始终贯穿着信任关系。委托人之所以会把自己的财产交给受托人代为管理，是建立在委托人对受托人充分信任的基础上，这种信任关系是信托业务得以存续的基本条件。委托人提出委托，受托人同意接受委托而成立信托关系，在之后的业务处理中，受托人必须尊重委托人对自己的信任，严格按照委托人的意图实施信托行为。

（三）信托的目的是受益人利益

信托的目的是委托人设定信托的出发点，也是检验受托人是否完成信托事务的标志。在信托关系建立时，委托人一般要设立信托目的，而该目的必然指向受益人的利益。受托人在对信托财产进行管理时，要时刻以受益人的利益最大化为己任，约束自己的行为，不能做出有损于受益人利益的行为，更不能利用信托财产为自己或第三者谋利益。

（四）信托收益按实际收益计算

信托关系是在委托人信任的基础上，由受托人代为管理或处分信托财产的经济活动，受托人应尽职为受益人谋利。但信托业务也是有风险的，这表现为信托损益要按实际原则进行计算。如果受托人按合同规定处理，遵守职责，对于资金运用所发生的损失应由委托人自己承担。当然，如果委托人或受托人有证据证明受托人未尽职守或存在重大疏忽，由此带来的损失应由受托人负责赔偿。

（五）信托体现的是多边信任关系

委托人、受托人和受益人这三方当事人，它们围绕信托财产形成了信托行为的多边关系。其中，作为信托财产的最初所有者——委托人是信托行为的起点；受托人则接受委托人的信托财产，通过信托业务进行运用来满足委托人的要求，受益人获得相应的利益，并实现信托目的；受益人在信托关系中扮演了实际利益获得者的角色，是信托行为的终点。在这种围绕信托财产的管理、处分和受益而产生的一系列经济活动中，三方之间都存在相互信任的关系。

信托与银行、证券、保险并称为金融业的四大支柱。信托之所以能够在现代经济生活中获得广泛的应用，是因其具有高度灵活性能够满足市场主体多样化的资产管理需求，而这种灵活性则来源于信托制度所具有的风险隔离功能和权利重构功能，这些功能使得信托具有高度的弹性和个性，在金融中介的手中，通过创造性的结构设计，直接转化为风险和收益各异的产品，满足市场主体多元化的特定的需求。

二、信托的构成要素

（一）信托行为

信托是依照一定的目的，以财产委托他人代为管理和处分的活动。信托行为是合法设定信托而发生的法律行为。通过信托行为，各方当事人之间可以建立起信托关系，约定各方的权利与义务。

信托行为是以设定信托为目的而发生的一种法律行为。信托约定（信托关系要件）是信托行为的依据，信托关系的成立必须有相应的信托关系文件作保证。一般是指委托人与受托人双方签订合同或协议，信托行为的发生必须由委托人和受托人进行约定。

（二）信托主体

信托主体包括委托人、受托人和受益人。委托人是信托的创设者，应当是具有完全民事行为能力的自然人、法人或者依法成立的其他组织。委托人提供信托财产确定谁是受益人以及受益人享有的受益权，约定受托人，并有权监督受托人实施信托；受托人承担着管理、处分信托财产的责任，应当是具有完全民事行为能力的自然人或者法人。受托人必须恪尽职守，履行诚实、信用、谨慎、有效管理的义务；受益人是在信托中享有信托受益权的人，可以是自然人、法人或者依法成立的其他组织，也可以是未出生的胎儿。公益信托的受益人则是社会公众，或是一定范围内的社会公众。

（三）信托客体

信托客体主要是指信托财产，指受托人因承诺信托而取得的财产，是受托人按照委托人的意愿加以管理或者处分的对象。信托财产须为特定化的和现实存在的财产，它可由不动产、股票、公债、抵押契据、保险单、银行存款等构成，但非财产性合同权利不能作为信托财产。

信托财产具有物上代位性，它不因财产形态的变化而改变自身的同一性；受托人基于对信托财产的管理、改良、处分或毁损而取得的财产也属于信托财产。信托财产具有法律独立性，受托人对信托财产和其自有财产须分别管理，受托人死亡时，其信托财产不得作为遗产继承。信托财产独立性具体包括三个方面：（1）信托财产与委托人的自有财产、受托人的自有财产相区别，因此信托财产的安全较为有保证；（2）信托设立后，信托财产脱离委托人的控制，由具有理财经验的受托人对其进行有效管理，进而较好地实现信托财产的保值增值；（3）受托人因信托财产的管理、运用或其他情形而取得的财产都归入信托财产。受托人不享有信托利益。为了保证信托财产的独立性，信托财产必须与受托人自有的财产、其他信托财产分别管理。有分别的管理才能保障各个受托人的利益。如果信托财产是货币，可放在一起管理、使用，但必须分别计算。

三、信托公司的设立与经营

在我国，信托公司是指依据《中华人民共和国公司法》和《信托公司管理办法》设立的，以营业和收取报酬为目的，以受托人身份承诺信托和处理信托事务的非银行金融机构。

（一）信托公司的设立

设立信托公司应当采取有限责任公司或者股份有限公司的形式，在满足设立条件的基础上，由国家金融监督管理总局批准，领取金融许可证。国家金融监督管理总局依照法律法规和审慎监管原则对信托公司的设立申请进行审查。设立的信托公司注册资本最低限额为3亿元人民币或等值的可自由兑换货币，注册资本为实缴货币资本（不得分期缴纳，必须以货币一次性付清）。

信托公司的股东必须是境内非金融机构、境内金融机构、境外金融机构和监管机构认可的其他出资人。

境内非金融机构作为信托公司出资人，应当具备以下条件：（1）在工商行政管理部门登记注册，具有法人资格；（2）有良好的公司治理结构或有效的组织管理方式；（3）有良好的社会声誉、诚信记录和纳税记录；（4）经营管理良好，最近2年内无重大违法违规经营记录；（5）财务状况良好，且最近2个会计年度连续盈利；（6）年终分配后，净资产不低于资产总额的30%（合并会计报表口径）；（7）入股资金来源真实合法，不得以借贷资金入股，不得以他人委托资金入股；（8）单个出资人及其关联方投资入股信托公司不得超过2家，其中绝对控股不得超过1家；（9）承诺3年内不转让所持有的信托公司股权（监管机构依法责令转让的除外），不将所持有的信托公司股权进行质押或设立信托，并在公司章程中载明；（10）除国务院规定的投资公司和控股公司外，权益性投资余额原则上不超过本企业净资产的50%（合并会计报表口径）；（11）监管机构规定的其他审慎性条件。境内金融机构作为信托公司出资人，应当符合与该类金融机构有关的法律、法规、相关监管规定的条件。

境外金融机构作为信托公司出资人，应当具备以下条件：（1）最近1年年末总资产原则上不少于10亿美元。（2）监管机构认可的国际评级机构最近2年对其作出的长期信用评级为良好及以上。（3）财务状况良好，最近2个会计年度连续盈利。（4）境外金融机构为商业银行时，其资本充足率应不低于8%；为其他金融机构时，应满足住所地国家（地区）监管当局相应的审慎监管指标的要求。（5）内部控制制度健全有效。（6）承诺3年内不转让所持有的信托公司股权（监管机构依法责令转让的除外）、不将所持有的信托公司股权进行质押或设立信托，并在公司章程中载明。（7）注册地金融机构监督管理制度完善。（8）所在国（地区）经济状况良好。（9）监管机构规定的其他审慎性条件。

（二）信托公司的业务

我国信托公司的业务按内容分主要有四类：资金信托业务、财产信托业务、投行业务和其他类业务。信托公司可以根据市场需要，按照信托目的、信托财产的种类或者对信托财产管理方式的不同设置信托业务品种。

《信托公司管理办法》明确信托公司可以申请经营下列部分或者全部本外币业务：（1）资金信托；（2）动产信托；（3）不动产信托；（4）有价证券信托；（5）其他财产或财产权信托；（6）作为投资基金或者基金管理公司的发起人从事投资基金业务；（7）经营企业资产的重组、购并及项目融资、公司理财、财务顾问等业务；（8）受托经营国务院有关部门批准的证券承销业务；（9）办理居间、咨询、资信调查等业务；（10）代保管及保管箱业务；（11）法律法规规定或国家金融监督管理总局批准的其他业务。由此可见，我国信托机构目前办理的信托业务按内容大体分为四大类：资金信托业务、财产信托业务、投行业务与其他类业务。财产信托业务包括动产信托、不动产信托、有价证券信托与其他财产或财产权信托；投行业务包括投资基金、并购重组项目理财、证券承销等业务；其他类业务有代理、咨询、保管、公益信托等业务。

信托公司管理运用或处分信托财产时，可以依照信托文件的约定，采取投资、出售、存放同业、买入返售、租赁、贷款等方式进行。信托公司不得以卖出回购方式管理运用信托财产，不得以固有财产进行实业投资。信托公司不得以卖出回购方式管理运用信托财产，不得开展除同业拆入业务以外的其他负债业务，且同业拆入余额不得超过其净资产的 20%。对外担保余额不得超过其净资产的 50%。

（三）经营规则

1. 维护受益人的利益

信托公司管理运用或者处分信托财产，必须恪尽职守，履行诚实、信用、谨慎、有效管理的义务，维护受益人的最大利益。在处理信托事务时应当避免利益冲突，在无法避免时，应向委托人、受益人予以充分的信息披露，或拒绝从事该项业务。

2. 亲力亲为

信托公司应当亲自处理信托事务。信托文件另有约定或有不得已事由时，可委托他人代为处理，但信托公司应尽到足够的监督义务，并对他人处理信托事务的行为承担责任。

3. 依法保密

信托公司对委托人、受益人以及所处理信托事务的情况和资料负有依法保密的义务，但法律法规另有规定或者信托文件另有约定的除外。

4. 信息披露

信托公司应当妥善保存处理信托事务的完整记录，定期向委托人、受益人报告信托财产及其管理运用、处分及收支的情况。委托人、受益人有权向信托公司了解对其信托财产的管理运用、处分及收支情况，并要求信托公司作出说明。

5. 独立性

信托公司应当将信托财产与其固有财产分别管理、分别记账，并将不同委托人的信托财产分别管理、分别记账。信托公司应当依法建账，对信托业务与非信托业务分别核算，并对每项信托业务进行单独核算。信托公司的信托业务部门应当独立于公司的其他部门，其人员不得与公司其他部门的人员相互兼职，业务信息不得与公司的其他部门共享。

四、我国信托业的发展[1][2]

(一) 信托业探索与试验阶段 (1979~1982 年)

新中国成立后，国家对各行各业进行了不同性质的改造，信托公司、证券公司、交易所等金融机构陆续停办。随着我国对外开放的不断深入，以及经济体制各项措施的改革实施，中国政府部门以及企业等逐渐有了部分结余资金，同时社会上也出现了市场化的资金需求。信托业务重新走上历史舞台。1979 年 6 月，国务院正式批准了中国国际信托投资公司方案；同年 10 月 1 日，中信公司正式在北京宣告成立。1979 年 10 月，中国银行总行也在北京成立了信托咨询部，停办了近 30 年的信托业得到了迅速恢复。

中信信托成立之初的首要目的，并非要在中国引入、培育信托制度，而是有其他两大目的：一是探索银行之外的引进外资及融通资金的新渠道，即中信信托首先是作为中国政府对外融资的窗口而开办的；二是在高度集权的计划经济、传统的金融体制之外，引入具有一定市场调节功能的新型因素，推动经济体制、金融体制的改革。因此，作为新中国恢复信托业后成立的第一家信托公司，中信信托一开始就走上了以银行业务为主营业务、金融实业并举的混业经营之路。

在同一时期，随着财政收入分成制度的实施和地方、部委利益的独立化，各地区、各部委在银行之外迅速形成了以融通资金、促进地方（块块）经济和部委（条条）经济发展的另一类型的信托投资机构。这类信托投资机构基本上是地方政府或中央部委所属的全资国有企业，主要作用是作为政府对外融资的窗口，为地方筹措银行计划体系之外的建设资金。

1980 年 6 月，国务院在《关于推动经济联合的通知》中指出："银行要试办各种信托业务，融通资金，推动联合。"这是新中国第一个涉及信托的政策文件。此后，中国人民银行积极推动银行开办信托业务。1980 年 9 月，中国人民银行下发《关于积极开办信托业务的通知》，指示各分行利用银行机构网点多、联系面

---

① 刘光祥. 1949~2001：信托业的探索与整顿——中国信托业发展与理论探索系列（三）[J]. 金融博览（财富），2019（11）：60-63.

② 刘光祥. 1949~2001：信托业的探索与整顿——中国信托业发展与理论探索系列（四）[J]. 金融博览（财富），2019（12）：70-73.

广的有利因素,在有条件的地区积极开办信托业务,特别是要把委托放款、委托投资业务办起来,以进一步发展地方经济,搞活银行业务,支持国民经济建设。这份文件第一次涉及开展信托的业务种类,提到了委托放款和委托投资。此后,各分行纷纷在经济发达的城市试办信托业务。至 1981 年底,全国 21 个省 241 个市陆续开办了信托业务,业务种类扩展至信托贷款、投资性贷款、财产信托、设备贷款以及代理服务。据不完全统计,到 1981 年 6 月末,各地信托存款约 9.64 亿元,信托贷款约 8.68 亿元,存差 9600 多万元。1981~1982 年,各种类型的信托投资公司在短期内迅速膨胀。到 1982 年底,全国各类信托机构发展到 620 多家,初步实现了促进调整、推动联合、促进企业改善经营管理、增加商品生产等方面的预定目标。

(二) 信托业明确信托范围 (1982~1987 年)

1983 年,中国经济改革的重心从农村转移至城市,国家提出了一系列进一步搞活经济的方针政策,中国经济增长速度明显加快,财政预算外资金迅速增加,信托业的新一轮扩张再次开始。在这轮经济发展过程中,信托业通过各种名义的贷款和投资,对固定资产投资的急剧膨胀起到了推波助澜的作用,使留有缺口的物资供应计划更加失去平衡调节能力。

1. 第一次明确信托业务范围

1983 年 1 月,中国人民银行在《关于人民银行办理信托业务的若干规定》中指出:"金融信托主要办理委托、代理、租赁、咨询业务,并可办理信贷一时不办或不便办理的票据贴现、补偿贸易等业务。"这是中国人民银行首次比较明确地划定信托业的经营范围。从这一范围来看,中国人民银行给信托业的定位是办理银行没有办理或不便办理的金融业务。这是信托业自 1979 年恢复以来第一次明确其业务范围。

2. 进一步确认混业经营模式

1984 年 6~7 月,中国人民银行连续召开全国支持技术改造信贷信托会议、全国银行改革座谈会。会议提出"信托业务是金融的轻骑兵,也是金融百货公司,更侧重于金融市场调节",并指出"凡有利于引进外资、引进先进技术,有利于发展生产、搞活经济的多种信托业务都可以办理"。会议还对信托业在搞活金融、加强沿海与内地经济联系上所起的突出作用给予了充分肯定。

同时,会议第一次充分肯定了信托公司混业经营模式,强化了信托公司此后做大"金融百货"的固有倾向,实际上是确认了信托业以银行业务经营为主的混业经营模式。

3. 规范信托公司资金来源渠道

信托公司从其内在机制、人员结构等各方面来说，都更倾向于将信托公司办成以银行业务为主，无所不能的"金融杂货店"。随后信托贷款业务规模不断增加。1985 年初，国务院发出《关于进一步加强银行贷款检查工作的通知》，中国人民银行针对过快增长的信贷，发出《关于立即停止发放信托贷款和停止办理信托投资公司的通知》，决定停止发放新的信托贷款，停止新增信托投资。1986 年4 月，中国人民银行总行据此制定、颁布《金融信托投资机构管理暂行规定》，明确了信托公司的经营范围，并明确框定了信托公司的资金来源渠道。

（三）信托业清理整顿（1988～2000 年）

1988 年，中国经济呈现出高速发展势头，信托公司数量亦飞速膨胀。到1988 年底，全国信托投资机构数量达到上千家，其中经中国人民银行正式批准的有 745 家。

1. 首次开展清理整顿

1988 年底，国务院先后发布《中共中央、国务院关于清理整顿公司的决定》《中共中央、国务院关于进一步清理整顿公司的决定》，对信托公司开展清理整顿。这是首次对信托机构开展清理整顿。

清理整顿期间，一律不准成立信托机构及其他类型的非银行金融机构；对信托机构进行撤并整合，解决信托机构过多过滥的问题，重新核发信托机构的金融业务许可证。对各地已经成立的各种信托投资机构，责成中国人民银行会同有关部门进行清理整顿。一年的整顿使信托机构骤减至 339 家。

清理整顿期间，各信托公司一律实行"三停"，即停止发放信托贷款、停止投资和停止拆出资金，并对 15 家全国性信托投资公司进行清查。清查的重点包括信贷规模、固定资产投资比例、固定资产投资方向、业务操作程序、存贷款利率及经营作风等。

2. 切断银行与信托公司间的资金联系

1992 年邓小平南方谈话之后，中国迎来了新一轮改革开放的热潮，经济迅速回升并呈现高速增长态势。但经济增长中的各类问题也随之故态复萌，通货膨胀率再次升高、中央财政困难加剧、基础产业短缺、"瓶颈"现象严重、出口不振、人民币币值不稳。

在这期间，部分信托投资公司与银行联手，违规拆借、违规揽存、违规放贷，并参与了沿海热点地区的圈地运动和房地产炒作活动，充当了加剧经济形势过热、扰乱金融秩序的角色，因此国家迫切需要切断银行与信托公司间的资金联系。1995 年 7 月出台的《中华人民共和国商业银行法》，更是以法律的形式确立了银行与信托分业经营的原则。经过清理，银行不再拥有信托公司，全国信托公司的数量在 1996 年末下降至 244 家。

同时，为进一步切断银行与信托公司间的资金往来渠道，亦禁止银行向信托公司拆出资金。整顿、解散银行开办的各类资金市场，切断信托公司与这些资金市场的往来关系，整顿银行账外经营、清查并整顿银行存款转存信托公司的"地下渠道"，要求银行限期收回通过各种名目存放在信托公司的资金。

在此背景下，信托公司为获取资金，以新还旧维系金融机构的信誉，一方面以实物资产和权利资产（债权、股权）冲抵部分到期债务，追收贷款、变现资产以压缩负债规模，大力发展证券业务和投资银行业务，开辟新的业务增长点，试图在金融业务之外发展工商业项目，使实业成为信托公司的主营业务等。另一方面铤而走险，通过高息揽存等方式，扩大自然人债务规模；创造发明信托投资收益凭证等各种名目的、以获取负债资金为唯一目的的"金融工具"，滥用金融机构的信用和政府信用（信托公司一般均有政府背景）融资；超范围、超额度发行特种金融债券；挤占挪用证券业务的股民保证金；等等。

3. 信托业最严厉的清理整顿

在数年的清理整顿中，部分信托公司发生流动性危机，陆续爆发兑付危机，隐藏的违规经营、资不抵债、不良资产比例等问题逐步暴露。以广东国际信托投资公司因巨额债务到期不能偿还而宣布倒闭为标志，中国信托业发展陷入了空前困境。

1999 年 3 月，国务院下发《国务院办公厅转发中国人民银行整顿信托投资公司方案的通知》，我国信托史上规模最大、措施最严厉、最具历史意义的清理整顿揭开序幕。措施包括：（1）坚持把信托投资公司真正办成"受人之托、代人理财"，以手续费、佣金为收入的中介服务组织，严禁办理银行存款、贷款业务。对受托财产进行管理和处置，所得收益归属受益人，信托投资公司以手续费或佣金形式收取报酬。信托公司不得吸收存款，不得自营期货和股票，不得用负债资金从事实业投资和贷款。（2）通过清理整顿，实现信托业与证券业分业经营、分别设立、分业管理，信托投资公司不再从事股票经营业务。已设立证券营业部、办理股票经营业务的信托投资公司，符合中国证券监督管理委员会有关规定的，经批准，可独立或牵头组建具有法人资格的证券公司或证券经纪公司；达不到中国证券监督管理委员会规定的条件的，可以转让或出售其证券营业部，也可以选择合作对象，申请联合组建证券公司或证券经纪公司。信托投资公司挪用的股票交易保证金要全部退还。

经过此次整顿，有 210 多家信托公司退出了市场，59 家获准重新登记，13 家拟保留未重新登记。

在这一时期，国家还先后出台了《中华人民共和国信托法》《信托投资公司管理办法》《信托投资公司资金信托管理暂行办法》三个对信托业至关重要的法律、法规，俗称"一法两规"，第一次通过法律制度的方式，承认信托公司的地位与主营业务，引导信托公司走以信托业务为主业的正途。"一法两规"的颁布实施，打破了信托业的路径依赖所作的强制性制度变迁，对于实现信托回归本业、走市场化道路发挥了基础性作用，尤其是《信托法》以法律的形式确立了信托制度，肯定了信托业的地位，为信托公司的长远发展奠定了坚实基础。

（四）恢复与增长（2001～2012 年）

1. 逐渐恢复

2001 年《信托法》正式施行，中国信托业开始了里程碑式的发展。2002 年 7 月 18 日《信托投资公司集合资金信托业务管理暂行办法》正式实施当天，上海爱建信托首推"外环线隧道项目资金信托计划"。这是《信托法》颁布实施后我国第一个根据"一法两规"开展的集合资金信托业务。此后，除了传统的贷款信托外，信托市场还陆续出现了一些不同类型的信托产品，像投资型信托产品（如股权投资）、管理型信托产品（如年金信托）、公益信托产品（如环保信托）等。这一时期，信托公司资金主要来源于自有资金或对个人客户的募集资金、对公资金，但信托公司异地能否建设营销中心并不明确，信托公司自身的资本实力有限，虽然实体企业有着旺盛的融资需求，但信托规模增长仍然较慢。

2001～2007 年，一批规模较大、管理健全、有信誉、有实力的信托公司，经过核销损失、充实资本、加强内部管理和实行分业经营后，陆续获准重新登记，并成为《信托法》实施后第一批以信托机构形式向社会提供规范信托服务的机构受托人。这标志着中国信托业进入新的发展阶段。此后，信托与银行、保险、证券一起被称为中国金融业"四大支柱"。

2. 快速增长

2007～2012 年，很多信托公司重新登记开业。信托制度的灵活优势使其可以将银行表内资产表外化，银信合作得到大力发展。信托作为银行之外企业融资的重要渠道作用也被充分挖掘，房地产信托、政信信托随之得到快速发展。2007～2012 年，信托规模 5 年内增长 6.5 万亿元，年均复合增速达到 49%，信托业资产规模达到 10 万亿元，信托业也成功超越保险业成为第二大金融产业。众多境内外金融机构和战略投资者一改之前对信托业的犹豫观望态度，对中国信托公司股权的投资热情空前高涨。

与此同时，信托监管亦逐渐成熟。2007 年，银监会颁布实施新的《信托公司管理办法》《信托公司集合资金信托计划管理办法》，进一步明确了信托公司功能定位，即面向合格投资者，主要提供资产管理和投资银行业务等服务的专业理财机构。对重新登记的信托公司，鼓励信托公司开展私人股权投资信托业务、资产证券化等创新业务，并颁布了《关于支持信托公司创新发展有关问题的通知》。此后，监管层还发布了一系列针对信托业的监管规定，使信托逐步走向规范化轨道，如《银行与信托公司业务合作指引》等。

2009 年后，房地产价格上升过快、地方政府融资平台债务问题突出，监管层开始控制信贷资金流入房地产市场与地方政府融资平台，于是银行开始找信托公司合作，用表外理财资金去购买信托计划，借助信托绕道向房地产企业与地方融资平台发放信托贷款。监管层发现后，银监会发布《关于进一步规范银信理财合作业务的通知》来限制腾挪信贷额度与投向的银信合作业务，要求存量银信合作资产入表核算，增量的银信融资类业务规模也受到 30% 的额度限制，银信直接合作开展的融资业务空间被压缩，银行与信托公司又开始寻找新的业务模式。

（五）调整期（2013 年至今）

2013 年开始，信托行业发展明显放缓，信托公司发展分化加剧，信托业进入调整期。2016 年中，中国证监会开始对券商资管、基金子公司的迅猛发展表现出担忧，连续下发文件，要求提高基金子公司的准入与业务门槛，对其实施净资本约束，提高券商资管与基金子公司扩张通道业务的成本。2017 年 5 月，在处理新沃基金违规事件的例会上，中国证监会发言人更首提要全面禁止证券投资基金让渡管理责任的通道业务。

而银监会在此阶段并未出台直接针对信托的监管文件，两方监管步调的时间差给了信托发展的空间与时间。原本被券商资管、基金子公司分流的通道业务开始回流至信托，此前增速不断下滑的事务管理类信托在 2016 年第二季度后重新开始快速扩张，成为这一时期信托发展的"引擎"，传统信托业务得到提振。

2017 年后，整个监管格局和大环境发生了颠覆性变化。监管层先后出台《关于规范金融机构资产管理业务的指导意见（征求意见稿）》《关于规范银信类业务的通知》《商业银行委托贷款管理办法》，包括通道类业务等在内的业务模式都受到了明显限制。与此同时，监管部门还加大了对信托公司的处罚力度，处罚频率不断提高。信托业发展逐渐进入成熟阶段，"投资类业务＋资产管理业务＋财富管理业务"已成为信托业新的发展"引擎"。

（六）信托业务转型与发展方向

1. 私募投行化，发展资产证券化

信托私募投行化是指项目融资、开展股权并购等综合金融服务，借助资产证券化更加深入契合到标准化业务中。一是提供股权、并购重组、信托贷款等综合金融服务。随着经济结构调整与转型加快，实体融资需求趋势下滑，传统业务需求收缩。但转型过程中存在马太效应，兼并重组会越来越频繁，缺乏竞争力的中小企业会被挤出市场，拥有创新精神与技术溢价的企业则会发展壮大。尤其是部分国有企业的融资渠道由银行转为资本市场，并以此来进行国有企业的改制、重组，信托机构可以把握其中兼并重组、股权投资等机会，借助并购信托、产业基金、顾问咨询等形式参与其中。二是大力发展资产证券化业务。资产证券化既有国家政策支持，同时金融机构也有非标转标、盘活存量的诉求，因此，可以大力发展资产证券化业务（诸如交易所 ABS、资产支持票据 ABN、信贷资产证券化等）。在开展此项业务时，对部分发行成功率较高、确定性较大、前端综合收益率较高且风险较为分散的基础资产，信托可以先带着资金进入，发放短期（3～6月）过桥贷款，帮助企业先形成基础资产，然后再进行资产证券化，并主动参与销售与前端融资，实现主动管理与介入。

2. 做好资产管理，走信托基金化道路

这主要是通过组合投资，分散项目风险，以实现客户财产保值增值的目的。一是做好资产管理业务，强化产品设计。可投资非标债权、股权等资产的信托型基金和可投资股票、债券、货币市场等标准化资产的信托型基金，在严监管的情况下，不能做期限错配、不能明股实债、不能以直接或间接方式做担保和结构化分级。管理好信托基金，需要强大、专业的投资团队，同时需要产品设计特色化。可以借助券商、基金、知名私募机构，做好产品设计，依据自身对大类资产走势的判断，依据不同资产或不同策略进行各家机构的筛选。二是做好渠道建设，增加资金募集。一方面，需要通过现金管理类产品吸引客户。现金管理类产品期限灵活、流动性好，收益率相对偏低，可以降低信托公司的成本，同时可以增加客户的黏性，引导客户在资金闲置期间存放于此，扩大管理规模。另一方面，做好渠道销售工作，进一步提高机构的占比与集中度，加大银行代销渠道，同时也要加大直销力度，建设营销中心与队伍，增强客户黏性，对未来转向一站式的财富管理与高端资产管理大有裨益。

3. 顺势财富管理，开始私人定制

财富管理是依据高净值客户与机构客户的风险偏好、流动性要求、资产偏好

等一系列的个性化要求，提供专属的财产管理服务。信托作为唯一一个同时拥有货币市场、资本市场与实业投资三大牌照的机构，其资金既可以运用于银行存款、发放贷款，也可以投资股权、投资证券市场，能够满足超高净值客户的各类资产偏好，是做大资产配置的良好平台。同时，信托具有破产隔离、财产独立的优势，信托财产所有权和受益权分离的特征，使其更适合进行财富的代际传承，在条款设计上更为灵活。顺势财富管理已成为信托转型的重要方向之一。而在财富管理方面，私人定制更是具有不可比拟的优势。在具体模式设计上，目前主要有两种：一是直接设立家族信托，将受益人设定为家人或自己，以达到财富管理的目的；二是采用家族办公室的设计，即委托人将资金委托于信托公司，同时由客户家族发起设立有限合伙企业，管理人由客户家族成员担任，信托公司按照客户意愿，作为有限合伙人的出资人/有限合伙人。该有限合伙企业完全在家族控制之下，可实现金融投资、不动产传承、股权投资等目标。这种模式既满足了高净值人群资产隔离、财富传承的需求，也能实现持续控制家族财富的目的。"投资类业务＋资产管理业务＋财富管理业务"已成为信托业新的发展"引擎"。

第三节　证券投资基金公司

一、证券投资基金公司概述

（一）证券投资基金

1. 证券投资基金的含义

证券投资基金是指通过发售基金份额募集资金形成独立的基金财产，由基金管理人管理、基金托管人托管，以资产组合方式进行证券投资，基金份额持有人按其所持份额享受收益和承担风险的投资工具。

（1）证券投资基金是以集资的方式集合资金用于证券投资。集资的方式主要是向投资者发行基金券，将众多投资者分散的小额资金汇集成一个较大数额的基金，对股票、债券等有价证券进行投资。

（2）证券投资基金是利用信托关系进行证券投资。所谓信托就是将本人的财产委托给可以信赖的第三者，让其按照本人的要求加以管理和运用的行为。投资者将财产委托专业机构进行证券投资，就是对该机构的信任，而该机构完全是按照投资者的要求进行管理和投资，并将收益分配给投资者，显然这是一种信托行为。

（3）证券投资基金是间接的证券投资方式。投资者购买基金份额后，基金以自己的财产投资于证券市场，显然投资者的证券投资是间接的。因此，投资者不能参与发行证券公司的决策和管理。

2. 投资基金的主体

（1）基金发起人。基金发起人是指依照共同投资、共享收益、共担风险的基本原则和股份公司的某些原则，运用现代信托关系的机制，以基金方式将投资人分散的资金集中起来，以达到预先规定的投资目的的投资组织机构。证券投资基金发起人为证券公司、信托投资公司及基金管理公司。

（2）基金托管人。基金托管人是指安全保管基金财产；依照规定开设基金财产的资金账户和证券账户；对所托管的不同基金财产分别设置账户，保证基金财产的完整与独立；保存基金托管业务活动的记录、账册、报表和其余有关资料；依照基金合同的约定，依据基金管理人的投资指令，及时办理清算、交割事宜；办理与基金托管业务活动相关的信息披露等事项的机构。

（3）基金管理人。基金管理人是指依法募集基金，办理或者委托经国务院证券监督管理机构认定的其他机构代为办理基金份额的发售、申购、赎回和登记事宜；办理基金备案手续；对所管理的不同基金财产分别管理、分别记账，进行证券投资；进行基金会计核算并编制基金财务会计数据；编制中期和年度基金数据等事项的机构。

（4）基金份额持有人。基金份额持有人即基金的投资人。

（二）证券投资基金的分类

1. 按基金的组织方式分类

（1）契约型基金。契约型基金又称为单位信托基金，是指把投资者、管理人、托管人三者作为基金的当事人，通过签订基金契约的形式，发行受益凭证而设立的一种基金。契约型基金是基于契约原理而组织起来的代理投资行为，没有基金章程，也没有董事会，而是通过基金契约来规范三方当事人的行为。基金管理人负责基金的管理操作。基金托管人作为基金资产的名义持有人，负责基金资产的保管和处置，对基金管理人的运作实行监督。

（2）公司型基金。公司型基金是按照《公司法》以公司形态组成的，该基金公司以发行股份的方式募集资金，一般投资者则为认购基金而购买该公司的股份，也就成为该公司的股东，凭其持有的股份依法享有投资收益。这种基金要设立董事会，重大事项由董事会讨论决定。公司型基金的特点：基金公司的设立程序类似于一般股份公司，基金公司本身依法注册为法人，但不同于一般股份公司的是，它是委托专业的财务顾问或管理公司来经营与管理；基金公司的组织结构也与一般股份公司类似，设有董事会和持有人大会，基金资产由公司所有，投资者则是这家公司的股东，承担风险并通过股东大会行使权利。

2. 按基金的运作方式分类

（1）封闭式基金。封闭式基金是指基金的发起人在设立基金时，限定了基金单位的发行总额，筹集到这个总额后，基金即宣告成立，并进行封闭，在一定时期内不再接受新的投资，又称为固定型投资基金。基金单位的流通采取在证券交易所上市的办法，投资者日后买卖基金单位都必须通过证券经纪商在二级市场上进行竞价交易。封闭式基金的期限是指基金的存续期，即基金从成立起到终止的时间。决定基金期限长短的因素主要有两个：一是基金本身投资期限的长短，如果基金目的是进行中长期投资（如创业基金）的，其存续期就可长一些，反之，如果基金目的是进行短期投资（如货币市场基金），其存续期可短一些；二是宏观经济形势，一般经济稳定增长，基金存续期可长一些，若经济波浪起伏，则应相对短一些。当然，在现实中，存续期还应按照基金发起人和众多投资者的要求来确定。基金期限届满即为基金终止，管理人应组织清算小组对基金资金进行清产核资，并将清产核资后的基金净资产按照投资者的出资比例进行公正、合理的分配。

（2）开放式基金。开放式基金是指基金管理公司在设立基金时，发行基金单位的总份额不固定，可视投资者的需求追加发行。投资者也可根据市场状况和各自的投资决策，或者要求发行机构按现期净资产值扣除手续费后赎回股份或受益凭证，或者再买入股份或受益凭证，增持基金单位份额。为了应付投资者中途抽回资金，实现变现的要求，开放式基金一般都从所筹资金中拨出一定比例，以现金形式保留这部分资产。虽然这会影响基金的盈利水平，但作为开放式基金来说，这是必需的。

3. 按投资目标分类

（1）成长型基金。成长型基金是基金中最常见的一种，它追求的是基金资产的长期增值。为了达到这一目标，基金管理人通常将基金资产投资于信誉度较高、有长期成长前景或长期盈余的所谓成长公司的股票。成长型基金又可分为稳健成长型基金和积极成长型基金。

（2）收入型基金。收入型基金主要投资于可带来现金收入的有价证券，以获取当期的最大收入为目的。收入型基金资产成长的潜力较小，损失本金的风险相对也较低，一般可分为固定收入型基金和股票收入型基金。固定收入型基金的主要投资对象是债券和优先股，因而尽管收益率较高，但长期成长的潜力很小，而且当市场利率波动时，基金净值容易受到影响。股票收入型基金的成长潜力比较大，但易受股市波动的影响。

（3）平衡型基金。平衡型基金将资产分别投资于两种不同特性的证券上，并在以取得收入为目的的债券及优先股和以资本增值为目的的普通股之间进行平衡。这种基金一般将25%~50%的资产投资于债券及优先股，其余的投资于普通股。平衡型基金的主要目的是从其投资组合的债券中得到适当的利息收益，与此同时又可以获得普通股的升值收益。投资者既可获得当期收入，又可得到资金的长期增值，通常是把资金分散投资于股票和债券。平衡型基金的特点是风险比较低，缺点是成长的潜力不大。

4. 按投资标的分类

（1）债券基金。债券基金以债券为主要投资对象，债券比例须在80%以上。由于债券的年利率固定，因而这类基金的风险较低，适合于稳健型投资者。通常债券基金收益会受货币市场利率的影响，当市场利率下调时，其收益就会上升；反之，若市场利率上调，则基金收益率下降。除此以外，汇率也会影响基金的收益，管理人在购买非本国货币的债券时，往往还会在外汇市场上做套期保值。

（2）股票基金。股票基金以股票为主要投资对象，股票比例须在60%以上。股票基金的投资目标侧重于追求资本利得和长期资本增值。基金管理人拟订投资组合，将资金投放到一个或几个国家，甚至是全球的股票市场，以达到分散投资、降低风险的目的。投资者之所以钟爱股票基金，原因在于可以有不同的风险类型可供选择，而且可以克服股票市场普遍存在的区域性投资限制的弱点。此外，还具有变现性强、流动性强等优点。由于聚集了巨额资金，几只甚至一只基金就可以引发股市动荡，所以各国政府对股票基金的监管都十分严格，不同程度地规定了基金购买某一家上市公司的股票总额不得超过基金资产净值的一定比例，以防止基金过度投机和操纵股市。

（3）货币市场基金。货币市场基金是以货币市场工具为投资对象的一种基金。货币市场基金通常被认为是无风险或低风险的投资。其投资对象一般期限在一年内，包括银行短期存款、国库券、公司债券、银行承兑票据及商业票据等。通常，货币基金的收益会随着市场利率的下跌而降低，与债券基金正好相反。

（4）混合型基金。混合型基金主要是从资产配置的角度看，股票、债券和货币的投资比例没有固定的范围。

（5）指数基金。指数基金采用被动式投资，选取某个指数作为模仿对象，按照该指数构成的标准，购买该指数包含的证券市场中全部或部分的证券，目的在于获得与该指数相同的收益水平，具有低成本的优势。

5. 按投资理念分类

（1）主动型基金。一般主动型基金以寻求取得超越市场的业绩表现为目标。其基金管理者一般认为证券市场是无效的，存在着错误定价的股票。

（2）被动型基金（指数型基金）。一般选取特定的指数成份股作为投资的对象，不主动寻求超越市场的表现，而是试图复制指数的表现。其投资管理者认为，市场是有效的，投资者不可能超越市场。

6. 按资本来源和流向分类

（1）国内基金。它是基金资本来源于国内并投资于国内金融市场的投资基金。一般而言，国内基金在一国基金市场上应占据主导地位。

（2）国际基金。它是基金资本来源于国内但投资于境外金融市场的投资基金。由于各国经济和金融市场发展的不平衡性，因而在不同国家会有不同的投资回报，通过国际基金的跨国投资，可以为本国资本带来更多的投资机会以及在更大范围内分散投资风险，但国际基金的投资成本和费用一般也较高。国际基金包括国际股票基金、国际债券基金和全球商品基金等种类。

（3）离岸基金。它是基金资本从国外筹集并投资于国外金融市场的基金。离岸基金的特点是两头在外。离岸基金的资产注册登记不在母国，为了吸引全球投资者的资金，离岸基金一般都在素有"避税天堂"之称的地方注册，如卢森堡、开曼群岛、百慕大等，因为这些国家与地区对个人投资的资本利得、利息和股息收入都不收税。

（4）海外基金。它是基金资本从国外筹集并投资于国内金融市场的基金。利用海外基金通过发行受益凭证，把筹集到的资金交由指定的投资机构集中投资于特定国家的股票和债券，把所得收益作为再投资或作为红利分配给投资者，它所发行的受益凭证则在国际著名的证券市场挂牌上市。海外基金已成为发展中国家利用外资的一种较为理想的形式，一些资本市场没有对外开放或实行严格外汇管制的国家都可以利用海外基金。

除了上述几种类型的基金，证券投资基金还可以按募集对象不同分为公募基金和私募基金；按投资货币种类不同分为美元基金、英镑基金、日元基金等；按收费与否分为收费基金和不收费基金；按投资计划可变更性分为固定型基金、半固定型基金、融通型基金；还有专门支持高科技企业、中小企业的风险基金，因交易技巧而著称的对冲基金、套利基金以及投资于其他基金的基金中基金等。

7. 其他特殊类型

（1）指数基金（被动型基金）。指数基金是 20 世纪 70 年代以来出现的新的基金品种。为了使投资者能获取与市场平均收益相接近的投资回报，产生了一种功能上近似或等于所编制的某种证券市场价格指数的基金。其特点是：它的投资组合等同于市场价格指数的权数比例，收益随着当期的价格指数上下波动。当价格指数上升时基金收益增加，反之收益减少。基金因始终保持当期的市场平均收益水平，因而收益不会太高，也不会太低。指数基金的优势包括：第一，费用低廉。指数基金的管理费较低，尤其是交易费用较低。第二，风险较小。由于指数基金的投资非常分散，可以完全消除投资组合的非系统风险，而且可以避免由于基金持股集中带来的流动性风险。第三，以机构投资者为主的市场中，指数基金可获得市场平均收益率，可以为股票投资者提供更好的投资回报。第四，指数基金可以作为避险套利的工具。对于投资者尤其是机构投资者来说，指数基金是他们避险套利的重要工具。指数基金由于其收益率的稳定性和投资的分散性，特别适用于社保基金等数额较大、风险承受能力较低的资金投资。

（2）交易型开放式指数基金（ETF）。交易型开放式指数基金属于开放式基金的一种特殊类型，它综合了封闭式基金和开放式基金的优点，投资者既可以向基金管理公司申购或赎回基金份额，同时，又可以像封闭式基金一样在证券市场上按市场价格买卖 ETF 份额，不过，申购赎回必须以"一揽子"股票换取基金份额或者以基金份额换回"一揽子"股票。由于同时存在证券市场交易和申购赎回机制，投资者可以在 ETF 市场价格与基金单位净值之间存在差价时进行套利交易。套利机制的存在，使得 ETF 避免了封闭式基金普遍存在的折价问题。

（3）上市开放式基金（LOF）。上市开放式基金发行结束后，投资者既可以在指定网点申购与赎回基金份额，也可以在交易所买卖该基金。不过投资者如果是在指定网点申购的基金份额想要抛出，须办理一定的转托管手续；同样，如果是在交易所网上买进的基金份额，想要在指定网点赎回，也要办理一定的转托管手续。根据深圳证券交易所已经开通的基金场内申购赎回业务，在场内认购的LOF 不需办理转托管手续，可直接抛出。

（4）国内机构投资者赴海外投资资格认定制度（QDII）基金。QDII 制度由香港政府部门最早提出，与 CDR（预托证券）、QFII（国外机构投资者到内地投资资格认定制度）一样，将是在外汇管制下内地资本市场对外开放的权宜之计，以允许在资本项目未完全开放的情况下，国内投资者往海外资本市场进行投资。

（5）黄金基金。黄金基金是指以黄金或者其他贵金属及其相关产业的证券为主要投资对象的基金。其收益率一般随贵金属的价格波动而变化。

（6）衍生证券基金。衍生证券基金是指以衍生证券为投资对象的证券投资基金，主要包括期货基金、期权基金和认购权证基金。由于衍生证券一般是高风险的投资品种，因此，投资这种基金的风险较大，但预期的收益水平比较高。

（三）证券投资基金公司

证券投资基金管理公司（基金公司）是指经中国证券监督管理委员会批准，在中华人民共和国境内设立，从事证券投资基金管理业务和中国证监会许可的其他业务的企业法人。

基金管理公司设立，应当具备下列条件：（1）股东符合《证券投资基金法》和《证券投资基金管理公司管理办法》的规定；（2）有符合《证券投资基金法》《公司法》以及中国证监会规定的章程；（3）注册资本不低于1亿元人民币，且股东必须以货币资金实缴，境外股东应当以可自由兑换货币出资；（4）有符合法律、行政法规和中国证监会规定的拟任高级管理人员以及从事研究、投资、估值、营销等业务的人员，拟任高级管理人员、业务人员不少于15人，并应当取得基金从业资格；（5）有符合要求的营业场所、安全防范设施和与业务有关的其他设施；（6）设置了分工合理、职责清晰的组织机构和工作岗位；（7）有符合中国证监会规定的监察稽核、风险控制等内部监控制度；（8）经国务院批准的中国证监会规定的其他条件。

二、证券投资基金公司业务

（一）证券投资基金业务

证券投资基金业务是基金管理公司最核心的一项业务，主要包括基金的募集与销售、基金的投资管理和基金的营运服务。

1. 基金的募集与销售

能否将基金成功推向市场并不断扩大基金的财产规模，对基金公司的经营有着重要意义。为成功进行基金的募集与销售，基金公司必须在市场调研的基础上进行基金产品的开发，设计出能够满足不同投资者需要的基金产品。

2. 基金的投资管理

基金的投资管理是基金公司最核心的一项业务，基金公司之间的竞争在很大程度上取决于投资管理能力的高低。因此，努力为投资者提供与市场上同类产品相比具有竞争力的投资回报，就成为基金公司工作的重中之重。

3. 基金的营运服务

基金的营运服务是基金投资管理与市场营销工作的后台保障，通常包括基金注册登记、核算与估值、基金清算和信息披露等业务。基金营运在很大程度上反映了基金公司对投资者服务的质量，对基金公司整个业务的发展起着重要的支持作用。

（二）特定客户资产管理业务

特定客户资产管理业务，又称专户理财业务，是指基金公司向特定客户募集资金或者接受特定客户财产委托担任资产管理人，由商业银行担任资产托管人，为资产委托人的利益最大化，运用委托财产进行证券投资的活动。符合条件的基金公司既可以为单一客户办理特定客户资产管理业务，也可以为特定的多个客户办理特定客户资产管理业务。允许基金公司开展特定客户资产管理业务，不但有助于基金公司扩大业务发展范围，增强基金公司的实力，而且有助于为机构投资者等资金规模较大的投资者提供"量体裁衣"式服务，满足其个性化证券投资需求，促进证券市场的稳定与健康发展。

（三）投资咨询服务

基金公司不需要报经中国证监会审批，可以直接向合格的机构投资者、境内保险公司及其他依法设立运作的机构等特定对象提供投资咨询服务。基金公司向特定对象提供的投资咨询服务不得有下列行为：（1）侵害基金份额持有人和其他客户的合法权益；（2）承诺投资收益；（3）与投资咨询客户约定分享投资收益或者分担投资损失；（4）通过广告等公开方式招揽投资咨询客户；（5）代理投资咨询客户从事证券投资。

（四）全国社会保险基金管理业务及企业年金管理业务

根据《全国社会保险基金投资管理暂行办法》和《企业年金基金管理试行办法》，基金公司可以作为投资管理人管理社会保险基金和企业年金。目前，部分取得投资管理人资格的基金管理公司已经开展了管理社保基金和企业年金的业务。

三、证券投资基金公司风险管理

（一）基金管理公司风险的种类

基金管理公司在业务运作中会出现募集风险、品种风险、财务风险、流动性风险、投资风险和操作风险等。

1. 募集风险

在募集期间，封闭式基金和开放基金都要根据国家的有关规定达到公告所需募集份额的一定比例，如我国规定，封闭式基金在募集期限内必须达到招募基金份额的80%，否则，该基金不能成立；开放式基金则规定在3个月内净销售额小于8000万元时，该基金不能继续发售。因此，作为基金的管理人，有可能因基金募集失败而承担募集费用。

2. 品种风险

投资基金产品开发应是基金公司的业务重点。基金品种的设计应适销且具有吸引力，否则基金比较难以募集，即使募集成功，也会由于其不适应当前的投资环境而在运作中出现困难。

3. 财务风险

财务风险是指基金管理公司面临的各种导致财务损失的可能性，包括基金管理公司的各种风险因素。从狭义角度讲，基金管理公司财务风险指基金管理公司支付债务的拖欠风险，即基金管理公司因财务变动而导致公司偿债能力变动的可能性。从风险的承担者角度分析，广义的基金管理公司财务风险侧重于风险对业主的影响，狭义的基金管理公司财务风险侧重于风险对公司债权人的影响。

4. 流动性风险

流动性风险是开放式基金具有的重要风险。开放式基金流动性风险是指其所持资产在变现过程中价格的不确定性与可遭受的损失。开放式基金没有发行规模的限制，可随时增加发行，也可随时赎回。当投资者申购新的基金单位时，基金规模就扩大，而赎回时则缩减其所持有的资产—投资组合的流动性之间存在显著的正相关关系。

5. 投资风险

因基金在投资过程中具有不确定性而导致投资本金和收益损失的可能性被称为投资风险。投资基金作为一种新型的投资工具，虽然其投资是由专家管理，风险可得到相应分散，但作为一种投资其风险仍不可避免。投资基金业务风险主要来源于证券市场和货币市场：一是来源于证券的发行者；二是来源于外部环境的变化；三是来源于投资者本身。对于投资风险的管理，大多通过模型化、电脑化的风险测量技术对其进行追踪分析和测量，而且可以通过调整投资组合来控制风险的限额。

6. 操作风险

操作风险是在基金业务操作中因人为因素或管理系统设置不当造成操作失误

而可能产生的损失，包括因为公司内部失控而产生的风险、对操作风险的管理多从制度上加以防范，通过明确的管理程序使之得到控制。

（二）基于内部控制的风险管理框架

1. 内部控制的法律法规

内部控制是以相关的法律法规为基础的。我国基金业近几年形成了较完善的法律法规体系，包括 2023 年颁布的《私募投资基金监督管理条例》，2013 年颁布的《证券投资基金托管业务管理办法》《证券投资基金销售管理办法》《人民币合格境外机构投资者境内证券投资试点办法》，2012 年颁布的《证券投资基金管理公司管理办法》《证券投资基金运作管理办法》《基金管理公司特定客户资产管理业务试点办法》，2011 年颁布的《企业年金基金管理办法》，2009 年颁布的《证券投资基金评价业务管理暂行办法》，2007 年颁布的《合格境内机构投资者境外证券投资管理试行办法》，2005 年颁布的《证券投资基金信息披露管理办法》等。

2. 建立投资风险管理制度

投资风险管理制度是投资基金运作中风险控制的核心，主要是利用风险量化技术来计算风险值，然后通过风险限额对其进行控制。

（1）风险量化技术。通过建立风险量化模型，对投资组合数据进行返回式测试、敏感性分析和压力测试，测量投资风险，计算风险暴露值。成型的风险控制技术包括方差风险计算法、低位部分距（LPMs）风险计算法、系数风险计算法以及 VaR（Value at Risk）计算法等，其中特别以 VaR 风险计算法最为重要。

（2）风险限额控制。在对风险进行量化的基础上，风险控制部门对每只基金的投资风险设定最大的风险临界值，对超过投资风险限额的基金及时提出警告，并建议基金调整投资组合，控制风险暴露。

3. 建立内部会计控制

建立内部会计控制即建立能够保证交易的记录正确，保证会计信息真实、完整、及时反映的系统和制度。

（1）基本的控制措施，包括复核制度（会计复核和业务复核）；通过凭证设计、登录、传递、归档等凭证管理制度，确保正确记载经济业务，明确分清经济责任；账务组织和账务处理体系。

（2）合理的估值方法，即为保证基金资产净值的准确计算而采取的科学、明确的资产估值方法，力求公允地反映其在估值时点的价值。

（3）科学的估值程序是保证基金资产净值准确计算的另一项会计控制措施，

主要包括数据录入、价格核对、价格确定和净值发送等程序。

4. 建立内部管理控制

内部管理控制是指内部会计控制以外的所有内部控制，包括组织结构控制、操作控制和报告制度。

（1）组织结构控制。组织结构控制是指通过组织结构的合理设置，来加强部门之间的合作和制衡，充分体现职责分工、相互牵制的原则。我国基金管理公司一般设有市场部、投资部、研究部、监察稽核部、运作保障部、综合管理部等。市场部主要负责基金销售工作；投资部在投资决策委员会和风险控制委员会的领导下，遵照基金合同等法律规定，管理基金资产；研究部主要进行市场、行业和公司研究，为投资提供决策支持；监察稽核部负责监督基金管理公司的各项运作是否符合法律规范；运作保障部主要为基金管理工作提供后台支持；综合管理部为基金管理公司的日常运作提供财务、人事、后勤等综合事务方面的支持。

（2）操作控制。操作控制的主要手段：一是投资限额控制。各基金都在招募说明书中公开披露其投资范围、投资策略和投资限制，据此，公司风险控制部门设定基金的投资限额，规定货币市场基金不得进行股票投资等。二是操作的标准化控制。其主要手段有操作书面化、程序标准化、岗位职责明晰化等。三是业务隔离的控制。它主要是指各资产管理公司应将基金资产管理和机构投资者资产管理、个人客户保证金、自有资金等进行独立隔离运作。

（3）报告制度。在日常交易中，前台、后台都必须分别编制每日交易情况的明细报告，分别向风险控制部门和上级部门报告。风险控制部门对于日常操作中发现的或认为具有潜在可能的问题应编制风险报告用以向上级报告。

5. 对违规行为的监察和控制

严格来说，违规行为的监察和控制属于内部管理控制的内容，然而因为其重要性，它一般被单独列为基金管理内部控制制度的重要组成部分，主要包括以下三个部分。

（1）对于操纵市场行为的实时防范。利用联网的电脑系统，在线实时监控基金的投资、交易活动，防止利用基金资产对敲作价等操纵市场的行为。

（2）股票投资限制表。为了防止基金介入内幕交易，或陷入不必要的关联交易调查，各证券投资基金管理公司内部都有明确的股票投资限制表，所管理的基金不得购买限制表中的股票，从而避免可能的违规行为。

（3）员工行为的监察。这是为了防止员工涉及操纵市场、偷跑获利、购买可能与基金资产存在利益冲突的证券等违规行为的监控制度。

四、证券投资基金公司的创新与发展

(一) 资产管理机构的创新与发展

(1) 差异化发展。综合性、集团化大型资产管理机构与专业化、特色化中小型资产管理机构将会并存发展。公募业务与非公募业务共同发展，基金管理公司业务模式、业务结构呈现多元化发展态势。基金管理公司的上市与并购重组，将会促进形成若干具有国际竞争力、品牌影响力的现代资产管理机构，会形成专业、高效的资产管理服务产业链，中小基金管理公司将实现集约化经营，进一步降低运营成本。

(2) 治理机制日趋完善。基金管理公司股权结构会进一步优化，基金管理公司混合所有制改革是一个趋势。基金管理公司组织形式也将多样化，会有越来越多的专业人士设立合伙企业，担任公募基金管理人，实行管理层、投研人员及其他业务骨干等专业人士持股或实施利润分享计划的长效激励机制。

(3) 双向开放。基金行业对内对外开放程度会进一步提高，符合条件的各类金融机构与其他市场主体会设立基金管理公司，外资持股比例限制会进一步放宽，合资基金管理公司会得到一定的发展。与香港及境外市场的基金产品互认，实现境内外交易所交叉挂牌基金产品，利用沪港股票市场互联互通机制试点等渠道，拓展为境内外个人与机构提供资产管理服务的空间。合格的境外机构投资者、合格的境内机构投资者范围会扩大，投资额度不断提高。

(4) 专业投资能力得到增强。投研模式多样化，团队投资管理模式会得到推广应用，逐步建立起科学的研究方法与决策流程，促进投研绩效提升。公募基金的长期资金来源会进一步拓宽，为基金长期投资资本市场提供制度基础。基金管理公司积极参与养老金市场化管理的制度设计，参与养老金管理，创设养老型公募基金，全国社保基金、企业年金、职业年金和个人储蓄养老账户增加基金投资。基金发挥专业机构投资者的作用，参与新股配售，代表公众投资者行使权利，盈利模式向约束上市公司完善治理、积极回报投资者转变。

(5) 合规风控水平日益提升。机构合规风控的主体责任得到落实，完善内部控制机制与全面风险管理体系。合规风控队伍建设及履职保障，机构内部合规、风控等部门在业务运营中的监督制衡作用得到发挥，不断完善合规风险责任与考核奖惩挂钩机制和行业分级风险应急预案，完善重大风险监测、识别、预警与处置机制。严守职业道德底线，履行行业责任、市场责任与社会责任将会不断得到强化。

（二）业务产品创新与发展

（1）基金产品创新。围绕市场需求自主开发跨境跨市场、覆盖不同资产类别、多元化投资策略、差异化收费结构与收费水平的公募基金产品。股票基金与混合基金、固定收益类基金不断发展，交易型开放式指数基金（ETF）等交易所场内基金得到发展。将会推出商品期货基金、不动产投资基金、基金的基金（FOF）等新品种。公募基金依法参与融资融券、转融通业务及衍生品等投资，公募基金在投资范围、投资市场、投资策略与产品结构等方面会有所创新。

（2）基金业务创新。基金管理公司拓展业务范围，在定制账户管理、多元经理管理（MOM）模式方面会有所创新。基金管理公司固有资金投资范围和公司融资渠道会进一步扩大，基金管理公司发行公司债、次级债以及进入银行间市场发行各类债券。基金托管机构会提供多样化增值服务，优化收费模式。专业基金销售机构拓宽业务范围，为投资者提供理财顾问服务。商业银行、证券公司等机构发售以公募基金为投资标的的理财产品。基金管理公司与互联网企业开展多种形式的业务合作，公募基金利用移动互联网等现代技术和新型渠道改进传统业务，扩展客户基础，提升客户体验。

（3）基础设施及平台建设。多元化基金交易执行模式和产品质押机制日益完善，基金分类有序纳入质押回购标的，市场主体为投资者提供基金份额质押融资服务。完善产品交易转让制度，为投资者办理产品转让提供便利。拓展开放式基金应对赎回的融资方式，提高抵御流动性风险能力。推进公募基金统一账户和产品适度集中登记体系建设，行业信息技术标准及数据平台建设，多元化信息技术系统服务商发展。

（4）优化客户服务与投资回报机制。建立个性化的客户管理制度，加强风险揭示，确保将合适的产品卖给合适的投资者。建立简明、有效的公募基金信息披露制度，优化披露方式，简化披露内容，降低披露成本。优化投资回报机制，开发各类收益风险相匹配、可供中小投资者选择的基金产品。落实受托人违规赔偿机制，建立完善公募基金风险准备金制度和基金持有人大会制度，自律组织会积极落实投资者教育与服务、从业人员教育培训、公共平台建设、舆论引导等职能，促进基金行业形象提升。

（三）监管转型

（1）转变监管方式。大幅精简、整合、清理审批备案报告事项，建立适应创新发展需要的监管模式。开展事中监管，落实风险导向的非现场监测与现场检查，加强对系统重要性机构及产品的风险监测，建立与优化公募基金管理人评价指标体系。强化事后监管，加大执法力度，保持对违法行为的高压态势，完善日常监管机构、稽查执法部门与自律组织之间的联动机制。

（2）放宽行业准入。建立适应功能监管需要的牌照管理体系，不断完善各类资产管理机构开展公募基金管理业务的制度安排，各类符合条件的市场主体申请公募基金管理牌照会更加便利，建立开放、包容、多元的资产管理行业格局。民营资本、专业人士各类主体设立基金管理公司会日益增多。商业银行设立基金管理公司由试点转为常规，稳步推进保险公司设立基金管理公司试点。证券期货经营机构、外资银行等申请基金托管资格，建立场内与场外、直销与代销、网上与网下相结合的多元化基金销售渠道。

关键术语

期货经纪公司　居间人　信托公司　信托

分析与思考

1. 期货经纪公司的主要职能是什么？
2. 期货经纪公司的主要风险有哪些？
3. 期货经纪公司的业务范围有哪些转变？
4. 信托的内涵与构成要素有哪些？
5. 中国信托业发展展望与创新方向。
6. 证券投资基金的含义与分类标准有哪些？
7. 证券投资基金公司的风险管理主要包括哪些方面？风险监管的指标包括哪些方面？

　　通过对本章的学习，掌握金融监管的内涵、目标以及原则，了解证券市场、衍生品市场监管的法律法规体系；发掘金融市场监管的国际经验对我国的启示以及借鉴意义；能灵活运用所学知识分析我国金融市场监管的发展趋势。

第一节　金融监管概述

一、金融监管的内涵与必要性

　　金融监管有狭义和广义之分。狭义的金融监管是指中央银行或其他金融监管当局依据国家法律法规的授权对整个金融业（包括金融机构以及金融机构在金融市场上所有的业务活动）实施的监督管理。广义的金融监管是在上述含义之外，还包括了金融机构的内部控制和稽核、同业自律性组织的监管、社会中介组织的监管，即四位一体的"大监管"。金融监管在视角上也有微观和宏观之分。微观视角注重对金融机构的经营状况、交易行为进行监管，通过规制行为实现金融机构和金融市场对消费者权益的维护；宏观视角则侧重金融体系稳健，通过有效的数据分析和管理手段，探寻金融体系中的薄弱环节，对系统性风险进行化解与管理。

　　金融监管的必要性主要体现在以下几个方面。

（一）金融业的重要地位决定了对其监管的必然性

　　金融是现代经济的核心，金融对实体经济平稳健康发展提供重要支撑，金融体系是全社会货币的供给者和货币运行及信用活动的中心，金融的状况对社会经济的运行和发展起着至关重要的作用，具有特殊的公共性和全局性。此外，金融稳定对于国家的政治安全和社会稳定也具有重要意义。金融稳定不仅是经济稳定的问题，同时也涉及各个层面的政治安全和社会稳定。由于金融业在国民经济中处于特殊的重要地位，决定了对金融业的监管是一个国家社会经济稳定发展的必然要求。

（二）金融业高风险特性需要金融监管的有效防控

金融业是一个存在诸多风险的特殊行业，又关系着千家万户和国民经济的方方面面，如金融机构出现问题将会对整个经济与社会产生很大的影响。金融机构在经营中面临的风险主要有：信用风险，又称违约风险，即交易对方不履行到期义务的风险；流动性风险，到期无法以合理成本及时获得充足资金的风险；市场风险，由于利率或汇率等因素波动带来的资产价值损失的风险；操作风险，由于内部控制不完善或内部操作不当带来的风险；等等。一旦金融机构发生危机或破产倒闭，将直接损害众多债权人的利益，后果将是十分严重的。金融监管可以帮助管理者将风险控制在一定范围之内，保证金融体系的安全。只有金融体系安全运行，才能保护公众对金融体系的信心，从而保证国民经济健康发展。

（三）金融监管有利于维护金融秩序，保护公平竞争，提高金融效率

良好的金融秩序是保证金融安全的重要前提，公平竞争是保护金融秩序和金融效率的重要条件。为了金融业健康发展，金融机构应该按照有关法律规定规范地经营，不能搞无序竞争和不公平竞争。这就需要金融主管当局通过金融监管实现这一目的，以保证金融业运行有序、竞争公平且有效率。

20世纪70年代以来，金融危机的发生频率明显加快。与过去相比，金融危机的影响范围和深度不断扩大，爆发的频率也呈上升趋势。同时，由于各类金融创新和大量衍生工具的出现，也加大了金融机构内外部监管的难度。尤其是进入90年代以来，世界经济和国际金融市场发生了极大变化，金融交易总量不断攀升、金融交易品种不断增加、金融交易手段不断创新，金融全球化、自由化趋势明显。在此背景下，金融风险也大大增加。现实金融业的大动荡反映了世界范围内各国经济在新形势下的调整与剧变，也使金融监管的必要性更加突出。

（四）金融监管是实施货币政策和金融调控的保障

中央银行的货币政策操作，主要是运用货币政策工具进行的。中央银行根据货币政策目标，运用货币政策工具调节货币供应量和维持总需求与总供给基本平衡的过程，也就是金融调控的过程。金融调控其实就是货币政策的制定和实施，虽然金融调控与金融监管职能的最终目标一致，但两者在实施手段和侧重点以及具体目标等方面有所不同。金融监管着眼于金融机构和金融市场运作，而金融调控则着眼于金融总量。两者的联系表现在金融监管是实现金融调控的基础保障，金融调控工具的运用是实现金融监管目标的重要手段。

二、金融监管的目标

金融监管的目标是实现金融有效监管的前提和监管当局采取监管行动的依据。金融监管的目标可分为总体目标和具体目标。从金融监管的实践及其本质需求来看，总体目标应该是促成建立和维护一个稳定、健全和高效的金融体系，保证金融机构和金融市场健康的发展，从而保护金融活动各方，特别是存款人的利益，进而保证整个国民经济秩序的正常运转，以高效、发达的金融制度推动经济的稳定发展。具体目标一般是指监管当局为了限制和消除一切不利于市场运行的因素，诸如各种非法交易、投机活动、欺诈手段的存在和发展，保障市场参与者的正当权益，而对金融机构和金融活动所规定的一系列数量标准。

（一）维护金融体系的安全与稳定

这是金融业健康发展的重要标志，也是金融监管的根本目标。金融监管者必须采取有效措施，促进金融机构依法稳健、合规经营，预防与化解风险，防止金融机构的倒闭和"传染效应"的扩散，守住不发生系统性风险的底线。

（二）保护存款人、投资者和其他市场参与者的利益

银行存款人和保险单的持有人是金融业的服务对象。投资者是金融市场的出资者，它们在信息取得、资金规模、经济地位等各方面相对于金融机构而言，居于弱者地位，但它们又是金融业的支撑者，与其他社会大众一样，是金融业生存和发展的前提。金融监管机关对这些社会弱者的利益提供保护，除应采取确保一个稳健、安全的金融体系的监管措施之外，还应依法给予特殊保护。对金融业社会弱者利益的特殊保护，已日益成为世界各国金融立法关注的重点。

（三）促进金融体系公平、有效竞争，提高金融体系的效率

金融监管并非压制和限制金融业的发展，而是要在确保安全与稳定的基础上促进金融体系的公平、有效竞争。这里所说的公平竞争既体现在银行之间以及银行与其他金融机构之间，也体现在一国境内的内资金融机构和外资金融机构之间。金融监管部门一方面要依法为金融机构提供公平竞争的环境，打破垄断，防止不正当竞争，防止资本无序扩张，确保其平等的法律地位和均等的市场机会；另一方面也要采取一些提高效率的管制措施，提高自己的监管水平，完善监管体制，实施有效的和最低成本的监管。

三、金融监管的原则

（一）监管主体的独立性原则

监管主体的独立性是金融监管机构实施有效金融监管的基本前提。作为巴塞尔协议的核心原则，监管主体独立性主要是指监管主体应独立于政府。我国《银行业监督管理法》规定，银行监管机构及其工作人员依法履行职责时，地方政府、各级部门、社会团体和个人不得对其进行干涉。近年来，世界上一些国家不断发生金融危机，这些国家总结经验教训后，正在酝酿金融体制的重大改革，其中加强监管主体的独立性是重要的一条。

（二）依法监管原则

依法监管是指金融监管的监管主体、监管内容、监管程序、监管权力等各个环节都必须严格依照法律规定，不能超越法律。作为金融监管的核心原则，依法监管原则是依法治国这一基本方略在金融监管领域的延伸。我国《银行业监管法》《证券法》《保险法》里面的相关规定都从实体法和程序法的角度确认了这一原则，概括为五点：（1）所有金融机构应毫无例外地接受监管；（2）金融监管机构的设立及职权的获取都必须要有法律依据；（3）监管职权应依法行使，监管活动应依法进行；（4）监管活动双方有一方违法的，都必须承担相应的法律责任；（5）金融监管的自由裁量权必须要有严格的限制。

（三）"内控"与"外控"相结合的原则

世界各国的金融监管工作从管理风格上来说，差异较大。美国和日本以外部

强制性监督管理为特征，而英国与许多西欧国家则更强调在诱导劝说基础上的内部自我约束和自我管理。但是，无论是以"外控"为主，还是以"内控"为主的国家，都需要"外控""内控"有机配合，缺一不可。

"外控"，即发照机关必须有权制定发照标准并拒绝一切不符合标准的申请。发照程序至少应包括审查银行等金融机构的所有权结构、董事和高级管理层、经营计划和内部控制以及包括对资本金在内的预计财务状况等；当报批的所有者是外国银行时，应获得其母国监管当局的批准。监管程序的一个重要部分是监管者有权制定、利用审慎法规和要求来控制风险，其中包括资本充足率、贷款损失准备金、资产集中、流动性、风险管理等预防性方面的监管。

"内控"，即内部控制，目的是确保银行等金融机构的业务能根据银行董事会制定的政策以审慎的方式经营。内部控制包括三个主要内容：（1）组织机构健全（职责的界定、贷款审批的权限分离和决策程序）；（2）会计准则严格规范（对账、控制单、定期试算等）；（3）业务操作的"双人原则"（不同职责的分离、交叉核对、资产双重控制和双人签字等）。

（四）稳健运营与风险预防原则

安全、稳健是一切金融监管当局监管工作的基本目标，而要达到这一目标就必须进行系统的风险预测与管理。因此，所有监管技术手段指标体系，无一不着眼于金融业的安全、稳健及风险性预防管理。同时，监管者必须掌握完善的监管手段，以便在银行未能满足审慎要求，或当存款人的资金安全受到威胁时采取纠正措施。在极端的情况下，如果银行或其他金融机构已不具备继续生存能力，监管者可参与决定该机构被另一家更健康的机构接管或合并。当所有的办法都失败后，监管者必须有能力关闭或者参与关闭一家不健康的银行，以维护整个银行等金融机构的稳定性。

（五）母国与东道国共同监管原则

随着金融自由化、全球化的发展，跨国银行等金融机构日趋增多，跨国银行的母国与东道国对其监管应有明确的责任。核心原则要求母国监管者履行的责任是："银行监管者必须实施全球性并表监管，对银行在世界各地的所有业务进行充分的监测并要求其遵守审慎经营的各项原则，特别是其外国银行、附属机构和合资机构的各项业务。"东道国监管当局的责任是："银行监管必须要求外国银行应按东道国国内机构所同样遵循的高标准从事本地业务，而且从并表监管的目的出发必须有权要求分享其母国监管当局所需的信息。"母国与东道国建立联系、交换信息，共同完成跨国银行等金融机构的监管。

四、金融监管的主要模式

金融监管模式是指一国关于金融监管机构和相关金融监管法规的体制安排，包括对金融监管机构职责的划分和权力的分配。原则是根据不同国家和地区的具体情况，采用不同的监管模式，既要确保监管效率，防止交叉监管和监管空白，又要避免权力过于集中，通过相互制约实现科学的分配监管权力，提高监管质量。根据不同的划分标准，可以分为不同的金融监管模式。从金融机构的业务范围来划分，可以分为分业监管和混业监管；从监管职能的划分依据可以分为机构监管和功能监管；从监管所关注的领域和目标来划分，可以分为行为监管、宏观审慎管理和双峰监管。而在一国实践中，不同的监管模式可能在不同程度上有所综合。历史经验表明，没有绝对的好或坏，只有相对适合的监管模式。各国应根据其特有的历史、文化和金融市场环境等因素选择不同的模式。

（一）机构监管模式

机构监管也被称为部门监管，是指将涉及不同行业的金融机构分为不同的类别，再根据这些类别设立对应的监管机构进行专门的监管工作，其中每个监管部门的职责权力以及监管范围是确定的，不得超过自身的监管范围对其他行业的金融机构进行监督和管理。机构监管模式的特点是分工明确、职责划分准确、监管专业化，这种监管理念和设计适合传统分业经营体制。监管范围的划分是以机构性质为标准，如银行、保险公司、证券公司。许多国家都是从机构监管开始逐步发展其金融监管模式，在金融业务简单、行业界限清晰的分业经营模式下，机构型监管的优势尤为突出，监管更加专业化，效率也比较高。但是，当金融混业经营成为潮流，机构监管往往无法应对。

（二）功能监管模式

功能监管是对机构监管的进一步优化，以避免单一依据金融机构性质划分监管范围导致的监管空白、监管交叉的问题。所谓功能性金融监管，是指依据金融体系基本功能而设计的监管。类别相同的金融交易接受同一个部门的监管。功能监管可以避免金融机构通过转移业务达到监管套利的目的，同时减少监管空白。功能监管体制对美国等国家的金融监管发展起到了铺垫性作用，在20世纪末，《金融服务现代法》的通过对功能监管提供了法律支持，它首次提出银行、保险和证券可以跨行业混业经营，对于跨行业经营的同种业务采取相同的监管，既保证了竞争的公平性，又最大限度地避免了监管空白，但同时可能会出现由于同一监管对象经营不同的业务被重复监管的情况。功能监管有一个劣势就是单独重视业务监管，无法对金融机构进行全方位了解，这可能会导致风险的发生。

五、金融监管的主要内容

中央银行或货币管理当局对金融业的监督包括对商业银行、对各个非银行金融机构、对金融市场（包括货币市场、资本市场、黄金市场、保险市场）、对外资银行、对金融衍生工具等的监管。归纳起来，包括三方面的内容：一是为防止银行遭遇风险而设计的预防性监管；二是为保护存款者的利益而提供的存款保险；三是为避免银行遭遇流动性困难，由货币当局在非常状态下所提供的紧急救助。这三方面在西方国家统称为金融监管的"三道防线"。

（一）预防性管理

预防性监管是监管当局通过采取积极的监管策略，在银行或其他金融机构成立之时，对其设立条件、组织结构、经营项目、营业区域、资本要求和内控系统等所进行的监管。对金融风险的预防性管理旨在防止或缩小由银行内控不严而引起的各种风险。其主要措施有市场准入、资本充足性、流动性管制、业务范围的限制、贷款风险的控制、准备金管理及管理评价等。

（二）存款保险制度

存款保险制度是一种金融保障制度，是指由符合条件的各类存款性金融机构集中起来建立一个保险机构，各存款机构作为投保人按一定存款比例向其缴纳保险费，建立存款保险准备金。当成员机构发生经营危机或面临破产倒闭时，存款保险机构向其提供财务救助或直接向存款人支付部分或全部存款，从而保护存款人利益，维护银行信用，稳定金融秩序的一种制度。从世界范围看，银行已存在了几个世纪，但存款保险体系的建立是近几十年的事。目前，许多市场经济国家已经建立了官方或行业性的存款保险制度。

（三）紧急救援

紧急救援是指金融监管当局对发生清偿能力困难的银行提供紧急援助的行

为。在各国金融监督管理技术手段体系中，中央银行或有关金融管理当局对发生清偿能力困难的银行提供紧急援助，可以视为金融体系的最后一道防线。

金融监管当局一旦发现了某银行有不安全的资产或经营管理不善时，应立即提醒高级管理人员注意，以便及时加以纠正和调整。这种警告必须是强有力和果断的，否则可能使本来可以通过调整管理机构或改变政策而得以及时纠正的局面，突然变成爆炸性的挤兑狂潮。这是金融监管当局必须警惕并尽力加以避免的问题。必要时，金融监管当局可以宣布停止该金融机构有过高风险的业务活动，以及实施其他直接干预手段。实行这些措施后，如果还不能有效地制止情况的继续恶化，此时，金融监管当局有必要进一步采取措施，给予紧急救援。

六、我国金融监管框架改革

当前，我国金融业在实践中逐渐探索形成了以分业经营、分业监管为主的架构。改革开放以后，我国在很长一段时间内实行的是综合监管，即所有金融业务的监管活动和货币政策决策都集于央行一身。1993 年 12 月 25 日，国务院发布《关于金融体制改革的决定》，提出要确立强有力的中央银行宏观调控体系，对保险业、证券业、信托业、银行业实行分业经营和监管。随后，综合监管体制被打破，分业监管体制逐步确立。1992 年，国务院证券委员会、证券监督管理委员会成立。1998 年，国务院证券委员会和证券监督管理委员会合并，由中国证监会统一监管全国证券和期货经营机构；同年成立的原保监会则负责保险业的统一监管。2003 年，原银监会成立，标志着由中国人民银行负责货币政策和宏观审慎监管，原银监会、证监会和原保监会实施分业监管的"一行三会"格局正式形成。为应对综合经营趋势，我国金融监管一直在分业监管的基础上进行完善补充，主要包括加强跨部门协调和更新监管理念两方面。

为进一步强化金融监管协调，2017 年 7 月全国金融工作会议决定设立国务院金融稳定发展委员会（以下简称"国务院原金融委"），高于当时的"一行两会"。其定位于国务院统筹协调金融稳定和改革发展重大问题的议事协调机构，主要负责审议金融业改革发展重大规划、统筹金融改革发展与监管、协调货币政策与金融监管相关事项、统筹协调金融监管重大事项等内容。随着功能监管理念持续创新，为了解决银行、保险业务交叉严重、出现监管灰色地带的问题，2018年，监管层决定将原银监会和原保监会进行合并，从根本上加快补齐监管短板。"一行三会"的金融监管格局变更为"一行两会"。

为保证金融体系稳健运行，提升监管效能，2023 年 3 月，中共中央、国务院印发《党和国家机构改革方案》，提出在原银保监会基础上组建国家金融监督管理总局。2023 年 5 月，国家金融监督管理总局正式揭牌。国家金融监督管理总局作为国务院直属机构，统一负责除证券业之外的金融业监管，强化机构监管、行为监管、功能监管、穿透式监管、持续监管，统筹负责金融消费者权益保护，加强风险管理和防范处置，依法查处违法违规行为。此次改革确立了在中央金融委员会和中央金融工作委员会领导下的"一行一局一会"监管格局。

第二节　证券市场监管

从 1990 年 12 月 19 日上交所正式开业到现在，中国证券市场不断成长壮大，见证了中国经济的快速发展与改革转型。从发行制度上看，我国资本市场历经过审批制、核准制及注册制三种股票发行模式，其中前两种均表现为政府的直接干预，企业必须经证监会实质审核通过后才能获取准入资格。行政干预的目的是严格控制上市公司质量，为投资者筛除非优质企业，维护证券市场的健康有序运行。目前，证券市场正处于核准制向注册制平稳过渡的转轨改革阶段，当前采取的监管体系架构分为政府监管和自律监管两部分。

一、政府监管

证券市场行政监管部门是证券监督管理委员会（以下简称"证监会"）及其派出机构（以下简称"证监局"）。证监会设立在北京，是国务院直属机构，依照法律法规和国务院授权，统一监督管理全国证券期货市场，维护证券期货市场秩序，保障其合法运行。下设共计 36 个证券监管局以及上海、深圳证券监管专员办事处，并根据辖区责任制各自负责辖区内的监管工作，一旦发现发行人涉嫌违规信息披露，应及时予以督促并告知交易所。定期采取"双随机"原则进行现场抽查，即随机选取抽查对象、派遣工作人员。当发现存在重大疑问、涉及重大风险或涉嫌违法违规的情况时，证监局有权依法进行现场检查并采取应对措施，同时将结果报送证监会。"对于满足立案标准的，可直接移交稽查部门或向证监会请示后将其移送立案稽查"，并为立案稽查做好基础工作，履行取证程序，收集立案线索。

证监会负责整个证券市场宏观监管，主要监管工作内容包括：研究和拟订证券期货市场的方针政策、发展规划；垂直领导全国证券期货监管机构，对证券期货市场实行集中统一监管；监管股票、可转换债券、证券公司债券和国务院确定由证监会负责的债券及其他证券的发行、上市、交易、托管和结算；监管证券投资基金活动；批准企业债券的上市；监管上市国债和企业债券的交易活动；监管上市公司及其按法律法规必须履行有关义务的股东的证券市场行为；等等。而随着注册制实施，证监会不再对申请上市企业的申报材料进行实质审核，行政监管重心从控制上市公司质量逐步向证券市场本身平稳运行转移。

二、自律监管

自律监管是指"经行政监管部门授权的自律组织根据公约、章程、准则等自律规范规则，对上市公司进行约束与管理，并可以就不遵守规则的行为实施自律监管措施"。自律型监管模式下，如证券交易所、券商等证券行业参与者都发挥着对证券市场交易的重要自律监管功能，并拥有对市场内主体违法违规行为的处置权力，证券行业制定出的业务规则等作为其实施与接受自律管理的依据和基础。政府除必要的立法之外，一般不过问证券交易，通常也不设立专业的证券交易监管部门。在该模式下，市场的管理规则制定和修订更加具有灵活性和针对性，市场自律管理机制的高效运行得以保障。

（一）证券交易所监管

目前，我国设有上海证券交易所、深圳证券交易所和北京证券交易所。其中，上海证券交易所和深圳证券交易所依照2018年开始实施的《证券交易所管理办法》的要求，这两个证券交易所受中国证监会监督和管理，是为证券集中交易提供场所和设施、组织和监督证券交易、实行自律管理的会员制法人。于2021年9月成立的北京证券交易所是经国务院批准设立的我国第一家公司制证券交易所，受中国证监会监督管理。

（二）上市公司协会监管

上市公司协会是在《证券法》基础上成立的非营利性的社会团体法人，由证监会领导，目的是维护会员合法权益，包括上市公司和其他有关机构。负责搭建包括政府、监管机构、社会公众的沟通平台；配合政府调查研究，以解决处理证券市场中出现的问题，并就相关监管规则的出台制定进行提议，同时参与协助政策的执行；参与交易所自律规则的制定，提升会员自律性，建设优良的企业文化；定期开展对会员高管的培训活动，增强其自律意识，同时提升专业能力；统计全体会员的相关信息和数据，作为政府决策的参考。

第三节 衍生品市场监管

金融衍生品是在已有金融产品的基础上演变产生的新产品总称，主要包括期货、期权、远期、掉期、互换等，衍生性是其根本特征。目前，金融衍生品市场在全球范围内已经发展成为一个庞大而重要的市场，为投资者和企业提供了对冲风险、增加投资回报以及进行套利交易等机会。我国金融衍生品市场虽然起步较晚，但发展迅速。根据中国期货业协会数据，场外衍生品业务累计成交名义本金规模从 2017 年的 3331.63 亿元增长至 2022 年的 20470.37 亿元。中国证券业协会的数据显示，2021 年证券业共新增场外衍生品交易合计名义本金 84038.01 亿元，同比增长 76.56%，金融衍生品市场在满足市场主体个性化风险管理需求、支持实体经济发展方面取得了长足进步。我国金融衍生品监管制度的发展是随着金融衍生品市场的不断进步而完善的，从早期的针对市场混乱而被迫监管，到后来集中的整顿，再到通过主动监管对市场进行逐步规范。监管制度建立在法律制度之上，在我国金融衍生品市场的发展过程中，相关监管法律经历了多次修订，法治进步推动了监管制度的完善。

一、混业监管时期（1980～1991 年）

改革开放初期，当时国有经济占据主导地位，我们的国企开始跨出国门走向世界，在这个过程中一部分生产型企业为了对冲汇率的风险，也开始进行套期保值。最早是通过中国银行来代办境外的外汇衍生品业务，之后我们将外汇期货、国债期货等作为"舶来品"也在境内开设了相应的品种。但由于我国基础金融市场的发展还远远没有成熟，金融衍生品市场发展的初期相对基础金融市场是独立和脆弱的，经常会出现交易价格大幅波动，市场发展相对混乱。在这个时期，我国实行的是"银证不分"的混业经营模式，部分商业银行不同程度地通过全资或参股证券公司、信托公司参与了证券和信托业务，尤其在 1992 年后，甚至中国人民银行各级分行都开始介入证券、信托、保险等业务。

在这个发展比较无序的时期，全国对金融衍生品的监管缺失，主要是由行业主管部门各自对下属品种进行管理。从当时的几个品种看，外汇期货是由中国银行和外汇管理局主管，国债期货是由财政部主管。全国范围内也没有制定针对金融衍生品的相关法律，虽然各部门出台了一些暂行条例，但监管依然不到位。直到金融衍生品市场的发展开始失控，品种重叠、变相期货、变相金融衍生品的不断出现，导致整个市场成了一个在全国范围内的内部零和博弈市场，远远脱离实体经济的承载能力。

二、分业监管体系初步建立时期（1992~2003 年）

1992 年 10 月，由于金融衍生品的发展到了一个里程碑，国务院正式决定将证券监管职能从中国人民银行分离，成立了中国证券监督管理委员会，开始对全国证券市场进行监管。中国证监会的成立标志着金融衍生品监管进入了一个新的时期，不仅是金融衍生品有了一个主要的监管部门，证监会也正式对全国证券市场进行主动监管，并意识到金融衍生品要想发展好，必须做实基础金融市场。

证监会成立后，于 1993 年推出了商品期货，也在当年开始了对原有期货市场的首次整顿，国务院出台了《关于坚决制止期货市场盲目发展的通知》，规定国务院证券委员会统一对期货市场进行监管，证监会具体落实监管工作，这标志着早期中国证券市场和期货市场有了统一的监管机构。

1995 年 2 月，在国债期货市场出现了"3·27"事件，国务院及时叫停国债期货。1996 年 3 月，中国人民银行和外管局也叫停了外汇期货。

在监管职责划分上，证监会负责对权证等证券衍生品进行监管；银监会和中国人民银行负责对利率类金融衍生品和资产证券化产品进行监管；外管局和中国人民银行负责对外汇金融衍生品进行监管。分业监管形成的初期，我国金融衍生品的法治建设却没有取得相应发展，尤其是金融衍生品相关法律法规的制定尚未开始。在这种背景下，各地的金融衍生品市场依然活跃，原有的混乱局面没有得到根本的改善。

三、分业监督体系逐步成熟时期（2004 年至今）

我国金融衍生品市场经过前期十几年的发展，也总结出自己的一套方法和经验，监管部门也充分认识到金融衍生品市场建立的基础是基础金融市场的发展和成熟，否则还会出现金融衍生品市场脱离基础金融市场导致最终失败的结局。

在这一阶段政府不断完善法律环境，初步建立了中国特色的法律框架。2004

年，银监会发布了《银行业金融机构衍生品交易业务管理暂行办法》（本办法经历了 2007 年、2011 年两次修订，主要从调整适用范围、制定差别化监管方式、细化条款以及完善风险管理规则等方面进行了修订），是规范银行类金融机构衍生品业务的唯一专门性法律。同年，证监会出台了《证券投资基金管理公司管理办法》，保监会出台了《保险资产管理公司管理暂行规定》，其中具体规定了基金公司和资产管理公司从事金融衍生品业务的具体规则。

2005 年 10 月 27 日，国务院颁布了修订的《证券法》，修订后的《证券法》为金融衍生品市场的建立奠定了法律基础。2006 年，发布了《企业会计准则第 22 号——金融工具确认和计量》，对金融衍生品的会计规则做了规定。同年，全国人大财经委开始组织各方面力量进行《期货交易法》的起草（2022 年 8 月 1 日，《中华人民共和国期货和衍生品法》正式施行），这部法律成为我国金融衍生品方面最重要的法律，其中对商品期货、金融期货和其他金融衍生品做出了相关规定。但是，在这个阶段由于我国制定本方面法律体系也是初级水平，导致部门之间的法律法规存在不协调的问题，与国际规范的法律法规也不能协调。2007 年开始，国务院开始对金融监管部门相关法规进行清理。

2007 年 3 月 16 日，国务院出台了《期货交易管理条例》及配套管理办法，首次对金融期货做了明确定位，为金融期货的推出提供了法规支持。同年，中国金融期货交易所对金融衍生品交易制定了一系列规则，为股指期货等金融衍生品的交易提前做好了制度准备。同时，《期货交易管理条例》新增了"促进期货市场积极稳妥发展"的立法目的，并对原有条例进行了大范围修改，在法律层面建立起基本市场纪律。《期货交易管理条例》颁布后，共经历了四次修订，最近一次修订是根据 2017 年 3 月 1 日《国务院关于修改和废止部分行政法规的决定》进行的第四次修订。

为了进一步保护中小投资者，2013 年国务院发布《关于进一步加强资本市场中小投资者合法权益保护工作的意见》，证券期货市场的中小投资者保护问题再次受到关注。2016 年底，《证券期货投资者适当性管理办法》出台，将投资者划分为专业投资者和普通投资者，两种类型可相互转化，经营机构应及时调整分类情况。在向普通投资者提供服务前，须履行更多信息告知和风险警示义务，服务过程中针对普通消费者亦存在更多匹配性要求。当经营机构与普通投资者之间存在纠纷时，须由前者就义务履行情况进行举证，缓解中小投资者的地位劣势。

2022 年 8 月 1 日，《中华人民共和国期货和衍生品法》（以下简称《期货和衍生品法》）正式实施。该法共 13 章 155 条，重点围绕期货交易、结算与交割基本制度，期货交易者保护制度，期货经营机构与期货服务机构的监管，期货交易场所和期货结算机构的运行，期货市场监督管理，法律责任等进行了规定。《期货和衍生品法》作为首部期货和衍生品领域的法律，对期货和衍生品领域的基本原则、基本参与主体及其基本职责分工、基本权利义务进行了系统的规定，有效填补了我国金融法律体系中的空白，为期货行业和期货市场的规范化发展提供了法律保障，为境内外交易者保护构建了全面的制度框架，有利于提升我国期货市场的定价能力和辐射能力，更好地促进期货服务实体经济功能的实现。

为进一步贯彻落实《期货和衍生品法》，2023 年 5 月，证监会发布了第四次修订的《期货交易所管理办法》。修订的主要内容包括：坚持党对期货交易所的领导；落实《期货和衍生品法》要求，健全和完善相关制度规定；优化期货交易所内部治理，完善组织架构和运行机制；强化期货交易所风险管理责任，维护市场安全；压实期货交易所责任，促进期货市场健康发展；等等。

拓展阅读

花呗将纳入征信互联网——金融监管进入新阶段

2021 年 9 月 22 日，花呗公告了接入征信工作的最新进展。

公告显示，在央行征信管理部门的指导下，花呗正逐步推进接入央行征信系统的工作。目前，在获得用户授权的基础上，部分用户已经能够在自己的征信报告中查询到花呗记录，未来征信服务将逐步覆盖全部用户。

正常使用花呗，影响不大

央行征信系统包括企业信用信息基础数据库和个人信用信息基础数据库，它是反映企业和个人金融机构的借款、担保等信贷信息，以及企业主要财务指标。进入该系统后，查询到的信用报告是银行能否向企业和个人贷款及贷款多少的主要凭证。

"花呗接入央行征信系统后，用户使用花呗的情况就会与征信挂钩，直接影响用户能否贷款以及贷款多少。"平安普惠金融研究院副院长程瑞表示。

实际上，自花呗将接入央行征信系统的消息出来以后，当日就成为新闻微博的热搜话题，网友们最担心的是，银行会不会根据自己使用花呗的情况来判断还款能力，从而影响贷款金额。

零壹研究院院长于百程表示，一旦花呗接入央行征信系统，就意味着个人用户在花呗的借款和逾期、违约信息，将进入央行征信系统，若有违约、逾期等行为，将会对用户未来的大额贷款如房贷、车贷产生影响。不过，在不逾期的情况下，用户不会受到影响。

虽然正常使用花呗不会受影响，但花呗在公告中提醒用户，谨防以征信为名的各类网络电信诈骗行为。"花呗不会以征信为由电话联系用户，更不会要求用户转账或付费，任何声称能够有偿'修复'征信，或删除征信记录的行为均属诈骗。"

加速诚信社会建设

程瑞长期关注、研究我国金融业务，他对花呗将接入央行征信系统一点儿也不意外，认为这早有征兆。

"2020 年 12 月，中国人民银行、银保监会、证监会、外汇管理局四部委联合约谈了蚂蚁集团，提出五大整改要求，这就能看出，监管部门对蚂蚁集团抱有期望。一旦合规，就能正常开展业务。"程瑞说。

在程瑞看来，花呗接入央行征信系统将产生两个关键影响：首先，加强了对借款人的信用约束力。若花呗产生逾期，其逾期记录都会被上传至借款人的征信记录，对花呗而言可有效降低逾期率和坏账率。其次，花呗记录的上报在一定程度上打破了蚂蚁集团金融数据的封闭性，花呗借贷的相关数据可被所有金融机构共享。

盘古智库高级研究员江瀚表示："互联网类金融业务接入征信实际上是大势所趋。无论是中国还是西方发达经济体，都会伴随着整个市场的发展，让新兴的类金融业务逐步纳入监管合规的体系之中。所以在这样的情况下，花呗业务进入征信是整个中国征信体系不断完善的过程。"

程瑞认为，就诚信社会的建设而言，随着我国数字经济的发展，像花呗这样的数字信贷服务纳入征信体系，是历史必然趋势，是数字金融发展的巨大进步，有助于将数以亿计的"信用白户"纳入国家的征信体系，帮助他们在未来获得更适合的金融服务。"征信系统作为国家的金融基础设施，作为诚信社会的信用基础设施，建立更加全面、精准、细化的信用体系，也有利于防范金融风险、降低融资成本、优化金融服务质量、提升社会信用意识。"

互联网金融监管进入新阶段

在业内专家看来，此次花呗进入征信系统是我国监管机构对互联网金融监管进入新阶段的标志性事件。

程瑞表示，就互联网金融的发展而言，未来互联网金融平台在与金融机构开展引流、助贷、联合贷等业务合作中，不能再直接将个人主动提交的信息、平台内产生的信息或从外部获取的信息，以申请信息、身份信息、个人画像评分等名义直接向金融机构提供，而必须通过央行征信中心或持牌征信机构建立连接，即业内所谓的征信"断直连"。

"在这样的征信合作关系下，金融机构、助贷机构的定位更纯粹，征信机构的服务更聚焦，各自权责利更加清晰，兼顾了效率和风险。"程瑞认为，花呗接入央行征信系统堪称互联网金融创新模式的"新纪元"。

江瀚认为，各大互联网企业的类金融业务都是处于不断被合规规范的过程中，无论是京东的"白条""金条"，还是腾讯的微粒贷都是进入或正在被纳入征信体系，所以，花呗进入征信系统实际上是顺理成章的事情，是我国对互联网金融监管的一次升级。

资料来源：戈清平. 花呗将纳入征信——互联网金融监管进入新阶段 [N]. 中国高新技术产业导报，2021 - 09 - 27（014）.

关键术语

金融监管　机构监管模式　功能监管模式　政府监管　自律监管　衍生品监管

分析与思考

1. 金融监管的内涵与必要性是什么？
2. 简述金融监管的目标。
3. 简述金融监管的原则。
4. 简述金融监管的主要模式。
5. 简述金融监管的主要内容。
6. 简述我国证券市场的监管体系架构。
7. 简述我国金融衍生品市场监管的演变。